U0936146

珍藏本·增订本

纪念版

汉译世界学术名著丛书

美国政治传统及其缔造者

〔美〕理查德·霍夫施塔特 著

崔永禄 王忠和 译

商务印书馆
SINCE 1897 The Commercial Press

Richard Hofstadter

THE AMERICAN POLITICAL TRADITION

AND THE MEN WHO MADE IT

Vintage Books

A Division of Random House • New York

据文塔奇出版社 1948 年版译出

汉译世界学术名著丛书
（120年纪念版·珍藏本）
增订本出版说明

2017年10月，为纪念商务印书馆创立120周年，本馆推出"汉译世界学术名著丛书"（120年纪念版·珍藏本），计七百种。近五六年来，仰赖学界同人倾力支持，订正旧译，增补新译，拓展新著，积累日多。为满足读者需要，本馆在七百种的基础上，继续推出"汉译世界学术名著丛书"（120年纪念版·珍藏本·增订本）三百种。至此，"汉译世界学术名著丛书"累计出版已达千种。

今后，本馆将继续推进丛书的翻译出版工作，在积累单本名著的基础上陆续分辑刊行，汇印出版。为促进中外文明互鉴、推动我国学术发展，使"汉译世界学术名著丛书"这项对我国学术文化有基本建设意义的重大工程发挥更大作用，诚望海内外学术界、翻译界继续给予支持，帮助我们把这套丛书出得更好。

商务印书馆编辑部

2024年2月

汉译世界学术名著丛书
（120年纪念版·珍藏本）
出版说明

2017年2月11日，商务印书馆迎来120岁的生日。120年前，商务印书馆前贤怀揣文化救国的理想，抱持“昌明教育，开启民智”的使命，立足本土，放眼寰宇，以出版为津梁，沟通中西，为中国、为世界提供最富智慧的思想文化成果。无论世事白云苍狗，潮流左右激荡，甚至战火硝烟弥漫，始终践行学术报国之志，无改初心。

逐译世界各国学术名著，即其一端。早在20世纪初年便出版《原富》《天演论》等影响至今的代表性著作，1950年代后更致力于外国哲学和社会科学经典的译介，及至1980年代，辑为“汉译世界学术名著丛书”，汇涓为流，蔚为大观。丛书自1981年开始出版，历时三十余年，迄今已推出七百种，是我国现代出版史上规模最大、最为重要的学术翻译工程。

丛书所选之书，立场观点不囿于一派，学科领域不限于一门，皆为文明开启以来，各时代、各国家、各民族的思想与文化精粹，代表着人类已经到达过的精神境界。丛书系统译介世界学术经典，引领时代思想，为本土原创学术的发展提供丰富的文化滋养，为推动中国现代学术和现代化进程做出了突出的贡献。

为纪念商务印书馆成立 120 周年，我们整体推出“汉译世界学术名著丛书”120 年纪念版的珍藏本，寄望既利于文化积累，又便于研读查考，同时向长期支持丛书出版的译者、编者和读者致以敬意。

两甲子后的今天，商务印书馆又站在了一个新的历史时间节点上。我们不仅要铭记先辈的身影和足迹，更须让我们的步伐充满新的时代精神。这是商务人代代相传的事业，更是与国家和民族的命运始终紧密相连的事业。我们责无旁贷，必须做好我们这代人的传承与创造，让我们的努力和成果不仅凝聚成民族文化的记忆，还能成为后来人可以接续的事业。唯此，才能不负前贤，无愧来者。

商务印书馆编辑部

2017 年 10 月

目　　录

前　言

尽管理查德·霍夫施塔特的事业在如日中天时就戛然而止，其所造成的损失使我们无可估量地贫困，但他留给我们的不仅仅是一两本重要著作，而是一大批内容极为丰富的作品，使大多数历史学家难以企及。而且他的每一本著作都与前一本密切联系，哪一本都不能与其余的割裂开来。霍夫施塔特的想象力很少能长时间地停留在一点，他的思想驰骋在广阔的领域，包括了政治、社会和文化历史——他懒得将它们区分——并且涉及美国历史的各个时期。但他的想法不断地返回到他的事业最初就形成的中心概念。不断地论及进步的传统——如他在《改革时代》一书的导言中所说，他和大多数知识分子都受到这一传统的抚育，同时又发现其中有许多值得批评——使我们清楚地了解霍夫施塔特的所有著作，并发现例如最早于 1948 年出版的《美国政治传统及其缔造者》[①]与 20 年之后出版的《进步的历史学家》之间的直接联系。

如果人们记得霍夫施塔特最早在 1938 年发表的关于查尔斯·A. 比尔德论述国内战争的论文，以及关于弗雷德里克·杰克逊·特纳、V. L. 帕灵顿和再次关于比尔德——他在生命晚期又

① 下文简称《美国政治传统》。——译者

论及这些作家——的其他早期论文，他整个卓绝生涯的连续性就更加明显。[1]

霍夫施塔特对进步历史学家的毕生关注使我们迅速了解到《美国政治传统》的一些特点——睿智、辛辣、大胆，这些最早使霍夫施塔特的著作得到普遍的注意。这本书的写作不仅是与政治上的自由主义相对抗，而且是与自由主义史学，特别是与对霍夫施塔特之前一代历史学家有巨大影响的三个大人物的对抗，这三个大人物，如霍夫施塔特在《进步的历史学家》一书中所说，在这方面对他本人也有很大影响。霍夫施塔特在1930年代开始研究美国历史是“受了查尔斯和玛丽·比尔德的《美国文明的崛起》一书的启发”（正如另一代人研究美国历史是受了《美国政治传统》的启发），但对于将美国历史歪曲和简单地解释为对抗的财产形式之间的持续冲突，或更直截了当地说是人民和“利益集团”之间的冲突[2]，很快就感到不满。到1930年代中期，对美国的过去的这种进步的或民粹主义的解释已经失去了其所一度具有的一点批判性的内容，而与美国文化沙文主义的兴起沆瀣一气，令人厌倦地赞美美国的过去——具有地方色彩的民族激进传统，民粹主义文化的初原效力以及所谓在“新政”下日渐前进的民族振兴。换句话说，对美国历史的进步解释促成了一种“英雄崇拜和民族自我颂扬文献”的出现，而《美国政治传统》就明确说明要给这种情绪泄劲。

一度是批评性的传统思想蜕变成为一种形式的文化民族主

① “内战前夕的关税问题”，《美国历史评论》，1938年，第50—55页；“帕灵顿与杰斐逊传统”，《思想史学刊》，1941年，第391—400页；“特纳与边境神话”，《美国学者》，1949年，第433—443页；“比尔德与宪法”，《美国季刊》，1950年，第195—213页。

② 《进步的历史学家》，第xiv页。

义，其最为奇特的一面是这种蜕变是在左翼的推动下发生的。人民阵线于1935年成立，共产党也令人们放心地声明说，共产主义可以被看作是“20世纪的崇美主义”，这些都为受排斥知识分子的回归发出了信号。曾经把美国改革传统斥之为小资产阶级反动行为，将“新政”斥之为萌芽中的法西斯主义思潮的唯美主义、反美主义和内心生活的修养以及“第三期”共产主义的超级革命忽然不再流行。进步主义和对历史的进步解释出现回复契机，对政治和文化本土传统的追求开始兴起。范·威克·布鲁克斯曾严厉地批评美国文化，现却在《缔造者与发现者》之中踏上19世纪的思乡召唤之旅。1920年代和1930年代初的暴露性传记论文让位给了对人民英雄的虔诚纪念——桑德伯格的林肯、范多伦的富兰克林和弗里曼的李——通过实际细节的描写将读者引导入默许的、欣赏的情绪之中。阿奇博尔德·麦克利什一直是可以信赖的风向标，放弃了庞德时代的先锋主义，并对那些“告诉我们诗歌是‘纯粹’的……［并］表达可怕的寂寞感情的人”提出了他称之为的“张扬、不敬和狂妄的挑战”。其他诗人对他“公共演说”的呼吁热烈响应。托马斯·哈特·本顿也进行了类似的转变，从纽约搬到密苏里，从抽象艺术转变到新地方主义，宣布“大城市”已经死亡。弗兰克·劳埃德·赖特和刘易斯·芒福德赞扬地方主义胜过城市主义。“我们不是抱住令人寒战的都市财政火葬场不放，”后者高声地说，“而是走向新开垦的田野，创造新的政治活动形式，为人类的目的而改变我们经济体制的反常机制，设想并创生新的文化形式。”①

① 莫顿·多文·扎贝尔在一篇激烈的辩论文章中批评麦克利什说“我们的时代

对于这些最近大肆宣扬的有关“美国复兴”的极端和荒谬想法最有效的批评，就像“复兴”本身一样来自左翼——主要是与《党派评论》相联系或接近的一些知识分子。这个杂志于1936年与斯大林主义文学运动决裂，一年之后以独立刊物的身份出现，总的思想观念是马克思主义的，政治上是反斯大林主义的，并且坚决反对将艺术和文化附属于当时的政治需要。《党派评论》的评论家们指责新民粹主义作家们是，用理查德·蔡斯批评芒福德的话说，“通过对历史进行武装攻击洗劫过去”，以便建立一个伪造的文化传统，一个神话般的有机发展的社会。这些知识分子并不否认文化与政治之间的联系，或对此二者从历史角度进行批评的必要，但他们将认为历史是“可利用的过去”的观点——布鲁克斯、比尔德和卡尔·贝克尔等人宣扬的观点——和认为历史是经验积累的观点加以区分；将“利用”过去和汲取过去的经验加以区分。正像孩子不能“利用”他们的母亲，而是由其母亲塑造的一样，他们坚持认为每一代人都是由其上一代塑造的，历史分析不是编造与现在需要有关的过去，而是以批评的眼光意识到这些需要的影响。[①]

富于政治和精神变化”，“国会山的诗人”，《党派评论》，1941年1—2月，第7—9页；又见迈耶·夏皮罗论本顿，“民粹现实主义”，同上，1937年1月，第53—57页，以及论芒福德，“瞻前顾后”，同上，1938年7月，第12—24页。沃伦·苏斯曼论30年代的一篇重要论文（“30年代”，洛曼·拉特纳和斯坦利·科本编著，《美国文化发展》（1970年），第179—218页）指出，文化概念——指源于人民日常经历的整个生活方式——为理解这十年知识界压倒一切的关注，即寻找本土政治传统和真正的人民文化，提供了线索。

① 理查德·蔡斯，“武装的蒙昧主义者”，《党派评论》，1944年夏刊，第345—348页；威廉·菲利普斯和菲利普·拉乌，“文学批评的一些问题”，《科学与社会》，1937年冬季号。关于“可利用的过去”这一概念，见范·威克·布鲁克斯，“论创造可利用的过去”，《标度盘》，1918年4月11日，第337—341页以及卡尔·贝克尔的著名论文，“每个人都是自己的历史学家”，1931年。

《党派评论》的批评家们采取的立场意味着严正地拒绝了帕里顿、比尔德和贝克尔的进步历史学，以及特别是弗雷德里克·杰克逊·特纳的美国历史前沿理论。这些作家恰当地认识到，美国进步主义历史上就是与“美国世界不断扩大的乐观思想”相联系的，这种思想想象有“无限的空间”，把“人民统治的早期阶段理想化为不断受到威胁又不断恢复的民主准则”。[①]在这些作家看来似乎是，不仅仅是进步主义的肤浅性，而且还有和美国文化的彻底中断，均来自于对新开端的不断的探求，其中有一套经久不衰的形象——逃离复杂的事物，逃离过去，认为过去是累赘，在对更美好未来的不懈探求中就可以毫不费力气地把过去抛弃。

从这种对进步政治文化以及其1930年代“马克思主义”支脉的批评，不难看出霍夫施塔特早期著作的中心主题。像其他《党派评论》评论家一样，霍夫施塔特曾被吸引到马克思主义和对历史的经济学解释，但只是亲眼目睹了其堕落成为（用迈耶·夏皮罗与本顿辩论时所使用的话说）“内容是地方的但规模却是全国性的”“官方文化”。霍夫施塔特从个人关系到气质都与《党派评论》的人们接近，夏皮罗、蔡斯、F. W. 杜皮、里昂内耳·特里林、埃里克·本特利和C. 赖特·米尔斯都是他在哥伦比亚的同事。他的朋友阿尔弗雷德·卡津在其研究美国作家的杰出著作《在本土上》的最后一节“美国，美国！”中，对这种民粹主义的复兴作了非常具有说服力的指控。可以把卡津的书出版6年之后问世的《美国政治传统》看作是像卡津对美国文学研究那样的美国政治研究。两本书的核

① 迈耶·夏皮罗，“民粹现实主义”，《党派评论》，1937年1月，第55—56页。

心问题都是美国传统（因而揭示了这些传统在30年代的根源）；但他们没有像进步主义和新民粹主义历史学家那样称颂这些传统，而是无情地揭露了其不足的方面。

两位作家都对他们之前的作家们保持了高度批评的眼光，但他们还是吸收了其著作中一切有价值的东西。就像卡津保留了范·威克·布鲁克斯最佳的研究方法，霍夫施塔特的分析也显示出比尔德的影响。像比尔德一样，霍夫施塔特赞美开国元勋们政治方面的现实主义精神，并在《美国政治话题》一书中将这种品质与对“政治的经济基础”的理解联系起来。不过比尔德把杰斐逊的传统与联邦主义的传统截然分开，这两者的持续冲突是美国历史的重大主题，而霍夫施塔特则把杰斐逊看作一大串机会主义者中的第一位，他们在美国政治中的作用就是模糊意识形态冲突，口头上为农业民主而谴责商业利益，但实际上却在促进这些利益。没有像比尔德和帕灵顿那样划分两个泾渭分明的对立的传统，霍夫施塔特发现美国历史上有一系列的机会主义入侵、妥协和自我欺骗。这些论文题目中明显的讽刺术语的连续使用不仅仅是为了揭露英雄崇拜主义文学——例如强迫我们把林肯看成是自助意识形态的源头，把西奥多·罗斯福看成保守党人——而且要指出角色之间的混乱，主要政治家被迫披上的奇怪伪装以及缺乏坚定意识形态基础（最多是有作为潜流存在下来的经济现实主义传统）的政治制度中经常存在的意图和结果的冲突。

霍夫施塔特在强调美国社会缺乏意识形态冲突时——例如当他杰出地修改了对杰克逊原则的传统解释，不把历史看作是严阵以待的农民反对金钱权力的运动，而把他们显示成为因中央控制

而恼怒的满怀希望的资本家——他就毫无疑义地为1950年代的理论家意见统一铺平了道路，这些理论家们把意识形态一致不仅看作是美国制度的主要特征，而且是其稳定的根源。但霍夫施塔特在《美国政治传统》中的意图并不是要称颂美国的“实用主义”。相反，他把这种一致看作是知识破产的一种形式，认为反映出的不是健康的实用精神，而是诸如疆界、坚强的自由民、自助、上帝和母性等民众神话对美国政治思想的控制。霍夫施塔特骨子里都是城市人，而且在他写作的时代，最好的作家和批评家都已从与1930年代新民粹主义有联系的最新版本的农民神话后退，他从多情的农民神话中看到了不现实的美国政治话语中特别张扬的样板——在这个国度里，工业家、职员和工人装作是土地的结实的儿子。在他早期关于布赖恩的文章中，对农民幻象的攻击达到了喜剧性的高度——霍夫施塔特认为布赖恩是一个代表人物，这不仅仅是因为他在农民神话失去了与现实的一切联系之后还坚持之不放，而且因为他“不是在领导选民，而是为之代言”，于是“就将人民事业冻结在最低的理解层次”。

《美国政治传统》表面上看是一本关于政治的书，但书中所研究的是人民政治文化，这种文化将政治家视为“民众思想领袖”“而不是他们引人注目的职能”，霍夫施塔特禁不住补充说。写这本书的动机与同一时期，即1940年代中期，德怀特·麦克唐纳反对自由劳动者心态及“文化布尔什维克主义”的动机相同，与欧文·豪攻击“伤感的结伴旅游”及民众的非民粹主义神秘性时的动机相同。在30年代，那些谴责人民阵线文化的人是以独立社会主义运动的名义进行的，他们想象这种运动会因美国的大萧条和反对法西斯的斗争而出现——这一运动既批评资本主义又批评苏联对社会主义的扭曲。“我自己 1948 年对整个历史的看法，”霍夫施塔特在另外书中说，“来自 1930 年代的马克思主义。”[①]但到 1940 年代中期，这种马克思主义观点已经在很大程度上发生了变化，以保卫文化自主，反对文学上的斯大林主义，保卫独立的批判思想的知识分子传统，反对知识分子“顽固地接受——哪怕是断断续续地——社会的官方声音作为自己声音的必要性。”[②]随着文化问题越来越压倒政治问题，这种马克思主义批评的内容逐渐淡化。

1930 年代的马克思主义也因对激烈社会运动希望的暗淡而改变，因为没有这种运动，马克思主义看起来就越来越像资本主义的另一种纯粹的知识类型。由于社会主义的前景日益暗淡，许多知识分子将注意力转向大众文化批判。“他们早期从经济角度对资本主义社会进行的批评，”如爱德华·希尔斯在其因此评论而出名的论文中富有见地地指出，“变成了对大规模工业社会的道德和文化批评。”[③]但这种“变态的马克思主义”的出现并不是因为资本主义已经消灭了社会主义者过去批评的不公正现象——这是希尔斯的说法，而是因为对资本主义政治攻击的可能性到 1940 年代中期已经大大地缩小，而且无论如何，对于产生了法西斯主义、斯大

① 《进步的历史学家》，第 452 页。

② 威廉·菲利普斯，“知识分子的传统”，《党派评论》，1941 年 11—12 月，第 490 页。

③ 爱德华·希尔斯，“白日梦与梦魇：关于大众文化批评的思考”，《塞沃尼评论》，1957 年，第 590 页。

林主义以及第二次世界大战巨大技术破坏的国际危机，进行纯粹的政治分析已经不再充分。德怀特·麦克唐纳 1946 年写道，“我现在认为，困难比进步党人想象的要更为深重，危机也更为严重。”[①]

进步派的政治文化现在已被视为当代危机的一部分而不是其解决办法。面对现代生活有组织的野蛮行为，进步党人依然天真地相信科学、进步和历史“前进”，而真正的激进派，按照麦克唐纳的说法，把人而不是历史作为政治的中心。“进步派从集体角度思考(社会的利益或工人阶级的利益)，而激进派则强调个人的良心。”[②]这种区分也出现在《美国政治传统》一书里，书中批评进步传统智力贫困，而对鼓动家温德尔·菲利普斯则深表同情——霍夫施塔特的作品中(不断指出)这是唯一一个没有也不希望担任公职而又完全符合麦克唐纳关于激进派定义的人物，因为“如果历史按照他指出的路走他也会高兴，但他……顽固坚持自己的路，强调‘应该’而不是‘实际是’”。[③]

鉴于进步派心态的中心特征是崇拜历史和历史进步，那么霍夫施塔特在批评进步派的政治传统时就不能不对进步派或如霍夫施塔特后来称之为“辉格党人”的历史解释加以批评。在对此进行详细讨论的《进步的历史学家》中，他指出“辉格党人”的解释具有以下特征：“它公开申明党派性，站在新教徒一边反对社会现存机构，……似乎在讲解一个不断进步的故事，在某种程度上符合现

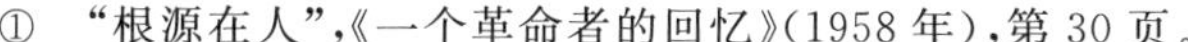

① “根源在人”，《一个革命者的回忆》(1958 年)，第 30 页。

② 同上，第 29 页。

③ 同上。

代开明精神。"[1]由于其党派性，进步派历史学家，如帕灵顿等人就将冲突简单化，以便能够创造对立的传统，这种对立似乎在一种脱离时间的真空中存在于整个历史：自由主义和保守主义，杰斐逊派和汉密尔顿派，债务人和债权人，农民和剥削者。按照《进步的历史学家》的说法，这种做法使之"不能很好考虑知识问题借以呈现于历史学家之前的直接条件"。[2] 帕灵顿有一种"在冲突中看到完全对立的两种思想的倾向，这使他不能看到罗杰·威廉姆斯和约翰·可顿共同信仰加尔文主义，托马斯·胡克与马萨诸塞神学政治统治者思想的基本相同之处，也看不到《宪法》拥护者和反对者之间共同的辉格党原则"。[3]

《美国政治传统》导言中也提出了同样的看法，随后的文章也致力于探讨联邦主义者和杰斐逊拥护者之间、杰斐逊拥护者及其反对者之间以及20世纪自由主义者和"保守派"之间的共同的立场。霍夫施塔特在导言中解释说，他强调一致性而不是冲突，其主要原因是要避免进步派传统过度的党派特征，那会使历史学家们无休止地重复以往的争论。

> 后代如发现自己遇到的问题与先辈遇到的问题有某种大致相似之处，便会暗暗拥护早年的竞选者；史家当然也谈不上完全超越党派之见，总是根据以当时的经验和信念判断最可

① 《进步的历史学家》，第428页。

② 同上，第440页。

③ 同上，第415页。

理解的往昔留下的思想来重现当年的冲突。故此，人们如今还在用杰斐逊时代的语言辩论20世纪的问题，而我们编写的杰斐逊时代的历史也同样受到20世纪先入之见的影响，这种见解对杰斐逊及其反对者来说可能都是十分奇怪的。杰斐逊时代的冲突因一再提到而使人们经常想起，而那些共同的信念却不为人们注意。

这一“原则”，即共同信念比以往的冲突更为重要(这有助于解释，例如，“杰斐逊和联邦主义者，不顾人们的意愿，达到了共同的目标”)，不仅变成了霍夫施塔特后来许多著作的基础，而且也是1950年代一些最好的历史著作的基础。

这本书的大部分是来自于一种不耐烦的心理，抱怨褊狭的党派之见使历史学家对问题辩论的方式竟与同时代人辩论这些问题的方式相同。例如，斯坦利·埃尔金斯在其关于奴隶制的开创性研究中，一开始就发出了与霍夫施塔特同样的抱怨：“在关于奴隶制的辩论中有一种强制性。对奴隶制恰当与否的同一标准年复一年地沿用了下来。”[①]这种要与以前辩论中的道德强制实现某种程度分离的决心——不要与许多社会科学工作者特有的科学“客观性”的幻想混淆——产生了一批历史著作，这些著作现在被错误地或不恰当地丑化为政治上保守。的确，那些力图将“共识”看成是历史解释的一般性原则的作品，最早从比进步派更左的方面对进步派历史著作进行批评，最终成了对美国“实用主义”的颂扬，成了

① 《奴隶制：美国体制和思想生活中的一个问题》(1959年)，第1页。

丹尼尔·贝尔所说的“意识形态的终结”。[①] 但即使是这部著作也充满需要吸收和充分利用的真知灼见——的确,许多这些真知灼见甚至有待于真正理解。许多历史学家没有试图区分什么是共识历史中有用的东西和什么是明显的意识形态的,而是又回到了在许多方面与进步派历史学家没有区别的立场。进步派历史著作最坏的特征又在新左派的庇护下重返舞台:问题极度简单化;现代关切问题从历史寻求答案,使政治和思想传统合并到一起;刺耳的党派之见。[②] 更糟糕的是,对于冲突的进一步强调产生了一种要求,要史学家们培养“积极的观念”,历史要从属于“运动”的需要。因此,霍华德·津恩要求史学家们“从特定的伦理基础出发”决定“什么是此刻需要的行动,并集中于能够满足需要的复杂真理的这一方面”。[③] 面

① 丹尼尔·布尔斯廷的情况尤其如此,他的早期著作,特别是《托马斯·杰斐逊失去的世界》(1948 年),批评了自由主义传统的思想很空虚,但其后来的著作发现美国人对政治理论的憎恨是一种伟大力量的源泉;见其作品《美国人:殖民主义经验》(1958 年)和《美国人:民族主义经验》(1965 年)。又见路易斯·哈兹的《美国的自由主义传统》(1955 年)。对这些理论的最出色的批评是由霍夫施塔特做出的。他在很有特色的一段文章中说:“对于是否将南方和北方之间的激烈辩论称之为‘意识形态’差别,人们或许有不同的看法……但如果这不是意识形态冲突(不过我认为这是),我们只能得出的结论是,美国人不需要因意识形态冲突就进行大规模流血斗争。面对这种政治委顿,如果哈兹教授对我们保证说,因为南方各州仅仅是坚持它们自己的写入邦联宪法的有关宪法的观点,因此内战不表示美国统一认识的实际破坏,那又有什么不妥?……我只能用一幅漫画表示我的不同意见:一个南北战争期间的南方士兵和一个北方士兵 1865 年碰到一起考察战争带来的实际和道德方面的破坏。‘好啦,’其中一个安慰另一个说,‘我们最终没有愚蠢到造就政治理论家的程度。’”(《进步的历史学家》,第 462 页。)

② 关于构建虚假的传统,当代人与这些传统无关,其连续性只在历史学家回顾过去时存在,见例如斯汤顿·林德所著《美国激进派的思想根源》(1968 年)。

③ 霍华德·津恩,“废奴主义者、自由乘车运动者及鼓动策略”,载于马丁·杜波曼等编著《反对奴隶制的先锋》,第 430 页。

对这些批评家，共识论历史学家们无须为自己辩护。

这里不宜于讨论霍夫施塔特后来的著作及其与共识理论和1950年代的文化潮流（一直是模棱两可）的关系，或者是讨论使他在1960年代末决定“共识历史对我来说不再像10年或20年前那么令人满意”[①]的种种考虑。如我曾经指出，他后来著作的突出主题暗含在《美国政治传统》一书以及促成此书的文化争论之中。他在《改革时代》中对民粹主义的严厉批评以及在《美国政治的偏执风格》中对民粹主义的变态形式的严厉批评延续了30年代后期马克思主义知识分子对新民粹主义的批评。他后来对于反理智主义的关注来自于麦卡锡时代的创伤，但其最终的根源却在于，左派知识分子发现自己越来越孤立于左派政治运动，而且看到其思想价值观也受到来自各种政治立场的攻击，于是他们便试图要寻求自己的传统。霍夫施塔特的《美国生活中的反理智主义》的核心内容在威廉·菲利普斯1941年的论文中就已经提出。“知识分子传统”，其中菲利普斯把精华的现代艺术和思想看作是知识分子“优秀群体文化”的表现，这种文化是在其“对实用和顺从所做的永无休止的反抗中”形成的。[②]

整个来看，后来这些著作与《美国政治传统》相比更易于受到批评。将平民主义解释为怀旧或向后看的运动容易忽略了平民主义真正激进的因素。批评平民反理智主义而捍卫知识分子传统，

① 《进步的历史学家》，第444页。

② 《党派评论》，1941年11—12月，第482—483页。寻求“知识分子传统”的努力受到许多批评，就像进步派和新平民历史学家受到的批评一样。30年代的拼命寻根甚至影响到布鲁克斯、芒福德等人著作中经常引用的怀旧批评家。

这就忽略了知识分子自己的反理智主义，并将知识分子作为一个阶级的理智与利益混淆起来。[①] 但即使在我写下这些保留意见的时候，我也明显意识到，霍夫施塔特著作内容丰富而复杂，对其评价是很困难的，我上述这些想法是很不充分的。这本著作还有一点特别值得我们注意，那就是该书可观的规模。我提到这一点并不是说数量就等于质量，而是因为它传达出了关于人以及关于我们正在经历的时代的一些最基本的东西。

为了完成这本一流鸿篇巨著，霍夫施塔特不仅要有无比充沛的精力，而且对自己的工作还要全力以赴，不能分心。有时令我迷惑不解的是，面对令人气愤的乖戾而不公平的攻击，他也绝不停止写作来捍卫自己。[②] 这倒并不是他认为捍卫自己并不重要，而是他对历史研究这一行业及其能力具有无比的信心，相信其会对这一领域的著作，包括他自己的著作，做出合理的判断。[③] 他的这种信心以及他对哥伦比亚大学作为一个无私的学术研究中心的信念，他的年轻的同事们或许并不都有。我们觉得学术生涯并不舒服，并经常与这一职业中的人们以及哥伦比亚大学意见相左，也许正因为如此，我们很难具有霍夫施塔特那一代历史学家们对历史研究这一职业的坚定的献身精神。无论出于何种原因，我们比他

① 我在我的两本著作中比较详细地讨论了这些问题。关于平民主义的讨论，见《美国左派的痛苦》(1969 年)，第一章；关于对“知识分子反理智主义”的讨论，见《美国的新激进主义》(1965 年)，第九章。

② 我这里特别想到的是诺曼·帕拉克的“霍夫施塔特论平民主义：对改革时代的批评”，《南方历史杂志》，1960 年，第 478—500 页。

③ 同时他不大注意这一职业中礼仪性的和自我推介的活动。他极少参加历史协会的会议。他也不大考虑自己在这一职业中的声誉和地位，让事情顺其自然。

们写的要少得多;我们也不能安慰自己说,我们改造了大学以及大学为其部分的政治制度。自从对共识历史学家大胆提出摧毁性的挑战之后已经过去十多年了;大学和政治体制基本没有改革(当然前景并不是完全没有希望),而新的历史著作——对1940年代和1950年代年代具有明显长进的历史著作——却基本上没有写出来。我们这一代曾有过太多的勇敢的开始,太多的没有任何结果的主张要求,太多的书没有写完,太多的中断未完成的事业。我们主张积极行动,但并未实现我们的期望;作为学者,我们的成果整个来说并不突出。要取得更好的成绩,现在倒也不晚,但现在再也不能沾沾自喜地夸耀我们的成就或宣称我们对美国社会的理解优越于上一代历史学家。

克里斯托弗·拉希

序　言

（下列序言系根据出版商要求为希伯来文版本所写）

非常高兴有机会为《美国政治传统》的希伯来文版本写一个新的简短序言，并首次书面描述书的酝酿和出版过程。一个人的书就像是自己的孩子。如果给它们足够的时间和机遇，它们似乎就能长大成人并具有自己独立的性格。它们永远是你的作品，与之彻底分割几乎绝无可能，但总会产生某种疏远。这本书开始写作时是 1943 年，当时我 27 岁，完成于 1947 年，1948 年出版。我想很明显，这本书总之是青年人写的一本书，但可能不很明显的是，虽然出书是在 1950 年代的前夜，但在很大程度上却是关于 1930 年代经验的智力产品。书里写的可以说是 1933 年到 1940 年代初我读大学本科和研究生时所学习的美国史的提炼，以及我学过和没有学过的此期间的美国政治。它在很大程度上是 1930 年代社会批评的产物，书中看待美国政治传统的角度是很偏左的观点，也是出自一个年轻人个人的视角，他很少能从当权者的角度理解问题。

这本书的写作不是要创建关于美国政治或美国政治领导的包罗万象的理论，而是要对我做过一些研究的或特别引起我的兴趣的政治人物发表一些说明性或批评性的意见。但各种情况使它最

后看起来像是比原来的设想要更加野心勃勃，而这主要是因为随着接近出版，出版商提出了各种改动的建议。最初的书名是《美国政治人物与思想》，不像现在这么困难，更符合我随意而且不那么系统的初衷。阿尔弗雷德·A.诺夫公司编辑部的某个部门有一种看法，即采用这个书名会销路不畅，应该找到一个更有希望的书名。探索了几个其他的题目，也临时达成一致意见，但还是放弃了，这是很幸运的。最后采用了现在的书名和副题：《美国政治传统及其缔造者》，这似乎的确有利于销售，但使我有两点不快：副题与书名连在一起，使之过长且不得体，暗示着书中包括了美国政治传统有关的所有关键人物，我从来没有佯称要做到这一点。（甚至对我同情的评论家也满有道理地指出，要"囊括"全部美国政治传统，怎么能够没有一章写亚历山大·汉密尔顿，或丹尼尔·韦伯斯特，或者亨利·克雷。）另外使我心里稍微好受一点的是，出版社编辑建议说，由于书中一些部分联系松散，因此需要一个简短的导言进行介绍，把整个书串起来。我承认这是正确的，但我知道这正是我要回避的挑战，因为这正是在思想转型期，而且在我生命的此一阶段，我的学识和见解尚不足以将美国政治传统的意义做一系统论述。但所有这些片段都是一个头脑孕育思索出来的，因此书的编辑似乎满有理由地问，是否有一个看待所有角色的统一的明确的视角，并将其概括成为一个简短的导言。

因此我冒险写出了 6 页的导言，其所带来的麻烦不次于任何同等长度的文章。我在写这个导言时问自己，我要说的到底是什么，我似乎是在研究美国政治史上的一些人物，不仅是从有点左派的政治观点，而且从传统之外，从这一外部角度来看，那些完全从

内部来看似乎是非常明显而重要的差别开始失去差别色彩，而在一些问题上立场不同的人最终看起来相同之处比想象的要多。结果是，这一事后写出的导言却成了对一个很有争论观点首次论述，至少对我们这一代来说是如此，而这又是近年来称之为共识历史的大量研究的主题。

共识历史是对自弗雷德里克·杰克逊·特纳和查尔斯·A.比尔德以来美国历史学家竭力而过分简单地强调差别的看法的一种反动，共识历史指一些史学著作，强调美国政治生活中大多数实力派共有的资产阶级企业家思想以及这些派别在意识形态上聚合在一个辉格中心而不是因激烈的意识形态斗争而阵营分化。共识历史学家专注的是深刻而又长期不变的阶级冲突的缺省以及某些共同的政治和社会信念通常贯穿和连接社会有效部分的过程。在共识历史学家注意到冲突时，他们倾向于将其缩小到极其特殊的基础——就是说，他们将其解释为变动不居的群体和联合体的事情，而不是基于长期固定的阶级之间，如农民阶级与资本家或工人与实业家之间的持续的斗争。共识历史学家强调的是美国冲突模糊的多重性，而先前的历史学家则突出尖锐持续的斗争和深刻的社会矛盾。

这对我是一件尴尬的事，因为这将我与同我有重大歧见的历史学家联系起来，而且对称之为共识历史的观点，我有着很深的疑虑。在我看来，共识历史有其可行的一面，因为除非具有非常广泛的道德和制宪基础，而且其压倒多数的政治上积极的公民可以在一定时间依此达成一致，否则任何社会都不能运转。重要的是，历史学家要像意识到冲突的根源一样意识到这些共同的前提。的确，如果我们经常透过公式化的问题的表面去审查发挥作用的共同成分，历史变革的动力就更加容易理解。弗雷德里克·杰克逊·特纳和查尔斯·A. 比尔德这一代历史学家将阶级集团的冲突毫不怀疑地置于历史烈焰的中心，并将此观点演绎到实在过分的程度，以至于到了 1940 至 1950 年代，对其加以纠正就变得明显必要，历史的钟摆不得不更多地摆到相反的方向。这方面，我依然认为我在导言中所写的关于杰斐逊和邦联主义者的观点基本上是站得住脚并且有益的。这一方法用于进步时期也有解释作用，而且很好地经受了时间和进一步探究的考验。然而，共识的观点是有限的，因为它只是关于历史框架和轮廓的断言，而不是实际发生的事情。一旦吸收了共识观恰当的实质部分，人们就会深刻地感到这一理论的局限性。美国人可能未就深刻的意识形态问题争吵，因为这些是政治思想史上构想出来的，但他们却经常不断地就关系重大的问题展开争论。他们无法平息的冲突终于在 1851 年导致了现代史上巨大的悲剧性的政治失败。甚至在我国历史较为平静的阶段，过分专注无疑存在的共识成分也会使故事失去本身具有的戏剧性和趣味。威廉·詹姆斯经常说，人与人没有多大差别，但所存在的这一点点差别就具有非常重要的意义。我们甚至在充满强烈共识情感的各州历史上发现的政治和冲突也是如此。

我从未对修订或扩充这本书有过强烈的兴趣，如果有点什么这方面的想法也已随时间的推移而消失殆尽。我现在很难回到 1940 年代写作时的思想状态，而新的参照框架需要写一本新的书。但对于我的这些疑虑，我可以提出一些建议，并提出一些可对此书进行修改的办法。某种意义上讲，这本书是一本美国政治背后的思想观念史，而且我认为，像我这样一个来自强烈意识冲突和(对美国人来说)非同寻常的理论学说意识增强的时代的人，我有些倾向于贬低我书中所写的人物，尽管我非常清楚，美国政治家的一般性指导原则并不是他们的强项。第二，我对行使权力的艺术并不太感兴趣，我感兴趣的是如何获取权力的艺术，我想这在某种程度上就限制了我关于书中一些人物要说的话的价值。例如，假使我今天再写杰斐逊，我就不会轻易地放弃因拿破仑战争而来的杰斐逊主义以及杰斐逊的禁运政策带来的重重困难。杰斐逊因要实施禁运而遇到的外交窘境、采取的政策的多变以及行为的专横，今天看来都会是更加需要考虑的事情，这些就需要对我关于不教条而实用的杰斐逊的概念加以修订，不过我认为不需要完全抛弃。

再有，在写作西奥多·罗斯福时，我想我过多地注意了对他进步派虚伪成分的“发现”，当时得出的结论如果现在再写的话，我会将其作为起点。与其将罗斯福看成假冒的进步派，不如做这样一种设想，即他内心的确是一个典型的保守派，但却是一个最灵活机智的保守派。这样看待他执政期间的一些问题就会有了不同的角度，而且我们许多政治传统的意义也应是这样。还可以接着下去考虑其他的情况。如果我现在重新再做的话，我书中讨论的所有人物，几乎没有一个不需要至少在一个重要方面加以修改。

要提出建议在这么多地方对这本书进行修改对我来说是容易的，但至于为什么这本书在美国有这么多读者，而且在 20 年的时间里人们对它的兴趣持久不衰，特别是在大中学校里，那也许我就说不好了。也许特别重要的一点是，这是因为美国年轻人，成长过程中满耳朵听到的都是对国家的自我赞许之词，所以很高兴看到传统偶像的打破，甚至许多情况下第一次了解到，美国政治英雄不是石膏塑成的神像，而是脆弱且有争议的活生生的人物。

理查德·霍夫施塔特

1967年9月29日

导　　言 v

但凡变革危急之际，理智便有深陷恐惧之虞，世代延续之感就可以成为延伸越过当前恐惧的一条生命线。

约翰·道斯·帕索斯

美国人近来津津于后顾而不思前瞻，其心态日趋消极旁观。历史小说、传记小说、各类图片集、漫画集以及关于各地区和河流的书籍纷纷涌现，以满足人们对美国文献的渴求。这种对美国历史的探索带有感伤的鉴赏精神，而不是批判分析。诚然，重视文化的国民生活中都有历史意识，但笔者认为，过去15年来人们之所以如此一味怀旧，其根源就在于有一种深深的不安全感。我们这个时代发生了两次世界大战，繁荣不能稳定持久，萧条如同深渊，从根本上动摇了国民对未来的信念。1920年代一片繁荣景象，人人都理所当然地认为好日子将万古长存；可是如今几乎人人都又在同样肯定地预料下一次经济大衰退的到来。展望未来不见光明，回顾过去却显得美好至极。然而，大家只是借助过去来为自己壮胆，很少用作现状的镜鉴。美国历史像一个丰富多彩的有价值的演出，像许多得到实现的诺言，人们只想看戏享受，不想分析并参加演出。人们对国家生活的最共同的看法，就是像在游览车厢的平台上那样向后作全视野回顾。

国民的怀旧情绪并非新情况，只是在以往十年中加强了。这
vi 种情绪有其自身的历史，政治传统方面尤其如此。事实上，美国近代史的一个基本内容就是渴望重新了解过去，因此，政治思想史若不力求对其加以解释就算不上完备。在美国政治中，追溯和怀旧心态的发展总是与传统信念的缓慢衰退并行的。只要竞争和事业处于上升阶段，人们就想到未来；在竞争和事业繁荣昌盛时，人们就想到眼前。如今到了追求集中、大规模和公司垄断的时代，竞争和机会都在走下坡路，人们就不禁怀念起过去的某一个黄金时代了。

共和国初创时，开国元勋们尽管也有很强的历史感，但都认为是在开创崭新的体制，并且为自己从事的新事业而自豪。随着时光的流逝，这种情绪也逐渐消退了。开国先辈们的设想和规划都着眼于长远的未来，韦伯斯特、克莱和卡尔霍恩这一代人则已埋头于眼前的利益。北部和南部随后的一代一心要维护和捍卫先辈开创的基业。例如，林肯就认为自己的工作是维护祖国的稳定并抵制不合要求的变革。虽然他帮助组建了一个新的政党，根除了南方的奴隶制和贵族统治，革新了国家权力结构并为工业资本主义的顺利发展铺平了道路，但他做这一切的意图是恢复联邦的原貌，维护平民百姓对政府的控制并保护自由劳动的现存权利。

内战过后的一代人经历了经济突飞猛进的发展，因而又想到眼前和未来。但是从布赖恩时代开始，美国的主导思想又逐渐凝聚在逝去的体制和条件之上。从 20 世纪初的进步主义来说，这种向后看的眼光竟达到了十分自相矛盾的地步。诸如布赖恩、拉福莱特和威尔逊等进步复兴的英雄都声称志在纠正 40 年来的谬误，

要使国家恢复过去的状况：权力有限而分散，具有真正竞争和民主 vii 机会以及创业精神。正如威尔逊所说，振兴国家民主机制，“**其目的是挽回失去的一切**……我们**过去**那种气象万千的状态以及个人的发展能力。”西奥多·罗斯福也是如此，他在国家经济结构方面做了一些事，有“托拉斯的克星”之誉，但行事也很谨慎，因为他认识到这样做也有行不通的时候，并且时常坦率地把这种想法说出来。

就第一次世界大战以后的政治家而言，赫伯特·胡佛虽然一般被认为与这些进步主义时代的人没有什么共同之处，他的方法和气质事实上也与这些人大不相同，但大致坚持同样的主张，奋斗目标也相同。他和进步主义者一样，一方面追求光明远大的前途，一方面又指望沿传统的道路就可以实现这种愿望。富兰克林·D. 罗斯福在美国现代自由主义政治家中可算是佼佼者，乃至在汉密尔顿以后的所有政治家中都可算佼佼者，他感觉到传统的无力，认识到需要创新和勇气。他在实际措施方面的创新能力令人惊叹，“新政”在许多方面也偏离了美国的传统道路；不过他在思想方面的创新能力远为逊色；他既谈不上系统性，也谈不上连贯性，没有明确与继承的信仰决裂。虽然人们一再说我们需要有一种新的世界概念，用以取代自共和国成立以来哺育了美国人的自助、自由企业、竞争和有益的致富的思想意识，但没有一种具有相应力量的新观念扎下根来，也没有一位具有广泛群众基础的政治家起来提出新观念。由于丧失了一致的似乎可行的信仰体系——“新政”虽然建树不多，却远远破坏了旧的思维方式——美国人便比以往更倾向于接受有力的个人领导，以此作为替代。这就部分地说明了

罗斯福声望的奥秘，也说明了罗斯福去世后美国自由主义丧失方向和士气低落的原因。

我从以下对美国的政治思想的研究中悟出，需要重新理解我国的政治传统，注重美国舆论的共同趋向。在历史中突出政治冲突的倾向大大掩盖了这种舆论趋向的存在。一般认为，美国政治中包含有一系列特殊利益之间的冲突——土地资本与金融或工业
viii 资本之间的冲突、新老企业之间的冲突、大小资本之间的冲突——而有产阶级与无产阶级之间的斗争未显出多少迹象，至少到目前为止是如此。人们认识不足的是对政治思想的影响。政治斗争十分激烈，常常使人产生错觉。大政党内主要竞争者的视界通常局限于财产和企业的天地之中。无论在具体问题上分歧有多大，但从大的政治传统来看，人们都虔信财产权、经济个人主义理论、竞争价值；他们是把资本主义文化的经济特征当作人的必要素质来接受的。即便某些财产权受到以人的权利和集体权利为名义的挑战——杰斐逊和杰克逊的门徒就是这样做的——待其转变为实际政策之后也是以某类其他财产的名义推行的。

私有财产的神圣不可侵犯性、个人处置私有财产和用其投资的权利、机会的价值、私利和自主在宽松的法律限度内向有限的社会秩序的自然演化等，都是美国政治思想意识中的中心信仰的主要原则；杰斐逊、杰克逊、林肯、克利夫兰、布赖恩、威尔逊、胡佛虽然各不相同，但大多持这种观念。从这些信念来看，从事政治就是要维护这个竞争的世界，不时加以扶持，偶尔出现弊端就予以制止，但决不要以什么共同的集体行动的计划使其致残。美国政治传统还表现为强烈偏重平均主义民主，但这只是贪欲的民主，而不

是博爱的民主。

现行宪法制定以来的美国历史全过程几乎都是与现代工业资本主义的兴起和扩张过程同时发生的。就物质力量和生产力而言，美国堪称繁荣昌盛。具有如此良好运转状态的社会自有其默契的有机一致性。这样的社会决不扶持那些与其主要的运转安排敌对的思想。这些思想也会冒头，但总是被慢慢地、持续不断地隔 ix
绝起来，就像牡蛎不断分泌珍珠质把体内的刺激物裹起来一样。这些思想局限在少数持异见分子和异化了的知识分子圈子内，除革命时期外一般不会在讲求实际的政界流传。因此，这些政界人物不假思索即可相信的思想范围一般都受到维系其文化的舆论趋向的限制。他们对当前的论题会各执己见，有时甚至尖锐对立，但他们在总的思想框架上又是一致的，因而竞选结束后又可以相互合作。本书力求在不忽略重大冲突的同时注意中心信仰，并追溯其适应不同时代和不同利益而发生的变化。

政治斗争的性质决定冲突处在突出地位，史家也常常怂恿政治家把冲突放在突出地位。两个力争控制政府政策的特殊利益集团，会采用有所不同的思想来推进自己的事业。随着经济秩序的变化，一种物质利益会在适当时机为另一种所取代，但原先已为人们广泛接受的思想却会一次又一次地去适应新情况，只是略作修改而已。后代如发现自己遇到的问题与先辈遇到的问题有某种大致相似之处，便会暗暗拥护早年的竞选者；史家当然也谈不上完全超脱党派之见，总是根据以当时的经验和信念判断最可理解的往昔留下的思想来重现当年的冲突。故此，人们如今还在用杰斐逊时代的语言辩论20世纪的问题，而我们编写的杰斐逊时代的历史也同样受到20世纪先入之见的影响，这种见解对杰斐逊及其反对者来说可能都是十分奇怪的。杰斐逊年代的冲突因一再提到而使人们经常想起，而那些共同的信念却不为人们注意。

这些共同信念绝非无足轻重。虽然杰斐逊派和联邦主义派互相猛烈攻击，简直势不两立，但杰斐逊掌权后实际政策的差别归根到底微不足道，不久两党就难以区别开来了。若要用实践来检验
x 他们的思想，我们必须适当强调，这些思想反映在他们提出的政策中的差异相对来说是很小的。我认为这就是历史分析的线索之一，因为这引导我们去思索杰斐逊派和联邦主义派共同达到的终极，无论他们是否愿意都一样。把这一原则推广到美国历史的其他时期也很有用。如果说就某些较严重的冲突而言是如此，那么无数次总统竞选运动的情况必定更是如此，因为在总统竞选中一致之处极多，分歧之处极少，根本找不出什么重大的争论问题！美国文明就建筑在一个共同基础之上，建筑在一个文化和政治传统的统一体之上，它超越了各种暂时和局部的冲突。这种文化的国家性极强，大部分是孤立主义的；它是个人主义和资本主义的强烈体现。在一个要求承担国际义务、凝聚力、集中权力和规划的统一为一体的社会，传统的基础正在我们脚下动摇。在一个文化危机的时代，必须以新的眼光来看待历史。

本书各章选述的都是代表人类独特利益的人物，他们突出地代表了美国政治情绪的主流。除温德尔·菲利普斯是个例外外（他显出宣传鼓动家与讲求实际的政治活动家大不相同），那些政治活动家都是主要政党的显赫人物，都曾身居高位。也许大可再

列出一些人物来，但本书中的这些人物至少是非论及不可的。

本书对这些人物绝无粉饰之意。笔者在本书中将他们作为以大众思想领袖身份行动的人加以分析，而这恰恰不是他们最引人注目的作用。此外，我力图把他们生涯中我认为未得到足够注意的方面重点展现出来，因此我必然要绕过虔信的传记作家常常很欣赏的一些观点，而这些观点往往对这些人是较为有利的。本人的论述可能并不全面，例如杰斐逊的民主或杰克逊和林肯的国家主义就大有发挥的余地；然而，但凡撰写史书和传记，尤其是短论， xi
都必须在浩瀚的史料和众多的主题中进行选择。即便是传记巨著也不可能做到全面理解一位知名人物，本人亦无此奢想。最后，我也无意增添一部英雄崇拜和全民族自称自赞的著作，那种风气已经够盛的了。我以为，评价政治人物如何伟大并不像分析他们的历史作用那样重要。在民主社会中，对待政治领导的态度，苛求毕竟比过分宽容要令人安心一些。

理查德·霍夫施塔特

1948年1月

3 第一章　开国先辈：现实主义时代

政府如有实权便有压迫的危险。我们政府的实权则在民众多数之中……

詹姆斯·麦迪逊

权力之增大实属自然之事……因为欲壑难填。但已增长太大的大权本身还会无止境增大，而且并无相应力量驾驭之。

约翰·亚当斯

霍勒斯·怀特早就说过，美国宪法“的基础是霍布斯哲学和加尔文教。它认定人类的天然状态是战争，俗人的心智与上帝相抵触”。诚然，宪法更多依据了经验而不是任何一种抽象理论，但也毕竟是西方文明的思想史中的一件大事。1787年夏在费城制定宪法的那些人对人类的罪恶和无可救药怀有一种鲜明的加尔文意识，并且同霍布斯一样相信人类自私好斗。他们当中有政务要人、商人、律师、种植园主兼商人、投机商、投资者，等等。他们在市场上、法庭和立法机关内以及财富和权力受到青睐的幽径、通道中目睹了人类本性的种种表现，因而自认为了解其一切弱点。在他们看来，一个人就是一个自私自利的原子。他们对人类已无信任可言，但相信良好的政治制度必有力量控制人类。

对现实中的人来说，这种说法可能失之抽象，但这就是先辈们自己运用的语言。例如，谢斯叛乱后，诺克斯将军曾在给华盛顿的 4
信中憎恶地说，美国人毕竟“是活生生的人，具有人类这种动物所具有的一切激烈情欲”。从制宪会议的整个秘密讨论情况来看，这种对人的不信任显然首先是对普通人和民主制度的不信任。革命消除了英国政府的压制，因而旧殖民地农民、负债者和擅自占地者对商人、投资者以及大土地所有者的不满情绪重新燃烧起来；一些州的下层社会利用了新建立的民主体制，有产阶级感到十分恐慌。制宪会议的参加者一心想建立一种政府，不仅能够管制商业并偿付债务，而且能够防止通货膨胀、坚持执行法律并制止谢斯叛乱一类的暴动。

新宪法宗旨的最关键之处就是把 1776 年以来人民中普遍流行的思想钳制起来。埃德蒙·伦道夫在制宪会议上说，国家的弊端源于“民主政治所固有的骚乱和放荡”，并说“我们体制中的民主成分”孕育着巨大的危险；埃尔布里奇·格里说民主政治是“一切政治罪恶之最”；罗杰·谢尔曼希望“人民……尽量少管政府的事”；威廉·利文斯顿说“人民从不适于行使他们掌握的权力，今后亦将如此”；乔治·华盛顿是当时会议的主持者，他呼吁代表们不要仅仅“为了取悦于人民”而制订出自己不同意的文件；汉密尔顿指责民众“动乱多变”，“他们的判断很少有正确的”，并提议设立一个永久性的政府机构来“制约民主政治之鲁莽”；年轻而富裕的种植园主查尔斯·平克尼提出，财产不值 10 万美元者不得担任总统——这些就是当时在探讨政府问题时的代表性思想。

民主思想最可能植根于心怀不满的阶层和受压迫阶层以及处

于上升阶段的中间阶层；它或许也可能植根于原先贵族中某些异化了的、部分被取消了继承权的阶层，但民主思想对那些仍在大力扩大特权的特权阶层是没有吸引力的。费城会议的参加者大多是有相当地位者和富家子弟，只有少数几个例外；这些人作为一个集团而言已远远超过了前辈。其中只有佐治亚的威廉·费尤才算得上代表了自耕农阶层，即自由居民的绝大多数。18 世纪末，“较优裕”阶层在穿着、语言、举止和教育方面都与大众截然不同。革命前的效忠派同后来的**联邦主义**者之间在蔑视民众这一点上有与上层社会一脉相承的纽带；前者如哈钦森州长之女佩吉，她有一天曾写道：“我驱车进城，四周尽是肮脏的暴民”；后者如汉密尔顿，他对民众持公开的蔑视态度。民众骚动在年轻的古维纳尔·莫里斯眼里常常是：“暴民竟开始会思考和推理了。这些可怜的卑劣小人！……他们晒着太阳，不到中午就叫骂起来，一定这样，你相信我好啦！绅士们开始害怕了。”无论是在美洲还是在欧洲，有教养的阶层对民主思想都不予尊重，就连启蒙运动的伟大自由思想家也不例外。开国先辈们从欧洲当时愤世嫉俗的知识分子那里或从自己的基督教原罪思想遗产中都可以迅速证实一种观点：人类具有造反的天性，无可救药，必须加以控制。

不过，情况还有另外一面。开国先辈们在思想上继承了 17 世纪英国的共和主义者，反对专横统治，信仰人民主权论。如果说他们害怕民主的进步，他们对转向极右也不无顾虑。刚刚经历了同他们无力控制的外部势力进行的一次尖锐的革命斗争，他们尚无心遵照霍布斯的结论，即为避免无政府状态及野蛮状态的恐怖，必须接受任何形式的政府管理。他们不安地意识到既有人在讨论军事独裁问题，也有人在讨论恢复君主统治问题，前者主要是未得到饷金、心怀不满的军官，后者是北部那些富有的出现在大场面的人物。约翰·杰伊很了解纽约商人上层阶级的情绪，他在1786年6 6
月27日致华盛顿的信中说，他担心“比较优秀的人（我所指的是遵纪守法、兢兢业业、知足常乐的人）会因财产的不安全、对统治者丧失信心以及缺乏公共信念和正直情操而将自由之美景视为可望而不可即的虚妄东西”。他认为，这些人可能会接受“几乎是任何一种能保证他们安宁和安全的变革”。华盛顿当时已拒绝了请他担任军事独裁者的建议，他同意约翰·杰伊的意见，说：“我们很可能从一个极端走到另一个极端。”

开国先辈们不愿背弃共和主义，同时也不想违反人民的成见。乔治·梅森说，“尽管我们都体验到民主政治有其压迫和不公正之处，但民众的精神倾向于民主，而这种精神又是必须考虑的。”梅森承认“我们过于民主了”，但又担心“我们会因不审慎而走向另一个极端”。詹姆斯·麦迪逊不愧为宪法的理论家，他对代表们说：“制订的法律是要公民大众遵守的，选出的行政官员是要管理公民大众的，因此，公民大众在这两个方面必须有发言权。”詹姆斯·威尔逊是那个时代的一位杰出的法理学家，后由华盛顿任命为最高法院法官，他曾反复指出，政府的最终权力必定属于人民。开国先辈们普遍接受这个论点，因为，如果政府权力不来自于人民，那么它还有什么其他合法来源呢？采纳任何其他前提不仅不符合他们以前为反对英国统治而发表的一切言论，而且还会为今后权力的高度集中打开大门。汉密尔顿看出了大会的鲜明特征，他说，“那些最坚持共和主义的成员，在揭露民主政治的邪恶方面嗓门并不比

任何人低。”有些人自相矛盾，左右为难，他们不相信人民，但又主张政府必须以人民为基础，在这方面最突出的一个人是新英格兰的一位牧师杰里米·贝尔纳普，他曾在给一位朋友的信中说：“政
7 府源于人民应当成为一项原则；但必须教育任命……他们无力自我管理。”

二

如果人民大众是骚乱并不堪改造的，而政府又必须靠其选票和赞同才能建立，那么宪法制订者能够做些什么呢？开国先辈并没有提议改变人类天性，使之符合较理想的制度，因为他们认为这是做不到的。他们过分相信自己了解人类的过去一向是怎样的和将来必定会怎样。18 世纪的思想家非常相信普遍性。正如卡尔·贝克尔所说，当时的思想方法是“在历史领域内上下求索，企图找到一种排除了时间、地点偶然性的一般性的人，普遍性的人”。麦迪逊声称，政治分歧意见和派别形成的根源“在于人类的天性”，永远无法消除。戴维·休谟写道：“普遍承认人的行为有极大的一致性，一切民族和一切时代都一样；人性在原则上和实践上从不改变。同样的动机总是产生同样的行为。同样的原因往往造成同样的事件。”

既然人类是无法改变的追求私利的动物，就不能求助于人类的克制能力。指望善行制约邪恶实乃求之过多；因此，开国先辈们转而依赖于以恶制恶。麦迪逊在大会期间有一次曾指责古维纳尔·莫里斯“不断反复灌输人类在政治上的极端堕落的论调以及以恶

反恶、以利反利的必要性”。可是，后来正是麦迪逊自己在《联邦主义者文集》第 51 篇中对同一主题作了一个绝妙的陈述：[①]

> 必须以野心抵制野心。……观人类之天性，似应当用这 8
> 类方法制约政府的弊端。然而政府本身难道不正是人性之最强烈的反映吗？若人人均为天使，则无须再设政府。……设立以人管理人的政府，其困难莫过于必须首先使政府可控制受统治者，其次必须使其自律。

自由放任学派的政治经济学者说，私害可成为公益；如果私利不受国家干预或允许其追求自己的目的，就会靠天佑或自然而然地取得经济上有益的效果。但是，开国先辈对政治斗争并不这么乐观。他们认为，如果一个阶层或利益集团在一个缺乏宪法上的平衡力量的国家掌握了控制权，就必然会掠夺其他各种利益集团。开国先辈们当然特别担心穷人掠夺富人，但其中大多数可能都会承认，富人如果不受制约也会掠夺穷人。甚至古维纳尔·莫里斯也是如此，他既极接近极端的上层阶级立场，又非常坦率而明智，在会上说，“财富会腐蚀思想，助长权力欲，并驱使人们去压迫人。历史证明这就是富人的趋势。”

开国先辈们所需要的是建立一个“平衡的政府”，这一思想至

① 参看汉密尔顿在纽约批准（宪法）会议上的讲话：“人类必为己谋利。改变人类天性同抵挡私欲之急流一样不易。明智的立法者当审慎地使之改道，因势利导，以为大众造福。”

少可追溯到亚里士多德和波利比阿[1]时代。这个古老的概念在18世纪得到了新的赞许，牛顿的科学工作在当时的思想界占了主导地位，机械比喻很自然地涌现在人们的思维之中，就像19世纪达尔文主义气氛之下的生物学比喻一样。人类在宇宙中发现了一种合理的秩序，因而也希望能将它移植到政治中去；或者像约翰·亚当斯所说的那样，政府可以“按自然的简单原理树立起来”。麦迪逊则更是完全用牛顿式的语言说，在组建这样的“自然”政府时，必须“使各组成部分形成一种相互关系，以此互为制约，各司其职”。开国先辈们相信，只要国家设计得当，就可以形成一种协调的互相
9 抑制的制度，各种利益集团之间、阶级之间、派系之间以及政府各部门之间就可以相互制约。

因此，开国先辈们的探索实际上简化为主要是寻求一些宪法方案，以此迫使各种利益集团相互制约和控制。对于主张联邦制宪法的人来说，这类方案有三个显著优点。

第一个优点是建立一个联邦政府来维持秩序，以防范民众骚动或多数人统治。就一个州而言，可能会有一派崛起并以武力取得全面控制；但如果各州结成联邦，中央政府就可加以干预制止。汉密尔顿曾引孟德斯鸠的话说：“如果结成邦联之一邦有民众造反之事，邦联内其他各邦可起而平定之。”麦迪逊在《联邦主义者文集》第10篇中进而论说道，多数派是可能产生的各派中最危险的一派，因为多数派最有能力取得全面的权势。然而，如果政治社会

① 波利比阿(Polybius，约公元前200年—约公元前118年)：古希腊著名历史学家，撰有《历史》一书，记述了罗马扩张成为一个世界强国的历史。——译者

范围很广泛，并包容大量各不相同的局部利益，“数量和局部情势本身必然使”具有一致多数利益的公民“无法一致地实施其压迫计划”。这样，“要求发行纸币、废除债务、均分财产或任何其他不当或险恶计划的狂热行为”对首要的有产者利益集团的危险就较小了。

完善的立宪政府的第二个优点在于代表制本身。在小型的直接民主国家，民众不稳定的情绪支配着立法；但正如麦迪逊所说，代议制政府“使公众意见流经选出的公民机构，从而使它得到完善和扩大”。人民选出的代表在明智和审慎方面都胜过群众集会的人民本身。汉密尔顿坦率地预言会出现一种行业家长制，各行各业的有财势成员将在政治上代表其他人。例如，商人是其雇员和与其有关的机师和工匠的“天然代表”。汉密尔顿推测，国会“将由地主、商人和知识界人士组成，对政府的本质几乎没有什么影响”。 10

开国先辈们当时正在设计的政府的第三个优点，由约翰·亚当斯在他写的《维护美利坚合众国政府制度》一书第一卷中十分详细地指出了，此书在大会期间送达费城，数位代表赞许地提及了该书。[①] 亚当斯认为，必须使贵族统治和民主相互制约。二者应有各自的立法院，两院之上还应各确立一个拥有否决权的称职、有力及公正的行政负责人。此种分离式的集合体内部应包含一种有机的制约力量，并应能在行政负责人的指导下自行控制。整个体系之上应有一个独立的司法机关。这样就可以控制富人与穷人之间

① 本杰明·拉什常得到代表们的附和，他写道，“亚当斯先生的这本书为我们阐明了卓越的原则，据此，我们无疑会通过一项有力而全面的联邦立法。公使送给国家的这份启迪心智的礼物对我们大有裨益，胜于为我们争取到欧洲各国的支持”。

不可避免的相互压制倾向。

三

事情很奇怪，美国人深为尊崇的宪法依以为据的政治理论在一个关键问题上竟然直接违反了美国民主信仰的主流。现代的美国民间信念都认为民主几乎等同于自由，而且，民主理论家在力求区分二者时一般都认为民主为自由所不可或缺的。但是开国先辈们认为，他们最为关心的自由受到民主的威胁。在他们的思想中，自由同民主无关，而是同财产有关。

开国先辈们心目中的自由指什么？杰伊所说的“自由之魅力”
11 是指什么？麦迪逊说，以破坏自由来摧毁派别的处方比疾病本身
还坏，他又是指的什么？当然，费城会议的参加者并无兴趣把自由扩展到美国最需要自由的黑人奴隶及契约佣工这样的阶级，因为奴隶制在宪法的有机结构中是获得承认的，而契约佣工制又不是大会所关心的问题。代表们对公民自由也不是慎重对待的。相反，最积极要求各种主要自由的倒是宪法的反对者，他们要求宗教自由、言论和出版自由、陪审制、正当的法律手续，并要求保护不受“无理搜查和逮捕”。由于宪法原文中未将这些保证列入，后来只好列入最初的10项修正案中。关于经济问题，开国先辈们所争取的并不是现代意义上的贸易自由。虽然他们不提倡对贸易作不必要限制，但还是认为《邦联条例》的主要弱点之一就是对贸易未能加以管制；他们的立场接近于重商主义者而不是接近于亚当·斯密。在这方面，自由在他们看来也决不意味着可以随意取得国家

未分配的财富。他们之中至少有 14 个人是土地投机者。他们认为擅自占地者无权占据未用的土地，但却认为不在地主和投机者为取得优先购买权有权占据公地。

拥护宪法者想争取的主要是消极的自由。他们想避免财政不稳和通货不合规律状况、各州之间的贸易战、比这更强的外国政府的经济歧视、对债权者阶层或财产的攻击以及民众叛乱。他们旨在建立一种政府，由它充当有产者阶级各种利益集团之间诚实的经纪人，保护他们抗御共同敌人，并防止其中之一变得过于强大。制宪会议是各类不在财产所有者的联谊会。各类财产应在政府中按比例拥有发言权。有时也许不得不牺牲别人财产利益，但这种牺牲只是为了有产者利益的整体。财产自由将带来人的自由——

也许不是一切人的自由，但至少是有价值的人的自由。[①] 开国先 12
辈们认为，由于人的才能和能力不同，他们获取的财产数量就不同。保护财产只不过是保护人运用其天赋才能。因此，持有和处置财产的自由在许许多多的自由中是最重要的。民主即民众不受制约的统治，必然会导致财产的任意再分配，从而毁坏自由的根基。

开国先辈们对民主的见解来自他们对付各州好斗的泥腿子和

① 开国先辈们或许也会接受《独立宣言》中“人人生而平等”的论点，但这只是法律上的主张而不应是政治或心理上的主张。杰斐逊自己就相信存在“天生的贵族”，但他认为任何社会阶层都会出现这种贵族。但是，有些人对天赋权利理论的理解比他保守，对他们来说，人人生而平等的思想并不意味着未开化的泥腿子或满手污垢的填船缝工同斯凯勒、华盛顿或平克尼有任何平等之处。对他们来说，这只是意味着英国殖民地的居民拥有同英国人在国内拥有的同样的天赋自治权，意味着美国百姓同英国百姓的法律地位相同。值得注意的是，宪法的签署者中只有 6 人签署了《独立宣言》。

革命时期城市暴民的实际经验，而他们对历史和政治科学的理解也补充了这种认识。他们研究历史先例引起的最主要的情绪就是害怕麦迪逊所说的“有利害关系的占压倒地位的多数所拥有的优势力量”。主要的共和国例子有古典古代的城邦共和国、中世纪欧洲的共和国以及近代初期的共和国。这些共和国的历史如汉密尔顿所说，“徘徊于极端专制和极端无政府状态之间”，令人感到惊慌不安。大多数破坏共和国自由的人“均以献媚于人民起家；始为群首，终为暴君”。

开国先辈们在著述中赞扬的各种立宪方案都是为了确保美国将来不重蹈以往那些共和国“动荡不定的”政治覆辙。他们心目中的“民主”是指一种直接表达大多数人意愿的政府体制，表达的途径通常是类似于古代城邦小区域内能实现的民众集会。

宪法制订者的一个基本信念就是，他们认为民主政治从来也
13 不过是政府管理的过渡阶段，要么演变为专制统治（支援暴民的富裕的民众领袖的统治），要么演变为贵族统治（民主分子的原有领导人）。颇有点教条的约翰·亚当斯在一封致卡罗来纳的约翰·泰勒的信中写道，“请记住，民主政治向来不能维持长久。它很快就会衰败、枯竭，并终将扼杀自己。从未有过不自杀的民主政治。”[①]他还写道：

---

① 泰勒曾竭力反驳亚当斯的论点，但他在美国政治中奋斗多年受挫之后，于1814年终于在很大程度上同意了亚当斯所说的情况：“所有党派，无论其起初如何忠实于原则，都终将蜕变为利益集团的贵族统治；除非一个民族有能力辨别正直与诡诈的分界，否则民众政党便是推行贵族统治的最必然形式。”

> 倘使让民主分子多分得一点主权，即让他们在立法机构中起支配作用或占优势……，他们就会通过表决剥夺你们这些贵族的一切财产；假如他们让你们保住性命，就已显得比有史以来的一切得胜掌权的民主政治更人道、更体贴和更宽大了。接着下去又会是什么情况？民主分子中的权贵将取代你们，对待其治下之人民将如同你们以往对待他们那样严厉无情。

开国先辈们认为，政府的根基是财产。没有财产的人并不关心社会有秩序与否，因而也不会去做安分守己的公民。对城市无产群众的恐惧心理几乎是普遍一致的。乔治·华盛顿、古维纳尔·莫里斯、约翰·迪金森以及詹姆斯·麦迪逊都谈到过对今后可能出现的城市工人阶级的担心——迪金森将其称为“既无财产又无原则之辈”——就连主张民主的杰斐逊也有这种偏见。麦迪逊在提到这个问题时几乎已预见到现代来自共产主义和法西斯主义两个方面的对保守的共和主义的威胁：

> 将来，人民之绝大部分不仅不会拥有土地，而且也不会拥有任何其他财产。他们或将在共同处境的影响下合并起来——在此种情况下财产权和公众自由在他们掌握中将是不牢靠的——或更可能成为致富及野心的工具，因而对另一方造成同等危险。

不过，由于当时地产分散，先辈们对自己所处的时代颇有信 14

心。在当时的数年中，小土地所有者农场主制造了一些麻烦，但普遍认为只要宪法制订得当，就有可能与之达成妥协。由于他们拥有少量土地，大概足以使他们感到与社会利害攸关，从而服从公平的政府的制约，成为社会中稳健可靠的公民。对政府的影响将与财产成比例：商人和大地主将占支配地位，但小业主也将有其独立的、不可忽视的发言权。麦迪逊说，“每个阶级的利益和权利应在公共机构中有其充分代表并得到理解，”这就是“正义和政治”；约翰·亚当斯称，“宪法中若无民主成分，就不会有自由政府。”

在大多数州内，农民方面的情况已符合了关于选举权的财产要求，开国先辈们一般都不反对他们参政。但他们在谈论必须将政府建立在“人民”的赞同之上时，想到的只是这些小业主。例如，乔治·梅森撰写的著名的《弗吉尼亚权利法案》就将合格选民界定为“足以证明自己与社会有永久的共同利益和附属关系”的人——简言之，就是必须有足够的财产。

不过，开国先辈们吸收自耕农在国家大事方面成为重要但又受到严格限制的参与者的初衷无法得到充分实现。在宪法制订之时，南部种植园主和北部商人捐弃分歧以应付内部极端分子和外部强国造成的共同危险。宪法获得通过之后，统治阶级之间的冲突又开始了，尤其是汉密尔顿偏袒北部商业利益的政策触犯了势力强大的种植园主之后，这种冲突更为加剧起来。种植园主转而与农场主结成土地所有者联盟，这种强大的联盟持续了半个多世纪，代表了国内绝大部分相关联的利益集团。因此，随着时间的推
15 移，美国政治思想的主流越来越偏离宪法制订者的反民主立场。然而，令人惊奇的是，他们对宪法普遍感到满意，而且国家主义日

益增长,使美国人对先辈充满了深深崇敬之意,因而上述偏离倾向虽然越来越强,但却越来越不被人注意。

现代评论家普遍认为,关于宪法的辩论是在学术层次上进行的,这在政治中很少见,而宪法本身又是世界务实的治国杰作之一。从其他方面看确实有争议。当时反对宪法的人从一开始就预见到地方政府和民众体制将受到可怕的破坏,旧制度下的保守欧洲人则认为年轻的美利坚共和国是一种危险的左倾实验。现代的评论学识使辩论发生了新的转折,在查尔斯·A.比尔德所著《美国宪法的经济观》[①]一书达到一个新的高度。宪法所依据的理论同美国民主政治的理论之争经长期沉默后又一次展开。比尔德教授的著作于1913年问世,时值进步运动的高峰年代,丑闻揭发热仍很高;某些人读了他的研究成果后认为开国先辈们是一批自私的反动分子,不应在美国人心目中占据如此崇高的地位。较近一段时间,另一些作者却反用这个逻辑,以比尔德提出的事实来颂扬开国先辈们对"民主政治"的反对态度,并论证应再次起用"共和国"的主张。

事实上,开国先辈们把自己看作站在两个政治极端之间的温和的共和主义者,这是相当准确的。他们受阶级动机驱使的程度大于其虔敬的论述者所愿意承认的程度,但正如比尔德教授近来所强调的,他们也受制于国务活动家式的温和意识及审慎的共和哲学。然而,如将他们的思想同18世纪的背景割裂开,必定会使

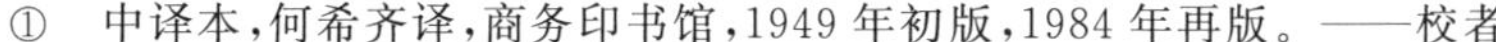

① 中译本,何希齐译,商务印书馆,1949年初版,1984年再版。——校者

这些思想显得十分反动。不妨想一想约翰·杰伊那句最得意的格
16 言:“拥有国家的人民应治理国家。”对开国先辈们来说,这只是政治权利方面社会利害关系理论的简明的格言式陈述,是美国 18 世纪财产分配条件下的一种温和的保守立场。在现代财产关系之下,依此格言就应大大限制政治势力的基础。现代中间阶层中有很大一部分并无财产,而平衡的政府所依靠的正是这一阶层的力量,开国先辈们十分担心的城市无产阶级又占人口将近一半。况且,随着法人团体而来的控制权与所有权的分离也使杰伊的格言在 20 世纪失去了意义,即便对许多有产者来说也是如此。美国电话电报公司的 60 万股票持有人不仅未因持有股票而获得政治力量,而且也未获得经济力量:他们连自己的公司都控制不了。

从人性研究的角度来看,开国先辈们的理论中矛盾极大,而这种理论正是由他们对人的理解而来的。他们认为人类生而贪婪自私,然而他们又希望人类获得自由——实质上是自由竞争、自由从事有公断的争夺、自由地以财聚财。他们接受重商主义的生活观,将其视为无休止的战场,并且承认霍布斯所说的那种大家相互为敌的战争;他们并不设法加以制止,只想使之稳定并减少其危害。他们自己并未指望人类自身的行为方式最终会发生有机的变化,也没有使人们对之产生过希望。其结果是,一方面认为自私是人类最危险、最不能容忍的天性,一方面又必须在试图加以控制的过程中对之表示认可。他们在这两方面都很成功:在 19 世纪的竞争性资本主义制度下,美国仍是各种贪婪的相互竞争的势力的战场;联邦政府继续提供各方可在其中争斗的稳定而可接受的环境;此外,正如开国先辈们指望的那样,它通常对有产者的利益表现出有

益的偏倚。但是,任何人只要像先辈们了解 18 世纪科学那样了解
现代科学,就不再相信人性不可变的说法。现代的人道主义思想 17
家如想设法使社会超越无休止冲突并摆脱顽固坚持以财产权为其
总原则的状况,他们在 1787 年宪法制订者确立的平衡的政府理论
中是找不到答案的。

18

第二章　托马斯·杰斐逊：出身高贵的民主派

自由自在的羊群比在豺狼照看之下愉快。

托马斯·杰斐逊

围绕托马斯·杰斐逊而形成的神话，是美国历史上数量最多并给人印象最深刻的。联邦主义史学家强烈的偏见从未得到广泛接受，然而像克劳德·鲍尔斯及已故的 V. L. 帕灵顿等杰斐逊传说的信徒所树立起来的固定形象却极为普及。杰斐逊被描绘成一位从事正义斗争的民主斗士，一位反对贪婪的资本主义经济学的重农主义者，一位在 1776 年摧毁了弗吉尼亚社会结构的革命者，以及使联邦主义斩草除根的“1800 年革命”的赞助者。虽然事实足以证明这些看法是可信的，但查尔斯·A. 比尔德、吉尔伯特·奇纳德以及艾伯特·诺克等敏锐的杰斐逊学者已将其毁弃；当然，并非由于缺少像样的批评而导致杰斐逊神话的流传，然而杰斐逊时代的问题受到过分夸张，因而他本人也随之受到过分夸张。

假如杰斐逊同那些心怀不满的造反者合流，同他们一道破坏既定秩序、强行推动社会斗争来解决问题，那才是令人奇怪的。杰斐逊出身于弗吉尼亚的名门望族。他的父亲彼得·杰斐逊靠自我奋斗起家，但母亲简·伦道夫却出身于弗吉尼亚的名门，他通过母亲获得了牢靠的社会地位。彼得·杰斐逊死于 1757 年，身后为其

14 岁的儿子留下了 2700 多英亩土地及为数众多的奴隶。托马斯·杰斐逊在成年后的大部分岁月中约拥有 1 万英亩土地及一二 19
百名黑人奴隶。他之所以有暇写出阐述人类自由的伟大著作，得助于三代奴隶的劳动。

杰斐逊是个仁慈的奴隶主，他对养活了自己而又不得不依附于他的下人有一种惯有的关切之心，这无疑影响了他对普通百姓的感情。他为自己不过于施加保护而自豪，有一次曾写信给杜邦说，他与杜邦对人民的情感不同：他爱人民是将其看作能够自理的成人，而杜邦爱人民则是将其看作需照料的婴儿。但是，在如此贫富不均的社会中成长起来的上层阶级的人，无论他是有识之士还是不学无术之徒，都不会成为杰斐逊自认的那种民主主义者。查尔斯·M.威尔茨写道，“他始终远离民众，如果说他要求人人平等，并非由于他认为人人生而平等，而是由于他推想人人必须平等。”他所主张的民主中显然有一种恩赐成分；他写给拉法耶特的一封信中就暴露了这种民主的实质：

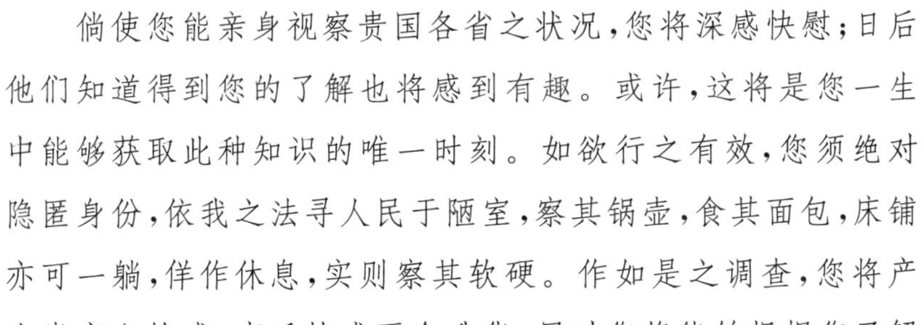

> 倘使您能亲身视察贵国各省之状况，您将深感快慰；日后他们知道得到您的了解也将感到有趣。或许，这将是您一生中能够获取此种知识的唯一时刻。如欲行之有效，您须绝对隐匿身份，依我之法寻人民于陋室，察其锅壶，食其面包，床铺亦可一躺，佯作休息，实则察其软硬。作如是之调查，您将产生崇高之快感；事后快感更会升华，届时您将能够根据您了解的情况软其床铺，或将片肉投入其菜锅之中。

杰斐逊受教于威廉斯堡的威廉与玛丽学院，虽然年轻，但很快便为最具才华、最为开明的社会所接受。毕业后，他自然进入了弗吉尼亚的绅士圈子，对他们来说，政治领导工作实际上是一种社会义务。他于 24 岁时加入律师协会，26 岁被选为州议员，
20 任职达 6 年之久。29 岁已是咨询律师，事业顺利但兴趣不大，娶了一位年轻寡妇，并在蒙蒂塞洛定居。婚姻为他继承的财产又增添了大笔地产，但也给他带来了 4000 英镑的债务。同弗吉尼亚的许多种植园主一样，他与英国债权人的关系使他对于该州经济对英国的依附地位颇为不满，因而投身于州议会的反英集团中。他从英国共和主义理论家那里学到的铭记不忘的名言开始具有更为生动的意义。1774 年，他写了一篇大胆的短文，将天赋人权理论用于殖民地问题的论战，这篇文章很快在各殖民地引起了注意，他本人也因文笔卓越而著名，后来也因此而成了《独立宣言》的起草者。

革命伊始，杰斐逊正值盛年，革新的热情正旺；他在革命的最初几年中做了一生中最具创造性的一些工作。弗吉尼亚州的改革者在他的领导下废止了长子继承权和限定继承权，使英国圣公会同政府分离，并禁止再以宗教异见为由剥夺法律或政治资格，从而为思想自由和宗教自由奠定了基础。他们还试图建立一种良好的公费学校制度，但成效甚微。杰斐逊草拟了废止长子继承权和限定继承权的法案，并以宗教自由议案为名起草了文学史上最卓越犀利的一份争取思想自由的呼吁书。

这次改革运动的成就很大，但历史学家和传记作家作了过分的渲染，他们把杰斐逊及其同道看成革命党人，认为他们大力推行

社会改革方案，废止弗吉尼亚的贵族统治并为民主政府打下基础。
杰斐逊在谈到自己的成就时通常是克制而准确的，但有一次说得
还是过分了，他说这些改革“根除了”弗吉尼亚州贵族统治。如果
这些变革真的如此重大，就必定会遇到强烈的抵抗。而实际情况
却是，旧体制几乎是未推即垮，只有宗教自由议案的情况例外（杰
斐逊证实道，这一议案激起了“我从未遇到过的最激烈的争执”）。
杰斐逊写信给富兰克林说，“这次重大革新”非常轻易就完成了，仅 21
有“几位贵族绅士因痛失其尊荣”而表示反对，“众人都认为这是些
可怜虫而不宜予以惩罚”。

这种“得到赞同的革命”的解释很简单：并没有什么革命。弗吉尼亚并不存在真正意义上的长子继承权制度。这种制度对于土地所有者从来不是强迫性的，它只有在地主去世未留遗嘱处置土地时才适用。弗吉尼亚州有地产的家庭一般也不用长子继承办法，因为他们通常都留下遗嘱，将土地分给儿子们，有时甚至还分给女儿们。限定继承权对贵族实际上造成麻烦，因为这种制度妨碍他们随意变卖常常已无力保持下去的地产。1776 年以前的数年中，弗吉尼亚的立法部门一再收到各大家族的请求，要求免于对其土地实行限定继承权。

有些着迷的传记作家大谈杰斐逊当时十分关心废奴问题。杰斐逊身为法典修改委员会成员，起草过一项逐步解放奴隶的法律，但从未想去推行。他解释说，“据了解，公众不会容忍这种主张。……但他们不久必须予以容忍和接受，否则发展下去情况将更糟。”从杰斐逊务实的政治素质来看，他决不会不识时务地去推

行“公众不会容忍”的法律，纵然这种法律确需实行。[①]

杰斐逊在独立战争时期曾任弗吉尼亚州州长，经历极不愉快，
22 至38岁时已十分希望永远脱离政坛，但因夫人去世而不想再留在蒙蒂塞洛，于是再次出山，十分积极地为大陆会议工作。他于1785年至1789年任美国驻法国公使，这段经历对决定他的政治思想的方向可能具有极重要的作用。他在国内的朋友们目睹《邦联条例》失效，对自耕农政治上的发展忧心忡忡，政治立场日益右转，而他却在周游欧洲，考察封建及君主体制，观察深受剥削的英国工人和法国农民，从而坚定自己的共和主义信念。欧洲各国贫富的两极分化使他深感震惊，他发觉国王、贵族和教士“放肆地勾结在一起，处处算计人民群众，使之不得幸福”，他认为欧洲的王族只不过是一群“傻瓜”和“白痴”，并以最激愤的语言描述了英国劳动阶级的境遇。欧洲的情况使他更加坚信，地球上只有美国才是天定的乐土：它有共和政府、广泛分布的地产、农业经济，并且与外界远隔重洋。虽然他对欧洲的普通百姓深怀敬意，但他们也使他回想到美国在政治上的优越。他在给拉法耶特写的一封信中，寥寥数语便归纳了他一生所持的偏见：“美国的自耕农绝不是巴黎的下层人。”

法国革命初期的温和派领袖自然要向杰斐逊求教。有一次，他轻率地让拉法耶特和几位朋友在他家中开会。事后他及时向法国外交部长蒙莫兰表示了歉意，但蒙莫兰显然对他十分了解，在答

① 杰斐逊在攻击本州的奴隶制时持典型的审慎态度，但对各殖民地之间的事务的态度却较大胆，因为他估计会得到北部各州的支持。因此，他在《独立宣言》中对奴隶贸易作了严厉的谴责——后被勾销——并企图在他的1784年法令中规定在西北领地禁止奴隶制。

复时说,他希望杰斐逊“在此类会议上经常予以帮助,因他深知我可帮助调和激烈情绪,并只会推动谨慎的切实可行的改良”。当国王首次表现出安抚态度,头戴流行帽饰出现在公众面前时,杰斐逊就判断时机已到,可与王室达成妥协。但他的那些革命友人没有接受他起草的妥协条件——原因是这份草案过于温和。

* * *

有人认为杰斐逊是一个不切实际的空想家。卡罗尔顿的查尔 23
斯·卡罗尔称他为“重理论的幻想家”,对这种意见应如何看待呢?这种说法确有一定道理,但与他的公务活动或气质无关。他确实乐善好施,不惜借债以赠乞丐,其慷慨程度远非囊中财力之所及,晚年更全然不顾财力已衰,为一处境窘迫的邻人签付了借据。

但是,他的思想是否天然倾向于高度抽象?他在空闲时候是否真的思考抽象问题?情况正相反:当他终于有时间静心著书立说时,却把精力集中用于一些注重实际的工作,撰写了百科全书式的《弗吉尼亚记事》、一本供参议院使用的议会手册、一篇关于印第安语的研究论文,并写出了自传。他从未想过要写一本关于政治理论的系统著作——这实际上是好事,因为他并无固定的理论体系,也缺乏空论家始终如一的强制力。虽然他有时间有精力去涉猎一切,从认识论到机械学无所不包,但他最感兴趣的却是后者。他对计算、观测、测量的爱好近乎着迷。(他有一次写信给女儿说,“每一簇嫩草都会引起我的兴趣。”)他的价值标准是非常讲求实用的。(“对国家的最大贡献莫过于在其文化土壤上添植一棵有益的树木。”)他自己动手设计了住宅,深入有效地研究了手下奴隶的工作,所经营的农场在相当程度上达到了自给自足。他发明了大麻

纤维拍打器，算出了一种阻力最小的铸板犁结构程式，为此获得了法国塞纳－瓦兹省法兰西农学院的奖励；他设计了一种皮制轻马车车篷、一种转椅以及一种旋转碗碟架。他对旅途上所见的农场、庭院、社会状况以及自然现象都有详细记述。艾伯特·杰伊·诺克对他的结论是："对于西欧的一草一木，只要有用，他都研究，并且还要研究其栽培情况。"他长期坚持每日记录温度及气压数据。他不断研究新的犁耙、蒸汽机、节拍器、温度计、升降机及诸如此类的器具，此外还研究黄油和奶酪的加工工艺。他为国会撰写了一
24 份论述美国衡具、量具标准的论文以及一篇关于调查统计报表的精彩评论，其中对数据的收集提出了详细的建议。他在旅途中购买了欧洲 12 个大城市的详图，后借给朗方，供他在设计华盛顿的蓝图时参考。他构想了美国的 10 进币制，在这一点上显然比金融家罗伯特·莫里斯高明。这就是这位"重理论的幻想家"对实用技艺的贡献。

杰斐逊说，自由之树须常灌以暴君之血，认为 20 年来一次叛乱实乃好事，并一生都在鼓吹应每隔 25 年或 30 年彻底修改一次宪法，对此应如何看待呢？同时代的许多保守人士认为杰斐逊是危险分子，所到之处都把他视为固执的空论家，对此又应如何看待？

杰斐逊是一位复杂的人物，必须既分析其思想，又分析其行动，对他应作全面而不是片面的评价。他的思想深处有很多模棱两可之处，因而无法理出前后一致的线索。虽然联邦主义历史学者利用这种模棱之处来证明他是非不明、思想气质变幻不定，但实际上却可由此探寻到一种始终具有矛盾心理的个人和政治经历。他对父亲极为敬仰，对父亲成就的评价高于对母亲崇高社会地位

的评价，从未承认过母亲对他的影响；然而他从一开始就既认识到上层阶级的自信，也了解出身寒微的人们的真正优点和才干。他在自传中冷淡地提起伦道夫家族："他们追溯家系，远至英格兰和苏格兰，让每个人都把自己认定的信仰和荣誉归因于此。"到了成年，杰斐逊既是奴隶主，又是革命者；虽然有数十个生灵归他所有，同时却可宣称人的权利是"不可剥夺的"。他一生周旋于富人和学者名流之间，仿佛不喜欢激烈言词而学会了迎合他们——但他也吸收了当时最为开明和可疑的观点，并且同托马斯·潘恩及乔尔·巴洛等人志趣相投。在美国政治中，他既是自耕农的领袖人 25
物，也是大种植园主的领袖人物。他领导着反对商人利益的民众派别，但这个派别也是自有其贪婪要求的有产者派别。他熟读了当时最优秀的哲学文献，接受了博大的世界主义思想，同时又是坚定的美国爱国者。就其个人性情和哲学而言，他是个和平主义者；所受的教育使他成为国家主义者；但他又是一个具有强烈地方观念的弗吉尼亚人。他全心全意地力求捍卫农业社会的价值，但他又信仰进步。除了这一切以外，他又异常长寿，目睹了众多的变革，力求使自己的观点适应变化中的形势。

杰斐逊具有热烈的激情。他的世界主义思想折射出当时最先进、最解放的观念。他信奉这些观念，对这些观念的阐述和反复讲的话已成为经典；但他并不想通过争论来实现这些主张。几乎只有在他的**私人**信件中才能找到使他如此享誉的豁达而无拘束的思想；在写出《独立宣言》和《弗吉尼亚宗教自由令》之后，他就一直设法避免在公开场合表达自己较不易为人接受的思想。他知道，在平日公众活动的现实世界中，他的大多数崇高理想之价值主要在于指明社会发展应取的方向。他从未真正指望这些理想能在有生之年实现,他宁愿寄希望于进步,希望未来某一伟大时刻人类终将实现他的理想。(约翰·亚当斯曾嘲笑他道:“你很有鉴赏能力,热衷于未来的梦想而不乐道过去的历史。”)

杰斐逊在实践中一般着眼于实现某种不致引起尖锐冲突或耗费大量精力的最低纲领。他讨厌激烈争执,要是他的原则会激怒同事或友邻,他就不坚持这些原则。他不想让《弗吉尼亚记事》一书流传过广,因为他不想让弗吉尼亚人读到他对奴隶制发表的愤激言论和对弗吉尼亚殖民地宪法的尖刻评论。杰斐逊并非缺乏勇气——他那推行中遭到全国各地激烈反对的无益的禁运政策就证
26 明了这一点——而是缺乏一种能够忍受政治斗争的刚毅精神。虽然有强烈的政治倾向,有时还表现出强烈的敌对意识,但他既未掌过大权,又不愿引人注意。他对批评很敏感,1789 年对弗朗西斯·霍普金森承认道:“我觉得,少许指责,哪怕是无理的指责,所引起的痛苦在程度上甚于大量赞扬带来的喜悦。”他极为腼腆,不同常人,并且略有口吃,自己觉得无法像华盛顿和亚当斯那样在国会亲自宣读致词。他不具备鼓动家的素质,甚至也不具备现代民主政治所要求的领导素质。他从未作过激动人心的演说。他的个人生活丰富多彩,兴趣极广,曾有许多次他要愉快地摆脱公务而从他的农场、家庭和书籍中享受快乐。

二

反对杰斐逊的联邦主义者首先担心权力落入多数人手中。杰

斐逊则担心权力落到其他地方。他在首次就职演说中针对“人的自治不可信赖”这一普遍说法反问道：“那么，让他人治理就可信赖么？”他大概会同麦迪逊一样认为权力“具有腐蚀性”，确信权力会腐蚀掌权者。他从巴黎写信给爱德华·卡林顿说，“你我以及国会和各州众议院、法官和州长均将成为恶狼。这似乎是我们一般的本性的法则，尽管有个别例外情况。”

杰斐逊承认，多数人掌权常常会对涉及公众的问题作出错误决策，但他又论证道，“人民的错误危害小于”国王、教士及贵族的自利政策。谢斯叛乱一类民众反叛的事并不使他感到惊恐。在私人书信中，由于无须顾虑，他坦率地说，“正直的共和政府在惩治叛乱时”应当“温和，切勿过分压制之”，“不时发生一点叛乱实是好事，它对政治界的必要性恰如风暴之于自然界。”人民并不完全了解情况，但即使因误解而使他们发生动荡也比无动于衷要好——因为人民无动于衷就意味着共和国的死亡。

杰斐逊反复呼吁通过广泛的公立学校制度和自由的报刊来教育人民并使其了解情况。虽然他对共和国抗腐败和堕落的能力信心不大，但他希望群众教育能够遏止此种衰败的过程。[①] 教育不仅将使共和国政治稳定，为其带来智慧，而且也会扩大机会，发挥普通百姓充裕的天赋才智。杰斐逊一生贯穿着这种人本主义的关注，其宗旨是“追求幸福”，追求不受阶级限制的个人发展。

然而，总的来说，他在热情赞扬“人民”的优点和能力时指的是

① 他在《进一步普及知识议案》（1779 年）中宣称，“经验证明，即或在最好的政府统治下，委以权力者终将逐渐使政府蜕变为暴政……”

“农场主”。他将近18岁才见到城镇是什么样，深信农村生活和农村的人是公民美德和个人活力的源泉，农场主是民主共和国的最优秀社会基础，他在《弗吉尼亚记事》一书中宣称，“如果世上确有上帝的选民，则田野中的劳作者就是上帝的选民。没有哪个时代、哪个国家曾提供一个说明田间耕作民众道德败坏现象的例子。”①

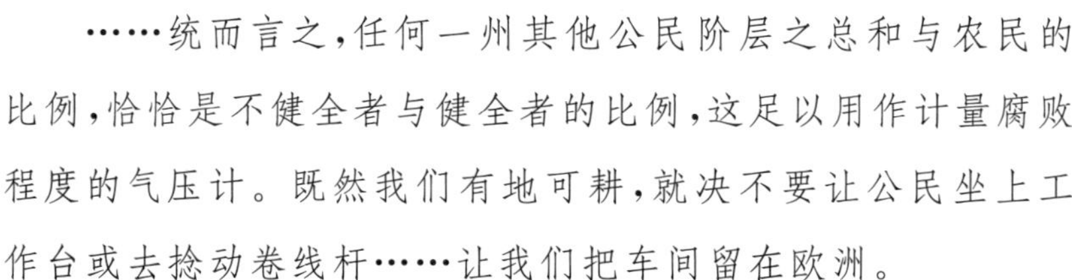

28 ……统而言之，任何一州其他公民阶层之总和与农民的比例，恰恰是不健全者与健全者的比例，这足以用作计量腐败程度的气压计。既然我们有地可耕，就决不要让公民坐上工作台或去捻动卷线杆……让我们把车间留在欧洲。

因此，美国经济就应维持在农业状态。制造商、城市、市民阶层应越少越好。无论如何，杰斐逊的信念就是如此，直到任职白宫并执掌外交政策之后他才开始改变观点。有一次他甚至说希望美国以欧洲为鉴，在经济上像中国一样立足农业。对于商业他是鼓励的，因为商业为农业提供了必需品——但他早期对市民阶层的让步仅限于此。

---

① 1787年，他曾写道：“我认为，只要我们的政府始终以农业为主，其德政将历多少世代而不衰；而美国任何一处若仍有空余的土地，政府就必定以农业为主。假使如同欧洲一样，政府在大城市中堆积起来，便终将如同在欧洲一样腐败下去。”

当他注意到联邦主义者的计谋之后，他更加坚信只有农民才具有公民之素质，他在书信中发出强烈的呼声：“农场主的利益全在于农业……他们是伟大的美国利益的真正代表，只能依靠他们来表达美国的正当意见。”

他认为，完全持有地产的农场主这个经济阶级具有多于其他阶级的政治素质，这显然违背了人性无处不同的抽象观念，但他似乎没有看清这一见解的含意。

这时的杰斐逊信赖农场主,不信任市民阶层,并相信叛乱和社会动乱有其远期价值,因而似乎与宪法的制订者截然相反,如果他的政治理论得到详尽阐述成为首尾一贯的体系,他本来确实有可能站到对立面。但是,他与当时保守思想家还有很多通常未为人注意到的共同点。在政治理论上,他与宪法制订者的分歧在于重点而不在于结构。他们主要担心的问题也是他所担心的问题。他并不认为政治体制可以万无一失地依赖个人的德行。他在1795年写给曼·佩奇的信中说,他不同意罗什富科们和蒙田们[①]的观点,即"15人中必有14人是无赖"。"但我向来认为无赖将占主要部分,而且认为此比例对于高阶层适用,对于那些高居于猪猡般群氓之上并总在钻营权力和利益者适用。"杰斐逊认为尤其不可救药的是上层而不是下层;但也正是他才会使用"愚民"和"猪猡般群氓"这样的字眼。[②]

杰斐逊当然赞同平衡政府原则和人民必须受到制约的主张。他在自传中写道,"政府欲达到完善,其途径不在于统一或集中权力,而在于分散权力。"他于1776年为弗吉尼亚州起草了一个宪法,其中采用了制衡原则并要求选举人需有财产资格。[③] 议会两

① 罗什富科为17世纪的法国道德家和作家,以其格言、回忆录和通讯著称。蒙田为16世纪法国作家和哲学家。——译者

② 本书第一版发表后不久,即承蒙小查尔斯·卡罗尔·兰森先生提醒我注意,1795年联邦主义者在杰伊条约争议中使用"猪猡般群氓"这一习惯用语的情况极为普遍。兰森先生的意思是,杰斐逊并不是按其字面意义,而是带有讽刺性使用这一习惯用语的,我认为很对。因此,我原先对杰斐逊的意思的解释看来是不正确的。

③ 但在《弗吉尼亚记事》一书中他却对本州受限制的选举权表示不满:"出资出力扶持本州的大部分人在议会并无代表,有选举权的地产所有者名册的人数一般仅为民兵队名册或赋税名册人数的一半。"

院中只有下院由民选：参院由下院选出，州长也是这样选出，因而立法结构的三部分中有两部分是完全脱离公民的。5 年后，他对弗吉尼亚州采纳的宪法（不是他起草的那一份）提出了批评，他最不满意的是其中缺乏制约：参院和众院相同之处太多，因为二者都是选民以同样方式选出的。“其所以要建立不同的立法部门，目的在于由不同利益集团或不同原则来施加影响。”他接着写道：

> 政府之一切权力，立法权、执法权及司法权，都归于立法机构。这种把这些权力集中于同一批人手中的情形正是暴政的要义。多人揽权的坏处并不比一人掌权小。173 个暴君肯定同一个暴君一样暴虐。……他们虽由我们自己选出，但对我们并无多少裨益。我们奋争所求者决非民选专制的政府，我们所求的政府需以自由原则为基础，其权力需由几个行政
> 30 机构分享并相互制衡，如此则无一可越其法律界限而不受其他机构的有效牵制。

完全可将这段论述视为 1787 年费城制宪会议上的正确理论。一个政府若无制约体制，不分权并加以制衡，就正是杰斐逊所指的那种暴政；掌权机构为人民所选，这一事实并不能缓和他的批评；这种不受制约的政府只是一种“民选的专制”。杰斐逊因而不同意简单的多数人统治，而是接受了政府中应有“不同利益集团或不同原则”之代表的观点。

这一切似乎颇接近于麦迪逊和亚当斯的理论。事实上，杰斐

逊同二者并无极尖锐的分歧，因而没有对他们在制宪时期的保守论述提出过质疑。1788 年，他在致麦迪逊的信中称赞《联邦主义者文集》是“对政府原则之最优秀阐述”。两年后，他在给外甥托马斯·曼·伦道夫推荐阅读著作时称赞洛克的著作“是目前最完善的书”，并说，“从理论到实践，没有一本书优于《联邦主义者文集》。”1787 年，他对约翰·亚当斯说，他已读了亚当斯的《捍卫》一书，“极为满意，获益匪浅。此书对美国将有极大价值。我希望书中的学问及很强的判断力将使之成为我国新老政治家公认的基本原理。”①

杰斐逊在法国收到 1787 年联邦宪法的文本时，曾向亚当斯承认道，他起初对这种尝试很感吃惊，但很快就又镇静下来了。他告诉麦迪逊，他认为其中的优点很多，但强烈反对两点：一是没有权利法案（后收在最初的 10 项修正案中）；二是总统可当选不止一届。最后他对这一宪法大表赞同：“这是一幅优秀的油画，唯某些笔触需略作修饰而已。”随着岁月的流逝，他对宪法的评价越来 31
越高。

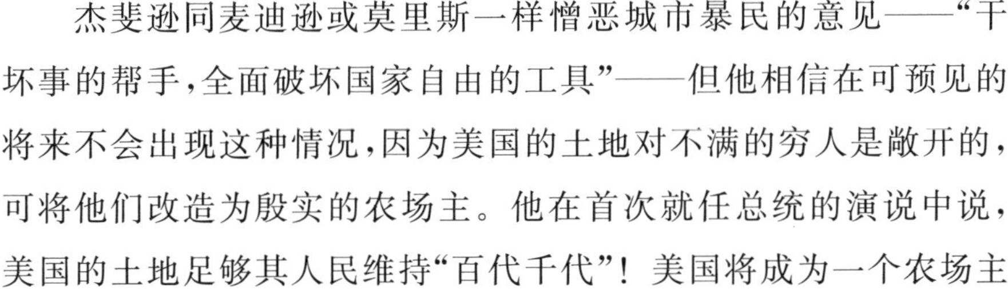

杰斐逊同麦迪逊或莫里斯一样憎恶城市暴民的意见——“干坏事的帮手，全面破坏国家自由的工具”——但他相信在可预见的将来不会出现这种情况，因为美国的土地对不满的穷人是敞开的，可将他们改造为殷实的农场主。他在首次就任总统的演说中说，美国的土地足够其人民维持“百代千代”！美国将成为一个农场主

① 后来他对约翰·泰勒的《美国政府原则和政策研究》（1814 年）也表示衷心赞同，该书很大一部分轻率攻击亚当斯的理论。这自然是联邦党人与共和党人的争执激化之后的事。

的国家，耕者有其田，他们将是独立的、有知识的，既不会盲动，又不会堕落。他必定认为，获得路易斯安那购买地将确保国家朝此方向发展。

因而，国家将是有产者的国家，未来也就建立在这个国家的有产阶级的基础上。杰斐逊强烈地倾向于一种观点：社会中的有产者是使政治心态稳定所必需的。1800 年，他写信给一位朋友说，他一向赞成男子一概应有选举权；但这是他没有固执坚持的理论概念之一。他又说，“然而，我发现有一些极有声望的人士由于深信拥有一定财产为思想充分独立的必需而主张有产者方有选举权。”他于 1776 年起草的弗吉尼亚宪法要求选举人须为在农村完全拥有 25 英亩地产者，或在城市拥有 1/4 亩地产者，或必须是在选举的两年内均完税者。杰斐逊从未在任何地方试图推行过男子普选权。①

杰斐逊民主观念的显著特征是它与当时农业的社会秩序的密切有机联系。可以说他认为一个有教养、有知识并且有自由的体制的农民的国家是最适合的民主共和国，但这样说似乎还不够，还
32 应补充一点：他认为没有一种**其他**形式的社会能保证维持一个共
和制政府。一个国家如果拥有很多大城市，制造业和商业极为发达并有人数众多的工人阶级，民众性共和主义即便并非完全无望

① 不过，必须补充很重要的一点：杰斐逊曾于 1776 年提议，每一位成年白人男子，凡地产不足 50 英亩者，弗吉尼亚州给予 50 英亩。若如此，就几乎可使选举权实际上成为普遍的权利。这也表明了他的一个信念，凡是自由土地使此项政策可实行之处，应争取扩大经济机会，也说明了地产和民主在他思想中的重要联系。在当时，他对政府经济**基础**的认识比他对政府**结构**的概念更为民主。

也是可能性不大的。

当然，杰斐逊心目中完善社会的平衡十分单薄，因为他认为：工人阶级、商人、投机者都是不可靠的；城市“弊病多”；只有农场主才是可靠的善良之辈。他极不相信人性如何可以脱离田园耕种和不动产的真正的或“天然”的滋养。他究竟是否比约翰·亚当斯更坚信民主可与田园脱离？而现代工业资本主义的无情的进展使这一切都做到了：它使社会的五分之四脱离了土地，使人民同财产分离，使生活越来越建筑在杰斐逊可能会称之为“不自然”的基础上——简言之，现代工业资本主义逐渐掘空了杰斐逊农业型民主政治的实际内容。这一过程的最初阶段在杰斐逊的有生之年已经开始，而且，我们也将看到，他放弃了大部分农业主义偏见（正如他的思想务实而不教条一样），但并没有牺牲他的民主倾向。然而，他虽依恋他那人情味的民主观念，但并未给其留下所需的新的经济理论基础。

三

在以后的岁月里，杰斐逊宣称他的党与联邦党人的斗争是热爱人民的人同不信任人民的人之间的斗争。但是，人们想到他就往往会联想到一些毫不热爱人民的人，如：埃尔布里奇·格里、皮尔斯·巴特勒、查尔斯·平克尼以及埃德蒙·伦道夫等；抽象原则上的分歧也不至于激烈到能够说明对抗的尖锐或所划分的具体界线。虽然具有民主思想传统的美国人都站在杰斐逊一边，但分界 33
线却在两类财产之间，而不是在两种理论之间。

汉密尔顿任财政部长期间，联邦党人为政府提供了一个基础，使之得以毫无顾忌地专为商人阶层和投资者阶层效劳。汉密尔顿通过筹集偿还国债基金的方法，通过建立国民银行以及政府的各种辅助政策，补助了投资于制造业、商业和公债券的人，并尽其所能把税务负担压在种植园主和农场主身上。然而，地产利益势力仍占多数，不久便自成一党。杰斐逊党的目的是维护具体的有产者利益而不是抽象的民主理论，其政策的制订和执行均颇审慎温和，而这正是杰斐逊那代人心目中有产公民进入政治舞台所必需具备的素质。

1800 年，杰斐逊当选总统，一些较天真的联邦党人由于相信了自己的宣传而深感惊恐，他们觉得世界末日似乎来临了。费希尔·埃姆斯预言他很快将闻到“祭坛上人类供品令人恶心的汗气”。不过，了解当选总统的人没有这种惊恐发狂的心态——深察他当选内幕的人尤为放心。

1800 年的选举在美国历史上十分独特。当时《宪法》中对总统候选人和副总统候选人的选票并无区别规定，杰斐逊和他的竞选伙伴阿伦·伯尔在选举团中得到了相同的票数。这一势均力敌结果只得交众议院处理。这样就要那些联邦党众议员在两位共和党人之间作出选择。在有些人看来，这不过是在两个刽子手之间作一选择而已；但另一些人则把杰斐逊视为头号敌人，因而自然倾向于伯尔。亚力山大·汉密尔顿却不属于后一类人，他长期以来一直是伯尔在纽约的政治对手。汉密尔顿在写给一位联邦党众议
34 员的精彩信函中对杰斐逊的品性作了锐利的评价。他承认这位老

对手的观点"极富狂热色彩;对其民主主张热衷有余"。但他又说,有一种尖锐而措词不公正的评价并不正确,即

> 说杰斐逊极端狂热,将不惜一切以推行他的原则,终将和他的声望或利益不相容。实则这个人同我所知之任何人一样能够顺时应势——斟酌如何有利自己的声名或利益;这种气质的可能结果是使体制得以维持,这一体制原来虽然遭到反对,但既已确立,要想推翻势必危及推翻者。我认为,观杰斐逊先生的品性,保证可望有一顺时应势的体制,并无生成狂暴体制的可能……况且并无充分理由推断他有堕落的可能,故可断定他必不致有越轨妄为。

汉密尔顿的意见并没有使联邦党领袖完全感到放心,他们要求杰斐逊提出保证。这位弗吉尼亚人不肯正面答复,但一位朋友非正式地试探了他的意见后,能够向联邦党人传递令人宽慰的消息,即杰斐逊的意向是温和的。杰斐逊极不可能放弃原订计划或就此而言牺牲原则以换取职位;但他确实是在使联邦党人确信他是在同他们已达成某种谅解之后才进入白宫的。

任何人只要考虑一下杰斐逊当时所处的困难地位就不难相信,对他这样一个气质温和的人来说,基本政策上的选择余地很小。汉密尔顿体制到这个时候已实行了 12 年,已经成了美国经济的一个部分。全国的情况很好。如要整顿汉密尔顿的偿债基金、银行和税收体制,就会引起尖锐的斗争、扩大阶级裂痕并把温和派赶出共和党人的队伍;这样做也可能造成萧条,甚至使联邦解体。

而且，冲突结束之后，总还需要同从事商业、银行业和制造业的阶层讲和。此外，即便汉密尔顿把债务负担转嫁到土地利益集团头
35 上，他们在体制运转顺利的情况下处境也很可能好于体制受到摧残性的成功打击之后的情况，总之，杰斐逊当时所处的地位很像现代社会民主党人的地位，他们掌权之后就发现自己成了一家开着的商店的经理人员，不敢予以打乱。正像他们未能根除资本主义一样，杰斐逊也发现无法阻止它发展壮大，乃至逐渐凌驾于农民大众之上。他明智地使自己限于小心地修整汉密尔顿体制的边边角角。

杰斐逊的首次就职演说着眼于安抚，意在弥合 1798 年至 1800 年间激烈斗争造成的伤口，并争取温和的联邦党人的支持。他宣称："我们都是共和党人——我们又都是联邦党人。"这位总统不久又写信给杜邦·德·尼莫尔，信中的言词正合汉密尔顿对他的估计：

> 本政府初创的时候，本有望依据真正的原则行事，然而汉密尔顿以他约略的一知半解的英国思想摧毁了这种希望的萌芽。我们可于 15 年内偿清他欠下的债务，但决无法挣脱他所建立的金融制度。要加强我视为极其恶劣的原则，实在令人痛心；但这种弊害乃是最初的错误留给我们的。希望能在政府的其余部分逐渐推行健全原则并使之蔚然成风。需常以切实可行的办法制约纯理论的议论。

杰斐逊对友对敌都没有食言。他成功地削减了开支，从而削

弱了联邦党人操纵的机构,所以才能够废止引起“威士忌酒叛乱”[1]的深受痛恨的“消费税”,但同时仍能大减公债。他竭力想制伏联邦司法系统——联邦政府中仍在联邦党人把持之下的最后一个机构——但收效甚小。通过路易斯安那购入地,他扩大了农业扩张的地域。1811 年,即他的任期结束两年后,共和党还让第一合众国银行随许可证到期而自动消亡。

但是汉密尔顿体制的其他重要部分并没有受到触动。杰斐逊政府既没有着手制止诸如对公有土地的投机等弊端,组织良好的 36
共和党机器也没有大力在各州或联邦政府的机构中推行民主化。例如,并没有去触动对选举权的限制。比尔德教授指出,共和党控制的各州并不比联邦党控制的各州“更倾心于平等主义的政治民主”。如果杰斐逊真的提议大改选举办法,他手下对民主理论毫无兴趣的州领导人一定会对他侧目怒视;如果他真的是杰斐逊传说中的从事改革的民主斗士,他也不可能如此成功地领导政府机构。

既然杰斐逊的政策同联邦党人的政策相去并不甚远,他当然希望把他们队伍中的温和派争取过来,并且也打算利用许以官职来做到这一点。他在就任后不久写信给霍雷肖·盖茨说,“我们如能正确行事,安抚被称作联邦党人中的诚信之士,并公正对待那些长期被冷落而未被授以官职者,就可望消除联邦党人与共和党人的分野,或甚至将二者联合起来。”

因而,在政治中,策略是和解;在经济中,策略就是妥协。共和

① 指 1794 年美国西宾夕法尼亚农民为反对汉密尔顿重税法(1791 年)而发起的暴乱。——译者

党的国家机器很快就开始和他们曾矢志反对的金融利益集团调起情来。共和党掌握的州议会慷慨地给本地银行发放许可证，银行反过来在政治上靠向共和党。杰斐逊为这种互相迁就的过程祝福。当巴尔的摩银行向政府求助时，他写信给财政部长艾伯特·加勒廷说：

> 如果审慎区分各银行，从而使各银行争相求助于我们，就可以使它们属下的人士拥护革新秩序，或至少予以默认，这肯定有利于公众。

并且：

> ……我决意使各银行拥护共和党，将视它们的倾向的不同程度而存入不同量之存款……共和主义如要安然长存，须
> 37 使商人利益集团同它的政敌分离，并将之收入盟友阵营。商
> 人是天生的共和党人，唯有在纲纪败坏之时才不是。

约翰·亚当斯已退出政坛，在昆西过着宁静的生活，他如注意到共和党核心部分竟会出现一批与金融利益集团联系密切的新贵，一定会感到十分有趣，但持激烈农民观点的约翰·泰勒却深感失望。他在1811年写道：

> ……银行或债券以牺牲公共利益而肥了联邦党人并加强他们的力量，人们虽能明察这种不公正和失策之处，但很少会

拒不接受类似的干薪待遇。总之，议会的人士握有权力，可以用自织之网捞取人民之财富，这一权力势将腐蚀任何体制下的立法、行政及司法公职人员。

共和党人既无能力推行纯粹的农业民主政治政策，也无能力推出一个有积极意义的**农业**经济理论。他们的经济思想的主导倾向是自由放任主义，他们的主要目标基本上属消极性质——摧毁联邦政府同投资阶层之间的联系。他们的经济著作最擅长的是批判，既尖锐又明察，但并没有提出具体的农业方案的指导意见。他们全无计划；事实上，他们的原则就是不要计划。

许多作者，包括 V. L. 帕灵顿，都把杰斐逊描述为一位重农主义者，但正像那种认为他主要受法国思想影响的荒谬观点一样，上述观点也没有多少实据。他生来满足于做一个经济折中派。他于 1815 年写信给 J. B. 塞伊说，“决无对一切时代和一切环境都明白和适用的原则。”重农主义者对杰斐逊的吸引力全在于其维护自由贸易的论点；但当他读了《原富》一书后，便又成了亚当·斯密理论的虔信者。[①]

杰斐逊同“自然法则”时代的其他理论家一样，也很容易相信追求私利的私有企业体系的“自然”运转本来是有益的，政府一般 38
不应加以干扰。他在首次就职演说中要求“政府明智而俭朴，除应防范人们相互伤害外，**无须多加干涉，应任其自主各营其业并谋求**

① 他最后很喜欢 J. B. 塞伊改写的亚当·斯密的著作，认为较明晰可读，并且十分欣赏德斯塔德·德·特雷西的著作。

改善，并且不应剥夺劳动者挣得的收入”。[①] 他在1816年4月6日致约瑟夫·米利根的信中讨论了课税的合理限度，他的结论是，国家在财产再分配方面切勿侵犯个人利益：[②]

> 某人及其祖辈很勤勉，他人或其祖辈可能并不如此勤勉，且不具备相当的技能，如果因此而认为前者所获过多，应将他的财富分给他人，则无异于任意践踏联盟的首要原则，“保证人人得自由辛勤劳作并享其果实”。

约翰·泰勒大概是最聪明的重农理论家，他也认为“由勤勉及才干决定财产的分配，这是既明智又公正的办法”。

这种国策构想并非反资本主义，而是反重商主义。杰斐逊及其追随者曾目睹英国政府干涉美国经济事务所造成的不愉快后果，并且认为汉密尔顿的国家经济活动制度（“汉密尔顿的约略的一知半解的英国思想”）只不过是英国式经济思想在美国的延续。汉密尔顿使政府牺牲农民利益来帮助资本家；杰斐逊的反应并不是要求政府牺牲资本家的利益来帮助农民，而只是要求政府听其自然。现代的自由主义者把政府干预视为帮助穷人的办法，而杰斐逊则同18世纪的自由主义者一样，认为政府干预主要是一种不
39 公平的手段，通过有息债务、税收、关税、银行、特权以及各种补助

① 他在第二次就职演说中列举了政府应做之事，他主张政府应维持“财产的现状，无论其均等与否，这是每个人或其祖辈勤劳程度的结果”。

② 他又说，如果个人之财富增长过多，有危及国家之虞，最佳纠正措施不是差别课税，而在于制定一项迫使一切继承人以同等程度平等继承财产的法律。

来帮助富人。他的结论是,共和党政府唯一需采取的补救办法是取消这些有利于富人的手段,并通过"自然"经济力量恢复自由和平等。他一般不认为经济关系中存在着固有的剥削成分,因而也不认为有必要由国家出面干预反对。政府没有改变经济秩序的任务:富人没有这种权利,穷人并不认为必要。

杰斐逊从他的政治哲学出发,反对有的人生而优于别的人的观点;但由于他接受了竞争性的自由放任经济理论,因而等于默认——或许是不自觉地默认——了上述观点,因为自由放任经济理论设定,只要人人在法律面前平等,并且政府不偏袒任何人,财富就将依"勤勉和技能"来分配。对于美国的农场主和种植园主来说,这种理论十分自然,因为他们自己就是企业家、商人、出口者,而且常常是一些小规模的投机者,注视着地产价值的行情——他们习惯于自立。

诚然,随着时间的流逝,杰斐逊的自由放任主义成了国内最保守的思想家主张的政治经济学理论。杰斐逊去世50年之后,威廉·格雷厄姆·萨姆纳等人在著作中几乎用杰斐逊和约翰·泰勒的原话来为积极创业的工业资本家和铁路大王辩护,要求使他们不受政府的管制和整顿。距杰斐逊一派首次在选举中向约翰·亚当斯提出挑战100年后,威廉·詹宁斯·布赖恩作为以独立政治力量出现的最后一批重农主义的领袖,仍在力求为其事业增添光彩,证明农场主毕竟也是商人!

四

外交实践迫使杰斐逊派处于同样艰难的境地，并不亚于维持
40 汉密尔顿所创国内体制方面的困难。就东部而言，他们发现自己同新英格兰的海上贸易商一样依赖于对外贸易；他们最廉价的制成品购自海外，剩余产品也销往海外。就西部而言，他们把饥渴的目光投向新的土地，对印第安人的担忧以及对他们在新奥尔良贸易输出港口有遭到西班牙封闭的担忧加剧了他们的扩张欲望。从陆上扩大输出市场以及从海上维护输出市场这两种要求终于使他们开始从杰斐逊的原则立场上向后退却。

杰斐逊本人既是热烈的爱国者，又是真诚的和平主义者。当英国和法国在拿破仑战争期间开始损及美国的贸易时，他曾试图以和平主义的经济胁迫政策来予以回击。国会于 1807 年 12 月通过了他提出的严厉的《禁运法令》，强令美国船舶概不出港。他的目的是以禁运粮食和其他供应而迫使双方就范。这是他从政生涯中采取的一个空谈理论而不切实际的措施，并且是一次惨重的失败。禁运不仅未能迫使英国和法国尊重美国在公海上的权利，而且使东北部的贸易城市和西部及南部的农场和种植园在经济上处于瘫痪状态。杰斐逊最后承认，历时 15 个月的禁运造成的损失大于一次战争。将近其第二届任期结束时，禁运为《停止通商法》取代，开放了同欧洲其他国家的贸易，但继续对英国和法国实行代价极大的禁运。

虽然杰斐逊的继任者詹姆斯·麦迪逊仍受到海运问题的困

扰，但最终导致1812年战争的并不是自由贸易，而是扩张主义——约翰·伦道夫将其称为“农民的贪欲”。南部种植园主想攫取东西佛罗里达，北部农场主则觊觎加拿大。杰斐逊向来就是个热心的扩张主义者，他对这两个目标都表示了赞同，并且接受了为扩张主义辩解的流行的陈词滥调。（他在1812年致亚当斯的信中写道，“占有加拿大，可保我国妇孺永免战斧和剥头皮刀之殃，因为此举可除那些持斧刀者。”）朱利斯·W.普拉特表明，反英战争的激情沿广阔的弧形边界呈白热化；而反对战争最烈者则是旧时的联邦党人和商界。

但是，如果说在杰斐逊领导下，美国在经济上将从欧洲退回， 41
在麦迪逊领导下，美国将由于战争而失去最佳的市场，那么，美国就必须找到一条途径，使本国人民的精力得到发挥，并为人民提供制成品。因此，资本由于被切断了在海外贸易中的正常投资出路，开始转而流入制造业。禁运时期和1812年战争实际上成了美国工业主义的播种期；亨利·亚当斯在谈到这个具有讽刺意味的事实时说，“美国制造商感戴杰斐逊应甚于感戴北部政治家，因为后者仅是在制造商们确立了地位之后才给予鼓励。”

杰斐逊当然认识到自己主张独立经济方向会产生哪些直接影响，他早在1805年就已转而相信应发展制造业。他在1809年致杜邦的信中写道，“制造业的精神在我们中间根深蒂固，奠定基础花费极大，决无毁弃的可能。”他在1814年致威廉·肖特的信中叹息道，“我们的敌人如撒旦把我们的始祖逐出天堂一样感到慰藉：他把我们从一个和平的农业国造就成一个军事性的制造工业国。”他在致另一位人士的信中写道：“如今我们须得使制造商与农场经营者并驾齐驱。”美国如欲取得和平，就必须自给自足，必须结束对外国货和海外贸易的依赖。拿破仑战争打破了杰斐逊的农业共和国的梦想。因为通过政府政策措施体现的杰斐逊式民主完全依赖于农业阶级，而这些战争也消除了共和党人与联邦党人之间的实际区别。

如要维持制造业，就需要借助于关税。英国资本家在战争结束时为了一举消灭新的竞争者，已在开始向美国市场倾销货物，关税就更为重要了。1816 年，共和党人通过了远远高于汉密尔顿时期所订的关税。首创美国保护主义制度的正是共和党人而不是联邦党人。

另外还必须为战争筹措经费。军事行动的经济耗费再加上东北部的金融破坏，使共和党人受到沉重打击，从而面临了一个严重
42 的进退两难的处境：要么乞求金融势力给予支持，要么颁布许可证建立一个新的国民银行，以填补他们由于让汉密尔顿建立的银行因许可证到期自动解体所形成的真空。他们选择了第二条道路——未隔多久，共和党的报刊就开始重印亚历山大·汉密尔顿证明第一合众国银行符合宪法的论点！杰斐逊在信函中对银行体制的声讨全都失去了意义。共和党人于 1816 年批准设立第二个银行，在结构上同汉密尔顿设立的银行十分相似。到了这年年底，杰斐逊的共和党已全盘接过了联邦党人的政策——制造业、银行、关税、陆军、海军，等等——而这一切都是在杰斐逊的朋友、邻居和政治继承人詹姆斯·麦迪逊的主持下实行的。乔西亚·昆西抱怨说，共和党人实行了“甚于联邦党人的联邦主义”。到 1820 年，共和党人已把对手完全逐出了阵地，但代价是全盘接受了对手的纲

领。杰斐逊在1823年致艾伯特·加勒廷的信中写道,联邦主义“业已改名换姓,隐藏在我们之中……其强大程度可与1800年以来的任何时期相比”。最后一批坚定的重农主义者之一纳萨尼尔·梅肯悲叹道:“杰斐逊及其追随者的主张被遗忘了。”

杰斐逊本人如何?他的余生是在无怨无恨中度过的,而且决无失败之感。他的国家虽经历过一次历时很短的萧条,但正在繁荣昌盛起来,当他从巅峰向下环顾时,满怀希望地预言,文明之进程将如“一道光芒”,从东向西扫遍整个大陆。他忙于答复大量书信,为求询者解释他所处时代的历史,同科学家和发明家交换意见,试图稳住他的不断衰败的财产,并为弗吉尼亚大学奠基——此事使他感到特别自豪。他同约翰·亚当斯恢复了旧日的友谊,再次与他为民主而论争。他在78岁时写信给住在昆西的这位老人说:“我至死将永怀光明与自由稳步前进的希望。”亚当斯曾问他是否愿意来生仍旧如此,他的答复是肯定的,至少对大半生是如此。
“从25岁到60岁,我会说愿意;也许还可往前推,但不愿往后推。” 43
他又写道,“我的健康状况很好,周围一切都使我愉快,但我可以向你保证,我今年、今日、今时就可舍下这一切而离去。这一点能够最好地证明主宰世界的上帝本来是很仁慈的。”

这里反映出悲剧性气质的对立面。在杰斐逊的全部工作中贯穿着一条清新的潜流般的深刻信念:一切都会变好,生活自身会表现出来。无论身在何处,他都能找到美好的一面;在晚年的岁月中,他从未感到有必要离开蒙蒂塞洛数英里以外。生活总是向他迎来,就像这时西方世界各地的访问者上山来拜访他一样。对他来说，最大的失败莫过于暂时打断事物通向善终的顺畅之流。毕竟，他将离之而去的并不是经济或政治制度，也不是一个政党，而是一种以不朽的言辞表达的不朽信念。尽管他主张的农业主义正在衰退，尽管他的允许各州政治上独立的政策正在落入他会憎恶的奴隶制辩护者手中，尽管他提倡的个人主义会成为财阀和剥削致富的大亨的理论，但这一切都无关紧要。他的价值观将长存下去。汉密尔顿之流可以争论说应当促进制造业，这样国家就可利用妇女和儿童的劳动，“其中许多人年纪还小”，但杰斐逊却对这种对待人类的观点深恶痛绝。汉密尔顿策划使儿童进入工厂，而杰斐逊却计划建立学校体制。汉密尔顿注重体制和抽象概念，而杰斐逊却注重人的价值，并认为没有一种财富比人的生命更重要。如果说他在方法上发生了偏差，但他至少始终注意着初衷——追求幸福。

作为开国先辈中最长寿者之一，杰斐逊在有生之年看到自己成了崇敬的对象，随着年事的增高，他很可能像罗马皇帝临死前那样说：“我觉得自己正在成为神。”但他无意使自己及同代人成为后代人的预言者。他很喜欢说，“地球属于活着的人们。”世界会不断变化，真理不可能防朽。

44 某些人带着伪善的崇敬心情看待宪法，以为它如同约柜[①]一般，神圣而不可触动。他们相信往昔时代有超人的智慧，当时的所为都无修改的余地。我深知这一时代；本人即曾

---

① 装有两块十诫碑的箱子，据《圣经》。——译者

> 属该时代，并曾为之劳作。该时代与当时的国家极为相配；那个时代与现今很相似，但缺乏当今的经验；从政 40 年的经验胜读百年书；当时的人如果能死而复生，亦会这么说。我决无鼓吹频频随意修改法律及体制之意……但我也深知，法律及体制须随着人类思想的进步而进步。人类思想日趋发展、开明，新发现不断涌现，新的真理被揭示出来，习俗及观点随环境变化而改变，因此体制亦应前进，并与时代同步。如果我们要求文明社会停留于野蛮的祖制之下，则无异于要求成人仍着孩提时代之服装。

他在去世前两年写道："一切都可以变，唯人类固有的不可剥夺权利不变。"

45 # 第三章　安德鲁·杰克逊和自由资本主义的兴起

> 是否确实可认为宪法缔造者意在使我们的政府成为经纪人的政府？如果是这样，则这个全国交易所的利润应该惠及全体，不应仅惠及少数富有的特权资产者而全然不顾众多的人。
>
> 安德鲁·杰克逊

民主领导人的形成决非一蹴而就。由于安德鲁·杰克逊发迹于边远的田纳西，常被当作民主的边疆居民的典型；但他一生中的许多明显的事实却并不符合这一固定形象。从他开始在田纳西登上仕途起，他就认为自己是贵族，并且也得到承认；他依此塑造了自己的情趣、举止和生活方式。诚然，他既不会拼写，又缺乏教育和文化素养，但在1790年代及以后很长时期内，旧日西南部的大多数所谓贵族也就是这样；就连许多老一辈的弗吉尼亚人——其中包括乔治·华盛顿——英文拼写也并不好多少。由于上层的弗吉尼亚人和卡罗来纳人很少迁移，因此西南部的上层主要来自中层或下层移民，他们发迹后也多少学会装出一点文雅举止。杰克逊这位田纳西中部的富翁，他并不是西南部下层民主人士的典型，而是开拓者和上层阶级怪异混合的典型。

杰克逊1767年出生于卡罗来纳的一个小农场，他的父亲已在

他出生的数月前去世。他 13 岁参加了反英革命战争，14 岁成
了英军俘虏，并被砍伤。在战争中，他失去了全家：一个哥哥被 46
打死，另一个在狱中死于天花，母亲在看护被俘的美国民兵时被“监狱热”夺去了生命。他的家庭给他在北卡罗来纳留下了一块约有农场规模大小的地，革命则给他留下了狂暴无情的爱国主义。他起初随一位马具工学了 6 个月的手艺。以后又一度做了小学教员，尽管他自己也仅受过极少的、不正规的教育。后来，一位爱尔兰的亲戚遗赠给他 300 英镑，于是迁至查尔斯顿，那时他还只有十几岁。在查尔斯顿，他刻意模仿沿海绅士的举止，养成了赌博、骑马和斗鸡的嗜好。为了付房租，他与房东玩纸牌或掷骰子，有空就研究法律。他虽对法学不甚了了，却深谙发迹之道，20 岁时已被北卡罗来纳律师协会接纳为会员。据说当他一年后出现在田纳西的琼斯伯勒时已拥有两匹马、一群猎狐犬以及一名黑奴少女。

不久，杰克逊前往新兴的纳什维尔镇，原打算只作短期逗留。但当地唯一有名望的律师为债务人联合组织所聘用，债权人在法律方面无人帮助。杰克逊就去为他们服务，收费可观，并赢得了当地商人和放债人的感激和友谊。通过一位在卡罗来纳时的法律同学的帮助，他还被任命为法务官。很快，他就和威廉·布朗特集团很投合，布朗特是领地的地产投机商和政界后台，颇有势力；杰克逊开始着手巩固他在新贵、奴隶主、养马主以及官员和显赫人士之中的地位。他既有工资，又有收费的收入，因而就开始购买土地和黑奴。

至此，杰克逊的经历还算不上不同寻常，因为在新兴的南部，

出现一代显贵是十分常见的事。[1] 富有创业精神的精明农场主可以轻而易举地迅速成为当地的领袖人物，因而也就成了绅士，在棉
47 花种植经济向高地推广的数十年中，西南部的上层阶级终于把边疆开拓者的大老粗气质同土地所有者阶层的绅士气质结合起来。前者的特性是直爽、无视法律、个性独立、暴躁易怒、好争吵，这些特性迅速升华为后者的彬彬有礼、故作多情、固执己见以及过分敏感的性情。随着蓄奴、讲究马术、注重家长尊严、发财及尊重共同体使这些早先的边疆开拓者的自豪感不断得到加深，他们又养成了发号施令的习惯，这样，从前者向后者的转化就全部完成了。边疆开拓者随时准备争斗，种植园主则随时准备维护自己的“荣誉”，二者的差别与其说是气质上的，不如说是方法上的，在这方面，杰克逊是最好的例子。从未听说过这位海尔米塔奇的庄园主、州法院法官兼民兵队少将曾与人发生过面红耳赤的争吵——虽然有人把他与本顿斯的争执算作一次——也未听说过他参加过一次像在伊利诺伊州边区亚伯拉罕·林肯那样的平民所喜欢的摔跤比赛。杰克逊也从未想到过要对人动以老拳，不过确实至少有一次曾对一位社会地位较低的人以杖笞相威胁。如受辱于符合绅士地位的人，他就按决斗惯例提出决斗；他在争执中采取的方式全然是南部惯例史中的典型。1806 年，查尔斯·迪金森为一次赛马侮辱了他，为此丢了性命，而这次对抗也在杰克逊的心脏附近留下了一颗子弹。从这位人称“老山核桃木”人的公务行为中也可看到这位决斗者和其他决斗者一样粗暴，主观到任性逞能的地步。他在 1821

① W. J. 卡什所著《南部的思想》一书第 14—17 页对此种新兴显贵有极精彩的论述。

年写道:“我对一切问题都有自己的见解,见解一旦形成,我就公开加以推行,不管有谁跟我走都一样。”历史学家从来没有能够弄清他的政策中究竟有多少是出于为公众考虑,多少是出于个人的怨恨。

然而,在杰克逊心情较平静的时候,他很快成熟起来,举止变得温和而庄重。旧南部的同情者中有一些人曾描述过“附庸风雅的植棉主”的众生相,正如 F. L. 奥姆斯特德所说,“粗俗富人的闹剧”一演再演,把杰克逊放在这一背景下来看,他实在可以算是个体面正直的人。正因为如此,丹尼尔·韦伯斯特在 1824 年才对他作了这样的评价:“从杰克逊将军的举止来看,他比任何候选人都
更像总统。”特罗洛普夫人曾承认,在美国,很少见到绅士人物。 48
1829 年,她在杰克逊赴华盛顿的途中见到了他,并报导说,他的“头发梳得很随便,但很得体,尽管相貌粗犷瘦削,仍可看出是一位绅士和军人”。他在平民中表现得耐心而和蔼。

边疆的风气和政府体制都很民主,但并不盛行彼此拉平的平均主义。正如弗雷德里克·杰克逊·特纳所说,边疆社会的理想形象是靠个人奋斗而获成功的人。这样的人一般都在某种程度上受到乡巴佬的一些尊敬,而后者自身又在不断产生着新人,准备进入当地上层圈子。尖锐的阶级对立并不是边疆政治生活中的典型现象,在田纳西这样的州内,阶级斗争直到边疆时期将近结束时才盛行起来。[①] 与印第安人作战的共同任务把各阶级维系在一起,

---

① 托马斯·帕尔金斯·阿伯内西指出,1790 年代在田纳西“富人与穷人之间……并不存在强烈的、普遍的对抗。事实上,在边疆地区,除当然的社会领袖外,一般人很少去谋求政治方面的职位,前者以自己的声望而获得邻近的人们的推选,无须靠进行竞选活动的手段”。

使上层产生了众望所归的英雄人物。棉花种植经济在扩大的同时也保证了不致发生尖锐的敌对，因为一个受穷受压于底层的奴隶阶级的存在，就使较贫贱的白人有一种地位感，所有白人也就有了利害一致之处。边疆开拓者或许憎恶异己的东部贵族——杰克逊就是如此——却决不敌视本地成长起来的上层人物，因为他们认为这些人起家靠的是竞争本领而不是特权。即使是在广泛实行选举制的各州和准州，拥有地产和进行土地投机的人以及在银行有存款的人也常被视为当然的领袖，政界的职位就像成熟的果实一样落在他们手中。这些人受益于公众的信任，他们对民众决策的明智和公正养成较之以往沿海各州的绅士更强的信赖，在沿海各州，阶级界线已不再变动不定，社会斗争的历史也已很长。杰克逊这样的人在田纳西经济论争中站在保守派一边，却可以成为全国
49 的民主运动领袖，无须为前后态度矛盾而内疚。当我们看到这类种植业上层表示绝对相信民众的判断时，将其斥为蛊惑人心者未免失之不公正。他获得了人民的爱戴，很容易会相信人民作出了正确的选择。

准州时期以及初成立时的田纳西州的职位一般是指派的，这些职位迅速而轻易地降临到杰克逊头上。他22岁任法务官，23岁任联邦辩护律师，29岁任众议员，30岁任联邦参议员，31岁已当上了田纳西最高法院法官——虽然获得了这一切，但他并无特别强烈的政治野心，因为他除了法官一职外，对上述其他职务并不十分在意，往往上任不久就辞掉了。显然，他接受这些职务，与其说是将其视为晋升的台阶，不如说是将其视为地位的象征。从杰克逊长期从事土地投机、商业投机和军事活动的情况来看，他对财

富和军功的渴望比对政治权力的追求更为迫切。

事实上，杰克逊正是由于在与印第安人和英国人作战中所获得的成就而享誉全国。

1815 年 1 月，杰克逊率部战胜了围困新奥尔良的英军，这是他军事生涯中最辉煌的一次胜仗，使他几乎在一夜之间成了全国闻名的英雄。热望得胜将军投身政治的心态已在当时的美国人中形成。人们立即把这位新奥尔良战役的英雄称颂为又一个华盛顿，1817 年已出现了第一份供竞选用的传记本。但是，杰克逊很快就因其在战后佛罗里达竞选活动中的行为而受到严厉的政治批评，而他也担心政治上出名会影响他的家庭幸福；起初，他对担任总统这一宏图的诱惑并不十分热衷。1821 年，他在致门罗总统的信中写道："我对政治生活感到厌倦。人们指责我干的事我从未干过，人们指责我犯的罪行我连想都没有想过。"当纽约一家报纸的编辑评论他的友人们有野心，想把他弄进白宫时，这位将军终于忍不住了，他愤怒地反驳道："不！先生，我知道自己适合干什么。我能够领兵作战，艰难困苦不在话下；但我做不了总统。"

二

50

安德鲁·杰克逊的崛起标志着美国政治制度发展的一个新的转折。1812 年至 1828 年间，两党制消失了，个人、地方和局部的冲突取代对公共政策的广泛分歧而成了全国政治中的中心事实。总统一职从华盛顿和杰斐逊领导下的高峰逐渐衰落，对总统一职的争夺演变为地方上的和派系的小权贵对法定继承人职位的争抢。总统职位长期为弗吉尼亚人把持，他们惯于将副总统或内阁成员提为新总统，这似乎已成了固定不变的做法。国会政党干部会议提出的总统人选与民众的意愿相去甚远，而且，由于1816年和1820年的选举几乎不存在争夺，获得“政党干部会议领袖”提名就等于成了当然选定的总统。自杰斐逊执政以来，官员班子几乎没有重大变动，其成员占住职位就不动了。

然而，人民，没有财产的民众已开始参与政治，起初是静悄悄地，几乎未引起注意。1812年至1821年间，西部的6个州加入了合众国，它们的宪法不是规定了白人成年男子普选权，就是规定了极为类似的制度；1810年至1821年间，4个历史较长的州实质上取消了对选民规定的财产资格要求。[①] 贫穷的农场主和工人逐渐取得投票权，同时也就出现了一类政治活动家，这类人在杰斐逊时期只是处于胚胎状态——领导大众的能人，投合群众情绪的人；1815年至1824年间，正是全国各地这类人形成的小圈子聚集到
51 杰克逊这位著名人物的周围，这些领袖人物在政界一般处于陪衬地位，肥缺也没有他们的份，因而大力向民众鼓吹官员的人选及政策的制订应由民众意愿决定。他们把民众对政治小圈子的不满引向针对政党干部会议制度，指责这种制度公然篡夺人民的权利，并宣传一种信念：必须从社会名流或一群专职官僚手中夺回政治和

① 1824年的选举是我们迄今掌握统计资料的第一次选举，投票者仅为35.5万人，其主要原因是大多数州内的选民认为某一候选人——例如，杰克逊在田纳西州和宾夕法尼亚州、亚当斯在马萨诸塞州、克劳福德在弗吉尼亚州——必定获胜，因而失去了兴趣。到1828年，选民的兴趣大大提高，有115.5万人参加了投票。1828年至1848年间，虽然人口增长不足一倍，选票却增长了两倍。

行政管理权，并将它开放，让民众参与其事。他们的意思是，通过从政来获得成功必须成为多数人的合理愿望。[1] 1829 年，杰克逊在他对国会的首次年度咨文中阐述了这一运动的理论，他满怀信心地宣称：

> 一切公职须承担的责任都十分简单明了，或至少可做到十分简单明了，任何有识之士都可担当，并且，我只能相信长期连续任职之所失多于通常凭经验之所获。……在一个公职完全为人民之利而设的国度中，决无一人本来就比他人具有更多的任职权利。

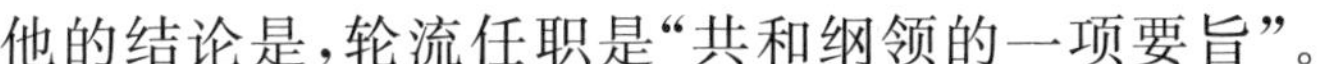

他的结论是，轮流任职是“共和纲领的一项要旨”。

1819 年的恐慌造成了阶级对立，这从杰斐逊时代以来还是第一次，这次恐慌加剧了民众积极参政的趋向。迅速的扩张、投机和不可靠的银行业业务造成了恐慌，随后又引起了萧条，沉重地打击了全国各地区，但南部和西部受的打击尤甚，因为南部和西部的人曾倾其所有用于不顾一切地购置土地。银行由于过度扩大业务，不得不把债务人逼至绝境，尤其是国民银行，它通过取消赎回权的法律手续而成了西部和南部产业的巨大的未在场物主。托马斯·哈特·本顿抱怨说，“西部所有的繁荣城市都成了这一金钱势力的抵押品。它们随时有可能被它吞掉。它们已落入魔鬼之口！”西部 52

① 1829 年，杰克逊在致里士满《探索者报》一位编辑的信中写道：“如果任职晋升之途不分贫富，无论农民或印刷工都一视同仁，唯诚信正直及能力是考查标准，我相信定会具有一种最令人欣喜的倾向：维护未遭削弱的行动自由。”

对这一异己势力尤感痛恨，纽约的《美国人》写道，在西部，“一个追随杰克逊的田纳西野小子受不了自己的那块土地或步枪被邻里的店主夺走，也受不了自己的收益东流，而金钱在东部已确立了统治权。”恐慌使成千上万幻想致富的人痛苦地觉醒了。约翰·C.卡尔霍恩 1820 年在与约翰·昆西·亚当斯交谈时说，过去两年来，“合众国各个地区的财产状况都发生巨大变化，大批群众陷于水深火热之中，公众对政府普遍不满，他们并不集中于任何特定方向，而是随时准备抓住任何事件，并四处寻找领袖人物。”

卡尔霍恩所说的“公众的普遍不满”尚不够充分集中，未能阻止门罗总统在 1820 年再度顺利当选，因为当时并没有全国性的反对党；但这种不满很快使许多州的政治发生了变化。债务人纷纷跻身政治以维护自己的利益，在西部的一些州内向州议会争取到了债务延缓和减免法。州议会受到本地银行势力的压力，向合众国银行发动了税务战。民众起而要求制订法律，制止因欠债而判刑，要求制订破产法并制订新的税收和公有土地政策。许多美国人第一次发现政治与自己的切身利益有着密切的联系。在这一背景下，杰克逊的命运之星升起了。然而，令人惊讶的是，这一运动的受益者不仅未对运动予以鼓励，反而甚至发出了非难。这位充当全国民主运动领袖的人的演变过程实在是充满了奇异的矛盾。

杰克逊度过童年的北卡罗来纳是杰斐逊的根据地之一，杰克逊就是在杰斐逊思想的哺育下成长起来的。1796 年和 1800 年，这位田纳西青年都把选票投给了住在蒙蒂塞洛的这位圣贤。除国家主义之外，杰克逊的政策一般无异于老派的农业共和主义，反对银行、公债、纸币、高额关税以及联邦的国内交通运输改善政策。后来，伯尔审判案[①]和杰斐逊的和平主义使他对杰斐逊感到大失所望，但是他并未转向联邦主义，而是追随坚定的共和党人伦道 53
夫—梅肯一派。

杰克逊个人经历的一些事件很能说明他自1796年至1828年不明确的政治成长过程。1796年发生的一起事件使他的财富遭到灾难性损失，这事可能在他心中播下了种子，使他对任总统期间东部兴旺发达的金融势力和“纸币制度”深恶痛绝。1796年，杰克逊前往费城，将数千英亩土地售给一位富商兼土地投机商戴维·艾利森；他收了艾利森的票据，背签之后就用来支付他打算在纳什维尔开一家百货店用的货款。然而，艾利森破了产，他开的票据不能兑现，偿付责任转到杰克逊头上。这些票据到期后，他为了付款，不得不紧缩开支，放弃了居住的庄园，搬至一座较小的木屋中，并出售了许多黑奴。其后，他开的百货店生意也很不好，他不得已而将股权售给了合伙人。杰克逊似乎从未因这一不幸事件而伤心，但这事的阴影罩在他头上达19年之久，从1796年起至1815年一直未能摆脱债务，最后他用军饷和津贴才还清了欠债。1815年秋，他在纳什维尔银行有了2.2万多美元的现金存款，再一次把大笔资金投入地产投机，并开始建造一座优雅的新庄园，该庄园后以海尔米塔奇的名字而远近闻名。就在他境况十分脆弱之时，

① 艾伦·伯尔曾任杰斐逊政府的副总统，并与汉密尔顿决斗，打死了汉密尔顿。1805年他装备一支探险队直下密西西比河，后被捕并被控犯叛国罪，指控他企图在密西西比河流域建立一个受他控制的政治统治领域。但最后他被宣判无罪，遂迁居英国。——译者

1819 年的恐慌向他袭来了。

同其他许多地方一样，田纳西债务人由于普遍贫困，导致一场要求减免债务的运动。费利克斯·格伦迪靠“减免”纲领被选为州参议员，他提出一项提案，建议设立一个州贷款局，用州财政部的资金帮助债务人。[①] 债权人在收回债款时若拒不接受贷款银行的票据，则在两年内不得行使收款权。杰克逊因自己欠别人债，不得不大力催逼他的债务人，曾一次就对 129 名债务人提起诉讼。在田纳西州中部，他是少数抵制格伦迪减免方案的人之一，他向州议
54 会提交了一份抗议书，却因言语失礼而被驳回。艾利森的事件使他认识到应同情不走运的商人，如今又在学习从本地有钱阶级的角度看问题。在田纳西出现的阶级冲突中，他完全站在有钱人一边。1821 年，威廉·卡罗尔将军参加州长竞选，提出了一项民主经济纲领，杰克逊则支持卡罗尔的对手爱德华·沃德上校。沃德是一位富有的种植园主，曾与杰克逊一道反对过格伦迪的计划。结果，卡罗尔当选，随即开始推行修订税收方案和着眼于宪法及人道主义的改革，其中含有许多被史家称为“杰克逊式”民主的成分。当杰克逊尚在田纳西抵制卡罗尔的时候，他的朋友们却在把他推出来做总统候选人。这些情况并未妨碍格伦迪和卡罗尔后来参加杰克逊的阵营。

假如杰克逊对待民众经济改革的态度是人们最重视的问题，他很可能永远也当不上总统。然而，1824 年当他首次接受总统提

---

① 格伦迪的经历表明，他并不代表下层的激进主义，而是代表了一种可称为企业家的激进主义。1818 年，他领导了一场运动，要求第二合众国银行在纳什维尔建一分行。

名时，经济又开始繁荣起来，人们对银行和债权人的敌视情绪也已减退，新兴政客和普通百姓似乎都认为更重要的任务是打破既定的政治机器。政党干部会议制度和保卫新奥尔良都是竞选中的主要“问题”，二者平分秋色。[①] 杰克逊是国会机器的局外人，出身贫贱，靠军功出名，他对经济问题的态度无人了解，普通选民也没有什么兴趣，因此在新的选民心目中自有很大的优势。

1824 年竞选的结果打消了杰克逊心中对总统一职的一切疑虑。在民众投票中，他比约翰·昆西·亚当斯、克莱和克劳福德这三位对手都强得多，但在选举团中未获得必要的多数，因而由众议
院投票决定。克莱的态度在众议院至关重要，他投票支持亚当斯。55
后来，当亚当斯总统任命克莱为国务卿时，杰克逊的追随者便对此发出了尖刻的抨击。杰克逊本人听别人一说就相信克莱和亚当斯做了一笔“肮脏的交易”，决心从亚当斯手中夺回他认为理应由自己所得的一切。为 1828 年竞选作准备的活动几乎是在亚当斯政府上台伊始就开始了。亚当斯总统是一位伟大的正直人士，但又是一位典型的即将过时的职业政客，在任职的 4 年中，他一再受到“肮脏交易”的指控，杰克逊手下的政坛老手对他展开了一场巧妙的诋毁运动，这场运动到 1828 年选举时达到了登峰造极的地步。杰克逊在第二次总统竞选活动中几乎没有触及银行问题，关税问题只是在人们最关心的方面才有所提及；但是，杰克逊的竞选活动组织者利用了对亚当斯的一系列蛊惑人心的指控，说他有各种王

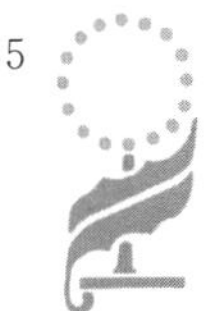

① 实际上，4 位候选人中只有威廉·H. 克劳福德一人是按习惯方式由国会政党干部会议提名的；其余 3 人均为州议会提名。

公贵族式的和官僚式的偏见。大选结果，杰克逊得票 64.7 万张，亚当斯仅得 50.8 万张。

1828 年的选举既算不上西部对东部的反抗，也算不上边疆部分的胜利：在新英格兰及其在西部的开拓殖民地区，联邦党人势力盘踞的特拉华、新泽西和马里兰之外，杰克逊可谓横扫全国。他的当选也并不意味着他必须承担经济改革的任务；他当初也没有保证要变革金融或讨伐国民银行。这时杰克逊民主的主旨仍是富有战斗性的国家主义和主张公平任职机会。就民主政治的兴起而言，杰克逊的当选与其说是起因倒不如说是结果，“1828 年革命”与其说是思想或纲领的变异倒不如说是人事的更动。直至就职，杰克逊对民主运动无论在思想上还是在行动上都没有作出过什么贡献，他虽然当选，却并无政纲。如果说他得到民众授权的话，那就是要力求有别于民众想象中的亚当斯的所作所为，并表达民众没有系统表达出来的意愿和希望。杰克逊确实是准备承担这一任务的。他既是民主党人，又跻身于显贵；既有过失败，也获得过成功；既欠过债，也做过债主，他的经历曲折多变，因而使他能够从不同角度看社会问题。他单纯而富于激情，固执己见，他对挚友和政
56 治支持者怀有强烈的忠诚感；他转向民主阵营时正逢民主阵营也转向他。

三

经历过富兰克林·D. 罗斯福时代的人自然会将杰克逊的民主看作“新政”的雏形，因为这两个时期从表面上看有许多相似之

处。杰克逊领导的运动和“新政”都是社会大部分人对商界上层及其同盟者的斗争。尼古拉斯·比德尔的政治盟友令人联想到与“自由同盟”的“经济保皇派”相似之处，另一方面，也令人联想到两个时期领导民众党派的活跃的地产贵族之间的相似之处。罗斯福本人也注意到这种相似之处，并加以利用。

然而，两场运动在一个关键方面是不同的：“新政”坦率地以下述前提为依据，即经济扩张终于已告结束，经济机会也正在消失；它力图以确立政府对商业事务的支配地位来应付局面。杰克逊领导的运动则起因于不断扩大的机会以及通过消除源于政府条例的限制和特权进一步扩大这些机会的共同愿望；因而大致上是一场有某些限制条件的自由放任主义的运动，一种使政府与工商业脱钩的尝试。美国历史传说普遍认为，杰克逊领导的运动是扩大民主政治过程中的一个阶段，但很少有人认识到它也是自由资本主义发展过程中的一个阶段。“新政”时期，民主改革者都不得不驳斥传统的美国式资本主义的许多理论前提，而在杰克逊时期，民主的蓬勃兴起却与小资本家阶层的雄心紧密联系在一起。

要理解杰克逊的民主，就必须回顾 19 世纪 30 年代美国的社
会情况。虽然工业制度已开始生根，但当时的美国仍是农场和小
城镇构成的国家，1830 年，只有 1/15 的居民居住在人口超过 8000 57
的城市中。在南部以外，绝大多数人都是独立的财产拥有者。某些地区的工厂已在发展起来，但产业尚未集中于工厂体系；生产活动大部分还在小单位中进行，其雇主就像作坊主，手下有一批学徒。交通运输的发展使贸易得到扩大，所涉区域范围很大，致使收款延迟，增加了商业对银行信贷机构的依赖。与小作坊主和小企

业主相比，商业资本家较易得到必要的贷款，但小制造商和熟练的工匠仍满怀希望，认为会更兴旺发达起来。

东部制造业的蓬勃发展和西部迅速的移民定居使创业精神得到充分实现。典型的美国人是一种有所追求的资本主义者，勤奋上进、创业就是他们心目中的信仰，并且到处都能发现鼓励其自我发挥的条件。一位名叫弗朗西斯·J.格朗德的移民描述了1836年美国的社会状况，写道：

> 事业是美国人的灵魂：他对之锲而不舍，并不是作为为本人及家庭争取必要的舒适生活的手段，而是看作人间一切幸福之源泉。……整个美国仿佛就是一座庞大无比的车间，入口处镌刻着闪光的大字，"非为事业者莫入。"

不止一类怀有这种雄心的美国人都有理由对合众国银行感到不满。一些农场主对于把土地用于投机的价值的关心大于对其农业产量的关心。南部和西部的投机性银行经营人以及依赖这种银行贷款的投机商也同农场主一样不满比德尔控制的银行限制信贷膨胀的做法。在东部，一些有实力的、经营完善的州银行的行长对于国民银行的特权地位十分妒忌——纽约市的银行家尤其如此，他们痛恨国民银行为费城带来的金融上的优越地位。[①] 东部各城

① 州银行界要人在杰克逊的班子里居显要地位。罗杰·布鲁克·坦尼既是马里兰联合银行的律师，又是该银行的股东。厨房内阁中的两位重要人物，阿莫斯·肯德尔和弗朗西斯·普雷斯顿·布莱尔，都参加过肯塔基州那场有名的债务减免战，前者还做过肯塔基州银行总裁。

市中的工人、工匠、店主和小商人也普遍对银行感到不满。生活费 58
用的上涨沉重地打击了劳动者，在许多情况下，劳动者的骚动主要是反对信贷和货币体制而不是针对雇主的。小企业和劳动者都认为银行限制了竞争，并使人们无法加入创业的行列。①

各州颁发公司许可证的通行方法也是引起强烈不满的根源之一。各州没有管理公司的一般法律。② 由于银行和其他想组建公司的营利性企业每次都得向州议会提出申请，以取得个别批准组建公司的法令，这就为徇私和贪污贿赂打开了方便之门。州议会颁发公司许可证常常是垄断性的，或被解释为垄断性的。资本很少或势力很小的人就得不到立法者颁发的许可证，因而也就不能从事有利可图的大公司企业，如：银行、桥梁、铁路、收费公路和摆渡等重要行业。这种做法被视为人为地封锁机会：劳动者常常责怪这是造成生活必需品价格高涨的原因。③ 授予经济特权的做法也被认为是对政府的一种威胁，使之有失去人心的危险。杰克逊
在他的一份国情咨文中解释了“种植园主、农场主、技工和劳动者” 59

① 劳动者对银行有其特殊的不满。雇主常用外地银行或令人觉得靠不住的银行的钞票支付工资，其价值在流通中低于票面值。这样，劳动者工资中就有一部分被骗去了。虽然这种做法不能归罪于合众国银行，但公众对银行的憎恨也落在它头上。辉格党政治活动家瑟洛·威德回忆说，“我很快就发现，发动劳动阶级反对‘大银行’或‘富豪’很容易。……银行发行的货币就像挂在我们的脖子上的‘磨盘’。”

② 也有例外。纽约和康涅狄格两州分别于 1811 年和 1817 年通过了准许某些类型的制造业企业一般组建公司的法律。

③ 杰克逊派的一位左翼领导人曾在纽约抱怨说，“不向垄断公司纳贡就无法通过城市的一些区域；我们的面包、肉类、蔬菜、燃料，一切的一切，都得向垄断者纳贡。”《纽约晚邮报》的威廉·莱格特宣称：“无论筑路、建桥还是开凿运河，如未为此目的取得专有特权许可证就什么也办不成。……我们的立法者的全部事务就是为特许特权而讨价还价，做交易。”

“不断有失去对政府正当的关心的危险”的原因，他给出了一个标准的答案：“弊病源于金融势力的力量，此种力量来自他们可以操纵的纸币，来自他们在各州成功掌握的众多的拥有专有特权的公司。”

就全国所有掌握专有特权的垄断集团而言，合众国银行的规模最大、名声最隆、实力也最强。它成了其他所有垄断集团的象征，人们对它的种种不满，有很多实际并不应由它负责。作为一个全国性机构，它两面受到责难：西部的主张通货膨胀者责怪它实行了通货紧缩政策，东部主张硬通货者责怪它造成了通货膨胀。杰克逊发起的反银行斗争有一个确定无疑的成果，这就是给那些觉得受经济特权损害的公民提供了发动攻击的机会。

杰克逊的民主之所以清新、有生气，得助于创业的推动力，杰克逊自己当然了解这一点。作为取得相当成功的创业者，他本能地从典型美国人的立场去看问题，这样的美国人急切地想在民主的竞赛中发迹——高级技工渴望自行开业，种植园主或农场主想从事土地投机，律师有志于担任法官，地方政界人士想要涉足国会，小杂货店主盼望有朝一日成为批发商，等等。他自己从事过多种行业，做过律师、商人、土地投机商、种植园主，任过公职，也做过军事领导人，参与了竞争。他理解老一辈的杰斐逊派对政府机器过于膨胀的反感，也理解西部人对根深蒂固的东部势力的不满；既理解新型政治家对老式官僚的厌恶，也理解有抱负的公民对特权的憎恨。他忆及早在 1817 年，当少数田纳西人建议在纳什维尔建立国民银行的分行时，他就提出过反对意见，理由是该银行“将榨尽本州硬币以增加它的利润，用以扶持和繁荣其他地方，还有外国的王公贵妇，因为他们持有大部分股份——本州除一人外都不持有该行股票”。1827 年，分行终于在纳什维尔开设，其代理人托马 60
斯·卡德瓦拉德将军腼腆地向杰克逊暗示可说服分行的后台转而支持他的党，遭到杰克逊的拒绝。

杰克逊进入白宫后，把该银行看作由一力量和智慧非凡的人统治的巨大特权和势力的工具。作为金融机构，该银行的规模不亚于政府。全国 1/4 的钞票由它发行；由于它势力极大，可以左右无数小银行的贴现，对于西部和南部的小银行尤其如此，因而是在联邦中唯一能影响信贷量的中央机构。这家私营机构行使着重大的公共职能，在很大程度上不受政府的控制。[①] 正如赫齐卡亚·奈尔斯所说，“银行的权限过大，这么大的权限通常只能赋予对人民负责的人们”。尼古拉斯·比德尔对于容忍自己统揽银行业务的权力颇为自豪，曾在一次国会调查时说，“国民银行一施展威力，其他银行很少有不被摧毁的”。1837 年，他在致托马斯·库珀的信中写道：“仅就权力而言，多年来我日常行使的个人权威大于任何总统通常享有的权威。”因此，银行的批评者将它看作对民主体制的潜在威胁是可以理解的。

作为经济工具，该银行也做了许多好事。在比德尔主持下，它令人赞叹地稳定了货币，顶住了从事冒险投机者要求通货膨胀的压力。杰克逊当选前，比德尔还着力防止银行卷入党派政治，并且正如他致韦伯斯特的信中所说，要“使之像账房一样务其正业”。

① 银行的 25 位董事中，有 5 位是联邦政府任命的。尼古拉斯·比德尔是政府任命的董事之一，他实际上主持银行业务不受干涉，在有关银行的争执开始前，杰克逊本人已再次任命了比德尔。

但银行招致很多人的怨恨，无法超然于政治生活之外。1829 年以后，许多显赫的政界人士和有影响的报刊主编欠了它大量贷款未还，比德尔十分清楚，如果直接用这些贷款来贿赂，其力量将会大到何等地步。1833 年，他曾傲慢地告知一位记者："在哥伦比亚特
61 区我可以撇开一切宪法上的顾虑，把半打的总裁——一打财务主任——50 名办事员——100 位董事的职位让给一无声望二无金钱但能够胜任的朋友。"

由于银行的许可证将于 1836 年到期，并且杰克逊也可能再次当选，因而似有必要在杰克逊任上争取到再发许可证。起先，比德尔想尽量采取和解的态度，诚心诚意地努力消除杰克逊对银行的不满，任命杰克逊派的政治活动家做了一些分行的董事，并向总统提出了一项颇慷慨的建议，表示愿意帮助政府偿清所欠债务，以换取再发许可证。然而，当比德尔和杰克逊于 1829—1830 年秋冬之间在友好的气氛中会晤时，将军坦率地说："我对你的银行像对所有银行一样，并无反感。然而，自从我读了南太平洋公司骗局[①]的史实之后，我对银行就有了顾虑。"1830 年 12 月，杰克逊对银行是否得宜及是否合乎宪法提出了疑问，这表明他已不想让其延寿了。1832 年夏，在辉格党人的催促下，比德尔勉强而无把握地决定向国会申请在大选前批准再颁发许可证。杰克逊对范布伦说，"银行想置我于死地，**但我将置它于死地**！"对这位来自边疆的决斗士来说，这个问题一下就带上了个人色彩。

---

① 18 世纪英国一些人鼓动人们购买南太平洋公司股份，声称要在南美进行贸易后未成的骗局。——校者

杰克逊不失时机地把再颁发许可证法案退回国会，并附去了他那份著名的否决咨文[①]，比德尔称之为“无政府状态的宣言，如同马拉和罗伯斯庇尔会对暴民颁布的一样”。咨文中的主要论点是指称银行不符合宪法。指控它的社会罪责包罗万象：它是垄断性的，拥有独有的特权；在特权买卖的竞争中，全体美国人被排除在外，因而政府所得不足应得之数；银行 1/4 的股权在外国人手中，其余部分则为“本国数百名公民掌握，而他们多数属最富有阶层”；银行是对国家自由独立的威胁。最后，总统直截了当地陈述了杰克逊运动的社会哲学：

> 令人遗憾的是，富人及权势者往往使政府的措施屈从于 62
> 他们自私的目的。任何公正的政府治下也总是会存在社会差别。才能均等、教育均等或财富均等不能靠人类的体制产生。就充分享用天赐之物及因过人的勤奋、节俭和品德而获得的果实而言，人人都有权受法律之保护；但如果法律保证要在上述天赋公正之利益之外再添加人为差别，授予权利资格、优惠及专有的特权，使富者愈富、强者更强，则社会的下层成员——农人、技工和工人——有权对政府的不公正发出怨言，因他们既无时间也无办法为自己争取上述好处。政府并非必然有弊端。弊端只是存在于政府滥用职权之中。如果政府只限于施加平等的保护，如同上苍普降惠雨，泽及之处不分高低

① 这一咨文由阿莫斯·肯德尔、安德鲁·J. 多奈尔森、罗杰·B. 坦尼和利维·伍德伯里协助拟就。

贫富一般，那将是绝对的幸事。

当然，这绝不是那种激进的平均主义运动的哲学，并无根除财产或依截然不同的主张重建社会之意。它并不从乌托邦式的前提出发，因为绝对平均是不可能的，“总是会存在差别”，并且，“过人的勤奋、勤俭和品德”必须得到应有的报偿。它所追求的只是典型的资产阶级理想，法律面前人人平等，约束政府，使之对公民提供平等的保护。这是新兴中产阶级的哲学；其宗旨不是扼杀而是解放工商业，为人民的创造性事业打开一切可能的途径。虽然杰克逊派的领袖们在讨伐垄断和“纸币制”的斗争中比杰斐逊派激烈，但他们的理论核心显然是相同的：二者的目的都是力争控制政府

63 批准的特权，使之无法干预自然的经济秩序。[①] 由此看来，威廉·莱格特和托马斯·哈特·本顿这样的杰克逊派当时仍十分崇拜约翰·泰勒就不是偶然的了。泰勒属于杰克逊感情深厚地称为“老共和党派”的思想家。

---

① 不仅杰克逊派的一般人士持这一立场，而且较“激进”的纽约民主党激进派也持这一立场。例如，纽约保守派心目中的无政府主义迷威廉·莱格特就暗暗地信奉自由贸易，并对与特权分离的财产权极为关注。他把关于组建公司的普通法看作“唯一能使穷人与富人竞争的办法”。艾萨克·史密斯这位激进派的重要候选人说：“我的信条是，商人的事让商人自己管。”马丁·范布伦说：“我一向主张……限制政府，对人民的企业非有确实的必要不得干预，并且[一向]反对任何形式的垄断。”纽约劳工领袖伊莱·摩尔断言，“人民、民主政治所争取的措施，应是为各个企业提供施展才干的正当动机。”当时最有声望的经济学家威廉·古奇宣称，他主张的硬通货政策将造就一种社会，“财富与贫穷的自然而公正的起因的作用将不再被本末倒置，而……每一起因都将按其自然而公正的秩序起作用，并产生自然而公正的结果——财富将成为对勤劳、节俭、技能、精明和创业精神的报偿，贫穷将成为对少数懒惰、挥霍之徒的惩罚。”

四

杰克逊把与银行的斗争进行到最后，却发现在胜利中失败了。1832年，他靠着银行问题以压倒多数再次当选，不久就把国家的所有存款从银行中抽走。比德尔极力抗争，想争取联邦存款回库，在这一过程中，他通过限制信贷造成了一次为期不长但十分严重的萧条，这次限制信贷只是到商界一致起来反对时才停止。这场人为的萧条刚结束，就开始了一场通货膨胀运动。杰克逊把从比德尔那里抽回的联邦存款投向数十家州级银行，它们迅速利用这些新资金大兴信贷，结果于1837年发生灾难性崩溃，这既不是杰克逊的初衷，也出乎其硬通货主张追随者的所料。托马斯·哈特·本顿抱怨说，“我参与推倒合众国银行并不是为了让地方银行如此泛滥。”杰克逊摧毁了比德尔的银行，也就排除了对投机性银行的唯一有效制约；联邦存款的分散存放也使通货膨胀主张者手中的资本得到扩充。他既反对特权，又反对通货膨胀，但他在与一方的斗争中却放过了另一方。他扼杀了银行，从而扼杀了对民主政府的潜在威胁，但同时却付出了不必要的很高的代价。他迫使比德尔造成了一次萧条，而他庇护的州级银行又使第二次萧条更为加剧；他使全国更加依赖于货币和信贷体制，而这个体制比他接手时更不完善。

比德尔从1823年接手管理银行起就一直在推行逐步而有控 64
制的信贷膨胀政策，这一政策完全适应不断发展壮大的美国经济的需要，直至1833年，抽走联邦存款一事激怒了他，因而进行了不

顾一切的报复。要是杰克逊当初既不对过时的硬通货理论让步，也不对有关主张通货膨胀的集团的压力让步[①]，就很有可能——而且也会明智得多——与比德尔做成一笔交易，以继续颁发银行许可证来换取政府对银行事务的更充分的控制。这样就有可能既确保民主体制，又不致造成如此严重的金融混乱，但杰克逊等人却既仇视银行，又不愿代之以联邦对信贷的更充分的控制。民众对特权的痛恨和占主导地位的放任自由意识形成了一种不幸的结合。

反对银行的斗争初而蓬勃浩荡，继而偃旗息鼓，终而被人忘却，最终只产生了一些消极后果。但这场斗争所象征的反对公司特权的斗争却是在一个广泛得多的战线上展开的。在各州，这一斗争硕果累累，形成了一系列有关组建公司的一般性法律，这些法律于1837年首创于康涅狄格州，并在内战前的20年时间内遍及其他各州。任何人只要符合州规定的要求，就可以组建公司，因而立法者逐渐能够将公司形式的企业的概念与垄断特权区分开来，并在数十年间使它成了自由企业发展的一个要素，这对美国工商业发展的巨大贡献是不可估量的。这一点对银行业也是如此。

① 支持与银行斗争的人各有目的。主张硬通货理论的人想使一切银行的职能都局限为贴现和存款业务，并剥夺它们发行纸币的权利；他们认为，钞票发行过多是物价猛涨和萧条的主要原因之一。而主张通货膨胀的集团，包括许多州的银行，则因合众国银行限制钞票的发行而对其加以反对。杰克逊在这两股势力的影响下推行了一种前后不一致的政策。联邦资金存入州级银行一事使通货膨胀的主张者感到满意。杰克逊的继任者范布伦掌权时通过的“铸币通告”和“独立国库”政策则更倾向于硬通货派的观点。

1838 年间，纽约是民主党激进派激烈反对银行垄断集团的中心，当时通过了一项自由银行业法律，准许银行业的协会按一般规章 65
行事，无须申请具体的组建法令。这为其他各州订立类似法律开创了先例，一位权威人士布雷·哈蒙德把这称为“美国银行史上最重要事件”。

各州议会正在把杰克逊的理想撰写成公司法时，首席法官坦尼主持下的、倾向于杰克逊的最高法院则正在《宪法》中寻找可为这些理想作解释的条款，坦尼是杰克逊在 1836 年任命的，直至 1864 年死于任上；在他任职的漫长岁月中，最高法院一直在宣传杰克逊关于工商业无特权的观点。本杰明·F. 赖特教授在其关于《宪法的契约条款》的论文中指出，经过坦尼领导的最高法院的工作，契约法条款“作为维护财产权的依据，在 1864 年比 1835 年更牢固更广泛”。坦尼经手的最引人注目的案件是查尔斯河桥案，此案如同政界的反银行斗争一样，象征了司法领域的反特权斗争。坦尼拟就的多数裁决书是对杰克逊信念的经典阐述，在清除公司的垄断烙印方面迈出了一大步。

查尔斯河桥是 1780 年马萨诸塞州批准建造的，出资兴建者为哈佛学院和波士顿名流。随着波士顿和坎布里奇人口的不断增长，工商业日益兴旺，交通日趋繁忙，该桥公司股票的票面值急剧上涨。1805 年每股为 444 美元，到 1814 年已值 2080 美元。由于急需有一座新桥，州议会于 1828 年颁发许可证准许在原有桥梁附近再建一座新桥，即沃伦桥，待收取的通行费足以偿付建造费之后，即可免费通行。老桥梁公司股东十分担心这样一来会毁了他们手中的股票价值，便企图阻挠新的承建者，不让他们建造沃伦桥。1837 年,坦尼就任首席法官时,最高法院对这个问题尚未裁定。该案显然涉及既得利益者与新创业者以及当地其他人之间的冲突。查尔斯河桥的出资者请了马萨诸塞州的四位名律师出庭,
66 其中包括丹尼尔·韦伯斯特。他们争辩说,州议会给予老桥梁公司的许可证是一项合同,此类渡口或桥梁的特许权默示州当局保证不撕毁合同,不得给予另一个竞争者特许权,因这将会降低原桥的价值。

最高法院以 5 票对 2 票的结果裁决允许建造新桥。投反对票的是斯托里法官和汤普森法官,他们是杰克逊上台前就已任职的老法官,而构成多数的 5 位法官则都是杰克逊上台后任命的,这项裁决书实际上堪称杰克逊派的文件。斯托里的反对意见表达了对"投机性质的微妙之处或新花样"的憎恶,也引起"全国所有这类企业的每位股东"的兴趣,其推论所用语言代表了站稳脚跟的资本和害怕风险的垄断投资者。坦尼的多数裁决则以维护公共利益、技术进步和新兴事业来答辩。①

坦尼断言,一切政府都应以促进社会幸福繁荣为己任,在这方面,决不可认为政府有遏制自己的权力的意向。"我们这样的国家,自由、活跃、富有创业精神,人口和财富都在不断增长,"不断发现需要寻找新的通信及交通渠道;州放权以促进新的开发,这不应根据未明确陈述这种意向的合同加以解释。

---

① 关于针对公司的州政策,坦尼的观点温和而稳定,这一点最清楚地体现在他对"奥古斯塔银行控告厄尔案(1839 年)"所做的精彩裁决中。关于这一点以及他以后一直对非垄断性公司所持的维护态度,可参阅卡尔·布伦特·斯威舍所著《罗杰·B. 坦尼》一书第 18 章。

坦尼问道，如果最高法院使许可证中含有的垄断的思想得以维持，将会出现什么情况呢？沿旧有的收费公路公司交通线建造的为数众多的铁路该怎么办？他认为答案是：假如这些老公司在“交通线上的所有权不明确”，它们就会从睡梦中醒来，要求最高法院阻止新的交通运输改善工程，以保护其既得利益。已投入收费公路公司一度占据的交通线的铁路和运河的“千百万财产”就会危 67
在旦夕。在已过时的土地所有权问题得到解决之前，当地社会就无法像文明世界其他地方那样享受新发明的好处。坦尼承认，财产权应予“维护，神圣不可侵犯”，但“我们不应忘记，社会也有许多权利，每个公民的幸福和福利都有赖于这些权利得到忠实维护”。

在辉格党人的报刊和像肯特及斯托里等保守的律师眼里，上述观点又是一种“无政府状态的宣言”，同杰克逊的否决银行的咨文如出一辙。事实上，正如查尔斯·沃伦在他关于最高法院历史的著作中所说，这种观点鼓励了“所有工商人士，他们都在考虑把资本投入新兴的公司企业，并且不再受旧许可证中含混条款中隐藏的垄断权的约束”。

1823—1824 年的国会会议正值杰克逊时代的开端，丹尼尔·韦伯斯特在这期间指出：“社会上下无不激动万分：竞争开始取代垄断；智慧和勤奋但求公平竞赛，赛场开放。”在准确表述杰克逊运动的历史意义方面，杰克逊民主的拥护者中无一人超越这位反对者。随着“老山核桃木”的当选，流动变化的经济及社会制度冲破了固定不变的、狭隘的政治秩序的束缚。起初，杰克逊运动是一场反政治特权的战斗，以后不断扩大，形成了一场反经济特权的战斗，把大批“农业资本家和乡村企业家”团结到自己周围。当杰克逊离任时，他已成了美国社会中、下层心目中的英雄，他们的信念是以平等权利求扩大发展的机会；1845 年杰克逊去世时，韦伯斯特指出的那种“激动”已在全国留下了深深的、永恒的印记，卡尔文·科尔顿欢呼道，“这是一个靠个人奋斗取得成功的人的国度，任何社会状态都没有胜过它的。”

第四章　约翰·C.卡尔霍恩：主子阶级的马克思 68

感兴趣者可以仔细想想，现今或以往是否存在一部分人不依赖另一部分人的劳动生活的富裕文明社会；也可想想，南部存在奴隶制的形式是否只不过是这种普遍存在的状况的一种变型。……请感兴趣者记住，劳动是财富的唯一源泉，并请他们记住，在一切古老的文明国度中，即便在治理最完善的国度中，以自己劳动创造了财富的人只能得到财富的极小部分。

杰克逊的领导地位在于个性的力量而不是才智；在他以后入主白宫的几位继任者在这两方面都不突出，于是让国会一些政客居于突出的地位。在克莱、韦伯斯特和卡尔霍恩这三位杰出的人物中，就思想而言，卡尔霍恩最引人注目。他的问题是要在一个民主国家内维护少数人的利益，这对清新的思想提出了最顽强的挑战。

克莱和韦伯斯特作为与资本主义势力有着密切联系的国家主义者，完全可以利用开国先辈们通过联邦主义传统传下来的思想。克莱情愿让马修·凯里和赫齐卡亚·奈尔斯等经济学者去从理论上阐述他心目中的“美国体系”，从未以思想家自居，他对政治学的最大贡献就是表明如何掺合杰斐逊精神来加强汉密尔顿式的纲领。韦伯斯特总的来说满足于依循先辈们的保守共和主义，这就使他以美国国家主义的半官方狂热发言人的形象鲜明地留在人们记忆中。他认为在他所处时代无须尝试新的综合法。

卡尔霍恩代表了一批自觉的少数派，面临着特殊的问题，他为
69 美国政治思想输入新的变异。对于20世纪的思想界来说，他的州对联邦法令废止权思想及其赞同者的呼声充其量不过形同古董，但他也确立了一种值得大加重视的社会分析体系。在同时代的美国人中，他是为数不多的几个——还有理查德·希尔德雷思和奥雷斯蒂斯·布朗森——只有他们才敏锐地意识到社会结构和阶级力量。在卡尔·马克思发表《共产党宣言》之前，卡尔霍恩已建立了对美国政治和区域斗争的分析方法，预示了马克思体系的某些思想萌芽。他是一位卓越的辩证论者，或许不够广博；在美国政治家中，可能是最后一位肯做些基本的政治思想研究的人，他把“科学”社会主义的中心思想放在一个倒置的道义价值框架中，形成了维护反动的引人注目的堡垒，仿佛是思想领域的安魂弥撒。

卡尔霍恩1782年诞生在一个已进入宾夕法尼亚殖民地的苏格兰-爱尔兰人家庭，全家于18世纪中叶迁至南部偏僻乡间。其祖母于1760年在边境上死于印第安人之手，卡尔霍恩的名字约翰取自他舅舅的名字，即约翰·卡德韦尔，这位舅舅在独立战争中为亲英派所杀。他的父亲帕特里克·卡尔霍恩拥有30多名奴隶，在那地区奴隶是很少见的。帕特里克·卡尔霍恩成了南卡罗来纳偏僻地区的显要人物，当上了州议会议员，并且反对联邦《宪法》。他去世时约翰才14岁。少年约翰一度在姐夫摩西·瓦德尔指导下

学习,这位姐夫不久成为南部的一位杰出的教育家;约翰于1804年毕业于耶鲁,以后入塔平·里夫在里奇菲尔德设立的著名学院学习法律,并加入了卡罗来纳律师协会。

在这些年中,乃至在整个一生中,卡尔霍恩由于婚姻关系,对一位老妇人的感情最为深厚,这就是他父亲的姻亲弗洛赖德·邦诺·卡尔霍恩。她的女儿也叫弗洛赖德,与卡尔霍恩相爱多年,书信不断,18岁时与卡尔霍恩结婚。按照当时的习惯,新娘带来的财产由其自己掌握,但这位年轻的种植园主毫不客气地要求她把
财产交给他。结果如愿以偿。除了这大笔地产以外,联姻也巩固 70
了卡尔霍恩在沿海地区上层社会中的地位。

1808年,卡尔霍恩被选为南卡罗来纳州议员,这时离他结婚还有3年,并且刚刚被吸收为律师协会成员。1810年,他被选入国会,很快就成了年轻的"主战派"的领袖之一。反英战争开始后,他站在主张战争拨款一派的最前列,14年中,他一直最坚定地为国家的统一和壮大国家力量而奋斗。他主张扩充军队,增加经费,支持制造业,赞同修筑联邦公路、提高关税并建立一家新的国民银行。他不耐烦于作"宪法问题上的精雕细琢式的辩论",干脆把这方面的反对意见统统甩在一边。1817年,他任詹姆斯·门罗内阁的陆军部长,大力推行一项加强防务和改进行政勤务的雄心勃勃的方案。约翰·昆西·亚当斯也是内阁成员,在日记中写道,卡尔霍恩

> 为人正直,心地坦率,坚持正确原则,理解问题思路明晰敏捷,沉着冷静,具有开阔的哲学观点和炽热的爱国心。与我

> 所接触过的其他任何本国政治家比,他更加超脱于一切地方和派系偏见。

卡尔霍恩对地方性争端持宽容态度。当密苏里争论中首次提出奴隶制问题时,他主张克制。他在给一位朋友的信中写道,“我们南方人不应轻易相信有人觊觎我们的财产或就是偏重联邦”,并补充说,对于凡是“与一些地区无关,但最适于促进普遍利益的”这类措施和人,他就主张加以支持。人们一定会同意威廉·E.多德的看法:卡尔霍恩的整个早期政治生涯是建立在国家主义基础上,在思想深处,他始终既是一个南方人,又是一位联邦主义者。他并不想使南部脱离联邦,而是想由南部主宰整个联邦。迟至 1838 年他还告诫女儿警惕分离主义思想。“那些提出这种思想的人决没有想到这个词意味着多大的困难;分裂之利刃穿透国家肌体会造成多少流血[的创口]。……我们必须牢记,世上最难之事莫过于把一个民族割裂为二。”

71 虽然卡尔霍恩并不情愿,但国内情况的变化仍使他从一个国家主义者转变为一个地方主义者。随着棉花种植经济的蔓延,南卡罗来纳州完全变为一个种植这种主要作物的州。州内种植园主已经竭尽地力,而且受到内地新开垦土地者的激烈竞争,再也不能默默忍受保护关税的勒索。不久,地方政治集团的巨大压力迫使政治活动家们非大力支持地方利益不可,否则就没法干下去。

卡尔霍恩远远不满足于做一个地区领袖,因而有几年刻意不张扬自己向地方主义立场的转变。他起初的策略是与杰克逊的支持者结成联盟,期望杰克逊会推行有利于南部的政策并最终把总统职位转交给他,因为杰克逊本人就是一位南部种植园主和老共和党人。这样的话,卡尔霍恩就可使以农业为主的南部和西部联合起来反对资本主义的东部。1824 年和 1828 年,卡尔霍恩都是杰克逊的副总统竞选伙伴,杰克逊在 1824 年因克莱—亚当斯交易而失败,1828 年当选。①

1828 年竞选期间,“可憎的”高关税变成为法律,卡尔霍恩撰写了第一篇关于地方问题的重要文件《申论与抗议》,出于政治原因,作者姓名曾一度保密。② 卡尔霍恩对关税作了尖锐的抨击,并大声疾呼:“我们成了这种制度的奴隶。”他令人信服地分析了高关税使种植业经济蒙受的损失,随即便提出了政治上的补救办法。“凡是建立在应由多数人统治的赤裸裸原则的基础上的政府,无论该准则按其本来意义如何正确,并受到应有的约束,都无法维持其行事自由哪怕是仅一代人的时间。”只有对权力有所制约,“将多数人的权力束缚制约在适当界限内”的政府才能顺当长存下去。卡尔霍恩不想诉诸脱离联邦的手段,力求从宪法中找到某种可以抵

制多数的办法,最后终于找到了国会法令废止权这一主张。他争 72
论说,主权本应完全归各州,联邦政府只是部分受权代行使而已。因此,只有各州才有权判断政策措施是否违反宪法赋予它们的权利。如果某州专为此目的召开会议,判定任何法令违反了它的宪法权利,它就有权宣布该法令在其州界限内无效,并有权不准在该

① 由于 1824 年大选的特殊情况,虽然杰克逊竞选失败,卡尔霍恩仍当选为副总统。

② 卡尔霍恩的这份报告未获正式通过,但由于卡罗来纳州议会下院曾下令把它印发 5000 份,一般都把这份报告视为正式文件。

州内实施。国会法令废止权对本州公民和联邦政府都有约束力。《申论》一文最后表示希望杰克逊当选，从而无须将废止权付诸实践。

“老山核桃木”很快就使卡尔霍恩和整个南部大失所望。杰克逊本人对卡尔霍恩很不满意，包括发现陆军部长卡尔霍恩曾想指责他在森密诺尔战役中轻举妄动，因此将军决定与这位卡罗来纳人分道扬镳。最后的决裂发生在1832年的国会法令废止权危机中，杰克逊迁怒于南卡罗来纳，并在盛怒不能抑制之下扬言要绞死卡尔霍恩。结果卡尔霍恩辞去了副总统职务，并代表本州进入参议院，计划参加反杰克逊的联盟；而好斗的南部人也在寻找抵挡北部资本的新途径。卡尔霍恩通向总统宝座的轨道被强有力地扭曲了。此后，他的一生变成一直在进行漫长的论战，他的生涯就是为维护南部和争取本人入主白宫而施行的一连串谋略。由于胸怀雄心和敌意，他变得更加强硬、坚定和足智多谋了。

二

查尔斯顿是旧南部各州的重要文化中心，既有自己的特色，又受到世界主义气氛的熏陶。它正是卡尔霍恩所不喜欢的南卡罗来纳的一个部分。他讨厌在外地的拥有地产的种植园主过的那种安逸生活，而这些人正是查尔斯顿社会和文化特色的台柱。1807
73 年，该城疟疾猖獗，他不无幸灾乐祸地在信中告诉弗洛赖德·邦诺·卡尔霍恩，每份报纸都列出了长长的死者名单。他认为，造成这种情况的，与其说是当地气候，不如说是“居民的胡作非为；可把这看成是对他们放纵淫逸生活的惩罚”。

从未有人指责卡尔霍恩生活放荡。从记载中看，他从未读过诗，也未想过写诗，不过，也流传过一个笑话，说他曾经想写一首诗，刚以“其实”一词开了个头，就再也写不下去了。他一生中读过一本小说——因为一位女士征求他对此书的看法。他的一位朋友玛丽·贝茨曾说，“从未听他说过一句俏皮话”；丹尼尔·韦伯斯特也在一篇颂扬他的文章中写道，从未见过有人像他那样“不在所谓的娱乐上浪费生命，或不将生命用于与履行职责无直接联系的活动”。职责就是格言，因为职责就是卡尔霍恩身上的超人力量。他曾经写道：“我认为生活中的责任比生活本身更重要……我认为此生在极大程度上是一场与邪恶的斗争，对于按正当原则行事的人来说，斗争的乐趣多于胜利本身，虽然胜利可使乐趣大大加强。”成年人松懈和娱乐在某种意义上等于退回到无节制的童年时代。有理由认为，卡尔霍恩属于无童年时代可以追忆的一类人。哈里特·马蒂诺曾说卡尔霍恩根本不像有过生下来的时期，或许她感觉到的就是以上情况。卡尔霍恩的政治副手詹姆斯·H. 哈蒙德在他去世后曾说过：“就我们所知，卡尔霍恩从未有过少年时代。他跃上舞台，就像智慧女神密涅瓦从朱庇特头顶跃出，已是羽翼丰满，全身披挂：他单枪匹马，可与任何人斗个高低。”

与他认真相处的人都难以忍受他那炽热的工作态度。亚拉巴马的迪克森·刘易斯参议员是个体重 430 磅的大胖子，休息对他来说是再自然不过的事，他在某一选举年度曾写信给卡尔霍恩的朋友理查德·K. 克拉莱说：

> 卡尔霍恩如今是我的最重要的同事，他智力过人，勤勉非常，过分热衷于政治斗争，同他偶尔相处还可以，常在一起我可受不了。他根本不知休息为何物。相反，当我想劝他休息一下时，他总是给我上劲，把我弄得更加紧张。

74 普赖奥洛法官第一次见到卡尔霍恩后就对一询问者说再也不想见他了。卡尔霍恩操着方言，滔滔不绝，整整说了 3 个小时，“从天上谈到地下”，他曾努力倾听，听得他精疲力竭。“我受不了让我如此绞尽脑汁的人……也不喜欢使我相形见绌的人。”卡尔霍恩很少和别人意气相投。他曾经承认，离家 5 英里之外他谁也不认识，可以肯定，他的政治声望并非来自个人的号召力，而是来自抽象的理论。但是，也没有理由认为不和家人在一起他会常常感到孤独。他喜欢说话有听众，但并不特别爱好交际。他喜欢一连好几个钟头独自沉思。

卡尔霍恩身高体瘦，样子像个病人，有人说，他那夹子般的嘴和沙哑的嗓音使人觉得像是位数学教授，参议院中习惯于聆听他滔滔不绝的长篇讲话的同事极为敬佩他那非凡的思想和无懈可击的正直人品，但有时也觉得他有点可笑。克莱以善意的讽刺笔调对他作了刻画，令人难忘——“高高的个子，显得忧心忡忡，前额布满皱纹，形容枯槁，目光逼人，仿佛在仔细分析玄学家脑瓜中蹦出的最后一个抽象观念，口中自言自语，念念有词，说‘真正的危机到来了’。”

卡尔霍恩也有温柔可爱的时候，他的严肃态度本身有时也颇有魅力。他的一位崇拜者曾说：“他像天真无邪的儿童一样朴实坦率地谈论最深奥的问题。”本杰明·F.佩里这位尖刻的政敌也证实他为人友善，但又说，“他非常喜欢谈论自己。”他把魅力和宽容都倾注给妇女儿童，或许他认为妇女儿童的世界与生活中的严肃世界全然无关。有一件小事十分使人感动：他在女儿的婚礼上特地把蛋糕上的奶油花饰取下来留给一个小孩子。完全可以相信他从没有对家中任何一个人发过火，因为他完全可以把攻击的火气发泄在任何一位参议员头上。而且，也正是两位妇女对他作了最恰当的刻画：一位是哈里特·马蒂诺，她称他为“铁铸之人，好像从未有过被生下来的时期，并且从不会被压制得销声匿迹”，另一位是瓦里纳·豪厄尔·戴维斯，她称他为“精神和道义上的精粹”。

如果能够知道约翰·C.卡尔霍恩夫人对他有何评价一定很 75
有意思。不难想象，他对妻子一片深情，但卡尔霍恩的深情决非一般男子的热爱。他在考虑与她结婚时曾写信给她的母亲说：“经过仔细观察，我发现她的品性完全适合于我。”他们婚后的生活堪称典范，妻子给他生了9个孩子，他给予他们慈父的爱抚。然而，当他的大女儿两岁那年夭折时，他曾给他敬爱的岳母写过一封令人惊讶的信，其中有一部分是这样写的：

> 她的伤心的母亲悲痛欲绝，我无论如何安慰都只能使她更加悲伤。我对她说什么都不起作用，我告诉她，这是人类命中注定的；天下父母差不多都遭受过同样的不幸；或许上帝如此安排是为她好，为我们好，因为谁也不知道她如果活下来以后究竟会幸福还是会受苦；况且我们可以感到自慰，她如今比跟我们在一起要幸福得多。她却一味追思她那可爱的孩子，

回忆起孩子的一切逗人之处，这就使她更加悲伤。

从这段话可以看出，他确实是一个生活在抽象概念之中的人；他这样的人竟会把治理人间之事当作他的职责，这确实令人惊奇，也多少令人感动。

卡尔霍恩对自己那种以逻辑理解生活的能力有着一种令人感动的信念。他的政治推理过程就像他生活中的许多阶段一样，由一系列的三段论演绎构成。设定一个前提，他可以创造奇迹，但有时他在选择前提方面却极其缺乏判断力，而且常犯诡辩的错误。[1]他之信赖逻辑，使他的自信几乎到了不正常的地步。他曾经写道："我不知道是否过于自信，但我认为我看到的，我非常清楚地看到，
76 别无其他道路可以选择，这使我感到是在按命运的力量行事。"他在去世前 6 年写给达夫·格林的信中说："回顾往事，我看不到有什么可后悔的，也很少需要改正。"

卡尔霍恩的同时代人，无论是朋友还是敌人，都认为他的全部精力只有一个目标，这就是担任总统，就连对他赞扬备至的传记作者也不否认这一点。然而他本人对此从不承认或有所认识。1847年，他在参议院竭力辩白道："我不是沽名钓誉之徒——从来不是。我不会去追逐总统之职。"在这方面，他认为自己是"最受世人误解

---

① 卡尔霍恩最典型的诡辩是他对《独立宣言》哲学思想的攻击，他将它理解为就是指"人人生而自由平等"："从字面上理解这个命题……其中毫无真实之处。开头的'人人生而'一语根本不对。人不是生出来的，只有婴儿才是生出来的，他们长大成人……并不生而自由。婴儿不能自由行事……"任何人如果从他这些部分的论著开始接触卡尔霍恩，将很难相信他对天赋权利理论会有正确而犀利的批评，然而他提出了。

之人”。不过，应当说他的动机还是较为纯洁的。他本质上不是一个机会主义者。一般来说，他虽然力求提高自己的地位，但确实是遵循自己真正相信的某些首尾一贯的明确原则。诚然，他有时对某些个别人并不十分直率——多年来对杰克逊就是如此——但从不是思想上诡计多端的人，这两种情况并不相互矛盾。他在金钱问题上有所顾忌，或许只有亚当斯可与之相比，而且完全可作韦伯斯特的榜样。他经营的种植园正在败落，却得靠这方面的收入来养活一大家子——把 9 个孩子中的 7 个养大成人——并且真心诚意地表示对赚钱不感兴趣。1845 年，他向韦伯斯特在波士顿的富有的主顾艾伯特·劳伦斯提出要借一笔 3 万美元的贷款，而劳伦斯在回信中却用话暗示，对于像卡尔霍恩这样地位很高的人，他也许可以超越商业性贷款慷慨借给他，卡尔霍恩以极其尊严的行文去信撤回了贷款的请求。

卡尔霍恩不懂政治要依靠人民，也不懂搞政治不仅要忠实于自己的主张，而且要有一批愿意长期效忠的人。他的追随者和党内人士对此都颇有怨言。詹姆斯·H.哈蒙德曾抱怨说，这位领袖“只会争取敌人，从不照顾朋友”。并说：“他把所有追随者一会儿推向前，一会儿拖向后，终至脱离了大多数追随者，然后又与朋友们一个一个断绝了关系，把不久前还与他志同道合的人都拆散完——终于把一切都毁了。”雷特和哈蒙德都认为他过于耿直，不 77
近人情，不适于做一位大党派的领袖。正如雷特所说，“他懂得原则……但对用人之道……却一窍不通。”

当然，卡尔霍恩也是奴隶主，从这一身份出发，他如何看待自己是可以预料的：“我相信，作为主人我是无可指摘的，我想如我所希望的，在生活的其他方面也是如此。"他声称，他以"主人兼保护人的双重身份"看待自己与奴隶的关系。他的邻居证实他对奴隶是仁慈的，而且从他的出身的阶层来看也没有理由怀疑这一点。然而，关于他同奴隶的关系，如今只知道一件事，这件事表明，在南部，对待奴隶的仁慈具有混杂的性质。那是 1831 年的事，一名叫阿莱克的仆人冒犯了卡尔霍恩夫人，她扬言要狠狠鞭打他一顿，于是此人逃跑了。几天后，他在阿伯维尔被抓获，卡尔霍恩通知一位朋友：

> 希望你把他关押一个星期，只给面包和水，关了一星期之后再让他着实挨 30 下鞭子……我认为，为我们的安宁计，必须防止他们养成动辄逃亡的习惯，我觉得最好在他回来前惩罚他一下，不要等到回家以后。

阿莱克之事和"着实挨 30 下鞭子"一语比卡尔霍恩关于国会法令废止权原则和一致多数的辩证论述更有助于我们理解多数与少数的问题。

三

1788 年，帕特里克·亨利在辩论反对联邦宪法时问道："既然北部各州是多数，南部成员如何能够阻止在南部各州实行最苛刻沉重的税收？"对北部多数的这种担心像南部沼泽地中的植物一样迅速成熟起来。随着岁月的流逝，南部成长壮大起来，但北部成长壮大得更快。1790年,卡尔霍恩8岁,当时北部和南部的人口实际上相等。到1850年,即卡尔霍恩去世的时候,北部人口已达1352.7万人,而南部只有961.2万人。这种优势也反映在国会中。虽然南部政治家在政府中占的比例很大,与其人口并不相称, 78
但联邦政策仍有利于北部资本,南部的财富源源不断地流入北部货运商、银行家和制造商的口袋。当然,就南部资金外流的大部分而言,确实是资本主义社会和农业社会之间关系的必然结果,因为南部几乎没有自己的航运业、银行业和制造业。但也有相当的部分是由于南部人心目中的政府"人为"干预——保护性关税——造成的。首先激起南部斗志昂扬的不是奴隶问题,而是税率。南部种植园主眼看着手下的男男女女乃至儿童在田野中艰苦劳作创造的财富不断地从他们手中滑走,他们的怨恨是可想而知的。卡尔霍恩说:"我们所求的富足只是让我们得到自己的果实。"

南部的领袖们开始疑虑这一切到何时才能结束。既然北部一开始就占了优势,还有什么能够阻止它利用联邦政府进一步扩大两部分之间的政治力量差距,并利用南部的不断衰弱而不顾一切地把剥削推向不堪忍受的极端?南部领袖们为本地区的相对落后的经济状况感到受屈辱,对这种状况的政治意义感到担心,外界对他们"特殊制度"的谴责又使他们不安,因而对两个地区力量平衡的每一次波动都作出了极为激烈和过度焦虑的反应。如何维持这种平衡是卡尔霍恩考虑的中心问题,他全力以赴,22年中始终抓住不放。早在1831年他就悲叹说:"南部……是固定不变的、毫无希望的少数。"5年后,他又在参议院夸大其词地说:"我们在这里是极少数,被包围在压倒多数之中。"1833年,他在谈到"强迫法案”时说，他认为南部面临“一个敌对的立法制度……一种压迫性的不平等税收办法……拨款不公而无度……致使较弱的权益集团的全部劳动和资本依附于较强的集团”。

1830年以后，废奴主义的呼声开始出现，南部对这一所谓的威胁的反感情绪日增。在刺激南部态度激烈起来并想到要脱离联邦方面，究竟是对于废奴主张的恐惧起的作用大，还是对进一步遭
79 受经济剥削的恐惧起的作用大，争论这个问题没有什么必要。如果力量完全转为有利于北部，它就既可以在经济上奴役种植园主阶层，又可以使奴隶获得解放。因此，南部领袖们集中精力于争取地区力量平衡，并不人为地去区分各自的理由。正如卡尔霍恩在1844年所说，“掠夺和煽动”是“有血缘关系的敌对手段”。“税收夺走了我们的劳动收益，废奴的主张则打击劳动本身。”

当然，自愿解放奴隶是不可能的。要理解旧南部各州的心态，就必须认识到，解放奴隶不仅意味着以雇佣劳动取代奴隶劳动，而且意味着白人丧失至高无上地位，推翻等级制度——简言之，这意味着一种文明的结束。虽然卡尔霍恩曾谴责买卖奴隶是一种“可憎的生意”，但没有证据表明他同意杰斐逊派对奴隶制的看法，即，奴隶制是一种必要的罪恶，但只应是暂时性的。这种观点普遍流行于卡尔霍恩青年时代的南部。1820年，他曾与约翰·昆西·亚当斯交谈过一次，此次交谈表明他是如何暗暗同意奴隶制的等级前提的。亚当斯谈到平等，谈到人生尊严和价值。卡尔霍恩承认亚当斯的信念“是正义和高尚的”，但又补充说，这些信念在南部事实上只适用于白人。他说，奴隶制是“白人之间平等的最佳保证，使他们一律平等……它甚至不允许存在某一白人可以对另一白人

盛气凌人的不平等”。

卡尔霍恩是第一个在国会公开表达了南部几乎全体白人逐渐形成的看法的声名显赫的政治家。1837 年,他在参议院断言,奴隶制“并非邪恶,而是好事——是件十足的好事”。他的意思并不是说奴隶制一定总是优于自由劳资关系,只是说它是黑人与白人之间形成的最佳关系。他争辩说,奴隶制为黑人带来了很多好处。“几乎没有哪个国家留给劳动者如此多的份额,向他们索取得如此之少,而……又如此悉心照料其生老病死。”他们的生活条件大大 80
优于欧洲所谓更文明社会贫民院中之贫民。至于奴隶制在政治方面的意义,“我敢断言,南部两个种族之间的现存关系……构成了建立自由稳定的政治体制的最牢固坚实的基础。”

南部把奴隶解放看作一种世界末日般的灾难。卡尔霍恩在 1849 年草拟的一份宣言中描绘了一系列他认为废奴主义者可能会采取的做法,先是逐步破坏奴隶制,直到北部能够“操纵各领地”,争取到足够的州,占全联邦 3/4,进而通过一项解放奴隶的修正案。灾难还不止于此。由于两个种族“除了处于当前这种关系外不可能和睦或互利相处”,必有一个种族获得支配地位。奴隶获得解放之后,“就会获得选举权和在联邦政府担任公职的权利,从而其政治地位和社会地位就会被提高到与其先前的主人相同的地步”。他们会在政治上与北部的支持者联成一气,和他们采取一致行动,“使南部白种人完全屈从他们”。黑人以及可能与之联合起来的那些堕落的白人将占居联邦大部分职位并取得大部分官职任命权,“并在政治和社会方面凌驾于南部白人之上”。失去主人地位的白种人将别无他法,只有离开祖先留下的家园,把国家拱手交给黑人。[①]

面对这种危险，南部决不能坐等自己衰弱下去，只能以最坚决的战斗姿态，站稳脚跟，迎击敌人于边境之上。必须获得决定性的胜利，否则不堪设想。“什么！低头认输！牺牲生命也比低头认输强！”

卡尔霍恩有一个长处：他虽然通晓关于宪法辩论的一切学问，
81 但不满足于完全按常规或依照宪法来解释地区争执，而是跨越了这个水平，把地区之间的力量平衡理解为阶级之间的平衡。虽然他并没有完整的历史理论，但却看出人类发展史的每一个时期都存在着阶级斗争和剥削。他相信“事实上从来未存在过一部分人不靠他人劳动生活的富裕文明社会”。不难“找出使各文明社会的财富如此分配不均的各种手段，揭示通过什么办法使以劳动生产财富的人所得如此之少以及非生产者阶级所得如此之多”。他完全相信税率就是这些方法之一，认为它是使“穷人更穷，富人更富”的确定无疑的手段之一。早在 1828 年，他就在《申论与抗议》一文中对税率制度作了如下分析：

> 待我们[种植园主]被汲干榨尽之后，斗争将在资本家和操作者[工人]之间展开；因为它终将把社会划分为这两个阶级。我们这里必将会出现与欧洲同样的斗争问题。在这种制

① 如果剔去其中的评价部分和煽动性的语言，卡尔霍恩的预测与“重建时期”共和党激进派实际采用的计划十分相似。

> 度的影响下，工资的跌落必快于生活必需品价格的降低，直至操作者地位降至最低点——凭劳动所得的部分产品将难以维持生计。

卡尔霍恩在《论政府》一文中预言，随着社会财富和人口的增长，“贫富差距将更加强烈地显露出来，”“无知和处于依附地位的”人所占的比例将会加大。这样，“彼此之间相互冲突的倾向将会加强；另外，穷人和处于依附地位的人数将相应增多，因而在按数量多数统治的政府中，富人和野心家当中不乏为取得控制权而对他们加以鼓动和引导的领袖人物。”

这些论点并不仅仅是说给公众听的。1831年，他的一位朋友记录了一次谈话，在这次谈话中，卡尔霍恩“谈到资本有摧毁和吸取社会财产，并造成本身与操作者之间的冲突的趋势”。卡尔霍恩曾对艾伯特·布里斯班说，“资本家拥有劳动工具，只求从劳动中榨取全部利润，使劳动者老、病无助，得靠自己解决。”1837年，他在给哈 82
蒙德的信中写道，他“不曾了解下层在平等独立方面已取得了”如哈蒙德所说的“那么巨大的进步”。“我看现代社会正在奔向某种新的、未经试验过的状态。”1846年，他向女儿安娜承认，“我担心的是，政治科学的进步远远落在与物质有关的进步之后，后一种进步会导致动乱和革命，有可能阻滞乃至扼止前者。”在杰克逊反银行斗争的高潮中，他写信给儿子詹姆斯说，北部许多人的观点都在接近南部的观点。他们不仅害怕杰克逊本人掌握的权力，而且也害怕“本地区的穷人和堕落者。他们开始感觉到我早就预料到的情况，自己人对他们造成的威胁比奴隶对我们造成的威胁更大”。

从这些很有特点的言论中，可以看出一些后来经马克思详尽阐明和完善的几点大致相似的思想：关于遍及整个人类历史的剥削和阶级斗争的思想；劳动价值理论和资本家占有的剩余价值的理论；资本主义生产条件下资本的集中；工人阶级状况降至生存线以下；劳动者阶级对资本家的反抗不断加剧；关于社会革命的预言。不同之处在于，卡尔霍恩主张不应允许发生革命。为了防止发生革命，他一连多年始终在建议建立理查德·柯伦特所谓的“种植园主—资本家合作，反对阶级敌人”。在这样一种合作关系中，南部由于其优越的社会稳定性，可以作为稳健的力量大起作用。反过来，北部的保守分子就应当自愿压低废奴主义的宣传鼓动调门；他们最好认识到，推翻南部的奴隶制就会为北部的社会革命打下基础。

> [他在参议院说，]在财富和文明的高级阶段，过去和现在都存在着劳动与资本的冲突。南部的社会条件使我们免于这一冲突产生的混乱和危险；这就说明了各蓄奴州的政治状况
> 83 远比北部稳定安宁的原因。……下一代人的经验将充分证明，就争取自由而稳定的体制而言，只要我们不受他人干扰，或只要我们……及时成功地挡住这种干扰，我们的社会条件是多么优于其他地区。

1838 年 1 月 9 日，卡尔霍恩进一步阐述了南部不可能发生“劳资”冲突的原因，而这种冲突却使“所有不存在像我们这样的制度的富裕和高度文明的国家极难建立和维持自由体制”。这是因为，南部各州不是由个人构成的聚合体，而是由社会集体构成的聚合体。“每一个种植园就是一个小小的社会，主人就是首领，他把资本和劳动的利益统一集于自身，他是这个社会的共同代表。”在南部各州，劳动和资本的利益“都得到同等代表，完全协调一致”。因而，南部在整个合众国内成了

> 制度的平衡力；这一巨大的稳健力量，使其他不是很幸运组成的部分免于贸然发生冲突。在北部劳资冲突日益增多的趋势中，南部过去和将来都把重量压在稳健的一边；不论是劳方或资方有一方危及我们政治制度的平衡，南部都会给以打击。

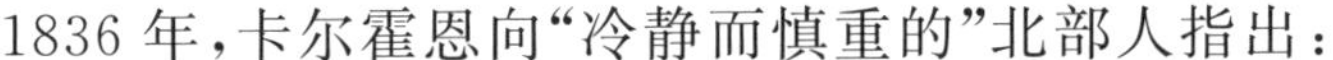

1836 年，卡尔霍恩向“冷静而慎重的”北部人指出：

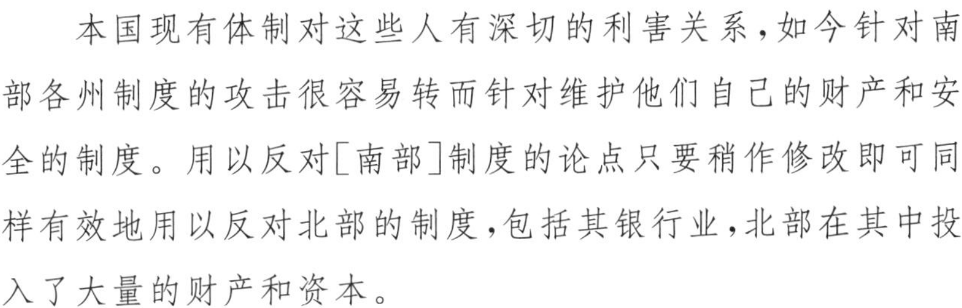

> 本国现有体制对这些人有深切的利害关系，如今针对南部各州制度的攻击很容易转而针对维护他们自己的财产和安全的制度。用以反对[南部]制度的论点只要稍作修改即可同样有效地用以反对北部的制度，包括其银行业，北部在其中投入了大量的财产和资本。

1847 年，他又提醒北部稳健派注意，“维护和保持蓄奴州平衡作用”与他们有着多么重大的利害关系。“请先生们接受这一警告吧：他们反对我们就等于反对自己。”两年后，他又补充说，失去了 84
南部，北部“将失去赖以维系各种相互冲突的利益集团的团结中心点；并将……为由于贫富之间的倾轧不和而产生的一切动荡和冲

突所苦”。这些警告都不过是出自卡尔霍恩长期坚持的信仰，这就是他对乔西亚·昆西说过的，“北部绅士们同南部绅士们的利益是一致的。”这位卡罗来纳人并不真的指望他的呼吁和预言会改变北部的公众舆论，但他希望结局会做到这一点。群众日益增长的不满情绪会把北部稳健派推入种植园主的怀抱，但正如他在 1835 年对达夫·格林承认的，“只有上帝知道”北部是否有理智看清局势“及时保住自己和国家体制”。

卡尔霍恩为地区问题准备了一种巧妙的解决办法：由南部起抵制劳工动乱的平衡轮的作用，作为回报，北部的稳健派应与南部结成统一战线，反对针对奴隶制问题的一切蛊惑。他针对关税问题提出的方案最清楚地体现在 1845 年致艾伯特·劳伦斯的一封信中：北部制造商应与种植园主在为出口市场而生产方面联合起来。这样，至多不过使制造商无法单独获得国内市场的兴隆生意，而“重要的是占领国外市场”，为此，高税率就只能是一种障碍。北部应与英国制造商竞争，途径是降低税收，进口廉价原材料，并为对外贸易展开大力竞争。“做到这些，种植园主与制造商之间的全部冲突就会停止。”

四

卡尔霍恩生命的最后 7 年中，地区冲突越来越集中于新领地的取得及其在蓄奴制社会和自由社会之间的分配。由于南部内部不团结，致使国会法令废止权原则归于失败。与西部的联合既不
85 稳定，也不确定。卡尔霍恩也无法促成他所建议的与北部资本的

联合。这样,防卫问题越来越多地转向在得克萨斯、墨西哥和通过战争从墨西哥强夺的广大区域获取新的蓄奴领地的企图,以及防止北部把西部变成自由劳动的地区。

卡尔霍恩对得克萨斯的兴趣本意是要采取守势,但从表现形式来看却是过度的攻势。英国当时急切地想找到新的市场和独立于美国之外的棉花供应源,答应向得克萨斯提供财政援助和保护,以鼓励其保持独立。1843 年,布鲁厄姆勋爵和阿伯丁勋爵公开承认英国意在得克萨斯鼓励废奴运动的同时鼓励国家独立,当时任国务卿的卡尔霍恩立即警觉地站出来把兼并问题同彻底维护奴隶制联系起来。南部人担心,如果在边境上再出现一个逃亡奴隶的庇护所,出现一个独立的、自由劳动的产棉国的范例,南部的社会结构就会受到威胁。卡尔霍恩坦率地对英国公使说,英国企图在得克萨斯摧毁一个"对美国和平、安全与繁荣至关重要的体制"!1844 年,他发表了一篇分析英国的动机的文章。他指责说,英国由于使自己殖民帝国的奴隶获得了自由,因而丧失了在世界热带产品——包括棉花——生产中的地盘,危及了在其帝国内的投资,如今处境远远不如仍存在奴隶制的美国南部和巴西这样的地区。英国为了力争"重新取得并保持在热带种植业、商业和势力方面的优势",正在不顾一切地企图破坏"其成功的竞争者"优越的劳工制度,以"摧残或摧毁其生产"。

虽然他积极主张兼并得克萨斯,但在与墨西哥的战争期间却又为南部要求征服和兼并整个墨西哥的情绪感到十分担心。如果拿下墨西哥,他担心对其实施控制的必要性将使行政当局得到巨大的权力和广泛的支持,出现他恰恰十分害怕的联邦权力集中的局

面，最终将毁掉宪法确立的制度。他预言南北两部分在处置取得的领土问题上产生的冲突有可能使联邦分裂。“墨西哥是我们面前的
86 禁果；吃下这个禁果的惩罚就是在政治上宣告我们的体制死亡。”

1846年提出的《威尔莫特附文》禁止在将从墨西哥取得的所有领土上实行奴隶制，这对南部造成了前所未有的刺激。卡尔霍恩认为这牵涉到一种理论上的权利，决无考虑妥协的余地，尽管奴隶制几乎没有推行到这些地区的可能性。12月，他对波尔克总统说，他“不想推广奴隶制”，奴隶制“很可能永远不会”出现在加利福尼亚和新墨西哥。但是，他仍将否决任何载有《威尔莫特附文》的条约，因为“它将牵涉到一项原则”。[①]

卡尔霍恩越来越担心北部“独霸”各领地以获得自由劳力的倾向。1847年，艾奥瓦[②]加入合众国，威斯康星也在争取成为一个正式的州，他表示担心这些领地将会出现12个或15个新的自由州。南部正在迅速丧失在参议院的同等地位，而这是它在联邦政府中维持平等地位的最后堡垒。同年3月，他号召成立一个统一的南部政党，以推动在南部问题上摊牌。他在最后一次重大演说词中断定，权力平衡已经不复存在，这次演说是托人在参议院代读的，当时他已患病垂危。他说，南部已失去“任何足以保护其不受……侵蚀和压迫的手段”。他回顾了北部优势的发展壮大、南部所受的剥削以及联邦道义纽带的逐步瓦解，并警告说，唯一拯救国家的办

---

① 这不是他一个人的看法。罗伯特·图姆斯于1849年1月22日写信给J.J.克里坦登说，“美国不可能成为实行奴隶制的国度。我们只不过要捍卫荣誉……并使国家不受各种蛊惑之危害。”

② 旧译衣阿华。——译者

法是让南部在新获得的西部领地上拥有平等权利[①]，并修改《宪法》，归还它在地区平衡被打破前拥有的自卫力量。

一项《宪法》修正案将为南部取得平等地位的保障。卡尔霍恩要求这一保障以一致多数的形式出现，而这正是他政治体系的核 87
心。卡尔霍恩在地区问题方面一直在鼓吹一致多数。他最早是在1833年就《强迫法案》发表的演讲中表述这一思想，最后一次是在《论政府》中作了陈述，该书是他去世以后出版的。他始终认为，按数量多数行事的政府必然不稳定；他提出代之以他所谓的由整个社会来统治的政府——即，在机体上既代表多数又代表少数的政府。不应当靠按人头数数的方式来治理社会，而应考虑重大的经济利益，考虑国家的地理单元和职能单元。为防止多数利益剥削少数利益，每方都应在法制结构中有其适当的喉舌，使之能“或以一致的声音制订并执行法律，或否决法律的执行”。只有采取这一办法，才能使社会的“不同利益、阶层、阶级或部分”都得到保护，“并防止它们之间发生任何冲突和争斗。”[②]

① 不知卡尔霍恩究竟是改变了他原先向波尔克承诺的想法，即不指望奴隶制会推行到西部领地，还是仍然认为仅仅在原则上取得胜利也是十分重要的。

② 卡尔霍恩开始涉足政界时，南卡罗来纳实际上就是在实行一致多数原则，当时州议会两院中，一院分给沿海种植园地区，另一院分给内地农场主。但威廉·A.沙珀曾指出，一致多数原则在该州之所以行得通，是因为少数，即种植园主，一直握有大权，“直至把多数争取到其利益和体制一边”。

南部某些人怀有一种希望：既然两大党内都有南部的一派，南部就可以在两党制内而不是在《宪法》本身范围内实行非正式的一致多数原则。此项计划在一定时间内是可行的，但卡尔霍恩不相信它能长期起作用。他争论说，各政党终必“多少带上某种地区色彩”，随着时间的推移，这一趋势会不断加强。如果各党都带上地区色彩，一致意见只会出现在一项正式的宪法修正案中。

经过一段时间，卡尔霍恩终于相信双重行政官才是在美国推行一致多数原则的最佳途径。国家应当有两个总统，分别代表两大地区中的一个，每个总统对国会法案均有否决权。不经两地区的政治代理人认可，任何措施都不能通过。这样，政府初创时两地区之间曾有的平等地位就可得到恢复。

88 卡尔霍恩对美国政治中紧张关系的分析肯定可以算美国政治家突出的学术成就之一。他早就预见到北部稳健派和南部保守分子之间的联盟，而这种联盟现已成了美国政治中最庞大的力量之一。南部的等级制度基本上未受多大触动，在整整一个世纪中表现出比北部更有力地抵制了变革，并不断施加影响，既阻滞了重大改革，又遏制了北部劳动阶级的势力。等级偏见和政治保守主义已使南部成了美国资本主义的主要堡垒之一。

但是，尽管卡尔霍恩如此远见卓识，他对当时的地区斗争的判断仍犯了严重的错误。他对社会演变的方向异常敏感，但却未能判断出它的速度。他的致命错误在于断定劳资冲突将先于资产阶级和南部种植园主的冲突而成熟。马克思和卡尔霍恩都过高地估计了工人阶级的革命力量，前者是由于乐观，后者是由于悲观。说服北部群众接受利润制度，这比卡尔霍恩所愿意承认的要容易得多。他未能看出，北部自由社会的发展壮大为中、下层阶级提供了广泛的机会，因而掌握了一个十分可贵的安全阀，可使民众的不满情绪得到控制。他也未能看出，他认为是北部弱点的不安定情况却正是其力量的秘密之一。他认识到“进步的主要源泉是个人求自身条件改善的欲望”，但无法承认，自由社会激励劳动群众这种基本愿望的力量远远大于他所珍视的“着实挨 30 下鞭子”的奴隶制。

简言之，卡尔霍恩未能理解资本主义的持久的力量。当时资本主义正在进入其最旺盛的时期，而他说起来仿佛资本主义已在开始衰亡。杰克逊时期的骚动尤其使他产生误解；他错误地把群众的不满情绪看作革命浪潮的开端，其实正是这种不满情绪使普通人在工商业和政界中得到了更多的机会，因而从长远来看大大有助于资本主义的加强。卡尔霍恩毕竟是顽固的保守分子，在保 89
守分子的耳朵里，对上层阶级的每一种轻声批评都像是宣告暴动开始的震耳枪声。

社会分析如要变为成功的政治策略，都必须大致实际接近眼前的现实，而卡尔霍恩的社会分析恰恰缺乏这一点。在他眼里，北部根本不存在能同他那样观察局势的大型资本主义集团。虽然他在对杰克逊失望后曾一度加入辉格党，但要他同克莱和韦伯斯特等资本主义高关税经济的坚定代言人结成长期联盟是不可想象的。到范布伦执政时，他在国库的分库问题上又回到民主党阵营中，以后再未转变。1830 年代末，他仍在呼吁北部保守派与种植园主携起手来，当时他承认，对北部资本吸引力最大的辉格党无论在税率问题上还是在废奴问题上都比民主党人更难对付。

具有讽刺意味的是，北部劳动阶级在很长一段时间中在思想上比北部资产阶级更接近于种植园主。工人们并不同情废奴运动，却对南部政客时不时指责北部的工资奴隶制很感兴趣。1837 年秋，弗朗西斯·W.皮肯斯，卡尔霍恩的副手之一，在众议院说，就对北部资产阶级的关系而言，种植园主“完全与北部劳动者处于同样境地”，并且，种植园主“作为一个阶级……是唯一与国内劳动者站在一边的资本家阶级”，对于这一立场，劳动者的代言人伊莱·摩尔表示赞同。卡尔霍恩去世 8 年之后，詹姆斯·H.哈蒙德在一次著名的讲演中猛烈抨击了“工资奴隶制”，他因此收到北部工人发来的许多感谢信，感谢他揭露了他们的状况。卡尔霍恩本人在 1842 年至 1848 年为自己竞选总统作安排时，得到了原北部民主党左翼许多成员的人力支持。菲茨威廉·伯德索尔这位坚定的民主党人和激进派历史学家从纽约给他写信说，“此间的民主党激进派珍视并敬仰自由选举权，他们最支持你。”而卡尔霍恩不久前还估计这样的人会把资本家吓得投入种植园主的怀抱！

90 作为现实政治家，卡尔霍恩错误的关键在于试图以静止不变的解决办法去应付万变的形势。北部得到发明和工业的促进，力量又得到移民浪潮的加强，人口和财富都在不断增长，人们涌向西部，并修筑铁路把东、西部连接起来。无论一致多数原则还是文件中体现的任何其他原则都无法抵挡人口统计表中每 10 年反映出来的浪潮。威廉·H.西沃德 1850 年 3 月 11 日的讲演谈到了南部的主要弱点，他说，南部追求的是“一种政治上的均势。而凡是政治均势，都需要有一种实际的均势作基础，没有这个基础，政治均势就毫无价值可言”。南部无视一切现实情况，坚持要求保持地区均等和人口的大致均等。西沃德奚落道：“而且还要它万世不变！”

况且，卡尔霍恩的论点含有十足的反动意味，因此就会自己拆台。他的前提是，文明社会必须建筑在一个受压迫的、受剥削的劳动大军，即哈蒙德所谓的“低贱者”阶级之上。假如社会底层必须有一个受压迫受剥削的阶级，假如南部奴隶作为这样一个阶级处境优于北部的自由工人,**假如**奴隶制是政治体制的最牢靠坚实基础,那么**全体**工人,无论是白人还是黑人,无论是产业工人还是农业工人,似乎还有什么理由不放弃自由而去做奴隶呢?这个前提甚至对南部更是不幸。卡尔霍恩在这个结论前退缩了,但某些南部人却没有。乔治·菲茨休就是在19世纪50年代宣扬这样的论点而出了名。虽然追随菲茨休的南部人可能极少,但这件事本身却给了北部政治活动家一个极好的机会,可用以唤起自由人们,特别是对奴隶制的道德与否持无所谓态度的人,站出来反对奴隶制的扩散。

卡尔霍恩能够看出并好像很有道理地阐述北部社会的每一个弱点,但他所处的地位却迫使他闭目不看南部的弱点。他在逻辑上的首尾一贯性很强,但在道义问题上却连最基本的坚定性都没有。在这方面,很难像威尔茨教授等人那样认为他是“维护一切少 91
数权利和利益的伟大战士”。诚然,卡尔霍恩极为系统地阐述了多数与少数的关系问题,而且他在这方面的著作可能对后人经常归因于此的政治理论具有不可磨灭的意义。但怎么能够认为他提出的实际办法也有同样的价值呢?他对少数权利根本没有关心可言,因为这类权利只有现代的自由思想界才感兴趣——持异议者表达非正统思想的权利,保持与国家相违背的个人良心的权利,尤其是少数民族的权利。归根结底,他所关心的只是有钱人的少数。一致多数原则只是一种与保护持异议者毫无关系的手段,其特定目的是保护拥有巨大势力的既得利益。即使是在南部,卡尔霍恩也根本不想保护知识界的少数、批评者和持异议者。克莱门特·伊顿教授在所著《南部各州的思想自由》一书中把他排在“那些使

南部人民思想中形成了导致褊狭的成见”的政客的首位。最后，他真正想保护的并不是少数权利，而是少数特权。在决定国家政策方面，他要求的不仅仅是让少数在决策方面获得相应的发言权，而是想让它得到平等的发言权。他一定不能理解弗吉尼亚的威廉·H. 罗恩的说法，即，他“从未想到[少数]除了自由地、和平地并且合法地在可能时把自己转变为多数的权利之外还有什么其他权利”。任何少数，无论是属于北部还是属于南部，只要在重大问题上与卡尔霍恩意见不一，他就决不会把这种基本权利交给它。事实上，他起初关于奴隶制问题的一些重要演讲就是出于否定少数有请愿权利的企图。

卡尔霍恩是民主国度中的少数派代言人，国家主义时代中的州独立主义者，自由进步时代中的奴隶主，资本主义蓬勃发展的国家中的农业派。他在思想上变得十分固执，这是可以理解的。他可以看到别人做梦也想不到的事物，却对鼻子底下的事物视而不见；能够以不可思议的洞察力预见到未来的一些重大趋向，但又始
92 终不注意当前的现实，这成了他独有的特点，显出他才智卓绝而又十分抽象并脱离现实。他的弱点在于一切都按公式和逻辑，不近人情，这只是说他活着就是在不停地思维。从某种意义上说，他的思想过于专横——竟把自己的思想凌驾于现实之上。他看不到世界是人、情绪和道德的巨大综合体，因为他在生活中没有受过这方面的教育，甚至不知如何与人友好相处，他本应受到这方面的教导。举例而言，他较容易设想南部在奴隶的基础上建立了一种优于北部的文化，因为他自己没有文化生活可言，只有一种敏捷而刚健的思维方式。当他真的在南部的查尔斯顿发现文化生活时，他

只是希望有一场瘟疫降在它头上,这或许就象征了他在南部历史中的地位。

93 # 第五章　亚伯拉罕·林肯与自我奋斗的神话

我碰巧暂时占据了这座白宫。你们的孩子中任何人都会像我父亲的这个孩子这样向往来此，我就是活着的见证人。

亚伯拉罕·林肯致第 166 俄亥俄团

他的雄心就是一台示不停息的小发动机。

威廉·H. 赫恩登

关于林肯的传说已逐渐吸引住了美国人的想象力，任何政治神话都无法与之相比。这像是一出戏，剧中的伟人为易犯错误的有罪之人承担了痛苦和道义重任，代他们受苦受难，以神圣的基督的善德救赎了他们——“对任何人都不怀恶意，对一切人都有仁爱之心”并且于事业成功的顶峰遭到杀害。老于世故的海约翰对林肯颇为了解，已到了他愿意让人了解的极限，称他为“自基督以来的最伟大人物”，我们无法想象近代有任何一个其他政治人物能享受这么高的比喻。

如果说关于林肯的传说的巨大力量得自它与基督教的各种赎罪主题的相似之处，那么另一方面，它也同样完善地代表了美国人经验中的另一种倾向。虽然林肯的职业是政治而不是工商业，但他也是美国人一向极为敬仰的自助精神的杰出典范。当然，在美

国的杰出政治家当中，他并不是可以自称出身卑微的第一人，也不
是对这种出身加以利用的第一人。但很少有人能像他这样从相对
默默无闻而一跃坐上高位；没有人像他那样在攀登高峰的同时如 94
此完全地保持了极端朴实的作风；更没有人把成功和权力的取得
与人性和道义责任的如此强烈的意识结合在一起。林肯认为自己
的突出之处恰恰在于作为一个普通人而获得的成就，并且正是据
此来向世界解释他功业的意义。他敏锐地意识到自己是靠个人奋
斗而成功者的典范，因而一心一意并且坚持不懈地担当这一角色，
这使他的表演具有高度的艺术性。林肯传说的第一位作者和林肯
“剧”的第一位伟大剧作家就是他本人。

林肯的朴实是十分真实的。他称妻子为“妈妈”，不穿外衣就接待贵客，当了总统还曾向一位出列的士兵大喊“小兄弟！小兄弟！”然而，他也是个具有复杂心理的人，复杂到足以看出自己的朴实的价值。他一心想强制自己保持诚实正直，近乎病态，谦虚过分，不能像亨利·克莱或詹姆斯·G.布赖恩可能会做的那样以粗俗炫耀的姿态出现。（1860 年有一份竞选宣传品曾宣称他经常阅读普鲁塔克的著作，为了证实这一点，他立即阅读起《希腊罗马名人传》来。）不过，他确实通过强化自己实际具有的气质而形成了自己的政治人格。

即便是在进入政界的初期，演说还充满老一套的夸大演讲词的时候，林肯也很少忘记提醒人们注意他特有的谦恭态度。他在首次作长篇竞选演说时说，“我出身于最卑微的阶层，并且始终留在最下层，我没有那种名流亲属或朋友来举荐我。”从此以后，他总是说到这一点。“我想诸位都知道我是谁——我就是出身寒微的

亚伯拉罕·林肯。……假如我当选，我将感激不尽；假如不能当选，那对我也完全一样。”反对派有时对他这种贬低自己很不耐烦（“我的可怜的、瘦长的脸庞”），一家民主党刊物曾把他称为尤里亚·希普。[①] 虽然这种做法有些做作，而且甚至还带有一种隐蔽的自信心情，即海（约翰）所谓的“知识分子的傲慢”，但其中并无欺骗的成分。这很符合林肯心目中的自画像，在他心目中，自己是和穷人、老人和被遗忘的人在一起的。林肯曾在给赫恩登的信中提
95 到“我那衰老、干涩的双眼”，他当时不过将近 39 岁，这封信显然不是为对选民哗众取宠而写的。

他那平凡而不修边幅的形象中始终存在着这种引人同情的因素。林肯夫人的一位朋友曾说，“他是人们见过的最不信神的人。”然而，他的同事们却看出这可能是一笔政治资本，并将其转变为一种最成功的政治象征——双手粗硬的劈围栏横木者。在 1860 年的一次共和党集会上，约翰·汉克斯和另一位老拓荒者扛着两根围栏横木来到会上，横木上标写着：“这两根围栏横木系由亚伯拉罕·林肯和约翰·汉克斯于 1830 年在桑加蒙河边低地为一块地皮围栏劈成的。”林肯则以他通常的坦率态度承认，他不知道这是否就是那两根，但他可以肯定，他过去实际劈的横木决不比这两根差。以后小塔德终于可以说：“全世界都知道爸爸过去是常劈围栏横木的。”

谦卑属于基督教主要美德中的温和一类。“谦虚的人有福了，因为他们必承受大地。”但是，基督教的要求和成功的神话是不相

① 狄更斯小说《大卫·考柏菲尔德》中说话故意低声下气的人物。——译者

容的。产生成功神话和靠自我奋斗成功者的竞争性社会或许可在原则上接受基督教的美德，但简直不能将其付诸实践。成功神话的动力是野心，这同基督教的大罪骄傲倒十分相近。在一个通行野心和自助精神，而又一再宣传蔑视其结果的道德准则的世界上，一个诚挚的人，一个生活在危机时代的知名人士如何能既满足自己的抱负而又在道德上始终做一个完人？如果他像林肯一样内心极为虔诚，那么就离大悲剧不远了。

二

林肯的思想和性格中至关重要的关键在于他是一个彻头彻尾的政治活动家，无论从他自己的选择还是从他所受的锻炼来看都是如此。很难想出与他地位相当的人当中还有谁如此把全部身心投入政治生涯中。林肯几乎是刚刚成年就一头扎进政治，并且除了曾一度因政治情况不利的变化而重操律师旧业外从未改行。他
的生活就是参加政党的各种干部会议、全国代表大会，撰写党的传 96
单、文件，发表演说，写请愿书，提建议，制订策略和计划，并实现种种抱负。他去世后，赫恩登曾写道："他生活在政治的天地里，政治就是他的生命，报纸就是他的食粮，雄心壮志就是他的推动力。"

林肯在青年时代外表就显得懒散，像他的父亲；但他思想活跃好辩，这又不像父亲。他年仅15岁时就经常站在树桩和围栏上作政治演说，父亲见到就拉他回去干活。他爱听律师们辩论，并且听在耳里想在心里。赫恩登证实，"他有目的地专门读书，并且认为

没有功效、用途或不能付诸实践的事物就没有价值。”[1]林肯要是读起书来则喜欢朗读。赫恩登曾问他为什么这样，他答道：“我用两种感官去抓住意思，因为朗读时我既用眼睛看，又用耳朵听……即使我不能更好地领会，但至少可以记得更牢一些。”这正是一位有志登台演讲的人的阅读习惯。

在伊利诺伊大草原上，对于一位具有这样性情而又没有狭义的经商天分的青年来说，最大的机会莫过于当牧师、从事法律或投身政治。林肯读过潘恩和沃尔内的著作，因为在神学上太缺乏正统思想，不适于做牧师，结果就只有法律和政治了。但他先试了政治：23 岁就开始谋公职，当时他来到伊利诺伊小镇新塞勒姆仅 7 个月，在此之前，他只零星干过一些工作：渡船工、测量员、邮务所长、店员、劈围栏横木工、农场雇工，等等；如今，没有任何其他准备，他就在想被选入州议会了。虽然这次没有选上，但两年后，即

97 1834 年，桑加蒙县把他选进了下院。直到首届任期将近结束时，他才具备律师资格，终于获得了州法院所属的律师资格。

从这时起直至生命结束——1849 年至 1854 年除外，当时他的政治前途颇为暗淡——林肯不是忙于公务就是忙于谋求公职。1860 年夏，他的一位朋友想为他写一篇供竞选用的传记，为此，他以第三人称写下了以往到这时为止的政治简历：1832 年——曾争取当选（州）议员，未果；1834 年——“以任何候选人可得的最高票

---

① 多年中，赫恩登一直在他们的办公桌上放着《威斯敏斯特评论》、《爱丁堡周报》和其他英国期刊以及达尔文、斯宾塞和其他英国作家的著作。他想以此提起林肯的兴趣，但收效不大。“有时他会抓起一本，仔细阅读一会儿，但很快又将书扔掉，样子像是说这太深奥，像他这样的常人根本无法吃透。”

数”被选为(州)议员;1836年、1838年、1840年——连选连任;1838年和1840年——被他所在党推举为伊利诺伊众议院议长候选人,但未当选;1840年和1844年——列入哈里森和克莱的选举人名单,“并为两次竞选活动花了大量时间精力”;1846年——被选入国会;1848年——为扎卡里·泰勒竞选活动工作,在马里兰和马萨诸塞发表演说,“并在伊利诺伊州他本人所在选区尽力宣讲,结果在该选区为泰勒将军争取到1500以上的多数票”;1852年——列入温菲尔德·司各特的选举人名单,“但由于在伊利诺伊州毫无希望,他不如以往总统竞选活动那样尽力”;1854年——“……他的职业几乎取代了对政治的一切念头,密苏里妥协案的撤销唤醒了他,这是前所未有的”;1856年——在帮弗里蒙特进行的竞选活动中“作了50多次讲演”;在共和党全国代表大会上突出地获得副总统提名。……

以后的情况就是人们十分熟悉的了。

在政治活动中,林肯从不独持异见。无论在银行问题上、在国内交通运输改善问题上、在墨西哥战争问题上(甚至不惜自己的政治代价),还是在税率问题上,他始终是坚定、正统的辉格党人。他很早就成了党内的勤恳工作人员,伊利诺伊州辉格党委员会委员以及辉格党在州议会的议员领袖之一。正如查恩伍德勋爵所说,“人们不大看得起的党务工作起初对他很有吸引力。”就在这段时期中,他学到了盘算周到且负责任的适应环境的习惯,这成为他以后管理国家的国务活动的典型特征。

1848年,当时他仍是国会议员,在总统候选人问题上站到精 98

明的辉格党领导人一边，他们都不愿要党内的老政治家亨利·克莱做候选人，宁愿要扎卡里·泰勒，他虽然在思想修养上准备不足，但有当选的希望。在竞选活动中，他为泰勒闪烁其词的态度辩解说，泰勒远不是无原则之人，他维护的是最崇高的原则——“让人民按自己的意愿自由行事。”林肯本人由于已与人达成轮流当候选人的协议，没有再次参加议员竞选；如果当时参加议员竞选，失败是必定无疑的。他曾想在联邦土地总署谋个职位，但遭到拒绝；有一个不大有吸引力的俄勒冈领地的部长职位可提供给他，他回绝了。他的政治生涯一度似已近终结。由于在国会中默默无闻、郁郁不得志，他深感自卑，就回去很不情愿地重操律师业，贝弗里奇说他“深深地”为一股忧郁的情绪所压倒，“一般人简直难以估计到什么深度。他的沮丧情绪定然与政治上的失意有关。”干律师虽然赚钱很多，但他的志向不在于法律一行，他的抱负在于从政。多年以后，赫恩登和杰西·魏克准备对他作一番研究，魏克想强调他在法律方面的卓著成就，而赫恩登则表示反对：“怎么能把林肯写成一位杰出的律师？在他的心灵中，他自己的宏图大志在沸腾，而这与法律无关。”

1854 年，密苏里妥协案的撤销使两大党开始分化，从而产生了变动不定的政治局势，再次激发了林肯心中的希望。在一段时期中，他似乎认为奴隶制扩张的问题是振兴辉格党的一种办法，对于该党，他实在不忍离之而去。共和党在西北部建立了地方和州级组织，他坚持了两年不肯加入，甚至到 1856 年他已在支持共和党的候选人弗里蒙特了，还是小心翼翼地避免把自己和同事说成是共和党人。1854 年秋，他接受赫恩登的建议，躲离斯普林菲尔

德，以避开共和党在那里举行的州代表大会，因为他极想获得参院
提名，担心触怒了伊利诺伊州众多老资格的辉格党人。但是第二
年他并没有获得提名，这使他那十分严重的抑郁症又发作了，不能
自已。赫恩登（他十分崇敬林肯，我们可以肯定他的话绝无恶意） 99
说，“谁要是认为林肯会正襟危坐，静待人民召唤，那是对林肯十分
错误的认识。林肯总是事先预测情况，制订计划，他的雄心就是一
台永不停息的小发动机。”林肯心怀激情而外表平静，只想以自己
的诚实努力出头发迹，干出一番事业。正是这种美国人的典型推
动力支配了他漫长的生涯，直到开始注意奴隶制问题。他对这种
动力的理解指导了他的政治思想。

三

如果根据是否为有才干之人提供从底层升至有钱、有权力和有声誉的地位的机会来评判历史时代，那么林肯成长的时期就是历史上最伟大的时期之一，俄亥俄河以北和以西的新领地——民主河谷——则是在所有地方中能够提供的此类机会最多的地方。

亚伯拉罕·林肯 19 岁那年，安德鲁·杰克逊当选为总统。他的父亲托马斯·林肯同他所在地区的大多数穷人一样是杰克逊民主党人，亚伯拉罕起初也接受了他的政治观点。但是十八九岁时，他的政治观点发生了转变，成了国家共和党人，1832 年首次参加选举，他投了亨利·克莱的票。

国家共和党（即后来的辉格党）主张国内交通运输改善计划、

稳定货币及保守的银行观念；这三点正是林肯居住的地区所需要的。无疑，他的决定也有个人的因素。如果说民主党人较为强调人的平等，那么辉格党人则拥有最重要的要人、最富有的人，即便在西部也是如此。抱有雄心的青年指望本地区富足、稳健的公民给予政治上的指导，这是很自然的，也是适宜的；在印第安纳的小镇上，林肯童年时代最崇敬的是一些国家共和党人，他们都十分崇
100 拜亨利·克莱；丹尼斯·汉克斯[①]后来伤心地回忆道，林肯“一向爱听亨利·克莱的演讲”。在林肯或汉克斯家庭成员中，除约翰·汉克斯于 1860 年转变为共和党人外，只有亚伯拉罕一人背离了民主党。

经过几年的停滞不动，林肯在二十五六岁时终于以最快的速度向前跃进。在关于林肯的传说中，经常提到他年轻时如何艰难困苦，其中许多故事是真实的，但同时也应当指出，他在相当年轻时就一举获得了成功。他在 24 岁时尚无人知晓，28 岁则已成了伊利诺伊州众议院本党的领袖，因在争取把州政府迁至斯普林菲尔德的斗争中获胜而出了名，在桑加蒙县和州首府声望极高，他还是本州一位最能干的律师的合伙人。赫恩登在论及他在斯普林菲尔德的初期活动时写道：“林肯早期活动之顺利无人可比。他有……一批有钱有势的朋友帮助；他们为获得帮助林肯的殊荣几乎要打起来……林肯是……本城的宠儿。”又说，“而他又是受之无愧的。”这样一种成功会使常人松了劲并饱食发福了，而对于更加不肯安生的人来说，这不啻为一帖毒药。

① 林肯母亲南希·汉克斯娘家的小辈。——译者

同他那些"有钱有势的朋友"一样，林肯应归入上层特权阶层；这使他付出一定的代价。他在经过一段时间以后，通过婚姻跻身于尼尼安·爱德华兹家族的圈子，有人曾说，爱德华兹"生来本质上就是贵族，并且……憎恨民主……就像据说魔鬼憎恨圣水那样"。林肯是在民主气氛中成长起来的，他与这类家族的联姻只能激励他对民主方式的忠诚，他确实没有"从属"过那个圈子。而玛丽·托德在社会出身方面也始终对他傲然相待。

1858 年，在一封讨论共和党发展壮大的信中，他写道："许多朴素的老民主党人都站在我们一边，而几乎所有足穿丝袜的、孤傲的老辉格党人却在反对我们。我不是指老辉格党的全体，而是指几乎所有极其高傲的那类人。"林肯敏锐地意识到自己不属于"极其高傲的那类人"，这是一笔显著的政治资本。毫无疑问，正是这种意识使他在早期的政治生涯中能够既真诚地谈论杰斐逊的原则，又支持汉密尔顿的措施。无论是出于公还是出于私，他对于人 101
们因他是辉格党员而把他与贵族联系起来都非常恼火，并曾痛切地抱怨说，人们不恰当地把他"归入追求豪华、财富和贵族世家的显赫的人"。

然而，年轻的林肯终究没有成为一个直言不讳的民主派。在伊利诺伊州的社会气氛中，他站在温和的稳健派一边。1836 年，他再次参加了州议员竞选，当时向一家报纸送去了一份说明他的观点的声明，其中说："我主张，凡帮助政府承受负担的人都可分享其特权。因此，我主张一切白人只要缴税或参军（并不排斥女性）都有选举权。"1818 年的伊利诺伊州宪法事实上就已规定男性白人居民满 21 岁者都有选举权，并无其他条件要求，因此，林肯的主

张实际上意味着倒退了一步。①

林肯的民主精神还不够广泛，没有超越肤色界线，然而，这种民主也因此而比他周围的许多同时代人主张的民主有更大的回旋余地。在政治实践中，只要涉及黑人问题，他就十分谨慎，而他又十分透彻地了解维护奴隶制的论点的逻辑，并对这些论点以非凡的见识作了回答，二者的鲜明对比正是他的古怪而复杂的个性中最不寻常的特点。事实上，他任总统后对奴隶制的猛烈抨击令人信服，表明他具有极大的道义力量，远远大于他在行动中表现出来的力量。1854 年后，林肯开始重新研究奴隶制问题，他尤其尖锐地指出，奴隶制维护者的逻辑极不民主，不仅就南部的情况来说是这样，而且对任何地方的人与人关系来说也是这样。他立论的要点是，不相容原理没有内在的遏制力量；随意阻挠某一少数行使自己的权利，这会成为一种先例和道义上的认可，可被人用来阻挠其

102 他少数，并且会造成一种思想框架，致使无人可指望从中得到正义和安全。他在致斯皮德的信中写道："我不是'一无所知党人'，"

> 我怎么会是这种人呢？痛恨压迫黑奴的人怎么会支持白种人的堕落阶层？在我看来，我们退步很快。建国之初我们曾宣称"人人生而平等"。如今我们实际上在说"人人生而平等，但黑人除外"。倘若"一无所知党人"掌权，这句话就会变

---

① 不过，假定林肯希望得到认真对待的话，括号中提及女性已是够大胆了。他写下这些话比在塞内卡福尔斯召开的第一届女权代表大会还早 12 年；而即使是在该届大会上，当伊丽莎白·卡迪·斯坦顿提议把选举权也作为一项要求列入时，她的同事，卢克丽霞·莫特这位贵格会女教徒还斥责她说："伊丽莎白，你将置我们于可笑境地。"

> 成“人人生而平等,但黑人和外国人及天主教徒除外”。假如真有这一天,我宁愿移居到不假装热爱自由的国家去——例如俄国,在该国,专制就是纯粹专制,毫不掺杂虚伪成分。

因此,在林肯眼里,《独立宣言》的意义又变成杰斐逊的看法——不仅仅是以书面形式确定下来的权利理论,而是一种实行民主的工具。林肯把杰斐逊看作自己政治灵感的源泉,他说杰斐逊是“我国历史上最杰出的政治家”。1859 年,他曾宣称,“杰斐逊的原则就是自由社会的定义和准则。”大约就在这时,他在私下写道:“杰斐逊派的形成全在于他们一意维护人的权利,据认为这是至高无上的,并主张财产权仅能居次要地位,且大大低于前者。”他谴责民主党背弃了杰斐逊传统,因为它认为一人的自由如果与另一人的财产相抵触就毫无意义。他又说,“共和党人既重视人,又重视金钱,如果两者发生冲突,就把人放在金钱之前。”这句话极有典型性,应当牢牢记住。这句话是他的自我写照:他看到了人类在道义上的理想主义;其存在是毫无疑问的,但他也希望外部世界不会迫使它强加于人。

《独立宣言》不仅仅是林肯的基本信条,而且也为他提供了最有力的政治武器。然而,到头来,他在实践中无法做到前后一致的也正是对《独立宣言》的态度。《独立宣言》是一份革命性的文件,对此,林肯也表示同意。他在早期的一次公开声明中宣称:

> 任何地方的人民都有权起来推翻现政府并组建其认为更 103
> 适合的新政府,只要他们有此意愿和力量。这是最宝贵、最神

> 圣的权利——我们希望并相信这一权利将使全世界获得解放。

说了这些话，他还意犹未尽：

> 这些人中，凡有能力者都可以革新他居住的一切土地并据为己有。不仅如此，其中任何一部分这种人的多数都可以实行革命，对混在一起的或周围的可能反对这一运动的少数实行镇压。我国独立革命运动中的效忠派就是这样的少数。革命的特点之一即是不沿循旧轨陈章，而是都予以摧毁并重立新法。

他在首次就职演说中坚定地重申了这一原则。

这是作为革命理论家的林肯。然而还有另一个林肯：这就是对既定规章之细节拥有律师般的感觉、像国家主义者那样恪守宪法约束的林肯。这个林肯总是公开谴责以超出宪法范围的手段反对奴隶制的废奴主义者，同时也谴责不让废奴主义者行使言论自由和新闻自由权利的暴民。甚至在30岁前，这个林肯就告诫斯普林菲尔德的青年，不遵守法律会毁了美国的自由体制，并要求他们让遵纪守法“成为全民族的政治信仰”。这个林肯镇压了分离主义，不肯承认南部也有起来革命的权利，而这正是他曾十分大胆地加以接受的。我们还会看到，正是这个林肯，甚至到最后一刻还不肯以革命手段去镇压反叛。盎格鲁－撒克逊历史中，这种矛盾现象比比皆是，并非林肯所特有。

在经济思想上，林肯对中等阶级大众很热情。他具有彻底的中产阶级思想，为千百万美国人说话，这些人起初都是雇佣劳动者——农场雇工、职员、教师、技工、船工以及劈围栏横木者——以后终于成了农场主、富裕的食品商、律师、批发商、内科医生和政治家。他们相信新教伦理的传统理想：做人只要勤劳节俭、克己自
制、锲而不舍地发挥能力，有朝一日终能跻身有产阶层或职业阶 104
层，即便不能致富成名，也可赢得独立和尊敬。在一般人眼里，一个人经济地位提不高，其错不在社会而在个人；这是他自身缺乏某些美德的外部表征——说明此人贪图安逸，放纵浪费，或是无能力。

对竞争世界的这种观念如今早已变得很不准确，但在林肯所处的年代却并非如此；如今，这种观念已变得十分保守，而在当时绝非如此。它是杰克逊民主观念的正当的继承。它不仅为登上顶峰者所信奉，而且为还在努力攀登者所相信。如果说它的个人主义色彩十分强烈，有时甚至不近人情，但它也藐视贵族和阶级差别。林肯的一生正是此种理想在政治领域的戏剧性表现，就像卡内基的一生是它在实业领域的表现一样。1851 年，他曾在一封给他那不争气的异父兄弟——约翰·D. 约翰斯顿——的信中颇有意思地表述了他自己的而不是传统的关于自助的观念①：

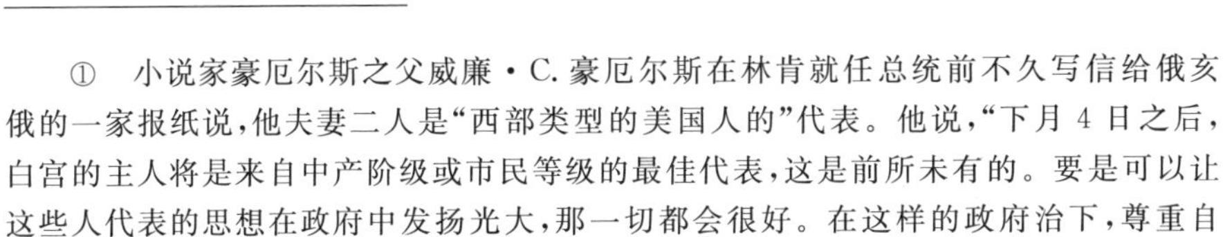

①　小说家豪厄尔斯之父威廉·C. 豪厄尔斯在林肯就任总统前不久写信给俄亥俄的一家报纸说，他夫妻二人是“西部类型的美国人的”代表。他说，“下月 4 日之后，白宫的主人将是来自中产阶级或市民等级的最佳代表，这是前所未有的。要是可以让这些人代表的思想在政府中发扬光大，那一切都会很好。在这样的政府治下，尊重自己并尊重他人权利的讲求实际的个人将达到应有之比例。”

> 你想借 80 美元，我以为目前最好还是不答应。以往我也给过你一些绵薄之助，每次你都对我说，“这下我们可以过得很好了”；但不久我就发现你又陷入了同样的困境。这看来只是由于你做事有缺点。至于是什么缺点，我想我是知道的。你并不懒惰，但终究是个好闲之人。自从见到你以来，不知你是否曾在哪天好好干过一整天的活。你并不十分讨厌干活，但你干得实在不多，其原因仅仅在于你认为从中挣不到多少。你的整个困难就在于养成了这种无益的浪费时间的习惯。

林肯建议约翰斯顿把农场留给家人管理，自己出去找一份挣
105 工钱的工作。

> 现在我答应你，从今天到 5 月 1 日，只要你靠自己的劳动挣得 1 元，我就再补给你 1 元。……只要你这样做，你就会很快摆脱债务，并且你还会养成一种习惯，以后再也不会欠债。……你对我一向很好，我也没有对你不好之意。相反，只要你接受我的劝告，你会发现其价值高于 80 个 80 元。

如果克勤克俭的能干的人——不像约翰·D. 约翰斯顿而像林肯那样——都有机会施展自己的才干，则社会层次的划分就不会固定不变，也就不会有永世不得翻身的下层。林肯曾在一次演讲中宣称，“我们当中不存在一成不变的雇佣劳动阶级。25 年前，我就是一个雇佣劳动者。昔日的雇佣劳动者今天已在为自己而劳动，明天还将雇佣他人为自己劳动。在机会均等的社会中，出人头地——改善状况——是理所当然之事。”对林肯来说，检验一个民主国家的重要标准，是看它能否在经济上为出身下层的人提供改善社会地位的机会。他相信应为自我奋斗者提供机会，这个信念就是他整个生涯的关键；他的讲话对公众有吸引力的原因在此；这也是他对奴隶制进行批判的核心。

林肯一生中的一切言论都贯穿着强烈的亲劳工倾向。他在1847年写的一段话可能是最彻底的，而且肯定是最明确的。他在开头写道：“既然美好之物多数是靠劳动产生的，”

> 因而这一切事物理应属于那些以劳动生产这些事物的人。但世上古往今来的情况却是，某些人劳动，另一些人并不劳动却获得劳动成果的大部分。这种情况是不公正的，不应继续下去。任何一个好政府的奋斗目标，都应是使每一劳动者得到他的全部劳动产品，或使他尽可能得到接近于全部的劳动产品。

这段话读起来像是社会主义者的论点。但这段话的上下文十分重要；这段话既不是攻击私有财产的前言，也不是主张世界产品再分配的论点，而是坚决维护保护性关税的一部分。

在林肯的时代，尤其是在他成长时期的较不发达地区，劳动者尚未完全与其劳动工具分开。劳动的权利仍同劳动者保留自己产 106
品的权利密切相联系着，正如洛克和杰斐逊所看到的那样；人们谈到劳动的神圣，实际上常常是用含糊的说法在谈论拥有劳动产品的权利。这些思想属于手工业时代而不属于大工业时代，林肯把这些思想带进了现代产业的环境中。结果形成了一种奇特的暧昧态度；它展现了一个前半生生活在一种经济中、后半生又生活在另一种经济中而企图公正对待每一种利益的人的心态，值得我们仔细观察。1860年，共和党代表大会召开前，林肯曾在全国奔走作竞选演说，当他到达纽黑文时，那里的制鞋工人正在罢工。民主党人指责共和党的鼓动者应对此负责，林肯作了针锋相对的反击：

> ……我为看到新英格兰流行这种劳动制度而感到欣喜，劳动者能有罢工的自由，可视工作条件而决定去留，不论是否付酬，他们并不受束缚或被迫去劳动！我喜欢那种让人来去自由的制度，并希望能推广到各地。我反对奴隶制的原因之一也就在于此。劳动者应有的条件是什么呢？我以为，最好是让人人都有尽快获取财产的自由。其中某些人会发财致富。我不相信那种阻止人们发家致富的法律，这种法律弊大于利。因此，虽然我们并不主张对资本宣战，但我们确实希望能让最贫贱的人和他人一样得到平等的致富机会。自由社会的意义就在于，出身贫穷的人——而在生活的竞赛中大多数人都是如此——知道他可以改善自己的处境；他知道劳动条件不会终生不变。……这就是正当的制度。

如果说在这整个主张中也有缺陷，这却是林肯从没有非面对不可的问题。假如他活到70岁，他会看到自助精神哺育的一代人成长壮大起来，建立起压迫性的实业公司，并开始阻塞小人物获得这种宝贵机会。此外，他还会看到他的党成了既得利益的走卒，他

们对金钱的重视远远超过了对人的重视。他本人指挥的社会革命
摧毁了19世纪40年代的简单的平均主义秩序，侵蚀了其所剩无
几的价值观念，丑化了这一时代的理想。甚至可以说，布思的子弹
使他免于经历比与激进派在重建问题上纠缠更糟的情况。这样， 107
林肯就一直生活在他们理解的较为幸福的时代中，即他无意中促
成其毁灭的时代；这个时代允许他在思想上作出真诚的妥协。

四

在关于林肯的传说中，有一个故事占有很重要的地位，说的是他21岁时第二次去新奥尔良的事。据约翰·汉克斯说，林肯和同伴们来到一个奴隶市场，他们看到拍卖台上正在拍卖一位健美的混血姑娘，他心中觉得极端痛苦，发誓只要有机会一定要打击奴隶制，“而且要狠狠给予打击”。这个故事的含义很清楚：林肯是半个废奴主义者，《解放黑奴宣言》就是他年轻时誓愿的实现。然而，林肯研究者对这个故事的真实性持怀疑态度。约翰·汉克斯是35年后以见证人的身份回忆起此事的，而据林肯说，汉克斯那次只到了圣路易斯，没有继续前行。贝弗里奇指出，无论在公开场合还是在私下场合，林肯显然从未说起过这件事，①而且以后20年中他也很少关心奴隶制问题。我们知道，虽然逃奴追缉法极不公正，但

① 不过，赫恩登曾证实说，他听林肯提起过目睹奴隶买卖的情形。见赫恩登所著《林肯传》(1930年，安格尔版)，第64页。林肯在1860年1月19日致亚历山大·H.斯蒂芬斯的信中写道：“幼时我曾乘平底船去过新奥尔良，在该地，我看到了以前在肯塔基未见过的奴隶制和奴隶市场，并且，还听到红河地区种植园的更坏的情况。”

他却不肯加以谴责，甚至不肯释放被控为逃奴的黑人。（他在致斯皮德的信中写道："我承认不忍看到这些可怜的人遭到追捕，……但我却咬紧嘴唇一声不吭。"）

看待他后期反对奴隶制扩张的态度，必须注意他早先在公开场合对这个问题漠不关心的态度。他对南部的"特殊制度"始终怀有温和的敌意，之所以保持沉默是出于自我安慰的想法，认为这种情况注定会极为渐缓地消失。只是到堪萨斯—内布拉斯加法令给奴隶制问题添加了政治色彩之后，他才抓住这个问题作为宣传鼓
108 动的题目，只是在这以后才加以公开谴责。林肯的态度是建立在掺杂着实用主义目的的正义感上——或更确切地说，是建立在掺杂着正义感的实用主义目的上的。

林肯出生在肯塔基，应算南部人；双亲都是弗吉尼亚人。父亲曾在哈丁县的奴隶搜寻队服役过。19 世纪初叶，成千上万户家庭从南部各州，尤其是从弗吉尼亚、肯塔基和田纳西，移往"民主之谷"，并在俄亥俄、印第安纳和伊利诺伊南部定居，林肯一家就是其中之一。

林肯在印第安纳州和伊利诺伊州度过了少年时代；他所在的地区奴隶很少或根本没有，奴隶问题也没有出现在他面前。在伊利诺伊州，人们对黑人普遍怀有强烈的敌意。当林肯进入设在斯普林菲尔德的州议会时，当地对自由的黑人和逃亡的奴隶实行着严厉的法律，也没有迹象表明当地存在着以解放黑奴为宗旨的民众运动。林肯于 1828 年和 1831 年两次前往新奥尔良，由此对奴隶制产生的体验似并未留下什么足以使他的行为发生变化的深刻印象，他私下一向十分富于同情心，但在从政和律师事务中从未为

尚未深入人心的改革运动作过鼓吹。

然而在林肯在伊利诺伊州议会的第二届任期间，全国上下已在讨论奴隶制问题。加里森已开始他的宣传活动，要求在哥伦比亚特区废除奴隶制的请愿书也开始涌向国会。各州议会纷纷就此发表意见。在伊利诺伊，州议会将这个问题交一个联合委员会处理，委员中有林肯和他来自桑加蒙县的同事丹·斯通。28岁的林肯因此有机会从两个方面来考察整个奴隶制问题。委员会汇报了一些赞成奴隶制的决议，立刻获得通过；这些决议赞扬了白人文化对非洲土人带来的好处，列举了获解放的黑人的悲惨境遇，以此证明争取自由的愚蠢，并谴责了废奴主义者。

林肯对这些决议投了反对票。6星期之后，他和斯通终于把自己的意见纳入了一份决议，该决议被收进《下院议事录》，很快就被遗忘了。其所以耽搁了6星期，原因是他不想疏远任何人，以免他们不支持他最热心的事业，即把州首府从万达利亚迁至斯普林 109
菲尔德。这项决议中写道："他们〔林肯和斯通〕认为奴隶制度是建立在非正义和不道德的政策之上，但是宣传废奴主义的主张反而会使其罪恶有增无减。"（后期的林肯可能会说，这句话的意思是，奴隶制是错误的，但主张废除奴隶制也是错误的，因为这会使奴隶制变得更坏。）他们又说，虽然《宪法》并不允许国会废止各州的奴隶制，但国会可以废止哥伦比亚特区的奴隶制——不过，除非"特区人民提出要求"，否则不得行使这一权力。这段话吐露出他坚定不移地强调采取温和的态度，但同时应当注意，这段话所代表的观点比盛行观点略偏左。林肯表明了自己的见解，不仅仅说奴隶制是"不道德的政策"，而且说它是不公正的；但是他这样做时没有危

及他的大计，即把州首府迁至斯普林菲尔德。

1845年，林肯进入国会不久，又一次获得机会表述自己对奴隶制的见解；这一次是他给一位政治支持者写了一封个人书信，遣词造句十分审慎，而这位支持者又恰恰是一位废奴主义者。

> 我主张：由于合众国，或许也由于自由本身（虽似颇为矛盾），我们各自由州的重大责任是不去触动其他各州的奴隶制；然而我又同样明确主张，我们决不应直接或间接自觉阻止奴隶制的自然消亡——当它无法在老地方生存时为它另找一处地方。

这一立场贯穿了他的整个政治生涯。

林肯在他的国会议员任期即将结束之时，于1849年1月在国会提出了一项决议案，指示哥伦比亚特区问题委员会公布一项关于废止该特区奴隶制的法案。法案规定，奴隶母亲于1850年1月1日后所生子女应获得自由，并由其母之主人扶养至某一年龄。
110 愿意解放奴隶的特区居民，将由联邦国库予以补偿。林肯又亲自增写了一节，要求华盛顿和乔治敦市政当局提供“积极有效的手段”，逮捕所有逃入特区的奴隶，并归还他们的主人。（此事距他表示不忍“看到这些可怜的人遭到追捕”还有6年时间。）多年之后，温德尔·菲利普斯在追述这项关于逃奴的规定时颇不公正地将林肯称为“那个来自伊利诺伊州的奴隶追捕者”。这项法案虽未获通过，但却引起了一场关于奴隶制是否符合道德的激烈辩证，而林肯没有参加这场辩论。

当林肯终于重返活跃的政界时，奴隶制问题已开始占据美国政治舞台的中心地位。斯蒂芬·道格拉斯和他在国会的某些同事已使堪萨斯—内布拉斯加法令获得通过，该法令至少是正式地向奴隶制开放了某些新的领地，等于撤销了实行了34年的密苏里妥协案中禁止在36°30′线以北实行奴隶制的部分条款。这一议案引起了北部的强烈反对，并使道格拉斯的党发生分裂。以反对奴隶制扩张为宗旨的共和党开始在西北部的一些小地方出现。奴隶制问题激发了林肯的雄心和兴趣，他着手重整旗鼓，试试他在政治上的运气。

他的策略既简单又有力。他谨慎地回避关税、国内交通运输改善问题、“一无所知”党人的狂热或禁酒主义等问题，因为触动这些问题中的每一个问题都会和重要的选民集团疏远。他在演说中一再表白自己不是废奴主义者，同时又坚持反对奴隶制扩张的唯一纲领。1854年10月4日，45岁的林肯平生第一次对奴隶制作了公开谴责。他在斯普林菲尔德众院大厅作了一次讲演（后来又在皮奥里亚重复了一遍），宣称他憎恨当时的扩张奴隶制的狂热：“原因在于奴隶制本身极不正义。”他又说，他对南部人民并无偏见。他理解他们的论点，即，很难“以任何令人满意的方式”废止这
一制度。“我当然不会责备他们没有做连我本人也不知该怎么做 111
的事。即或授予我一切世俗力量，我也不知道该怎么处置既存的制度。我会首先想到解放全体奴隶并将他们送往利比里亚，回他们的本土。”但是，他又说，立即移民显然是不可能的。奴隶可获得自由，而“在我们中间仍将是下属”。这是否能真正改善他们的状况？

> 下一步怎么样？给他们自由，让他们获得与我们同等的政治和社会地位。**我的感情不允许如此**，即或我的感情允许，我们很清楚，白人大众的感情也不允许如此，这种感情究竟是否符合正义和正确的见解，这不是唯一的问题，即便确实是问题的一部分。一种普遍的感情，无论是否有根据，都不能等闲视之。①

然而，林肯又强调，决无理由试图把奴隶制引入现在的自由区，因为奴隶制无疑是不公正的。他在皮奥里亚说，“人类大众都认为奴隶制是道义上的大错。[这种看法]基于正义感，不可轻视。……任何政治家均不能等闲视之。”最后一句话是林肯态度日趋激进的关键。作为一个注重实际的政治家，他自然十分关心任何政治家都不能等闲视之的公众情绪。他深知，对两种感情都不可等闲视之，一种视奴隶制为道义错误，一种则认为决不可让黑人获得平等的政治和社会地位——有这种情绪的公众人数更多。

如此，他就击中了共和党人在西北部面临的问题的核心：如何找到一种方案调和北部许多白人的两种对立观点。他之所以能在1860年竞选获胜，他那弥合分歧的能力起了不小的作用，这个成绩使他跻身于世上伟大政治宣传家的行列。

为了理解林肯的策略，我们必须记住一个明显的事实：分散在
112 全国，特别是林肯力量源泉的西北部的废奴主义者及其人道主义

① 林肯后来又在伊利诺伊州的渥太华的一次辩论中重复了一段更长的话，其中包括这段话，并补充说，“这就是我就奴隶制和黑人问题所说的一切的真实内容。”

的同情者，虽然为数众多，已有举足轻重的力量，但要形成一个成功的政党还远远不够。况且，西北部的大多数白人事实上不仅并不主张废奴，而且实际上都敌视黑人——问题的核心就在于此。他们一想到将与州内的大批黑人生活在一起就感到害怕和嫌恶，更不用说想到将来黑人还会成为与他们竞争的劳力了。这就形成了针对自由黑人的严厉法律，例如，林肯所在的伊利诺伊州就是如此。[①] 在关于将堪萨斯准州变为自由州的宣传鼓动中，大多数共和党人行为所带的色彩为自身利益的远远超过道义原则。堪萨斯准州共和党人在其所谓的《托皮卡宪法》中甚至禁止自由黑人进入该准州，并且只给白人和印第安人以投票权。使他们不安的并非奴役本身——而是黑人，无论是已获自由者还是奴隶都一样。西北部共和党报刊一再把共和党称为“白人党”。密苏里的共和党主要报刊，弗兰克·布莱尔的《密苏里民主日报》有一句口号，“白人为密苏里，密苏里为白人。”有一种论点认为西北部早期出现的共和党建立在道义原则基础之上，而以上这句口号是给予毁灭性打击的最有力证据。在共和党于1860年举行的代表大会上，一块赞同《独立宣言》的标语板引起了一片嘘声，几乎被迫撤去，只是在反奴隶制人士扬言要退出之后才得以幸免。

如果共和党人想在具有战略地位的西北部取胜，他们怎样才

① 1847年举行的伊利诺伊州制宪会议通过了一项条款并付诸公民表决，该条款指令立法机关通过禁止有色人移民的法律。这一条款以50261票对21297票的表决结果获得批准。如果可以以这项表决结果作为依据，就可以看出敌视黑人者与其反对者的比例超过二比一。1853年，该州事实上已在法律上禁止黑人移入，无论是自由黑人或是奴隶都一样。对于违法进入该州的黑人均处以巨额罚款，若缴不起罚金，即可将其出售为奴。西北各州无一允许黑人获得选举权。

能赢得厌恶黑人者和反奴隶制人士的共同支持？如果仅仅坚持将奴隶制说成一种罪恶，就有废奴主义之嫌，从而触犯仇视黑人的人；如果反对奴隶制扩张的道义调门定得过低，又会失去人道主义
113 者的宝贵支持。林肯或许是借鉴了自由土地党人的思想，提出并利用了一种恰到好处的办法。他先是在皮奥里亚的演说中暗示道：

> 将如何充分利用这些准州，是举国关注的事。**我们愿这些领地成为自由白人的家园，如果奴隶制被移植到这些准州，则断难成为这种家园。**贫穷的白人宜移出而不宜移入蓄奴州。穷人可移入新成立的自由州，以改善境遇。为此，全国需要这些领地。

林肯于1856年5月在一次州共和党代表大会上发表的、已“失传”的布卢明顿演说中首次表明了这段话所含的全部潜在意思。据林肯在伊利诺伊州律师协会的一位同事报导，他在这次演说中告诫人们，道格拉斯及其追随者动辄乱嚷不相干的称号“废奴主义者”，会把人们吓得连自由都不敢去想。据报导，他还说，[①]“如果这种伎俩竟能得逞，如果自由黑人竟被当作**非人之物**对待，诸位请想一想，穷苦的白人被**当作非人之物**之时还会远吗？”

共和党的问题答案就在于此。敌视黑人的人和废奴主义者都可以理解这种威胁；如果自由遭到破坏，他们自己就不得不在当时

① 这次演讲留下的唯一文字记录不是逐字记录报告。

的自由州内与奴隶的劳动展开竞争——甚至会同黑人一样沦为奴隶！就此而言，有一个论点大可触动北部每一个人的心弦，无论他是农民还是工人，也无论他是废奴主义者还是种族主义者：**如果不设法制止奴隶制的扩散，它就会扩张到全国各地。**[①] 林肯当时之所以一再为劳工说话，其实际意义也在于此。林肯使奴隶制问题 114
超越了是否符合道义和法律的争执范围，着重突出其涉及自由劳工切身利益之处，因而使得这个问题具有普遍吸引力。为投合废奴主义者的思想，他一直说奴隶制是一种罪恶；而为了维护北部所有白人的物质利益，他反对奴隶制的进一步扩张。

林肯从 1854 年起直至成为当选总统，在每一次有记录的演讲中都要利用这个论点，认识到这一点，它的重要性就显而易见了。

① 斯蒂芬·A. 道格拉斯也像林肯一样有力地利用了这种恐惧心理："你们是否愿让这个美丽的州变为自由黑人的殖民地，以便在密苏里废除奴隶制后把 10 万名获自由的奴隶送进伊利诺伊州，让他们成为与你们平等的公民和选民？"但道格拉斯没有相应地利用反奴隶制情绪，林肯却能够利用这一事实。

并非只有林肯才认为奴隶制是对全国自由劳工的威胁，并且这种想法也不是当时才有。在墨西哥战争时期，洛厄尔就借其笔下的比格罗之口说：

哎呀！这和算术一样清楚
一加一，等于二
那些把黑人充当奴隶的家伙
还要把你也当作白奴。

西沃德在林肯作"自相纷争的一家"演讲 4 个月之后在其"无法抑制的冲突"讲演中宣称："合众国迟早必会成为一个完全蓄奴的国家或者完全自由劳工的国家。或是南卡罗来纳州的棉田、稻田和路易斯安那州的蔗园终将由自由劳工耕作，查尔斯顿和新奥尔良成为只是合法商品的市场，或是马萨诸塞和纽约农场主的麦田必再由奴隶耕种和生产，波士顿和纽约将再次成为人类肉体和灵魂买卖的市场。"但林肯之所以在 1860 年被选中，得到党的提名，在较大的程度上是因为一般认为他在奴隶制问题上比西沃德稳健一些。

他曾在堪萨斯宣称，防止奴隶制扩散到全国“是本组织[共和党]的宗旨”。这个论点对于正在大批涌入西北部的移民也有巨大的吸引力。林肯在奥尔顿——其所在县有50%的居民是在外国出生的——所作的讲演中特意明确指出，**他不仅主张**各准州对出生在美国的人开放，而且主张“使其对全世界各地**自由白人**开放——让汉斯们、巴蒂斯特们和帕特里克们以及全世界的人们在这里建立新家园，并改善自己的生活条件”。

林肯在与道格拉斯的辩论中一再阐述了这个主题，并指控道格拉斯本人参与了民主党的“阴谋……其唯一目的就是在全国实行奴隶制”。[①] 道格拉斯和最高法院（一年前，最高法院刚刚作出了德雷德·斯科特案裁决[②]）很快将把美国人民“置于可使本国普

115 遍实行奴隶制的羁绊之下”。首席法官坦尼曾宣称，根据《宪法》，国会无权禁止这些准州实行奴隶制。林肯说，下一步将是

> 最高法院再作一项裁决，宣布美国宪法不允许**州**从它的界内排除奴隶制。……我们将心安理得地睡下，梦见密苏里州人民即将使全州实现自由；而我们在现实中醒来却看到最高法院已使伊利诺伊州变成了蓄奴州。

---

① 历史学家认为这种指责不真实。林肯承认无重大证据。

② 德雷德·斯科特是密苏里州的一个奴隶，他的主人曾把他带到伊利诺伊自由州等地方去住过一段时间。当再回到密苏里州时，他以曾在自由土地上居住因而已经获得解放为理由，上诉法院要求获得自由。以首席法官坦尼为首的最高法院大多数法官认为斯科特不是公民，不能在法院起诉，裁决他仍为奴隶。——校者

这也是他那“自相纷争的一家”演讲的主题：

> 我不希望合众国解体——我确不希望这个家分崩离析——但我确实期望这个家停止争论。结论只有一个，非此即彼。或是反对者制止奴隶制进一步扩散，依照公众的信念使它最终消亡；或是奴隶制的鼓吹者推广这一制度，直到在所有的州，不分南北，不分新老，一概成为合法的制度。
>
> 难道我们没有后一种趋向么？①

人们引用这段话时从来不引最后一句话，原因可能是从写文章的角度来看，这句话虎头蛇尾、平凡琐碎。但在林肯心目中——我们或许可以猜想，在听他讲话的人的心目中——这句话决不是虎头蛇尾、平凡琐碎，而是至关紧要的。林肯并非强调在短期内废除奴隶制的必要性；他强调的是当前的“危险”，即如果不立即严格限制奴隶制在地域上的扩散，它就有可能成为全国性的制度。

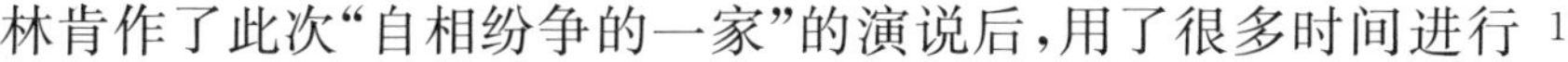

林肯作了此次“自相纷争的一家”的演说后，用了很多时间进行 116

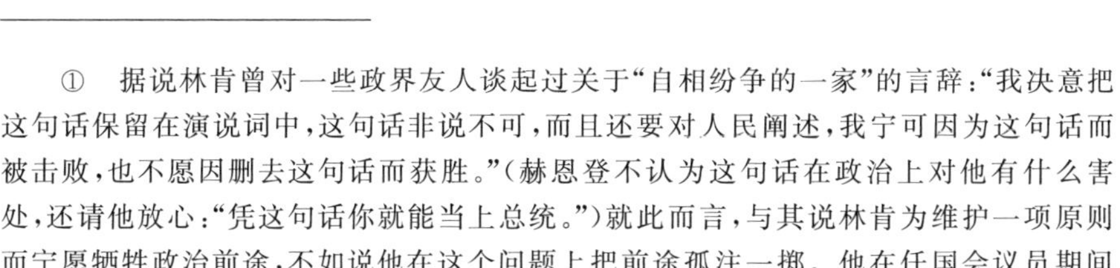

① 据说林肯曾对一些政界友人谈起过关于“自相纷争的一家”的言辞：“我决意把这句话保留在演说词中，这句话非说不可，而且还要对人民阐述，我宁可因为这句话而被击败，也不愿因删去这句话而获胜。”（赫恩登不认为这句话在政治上对他有什么害处，还请他放心：“凭这句话你就能当上总统。”）就此而言，与其说林肯为维护一项原则而宁愿牺牲政治前途，不如说他在这个问题上把前途孤注一掷。他在任国会议员期间已领教过缩手缩脚只在小是小非上吹毛求疵的政治态度，这种态度只能导致灾难。

1862年，约瑟夫·梅迪尔问林肯当时为什么要作“那篇激进的讲演”，林肯答道：“是啊，你们使我陷入困境，又用当总统来引诱我，我就开始动动脑筋，想到下届美国总统需要有一个比我当时更有力的反奴隶制纲领。所以我决定要说出些东西来。”林肯又关照梅迪尔，要他保证不把这话说给别人听。

解释，表白自己不是废奴主义者。这些解释、表白，再加上他想同时取悦于废奴主义者和敌视黑人分子的策略，使他陷入了自相矛盾的窘境。他在伊利诺伊州北部对有废奴思想的听众说的是一种格调，在南部移民居多的伊利诺伊州南部说的又是另一种格调。将他在芝加哥和查尔斯顿两地关于黑人的言论作一比较很能说明问题。

1858年7月10日，在芝加哥：

> 让我们抛弃一切吹毛求疵的意见，不要再说这人与那人不同，这个种族与那个种族不同，说另一个种族劣等，因而必置于劣等地位。让我们把这一切统统抛开，在整个这片土地上结成一体，直到我们能再次昂然宣告：人人生而平等。

1858年9月18日，在查尔斯顿：

> 因此，我要说，我现在不主张，过去也从不主张以任何方式实现白人和黑人的社会平等及政治平等[掌声]：我现在不主张，过去也从不主张让黑人成为选民或陪审员，亦不主张使他们取得担任公职的资格或与白人通婚。……
>
> 既然确实共处而又不可能这样生活在一起，地位必有优劣之分，我与任何人一样主张白人应居优越地位。

很难判断真正的林肯究竟是在芝加哥演讲的那一位还是在查尔斯顿演讲的那一位。很可能他每次都真心相信当时所说的话；很可能他的思想也像是自相纷争的一家。但无论如何，从中很容易看出一位职业政客拉选票的行为。[①]

道格拉斯充分利用了林肯的前后矛盾之处来攻击他。在盖尔 117
斯堡的辩论中，他正式宣告："如果我想掩饰自己的观点，在州里一个地区主张一套原则而在另一地区又主张另一套原则，以此来争得你们的选票，我将瞧不起我自己。"当时，他的对手就坐在讲台的后一排。林肯对于道格拉斯提到他在芝加哥和查尔斯顿两次讲演中的相互抵触之处作答如下："我当时和现在都不认为二者有什么抵触之处。"

然而，这是政治——政治中重视策略而不重视思想上是否一致——林肯活动的效果是不容争辩的。在以后的选举中，共和党的一些候选人获得了多数选票，首次获选担任州职。道格拉斯则仍回到了参院，这只是因为民主党人在州议会仍居多数，他们为本党利益巧妙地改划了选区。林肯在把老资格的辉格党人和反奴隶制人士融合为一个有效的政党方面作出了重大贡献，他的声望也跃然鹊起。他的做法是挑出一个问题——所谓的奴隶制扩张计划和所谓的奴隶制扩散到全国的危险——通过这个问题就可以把共和党内分离力量的注意力转到巨大的内聚力之上。他敏锐地意识

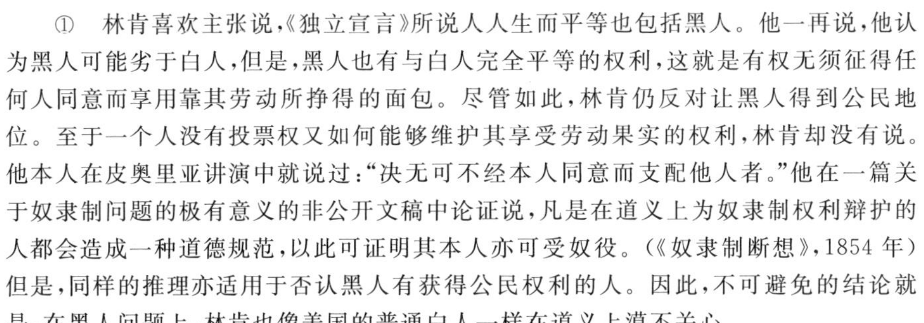

① 林肯喜欢主张说，《独立宣言》所说人人生而平等也包括黑人。他一再说，他认为黑人可能劣于白人，但是，黑人也有与白人完全平等的权利，这就是有权无须征得任何人同意而享用靠其劳动所挣得的面包。尽管如此，林肯仍反对让黑人得到公民地位。至于一个人没有投票权又如何能够维护其享受劳动果实的权利，林肯却没有说。他本人在皮奥里亚讲演中就说过："决无可不经本人同意而支配他人者。"他在一篇关于奴隶制问题的极有意义的非公开文稿中论证说，凡是在道义上为奴隶制权利辩护的人都会造成一种道德规范，以此可证明其本人亦可受奴役。(《奴隶制断想》，1854 年)但是，同样的推理亦适用于否认黑人有获得公民权利的人。因此，不可避免的结论就是，在黑人问题上，林肯也像美国的普通白人一样在道义上漠不关心。

到，党内的成分极为复杂，在“自相纷争的一家”演讲中坦率地说党是由“不熟悉的、不协调的乃至敌对的成分”所组成。除废奴主义者和敌视黑人分子外，它还团结了主张高关税和低关税的人、主张硬货币和软货币的人、为以往政治斗争所激怒的原辉格党人和原民主党人、缅因法的禁酒主义者和德意志血统的酒徒、“一无所知”党人以及移民等等。林肯像大师一般折冲其间，把这样一个联盟团结在一起，带领它上台执政，并靠这个党赢得了战争的胜利。

118 * * *

林肯在奴隶制和黑人问题上的态度或许前后极不一致，但这对于他所关心的主要问题是次要的。他对黑人从来谈不上十分关心，最关注的一向是自由共和主义的命运以及它对普通白人利益的影响，因为他认为自己也属于这一类人。就此而言，他的政治生涯倒确有其逻辑连贯性。他那关于奴隶制可能扩散到全国的命题虽然很可能没有事实根据①，却巧妙地以辩证手法扭转了南部最

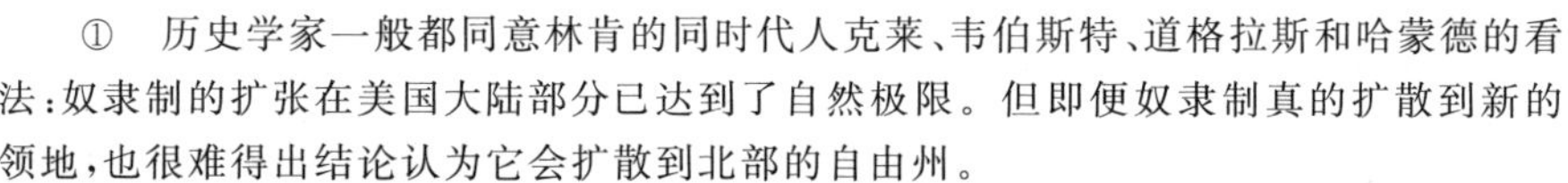

① 历史学家一般都同意林肯的同时代人克莱、韦伯斯特、道格拉斯和哈蒙德的看法：奴隶制的扩张在美国大陆部分已达到了自然极限。但即便奴隶制真的扩散到新的领地，也很难得出结论认为它会扩散到北部的自由州。

至于各准州，假设自然因素尚不足以防止奴隶制向那里扩散，道格拉斯所说的民众主权也很可能起到阻止作用。北部自由居民的扩张比南部居民快得多，而且流动性也大得多。道格拉斯让人们放心：单靠当地定居者就可以把奴隶制排除在准州之外，许多共和党人都接受了这一点。当道格拉斯同民主党内以布坎南总统为首的南部倾向较重的一派分手之后，共和党人中有不少人甚至提出与他联合，并提出以民众主权论为纲领提名他为 1860 年总统候选人！理由是，既然靠地理因素和民众主权发挥作用也可达到同样目的，反对奴隶制扩张者何必一定要通过国会法令来将奴隶制排斥在新领地之外，而这种法令又会不必要地惹恼南部。林肯在与道格拉斯辩论中取得的成果之一就是激得后者发表了一些绝对不合自由土壤派共和党人胃口的言论。然而，最大的讽刺在于，国会中的共和党人竟在 1861 年初投票支持了着眼于组建科罗拉多、内华达和达科他等准州的法案，而这些法案都**不禁止奴隶制**。共和党人在 1860 年击败道格拉斯后按他的政策而不是林肯的政策进行了准州的组建工作。

极端的奴隶制鼓吹者对普通白人自由提出的质疑。弗吉尼亚律师乔治·菲茨休于 1854 年撰写并发表了一本题为《南部社会学》的著作，他从逻辑上就卡尔霍恩等人提出的主张奴隶制的论点得出了合乎逻辑的结论。卡尔霍恩等人曾说，北部工业资本主义对待自由劳工十分野蛮残酷，而南部的奴隶制对黑人却相对较好。菲茨休坚持说，既然奴隶制是劳工的最佳条件，因此，一切劳工，无论是黑人劳工还是白人劳工，都应为资本所有。他预言，“奴隶制不是 119
在各地一律废止，就是在各地重新成为制度。”赫恩登让林肯看看这本书，而林肯则越看越气，越看越憎恶。虽然南部有六七家报纸对菲茨休的论点有所青睐，但整个南部对他并不十分当真，林肯却抓住了菲茨休的极端反动思想，将它看作一种有代表性的论点。[①]

甚至早在 1856 年，共和党人就利用了声称奴隶制对自由劳工构成威胁的论点。共和党人出了一本竞选小册子，题为《民主党的新理论：奴隶制不应限于黑人，而应将它变为全社会劳动阶级的普遍情况。这种理论的支持者投票选布坎南》。南部一家报纸随后发了一篇社论，林肯将它小心裁下，贴在竞选用的剪贴簿内：

> 自由社会！这个名称令人作呕！自由社会究竟是什么东

---

① 林肯的某些做法刻薄一些。斯普林菲尔德的《保守主义》报反对林肯，并以温和的笔调主张默许奴隶制的扩张。赫恩登认识该报的编辑，有一次在里士满《探索者报》上看到一篇文章，该文认为奴隶制对黑人劳工和白人劳工都是合理的，这与菲茨休的论点不谋而合。林肯说，如果伊利诺伊州的亲奴隶制报纸持这种极端而易受攻击的立场，那倒会对他有用。赫恩登征得林肯同意之后，诱使《保守主义》报编辑以赞同的态度转载了《调查者报》上的那篇文章。结果那位编辑上了当，而这家报纸也因此而“几乎垮台”。

> 西？难道不是油泥满身的技师、肮脏的机工、小气的农场主和精神错乱的理论家纠集而成的大杂烩？北部各州，尤其是新英格兰各州，不存在适于有教养绅士的社会。在这些地方，只能见到努力模仿绅士风度的技师阶层和苦活无人代劳的小农场主，他们连南部绅士的贴身仆从都不如。这就是你们的自由社会，这就是北部那伙人力图要推广到堪萨斯的自由社会。

这种言论直接违反了林肯接受的全部信念——人与人的平等、劳动尊严以及提高社会地位的权利。它蔑视北部千百万自由人民的信念，这些人同林肯一样雄心勃勃一心向上，相信自由社会的最神圣之处在于能够使普通人得到发迹的自由和机会。当林肯在盖尔茨堡同道格拉斯辩论时，共和党的支持者打出一面巨大的旗帜，上
120 面写着："小气的小农场主、社会中出身低微的人、油泥满身的技师支持 A. 林肯。"

南部因藐视自由劳工的心愿而付出了巨大的代价。亲奴隶制的反动潮流末日已到，而林肯这样的人要利用菲茨休之流的思想来摧毁老南部各州是适当的。

五

林肯尚未上任，使之得以当选的问题即已失去新意。位于最南部的 7 个州脱离了联邦。重要的问题已不是各准州实行奴隶制与否，而是国家本身。作为坚定的国家主义者，林肯认为必须维护联邦的完整，而要做到这一点，只能发动一场进攻性的战争，但北

部很少有人愿意发动这样的战争。北部在心理上处于守势，在战略上却必须采取攻势。林肯的显著成就之一就是在策略和理论上解决了这个困难。

无论从哪方面考虑，南部邦联在战争中只有大损失却无所获。它的战略目标仅仅在于维持住一个独立国家的地位，而这一目标只有靠和平才能实现，靠战争是不可能达到的。反之，一旦妥协、调和失败，北部只有打一场战争，成功地实施高压手段，才能使联邦恢复。北部公众舆论一致强烈要求保住联邦，不愿意考虑这样做要付出多大代价。如果说北部一致要求打仗以保住联邦，那么南部也同样一致要求脱离联邦以使之解体。**始终存在一种危险：如果在外界眼里南部邦联受到无端攻击，那么联邦内以及全世界就有很多人会产生反感，这样就会使战争的宗旨本身受到无法弥补的损害。**发动攻击必然丧失尚未脱离联邦的边界各州的支持，而林肯正不遗余力地想把它们保持在联邦内。他在就职演说中遵从了这种意见，对南部说：“政府不会向你们发动攻击。只要你们 121
不发动攻击，就不会发生冲突。”

然而，还有要塞问题，合众国政府仍有一些要塞位于邦联控制的地区，这是个麻烦问题。最吃紧的是萨姆特堡。该要塞位于查尔斯顿港入口处，联邦的舰船必须冒着南部邦联的炮火才能前往增援。而安德森少校的军队已近弹尽粮绝，正在要求增援。

这一局面使双方都进退两难。但由于林肯必须首先确保要塞将士不致饿死，因此他的问题是开始的难题。他曾保证要维护联邦的完整，要保护、维持和捍卫宪法。这时要通过妥协来恢复联邦的完整已为时过晚，因为经他建议和同意，共和党的领袖们在12

月份已否定了妥协的办法。[①] 林肯确实考虑过命令安德森按南部邦联的要求从萨姆特堡把部队撤出来，但终究还是否决了，因为这种让步太大；这等于默认南部脱离联邦的合法性，而由于他的承认，联邦也就完结了，而邦联在道义上得到的评价会大大提高。但是发动军事进攻去解救要塞是个危险的应急办法。如果进攻失败，就会毁掉他的政府已经跌落的声望；无论成功或失败，鼓吹和平的人和各边界州都会把这一行动视为毫无理由的侵略。不过，也有一条出路：在安德森因弹尽粮绝而被迫撤出之前，邦联分子就会向萨姆特堡发起进攻，这样也就解决了难题。

结果，林肯的策略实现了：邦联分子真的发起了这样的进攻。1861 年 3 月 29 日，陆军部长和海军部长接到命令，要求他们协力准备于 4 月 6 日从海上前往救援。南卡罗来纳州长皮肯斯接到通

122 知：这次行动“仅是为了”给萨姆特堡补充“给养”，不送军械弹药；林肯还通知他，“如果此举不受阻挠，则不再补充人员、军械或弹药，除非另有通知，或[原文如此]该堡遭到攻击。”

在北部看来，这种救援并无恶意——只不过给饥饿中的士兵送粮食而已。但在南部邦联看来，这造成双重威胁：如果补充给养的行动遭到抵抗，将使用武力；如果不予抵抗，联邦部队必定会无限期地占着不撤，从而既削弱邦联内部的事业，又破坏它在国外的声誉，而外国对它在外交上的承认是十分重要的。这时林肯卸下了肩上进退两难的包袱，并将它转嫁到南部肩上。南部要么进攻

---

① 林肯事事为党着想，他担心如牺牲各类支持者共同信奉的一项原则，共和党有瓦解的危险。1860 年 12 月 17 日，他在致瑟洛·威德的信中写道，妥协“将使我们失去选举中赢得的一切……将是我们的末日”。

要塞并承担首先发动战争的责任，要么让安德森的部队无限期地占领萨姆特堡，使自己遭到削弱。一个自认有主权地位的政府难道能够容忍外国占据一个要塞，让它控制着为数不多的大港口之一的贸易吗？正如詹姆斯·G.兰德尔教授所指出的，脱离联邦的内在逻辑要求或是南部邦联夺下要塞，或是联邦放弃要塞。

安德森少校拒绝了要他立即撤离的要求。邦联分子了解到联邦的救援舰队正在逼近，于4月12日上午开始向萨姆特堡开火，从而以自己的侵犯行径背上了罪责。他们不仅拆散了联邦，而且竟然对联邦发动了攻击；北部对这件事的看法正合林肯之意。

林肯的两位秘书，尼古拉和海在合写的著名传记中指出：

> 就理论上来说，正义在政府一边已绰绰有余。但是，为了使问题更有把握，他[林肯]认定尚需将反叛一方置于非正义一边。……当他最后下令船队起航之时，他已成了局势的主人……之所以成了局势的主人，原因有二：如果反叛者迟疑退缩，南部就将威信扫地；假如反叛者执意进攻，则将促成北部团结，从而听从他发号施令。

尼古拉在他所著《反叛的爆发》一书中断言，他相信林肯经过深思熟虑，打定主意要迫使反叛者进攻萨姆特堡，使之公然走上非正义的道路，这是致命的一举。然而，林肯的意向还有更直接的证据。 123
7月3日，代表伊利诺伊州的新任参议员奥维尔·布朗宁（替代刚去世的道格拉斯）拜访了林肯并作了一次谈话。幸好布朗宁记有日记，该晚的日记写道：

> 他[林肯]告诉我，上任伊始，第一件事即是处理安德森少校宣称萨姆特堡无法防守或救援的信。他召集内阁开会，并征求了斯科特将军的意见——斯科特同意安德森的意见，内阁除军需部长布莱尔外都主张撤出萨姆特堡，而他一生所历的烦恼焦虑都无法与当时至要塞陷落的那段时期的相比。他自己想出了办法，提议只送给养不派增援[，]并通知南卡罗来纳州长皮肯斯。这个计划成功了。他们向萨姆特堡发起了进攻——萨姆特堡陷落了，从而比不陷落起到了更大的作用。

布朗宁是林肯的朋友，如果布朗宁的日记可信，则说明最重要的是使南部邦联发动进攻而不是争取救援船队在军事上取得成功。指挥救援行动的是一位卓越的海军军官古斯塔夫斯·瓦萨·福克斯，林肯曾写信给他，结尾写道："你我都曾预见，为萨姆特堡送给养一举必将促进国家之事业，即便失败也是如此；结果证实了我们的预见，实在令人大感欣慰。"

人们不能因为这一实际的政治手法而贬低林肯，那些认为林肯有法律和道义责任以他掌握的最有效手段维护联邦的完整的人当然也不会贬低他。① 南部邦联发动了进攻，这样就可表明战争

① 肯尼思·斯坦普教授对萨姆特堡事件作了令人钦佩的分析，得出了这样的结论："虽然林肯也认为有可能发生战争——事后分析至少可以认为这是他的防御性战略的必然结果——……但责任并不限于林肯一人，而在于政治家的普遍标准和整个'国家利益'概念。……事实依然是，南部领袖们同林肯一样应为诉诸武力负责。他们也是宁要战争不愿屈服。"

是防御性的；[①]这在一段时期内统一了北部的情绪。谁能说不如 124
此也可赢得这场战争？

尽管如此，林肯作为这场战争的领导人，也处于极大的矛盾之中。他所需要的不是战争，而是联邦，他之所以接受了战争，也只是因为当时战争对联邦来说已是非打不可的了。他一向以主张和平著称。在他的早期政治活动中，或许只有一次因在重大问题上持不受欢迎的立场而使自己受到激烈的攻击，即他反对墨西哥之战的那一次。1848 年，他在国会发言时对自己曾参加黑鹰战争一事讲了些自我奚落的话，这是美国边疆幽默的典型例子。

显然，他并没有料想要打一场持久战。起初，他只提出征募 7.5 万名为期三个月的志愿兵。（这个数字后来必定使他时时感到不安：4 年中，战争夺去了双方约 61.8 万人的生命。）但情况不久就表明，这场战争既不会是短暂的，也不会是轻而易举的。时间不长，这场斗争就扩大成了近代史上的一次重大危机，向全国人民和全世界解释这场斗争的任务就落在林肯头上。

无须怀疑林肯对这场冲突的看法；他无数次向国会、全国乃至外国劳工阐明了自己的观点。当然，这场战争的目的是维护联邦，但联邦本身又是达到某一目的的手段。联邦意味着自由的民众的政府，“民有、民治、民享的政府。”[②]但民众的政府的意义和价值决

① 7 月份，林肯在国会致词时谈到邦联分子：“他们完全知道要塞驻军决无可能对其发动侵犯。他们知道——曾被明确告知——当时只准备给为数不多的勇敢而饥饿的驻军将士送粮食，除非他们自己执意抵制而引起更多冲突。”

② 林肯在与海约翰的一次交谈中说：“就我而言，我认为我们首先需要证明，民众政府决非荒谬可笑之物。”

不仅仅等于一种政治组织体制:它是一种使普通人都有机会参加的社会生活体制。这里,林肯又一次回到他喜欢的话题——自由劳动制度对人类的巨大价值。他在致国会的首次长篇咨文中断言,这

> 实际上是人民之争。就联邦方面而言,这场斗争的目的
> 125 是在世界上维护一种政府的形式,这种政府的主导目标是改善人们的状况——搬除压在所有人肩上的人为重负,为所有的人的可贵追求扫清道路,为所有的人创造自由的开端,为人生的竞赛提供公平的机会……这就是我们力争维护的政府的主导目标。

他接着说,人们常将此种民众政府称为一场试验,但这场试验的两个阶段已顺利完成:这就是它的建立和管理工作。还有最后一道考验——“成功地加以维护,使之不被内部的强大力量推翻。”如今,人民必须向全世界表明,在选举中能够以公正方式获胜的人也能够击败反叛,在公正的选举中失去的政府权力无法靠子弹夺回。“这是和平的重要一课:教育人们懂得,在选举中得不到的东西靠战争也同样得不到;教育人们发动战争是多么愚蠢的事。”

接着便是他对共和政治的永恒问题提出的精彩论点:“政府是否不可避免地必定不是过于强大而影响人民的自由,就是过于软弱而无力自持呢?”

这样,林肯便十分巧妙地颠倒了战争的主要问题,使之适应自己的目的。当然,北部进行战争是为了挽救联邦,否定南部白人多

数的自决权。但是，林肯得助于南部邦联先动手这一有利的事实，将这场战争的目的说成不仅是为了保卫联邦，而且也是为了维护民众统治和普通人的机会等神圣原则。

用这样的语言来表述战争的宗旨，完全符合林肯原有的理想，正是这样的语言帮助他当上了总统。请注意，虽然从政治上看这种语言倾向于斗争中的激进一方或“民众”一方，但从历史上看它是保守的：意在维护一种早已确立的秩序，这一秩序过去曾很好地帮助了普通人。联邦是**防御一方**，正在抵抗“一场针对所有劳动人民的权利的战争”。林肯有时会十分坦率地用保守的语言说话。他坚称，当今之世，“最可信赖的人是那些从贫穷中苦斗出来的人……让他们谨防**交出自己已拥有的政治权力**，如果交出这种权力，必将被用以对他们这类人关闭发迹之门，使之**再次**失去能力 126
并背上负担，直至一切自由丧失殆尽。”他又说：“这场斗争涉及你我的后代能否享受我们已享有的特权的问题。”

这就是他对这场斗争意义的认识，他想让过去的一切返璞归真这一点难道不是可以理解的吗？他并没有为自己确定摧毁南部社会组织结构这样的革命性目标难道不是可以理解的吗？使南部回归联邦、挽救联邦、恢复井然有序的政府、确立武力不能征服的原则，并尽量减少伤亡和痛苦——这就是林肯的纲领。社会革命的巨大力量在他脑海中猛烈地冲击着，最后终于使他低下了头，但他并非没有疑虑和犹豫。他之成为自由的象征，也是与自己命运斗争的结果。

六

因此，从开始起，一切都服从于联邦这个事业。林肯在就职演说中再次强调了早先的一些保证：各州的奴隶制将不受冲击。在行动上，他更向前进了一步。当时国会刚通过了一项宪法修正案，保证联邦政府永不干预奴隶制。要是这项修正案获得各州批准，通过使奴隶制牢牢地植根于国家的宪制中，将使奴役关系得到长期扶持。除非各州分别采取自愿行动，否则奴隶解放将断无可能。林肯竭力促使这项修正案尽快获得通过，虽然宪法并未赋予他这种职能；他宣称修正案只是明确表述了宪法中已隐含的意思——“我不反对予以阐明并使之不可更改。”

战争爆发时，北部几乎一致认为其目标就像林肯宣称的那样——使南部回归但不触动奴隶制。这种想法极为普遍，当肯塔
127 基老议员约翰·J.克里坦登于布尔河战役结束的次日在国会提出一项决议案时，就连有激进民主主义倾向的共和党人也不敢投反对票；这项决议案宣称，这场战争决不是为了征服或镇压脱离联邦的各州，也不是为了干涉这些州的“既定制度”。林肯曾向国会宣告，他决心不让这场战争“蜕变为狂暴残酷的革命斗争”，这只不过是反映了初期北部绝大多数人的意见。但是，战争进行了不到8个月，情况就发生了重大变化：众议院拒绝再用法律制定克里坦登决议案。至于林肯，他的思想转变却没有这么快。

随着冲突的持续，人们逐渐痛苦地意识到，若不打击奴隶制，要打一场反对蓄奴势力的战争是多么困难。逃奴开始进入联邦的防线。将军们将如何对待？1861 年 8 月，主张废奴的弗里蒙特将军由于深为密苏里州的游击战所苦而宣布了军事管制法，并宣布，当地反对联邦的奴隶主手下的奴隶一律为自由民。林肯原想让弗里蒙特自己收回成命，但未能成功，于是便宣布予以撤销。戴维·亨特将军关于解放乔治亚、佛罗里达和南卡罗来纳奴隶的命令后来也被林肯撤销。

各地的反奴隶制人士对这种指导战争的方式越来越不能忍受。他们的作战对手以奴隶劳动为力量基础，而这正是南部邦联最大的战争资源。政府非但不肯发布命令让奴隶解放自己并且停止为脱离联邦一方的事业工作，甚至不让处于被政府军突破了的南部防线的区域内的黑人获得自由。《宪法》正在受到打击，反击却要事事依照《宪法》，这已到了十分荒谬的地步。

林肯在宪法方面的顾虑出自真心，但他对于涉及奴隶制的一切问题所持的保守态度也出自政治和策略上的考虑。他决意把马里兰、肯塔基、密苏里和特拉华这四个边界州保持在联邦内，而这四个州都不愿意参加对奴隶制的讨伐。只要看一下地图就可以看出，其中的三个大州对于联邦的战略以至首都的安全极为重要，并
且还在为这一事业提供兵员。林肯报告说，弗里蒙特的措施在肯 128
塔基州议会中产生了极为不利的影响，在战场上，有一整连的志愿兵听说此事后竟扔下武器而解散了。此外，很大一部分北部保守派舆论虽然愿为联邦而战，却可能不愿支持一场解放黑人的战争，而且，他们还断言，如果南部认为自己是在与公开的废奴主义作战，这场战争就会变得更加激烈。林肯一举一动都必须意识到这种情绪的政治潜势，而且他也十分了解其巨大力量，因为这种情绪

与他过去一向了解的伊利诺伊州政界中的仇视黑人的感情完全一致。

为了当上总统，林肯的言论必要时不得不比他的实际想法更激进；为了当好总统，他的行动又不得不比实际想法更保守。激进派对他的攻击愈演愈烈，并且，正如他们的一位代表与他会见之后报告的那样，断定他“毫无反对奴隶制的直觉”。随着战争的延长，激进派的情绪日益强烈。林肯无法对这部分人的要求置之不理，因为举国上下正是这些人对战争的支持最为全心全意。在南部脱离联邦之前从未想到要攻击南部奴隶制度的人如今已准备无情地将其一举摧毁，只要这样做有助于加速战争的结束。他们争论说，既要打这场战争，又不想粉碎奴隶制，从而粉碎南部的整个社会结构，这真是自相矛盾。精明的共和党领袖们指出，如要赢得战争而又不摧毁奴隶主阶级，只会

> 使叛乱各州以正式成员身份回归联邦，其代表将全员重返国会两院。他们将与各边界州赞成奴隶制的保守分子和北部各州的民主党人一道把持国会。共和党人及其原则在法律上将处于少数地位，这种情势将比前一种情势更为不利——比战争本身更为不利。

因而，必然要开展林肯企图撇开的社会革命。他的主张是行
129 不通的，正如哈利·威廉斯所说：“为维持原状而战，而战争恰恰因这种状况而引起。”

林肯以非凡的超脱态度考虑着全局，他在等待时机。（小查尔

斯·弗朗西斯·亚当斯说，他“目光温和、梦幻般的，像在沉思，想不到共和国当今如此成功的首脑竟会有像他这样的眼睛。”）他听任激进派及其在全国各地的代表申诉指责，在白宫恳切地听取各废奴主义代表团的主张。他像灵敏的气压计一样记录着压力的涨落，随着激进派压力的加大，他逐渐向左倾斜。不了解他的人认为这是出于无奈。激进派注视着他的进步，既严峻，又满意——正如温德尔·菲利普斯所说，如果说林肯能够成长，“那也是我们给他浇水灌溉的缘故。”但意义重大的是，连查尔斯·萨姆纳参议员这样急躁孤傲的废奴主义者也对林肯形成了深切的敬意和感情。据说，林肯有一天曾对萨姆纳说：“我们会制伏他们；只要再有少许时间。……假如人民当时以为我会用否决权去推翻奴隶制，我决不会得到足够的选票而进入白宫。”他曾对两位著名的上帝一位论教派牧师威廉·埃勒里·钱宁和蒙丘尔·D. 康韦说道，人民大众只关心军事上的胜利，对黑人仍漠不关心。他又说：“全国的反奴隶制情绪对我们都有用，并且还不够；二位回去可争取使人民接受你们的观点；只要对事情有所帮助，你们尽可对我作任何评价。对我不必留余地！”

这完全符合他思想深处的宿命论观点。他一向相信——在斯普林菲尔德经常同赫恩登谈到自己的信念——支配事件的必定是（引赫恩登的话）“某些不可否认和不可抵抗的规律，我们无论如何祈祷都无法阻止其运行……未来要发生的事将是无可避免的。”这是慎重的仁人的信念，但决不是改革者的哲学。在伊利诺伊州时，道格拉斯了解并尊敬林肯，有人曾问他林肯是不是一位懦弱的人。这位“矮小的巨人”回答说，不，“他主要是一个受周围气氛影响的

130 人。”1864 年，当林肯回顾这些事件时，他可以十分谦虚地说：“我并未左右事态，我坦率承认，正是事态支配了我。”随着激进派势力的加强，他出色地向自由政策作了战略退却。

虽然林肯对奴隶制问题的态度受其命定哲学的影响，但这决不是说他没有自己的政策。他认为自己应扮演公众极端情绪的调和者，他的纲领便是出自于此。这一纲领要求以联邦基金实行有补偿的奴隶解放（先在效忠的边界州实行），以后再逐步将获自由的黑人输送出境并向外国移民。1862 年，他在致一位参议员的信中写道，如果在 4 个边界州和哥伦比亚特区有补偿地解放全部奴隶，费用按平均每名奴隶 400 美元的价格计算还不到 87 天的作战费用。并且，他相信采取这一行动可使战争缩短不止 87 天，“因此实际上会节省开支。”尽管最后表明这一估计十分粗略（从奴隶制下解救了 43.2 万人，实际上也节省了开支），但这个主张仍是合理和富于政治家风度的。惊人的是，由于除一个州以外有关各州均不肯妥协，竟使这一建议遭到否定。

另一种设想是采用移民方式向国外输送黑人，这种设想无论在当时还是在过去都是令人感动的。一种颇为活跃的把黑奴移殖海外的运动已存在了一代人之久，但与每年增加的奴隶人口相比，被送往国外的黑人微不足道。到 1860 年，每个不愿欺骗自己的美国人必定已看清了这一运动纯属异想天开。尽管如此，当一个黑人代表团于 1862 年夏去见林肯时，他却想说服他们到中美洲去建立一个殖民地，他说，中美洲地处世界交通线之上，该地“自然资源极为丰富，条件十分优越”。他还极为天真地补充说：“假如我能找到 25 名健全的男子，再有一些妇女儿童……我就会有一个成功的开端了。”

林肯显然同往常一样，首先想到的是自由白人劳动者：黑人是 131
次要的。南部底层的白人和北部雇佣工人担心获解放的黑人今后会与之抢工作。在竞争性的劳力市场上，等级心理自然会滋生将获解放奴隶遣送出境的可尊敬的设想，尽管这种设想纯属异想天开。林肯向国会保证，即或不将获自由的黑人输送出境，解放奴隶也不会降低白人劳工的工资水准。但如果将其遣送出境，“白人劳工的工资十分肯定会得到提高。……使黑人劳动者向国外移民就减少了黑人劳力的供应，因而对白人劳力的需求便相应提高，其工资也就相应提高。”

1862 年夏，国会通过了一项《没收法》，规定，任何人如资助叛乱，其奴隶即获永久自由。激进派还提议使这一措施具有追溯力，并规定永远剥夺叛乱分子的不动产。林肯对此丝毫不肯让步，就整体而言，他对这项法令也无热情，但最终还是签署了一项按他的要求作了修改的法案。即便作出了这些妥协，对激进派而言也是一种胜利，并部分地迫使林肯走上了解放奴隶的道路。林肯曾阻止他们摧毁南部贵族的地产基础，但是，尽管出于无奈，他还是签署了解放一切经查明有反叛罪的人的奴隶的法案；至少，他在纸面上解放了这些奴隶，因为该法令在战争期间不可能实施。法令还保证逃奴不再被送回为其参加叛乱的主人劳动，因而实际上也解放了一些奴隶。

到 1862 年 7 月，林肯终于决定要实施奴隶解放，其唯一的原因是他的其他政策都失败了。《克里坦登决议案》已被否决，各边界州否定了他提出的有补偿的奴隶解放计划，他手下的将军们仍无重大进展，他也几乎失去了众多的保守派的支持。如要争取剩下的支持者并防止——他认为有可能——英国承认南部邦联，发布《解放宣言》已成了必行之事。他在答复霍勒斯·格里利关于解放奴隶的呼吁时写道："我一定要挽救联邦，……如果不解放任何
132 奴隶就可以做到，我就努力做到；如果解放奴隶才能做到，我亦将努力做到。"结果证明必须解放所有奴隶。

林肯诉诸《解放宣言》时的心情显然并不愉快。一年之后，他对美术家 F.B. 卡彭特说："情况越来越坏，我终于发现我们执行的作战计划已到了穷途末路；我们差不多已打出了最后一张牌，如不改变战术就得输掉。于是我决心采取解放（奴隶）政策。……"这段话听起来颇为可怜：情况越来越坏，于是才宣布奴隶获得自由！

1863 年 1 月 1 日公布的《解放宣言》在道义上的崇高精神完全像一张提货单。其中对奴隶制未加任何谴责，解放黑奴仅仅是出于"军事需要"。明文规定不适用于效忠的蓄奴州。最后，它实际上并没有解放任何奴隶。因为其中详细列明弗吉尼亚各县和路易斯安那一些县不在其适用范围之内，而联邦军队正占领着这些地区，政府真正有力量推行自由制度的也是这些地区。它只宣布解放其居民参加叛乱的"各州及各州的部分地区"的全体奴隶——即其效力达不到的地区。[①]《宣言》除其宣传价值之外，对国会已在《没收法》中实行的规定并无任何增补。

---

① 其中还郑重告诫"获解放的"奴隶"除必要之自卫，不得采取任何暴力行动"，还告诫他们要"为合理的薪酬而忠实劳作"。后者实在具讽刺意味。

西沃德在论及《宣言》时说:“我们解放力不能及之处的奴隶,而在力所能及之处维持对奴隶的奴役,这表明我们同情奴隶制。”伦敦《旁观者》杂志嘲讽道:“原则并非一个人不得拥有他人,而是除非忠于联邦,否则不得拥有他人。”

但是,《宣言》毕竟只能是1862年美国联邦主义者一般观点的
体现。倘若当时的政治策略要求制订一份与《独立宣言》并驾齐驱 133
的人道主义宏文,林肯也会顺应这一要求的。或许,在这样的问题上林肯受到最适当的谴责就是做了公众舆论的追随者而没有成为其领导者。林肯可能残留了某些肯塔基穷苦白人的思想痕迹,他对奴隶的态度与其说类似于他对北部普通白人的感情,不如说更类似于他对受折磨的动物的感情。但是,他反奴隶制的情绪是真实的,只是其强烈程度不无疑问。他的保守态度部分应归因于对历史变革速度的合理认识。他知道,如果没有准备,骤然以正式的方式使黑人获得自由,这不会是真正的自由,就这方面来说,他比大多数激进派更理解奴隶制问题,正如他们比他更理解战争的革命性动力一样。

《解放宣言》尽管有其局限性,但是,或许正是这个宣言使真正的奴隶解放成为不可避免之事。宪法第13修正案事实上几乎使所有州都实现了黑人自由身份的制度,只有5个州除外。林肯在该修正案获得通过方面起了关键作用。他利用自己的全部影响力为其在众议院争取必要的2/3票数,最后终以超过3票获得通过。没有他的影响,修正案可能会长期拖延下去,虽然很难设想会遭到无限期拖延。有人主张或许他可以以解放者的形象留在人们记忆中,这与其说应归功于《宣言》本身,不如说应归功于他为第13修

正案所进行的幕后活动。然而,若以心理价值而言,则非《宣言》莫属,而且林肯在修正案通过前就已成了自由的化身。他相信自己的使命在于维护,但却身不由己地转变为解放者:

“**我并未左右事态,我坦率承认,正是事态支配了我。**”

七

总统的职务使林肯战战兢兢。在斯普林菲尔德,政治就像一
134 场令人振奋的游戏;但是,在白宫,政治就是权力,而权力就是责任。他过去从未担任过行政官职。就公职而言,他一向只是人微言轻的议员,同别人一道投票,作出的决定本身既非不可更改,也非举足轻重。作为总统,他可以征求别人的意见,但无数重大决策终究要他本人定夺,由此而担负的责任令人生畏。

林肯入主白宫之后,他热切追求个人成功,表面上追求名利的野心的心情平静下来,终于可以独自作一番自我评定。面对胜利果实,却发现这只意味着需为他人作出生死之抉择,这一点具有极大的清醒作用。战争的道义重负落在他肩上,这就说明了他自1854年起已变得高度严肃的特点;或许正如查尔斯·拉姆斯德尔教授所说,他意识到自己在促成危机中起了作用,因而深感不安。这足以解释为什么他在战争结束时急于发布赦免令并将仁慈政策施于被征服的南部。他极少自我流露,但据报道,他有一次曾说:“我现在不知道灵魂是什么,但无论它是什么,我知道它是可以使自己自卑的。”在担任总统的岁月中,使他极感乏味的就是那自卑的心灵。在这些岁月中,林肯完全没有个人恩怨,他那仁慈的不偏

不倚态度，对生活的悲剧意识，这在政治历史中实属绝无仅有。

赫恩登说：“林肯是重感情之人——唉，像女子那样温和，那样柔顺……”林肯为士兵的死伤而动情，这种情感是一般居权力高位的人所不会流露的。他靠往往是粗暴的手段达到了高位，但一旦达到了高位，就感到不能坚持这种手段。他无法听任自己养成官场中常见的无情态度，把人看作随意摆布的小卒子，可按他人的意志“牺牲”掉。有一点很具象征意义：他的办公室经常是敞开的，因而在美国历史上比任何一位总统都容易接近。他曾对卡彭特说：
“整天不出官场圈子的人，思想上只会变得官气十足——更不用说 135
会变得独断专行，日复一日，逐渐容易忘了他们只是以代表身份在掌权。”近代史上还有谁能像他这样既掌握这么大的权力又极少为随权力而来的隐蔽侵蚀所动？或许这就是衡量林肯个人在人类历史上突出地位的最佳尺度——权力使他警惕而并不使他陶醉。在他第二次当选后举行的一次白宫露天演奏会上，他几乎带着歉意说道，“我在这里还未有意在任何人胸口栽过刺。”

人们在**他的**胸口却栽了很多刺。批评之尖锐实在难以忍受（废奴主义者的批评或许最难忍受，因为他知道其中含有真理）。多年喧嚣的政治斗争并未完全消除他的敏感，在反对派报纸掀起的一场不留情面的攻击中，一句未经斟酌的话揭示了这种敏感的惊人深度。演员詹姆斯·哈克特发表了一封私信，无意中引起了一场怀有敌意的嘲笑，因而感到很内疚，林肯便去信安慰，并写道，他对此已习以为常了：“我受到过大量嘲笑，但并没有多大恶意，也接受过大量善意的意见，但并不是完全不带嘲讽。”

当总统决不是享乐之事。只要考虑到他从中未得到任何乐趣，就可以相信林肯的精神生活几乎没有圆满可言。桑德伯格曾说，白宫共有 31 个房间，其中没有一个房间使林肯感到自在。为了这幢房子，他牺牲得太多了！

过了几个月，林肯已感到疲惫不堪。一次，诺亚·布鲁克斯劝他休息一下，他回答说："我想，休息或许对身体有好处，但我感到疲倦的是**内心**，在那接触不到之处。"在他的内心，在那接触不到之处，他自己始终在超然地监视着自己的雄心，时时自问是否值得一搏。这时，他可以看清长期以来只是模糊认识的真相并可能想加以压抑——易动感情的敏感的人在危机时期执掌大权实在是一件
136 艰巨痛苦的事情。他曾说，他并不感到荣耀，只看到"骨灰和鲜血"。对于他来说，这就是他那成功者的神话最终结出的果实，而他作为这一神话的代言人又是如此令人信服！他终于实现了自己的抱负，而胜利中等待他的却是痛心。

第六章 温德尔·菲利普斯：来自上层的鼓动家 137

> 受过高等教育的人应该充当鼓动家，揭开问题并予以阐明，培养大众的道德意识。
>
> 温德尔·菲利普斯

温德尔·菲利普斯历史上的声誉极低。40多年来，一般人写的书对待他很粗暴，唯有V.L.帕灵顿是个例外。历史学家们主要把他用来衬托亚伯拉罕·林肯，千篇一律地把他描述成内战危机时期的顽固的激进分子——情绪激动，缺乏责任感，对肯负责任的人却滥加指责，一贯主张公众舆论不会支持的极端观点，鲁莽，爱玩鬼把戏，有报复心。

然而，传统的历史学家在谴责菲利普斯这类的人物时用了双重的政治道德标准。学者们知道，搞政治斗争一般都要夸大、制造神话，也会带有强烈的敌意。废奴主义者在追求自己的目的中在这些方面并不比传统的政客犯更多的错误。不知为什么，有些历史学家对那些因想当选而夸大其词的人很宽容，但对那些因想解放奴隶而夸大其词的人却极为严厉。

而菲利普斯是易受攻击的。他是职业鼓动家，鼓动家往往易受攻击。霍勒斯·格里利颇聪明——但不正确——地说他思想缺乏宏大的眼界，“无法想象茶壶之外的风暴”。从他的演讲中可以

138 剔出数十种不负责任的言论。他曾说,“南部是一个巨大的妓院,50 万妇女被迫卖身,”这句话被记入了无数关于奴隶制争论的史料,被用来证明废奴主义者的意识。[①] 一代历史学家把这指斥为歪曲,但同时又不愿触及人种混杂这个至关重要的问题及其对奴隶制和等级心理的揭示。很难说哪一种歪曲更严重,但争论起来总是学究式的历史学家占上风,因为他可以借助学者的公正姿态来加强自己的论点。

在某些方面,菲利普斯的思想比指责他的人更老练深奥。就知识分子的自我意识而言,他无疑达到了更高的层次。菲利普斯深知,历史学家和鼓动家都制造神话。然而,论及奴隶制争论的历史学家很少掌握历史哲学理论,菲利普斯则掌握了鼓动哲学理论,他认为,鼓动者的作用就是发表言论;他的职责不是立法或决策,而是为了进行重大的社会改造在思想上影响公众。与负责任的政治家相比,他的社会作用大不相同,原因在于:

> 改革家不计较响应者之多寡,对声望并不在意,仅仅注重思想、良心和常识。他像哥白尼一样,认为正如上帝长期等待其阐释者的出现,他也可以等待追随者的到来。他既不指望也不过于急切地企求眼前的成功。政治家则始终着眼于眼前。他的格言是“成功”——他的目标是选票。他不求绝对权利,而如同梭伦的法律,追求人民所能认可的权利。因而,在

---

① 人们在引用菲利普斯的这句话时往往删去了句末的限定语:“或更有甚者,竟堕落到相信这是体面之事。”

> 英格兰先是有改革者科布登提出观点,然后有政治家皮尔把它确立为法规。

鼓动家是一个共和国所必需的;他是与怠惰和冷漠抗衡的砝码。

> 不断鼓动才能使共和国得以生存。反奴隶制鼓动是国家
> 机器的重要部分,而且是极关键的部分。……任何政府总会 139
> 有腐败的倾向。任何部长……必然是人民之敌,因为自加入政府的时刻起他就倾向于反对民众的鼓动,而这种鼓动实是共和国生命之本。共和国恰如不断涌流的熔岩。……共和国若陷入沉睡状态,把自由权利的保障托付给法规和国家机器,托付给政客和政治家,则将决无自由权利可言。

菲利普斯和当时的许多美国人一样,坚定不移地信仰道德进步。他相信自己处于一个有种种思想的时代——一个民主的时代,民众的种种思想极为重要。他认为,最崇高的工作莫过于运用必要的精神创造力,陶冶大众的观念、情操,使之充分适应下一次历史进步。“人民的思想总是正确的,他们终将如愿以偿。”一个人为正义事业提出合理的论点,从长远看必定会赢得胜利。“如今我们面临的困难在于制度凌驾于我们之上……站在你们自己的独立自主的、受人尊敬的地位上,把这些制度召唤到你们身边,对它们作出裁判。”

菲利普斯的生涯揭示了一条原理:鼓动家很可能成为危机时期的思想家。在社会相对安定的时期中,鼓动家的言行受实际情

况和理论的制约，因为他考虑的是社会冲突的**终极潜力**，而不是缓解这种冲突的眼前妥协。他以绝对价值为出发点作出道义判断，一般人对此难以愉快地实行。但是，当社会危机或革命时期终于到来之时，鼓动家重逻辑重理论的思想中的鲜明特征便与现实合为一体，人民在一夜之间就会转变对他的看法，把他看作极有说服力的思想家。在阶级合作时期坚称一切历史皆为阶级斗争史因而显得和时代很不合拍的人，及至社会激荡着不调和的阶级冲突时便会成为强有力的领袖；30 年来企图要求废除奴隶制而一无所成的人到了奴隶解放成为明摆着的实际政治问题时有可能
140 成为重要人物。温德尔·菲利普斯的经历就是如此：他虽然从未担任公职，但在萨姆特堡陷落后的几年中成了最有影响的美国人之一。

菲利普斯是最引人注目的废奴主义者。虽然他也有废奴运动的大部分缺点，但他观察事物比大多数同事敏锐，思想也比他们灵活，最终超越了加里森主义[①]的思想限度。他的一生经历包括内战前的废奴宣传鼓动和战后工业时代的劳工运动，这在重要人物中是绝无仅有的。他开始宣传鼓动工作时，沉浸在埃默森、帕克及梭罗时代的精神超越论之中；1884 年去世时，他已是激进的劳工代言人，谈的言论是经济现实主义——虽然从未完全融会贯通。他虽然时有错误发生，但在别人大错特错之时却又往往极其正确。他富于良知，洞察力敏锐，是极其宝贵的富有乡土气的正直作风的

---

① 指加里森所倡导的理论。加里森(1805 年—1879 年)是当时激进的废奴主义者，办有《解放者》；参看下文。——校者

代表，在 19 世纪中叶的美国，凡是清教徒的种子播及之处都洋溢着这种风气。

菲利普斯家族的第一批成员于 1630 年到达美洲；一代一代繁荣兴旺起来，许多人都成了商人和公理会教士。温德尔的父亲是一位富有的律师，与商界关系极好，1821 年波士顿市成立时当上了首任市长。生活为他的儿子提供了一个波士顿男孩可以企及的一切——门第、相貌、财富、智慧，并且能在波士顿拉丁学校和哈佛大学接受教育。在大学里，他是社交名流，贵族中的宠儿；托马斯·温特沃思·希金森多年后回忆道，学生当中只有他家每星期六上午照例要派马车来坎布里奇接他回波士顿过星期天。后来，灯塔街[①]因他参加废奴运动而反对他时，他可以大摆绅士架子而把诋毁者称为“不是出身名门的人”。

菲利普斯在哈佛法学院随约瑟夫·斯托里法官学习完成后，于 1835 年在法院街开了一间律师事务所。此时威廉·劳埃德·加里森开始出版《解放者》报已有 4 年。有地位的人士虽然可能会对奴隶制表示出绅士式的嫌恶——这种制度是南部所特有的，在 141
马萨诸塞州早已消失——却决不会与加里森合流；爱德华·埃弗雷特这样稳健的公民见逃奴被捕获竟会公开表示欣喜。南部生意人的嘈杂声在州街和米尔克街上回响。

菲利普斯开业后不久的一天下午，一群暴徒把用绳索绑着的加里森拖到法院街上示众。这位律师奔上街，询问为什么不请波士顿驻军团队来保护被害者，一位旁观者告诉他，这个团的大多数

① 指波士顿上层。——校者

士兵就在人群中。出生在邦克山[①]附近、从小受独立战争传统熏陶的菲利普斯是一个有强烈爱国心的波士顿人，对这座有悠久历史的城市中发生的侵犯公民自由事件深为反感。他随即迅速向废奴运动靠拢，仅过了一年多便同安妮·特里·格林结婚，她的父亲是波士顿的一位富有的货运商，也是早期废奴主义者中的坚定斗士。菲利普斯后来曾说："我妻子使我成了一个彻底的废奴主义者，我宣传过的各种主张，她总是比我先接受。"当时，他只是短时间在废奴运动中起了一些小作用，但这就足以焚毁他与灯塔街之间的桥梁。他成了波士顿贵族圈子的弃儿，律师也无法做下去了。他的家庭认为他精神失常，曾认真考虑过是否要把他送到精神病院去。

1837年，菲利普斯26岁。这一年，他真正发现了自己。一位叫伊莱贾·洛夫乔伊的报纸编辑因坚持自己谴责奴隶制的权利被伊利诺伊州奥尔顿的暴徒杀害。威廉·埃勒里·钱宁在法纽尔大厦召集了一次抗议集会，当司法部长威廉·奥斯汀出来为杀害洛夫乔伊的凶手辩护时，菲利普斯正站在人群当中。奥斯汀把这些凶手比作发动波士顿"茶会"[②]的暴民。没有什么比这种言论更能激起菲利普斯朴素的爱国心了。他跳上讲台，即席作了一次精彩的讲演，驳斥了奥斯汀，这一讲演受到热烈欢呼。他感觉到了自己对听众的力量，这时就自然要全心全意地投身于废奴主义的宣传

① 独立战争中波士顿保卫战的重要制高点。——校者

② 1773年，北美殖民地波士顿市市民为反对英国的茶叶税法和东印度公司茶叶贸易垄断，把停泊于港内的该公司运茶船的342箱茶叶倾倒入大海，史称"茶会"。——校者

鼓动了。

菲利普斯加入运动对新英格兰的废奴主义者来说是最宝贵的收获。他给运动带来了良好的名声、魅人的人格,带来了对付滋扰的群众和质问者的聪明才干,而最重要的是,他为运动发表演说。142
他可能是当时最有说服力的演说家。昌西·迪普 90 多岁时曾声称,从克莱和韦伯斯特,直到伍德罗·威尔逊,每一个重要人物的讲演他都记得,其中菲利普斯是最了不起的演说家。在偶尔交往中,并不是人人觉得他多么令人难忘;埃默森甚至说他不过是“存在于讲台之上”而已。但即便如此,他在讲台上的表现至少十分真诚,无可比拟。他举止随便,直截了当,使听众感到亲切,这同当时流行的夸夸其谈的演讲形成了鲜明对照。听众由于感到亲近而与之产生共鸣,而韦伯斯特和爱德华·埃弗雷特等一本正经的演说家是达不到这一点的。正如他自己在谈到丹尼尔·奥康内尔时所说,他的讲演轻松自如,不费力——“就像吃土豆片一样”。有些演说者喜欢长篇大论和复杂的比喻,他却懂得什么样的节奏最适合鼓动的需要。他的演讲通俗易懂,往往像是在谈家常,但有时他的一些富有灵感的段落也会用超越论的道德词藻大谈理论,渐渐激动起来,在热烈的高潮中失去连贯性,唯有道德上的雷鸣电闪使之得以持续。埃默森描述道,他在演讲时,“空气中仿佛充满了光彩。”“菲利普斯参加群众集会如同他人走进藏书室。演讲使他得到思想食粮。有血气、热情、远见、决心。”人们都不愿在他之后上台讲演;如果让他先讲,别人再讲就会黯然失色。

凭菲利普斯夫妇二人的财富,已足以使他无须认真工作,但他却把自己的才能也变为金钱。菲利普斯加入废奴运动后不久便关

闭了律师事务所，投身于演说和讲学。他在这方面的收入每年达1万至1.5万美元；他常做的一个优秀讲座专题叫“失却的艺术”，如今从无味的文稿来看似乎并不十分精彩——他自己也说“不值一听”——当时却从波特兰到圣路易斯一共讲了两千多场，据他自己估计，在45年中一共为他挣了15万美元。他对各种讲演协会施加压力，每次正式讲演都要收取很高的费用，但作反奴隶制的讲演却分文不取。慈善成了他的一种职业，他的慷慨几近病态。他
143 去世后，在他的遗物中发现了一本旧的记事簿，其中列明了1845年至1875年的慈善性捐助。赠给个人的礼物价值超过6.5万美元，其中每项均按收受者姓名开列：“约翰·布朗……一位贫穷的意大利人……加诺特夫人……贫穷……难民。”

在洛夫乔伊遇害后的纷扰岁月中，菲利普斯曾数十次外出“宣传废奴”，有时在马萨诸塞州内的邻近城镇，有时则到其他州去。每次都要回来向妻子报告情况，他的妻子因神经方面的病而无法离开躺椅，他们的友人都记得，她经常告诫他：“温德尔，不要优柔寡断！”而菲利普斯确实也毫不优柔寡断。他在各个最不妥协的时期中，始终追随加里森，他诅咒宪法，不顾暴民的反对，要求解散这个奴隶主的联邦。他支持各种各样的事业，主张妇女的平等权利、禁酒、给爱尔兰自由、公正对待美国印第安人、废除死刑、改善精神病患者的治疗等等。

从事鼓动的生活也有危险。菲利普斯走到哪里，暴民就追到哪里；过去，他出入于波士顿名门深院，备受欢迎，如今也学会从教堂和讲演厅的后门溜出，穿过小街窄巷躲避危险。他成了经纪行职员和棉花商走卒的打击目标，这些人常挤在他的讲演会场中寻

衅闹事。1860—1861 年冬季，在一个月的时间内，他曾三次遭到暴徒的袭击，如果不是有一批体育协会的剽悍青年围起人墙奋力保护，差一点死在暴徒手中。一次，他的保镖们不动声色地站在台下，他在台上等了一小时，旁听席上一群不怀好意的人在那里拼命叫嚷、跺脚。他竟平静地对台下正对着他的记者们谈起话来，吵闹的质问者终于忍不住了，要他提高嗓门，让他们也听一听。他把鼓动变成了艺术，变成了科学。弗吉尼亚的一家报纸抱怨说，“温德尔·菲利普斯是一枚谱了曲的定时炸弹。”

二

144

废奴运动的基础是道义狂热而不是经济上的不满情绪。大约在 1830 年以后，废奴主义者几乎都是北部居民。他们中的大多数都属于中产阶级，无论是保留奴隶制还是废除奴隶制，对他们的物质利益都没有什么影响，完全可以说是与他们无关。既然奴隶制在经济上对他们无害，只是一种道德上的罪过，他们也就不把它看成一种经济制度，而是视为违犯上帝的安排。废奴主义本是宗教运动，源于福音派新教运动中，与其他改革——女权、禁酒以及和平主义——有心理上的一致之处，内战前的 30 年中一直在搅动北部中产阶级的心情。它的理论实际上类似于神学，手法类似于信仰复兴运动，机构就是各镇的教区。菲利普斯宣称：“我们的事业有明显的宗教性质，其成败完全依赖于人民的宗教情绪。”并说：“确信**奴隶制就是罪恶**，这是我们航程中的直布罗陀。”废奴运动中最有成效的西部领袖西奥多·韦尔德曾写道：

> 我在讨论奴隶制问题时，总是强调这是一个道义问题，以唤起全国人民的良心。……我很少把这个问题看作或称作政治问题和国民经济问题，因为我相信，废奴主义者的事业是与国民的良心有关，而不是与钱袋有关。

由于无法在南部宣传或讨论奴隶制问题，他们既不能对这一体制进行直接的观察，又不能与维护这一体制的人接触，这一事实使废奴主义者更加纯粹地从道德角度来探讨这个问题。实际上，他们只能在并不是奴隶主的北部人民之中进行宣传，并力求使他们相信，奴隶制是一种邪恶，必须与之断绝关系。诚然，他们原先
145 计划通过这一运动唤起奴隶主的良心，但仔细观察了南部人士的心态之后就很快证明这是徒劳无望的。奴隶主是肯定无法说服的，而废奴主义者又极少有机会接触奴隶们的思想——他们也不想挑起暴乱。因此，他们只能转向内心的思辨，他们关于奴隶制的思想日益带上神学和千年至福说的色彩。他们必然全面谴责并绝对地强加于人，这就触怒了许多本来同情他们的宗旨的人。詹姆斯·拉塞尔·洛厄尔认为，废奴运动的领袖们“对待思想如同无知之人对待樱桃一样。他们认为如不囫囵吞下便不利于健康”。

因此，废奴主义者并不十分清楚应怎样使奴隶获得自由，也不十分清楚这些没有文化、没有土地、长期习惯于依附的人怎么能在南部白人敌视的环境中成为自由自足的公民，这是可以理解的。加里森派废奴主义者也误解了英国的废奴运动令人振奋的情况。不列颠帝国在 1833 年就在法律上废除了奴隶制；法律规定的延缓解放办法证明不及安提瓜颇为成功地采用的立即解放办法。美国

的废奴主义者从英国的先例受到鼓舞,得出结论认为,对他们来说,唯一可行的战略就是要求“立即”废除奴隶制。这一结论肯定还吸取了他们的神学先入为主的见解的力量:奴隶制是一种罪恶,涤除罪过不能慢慢来,只能立即予以祛除。加里森说,废奴不是权宜之计,而是权利问题,“如果奴隶有权获得自由,就应当给予,无论后果如何。”

另一些废奴主义者则认为不可能从奴隶制一跃而实现自由,认识到美国的奴隶制从法律上看并不是一种全国性制度,而是因州而异的,可以在一州盛行而在另一州废止。他们在“立即”上做文章,主张“逐渐实现的立即解放”。简言之,应立即开始采用逐渐的办法。詹姆斯·托姆就是这样从加里森派的要求高度向后作了退缩:“我们并不想让[奴隶]不受管束,甚至不想用适用于知书明理的公民的同一法典来管束他们。”在加里森的追随者听来,这似乎是提议让黑人处于某种从属地位,就像一种强制劳动的计划——“以一种奴隶制替代另一种奴隶制。”况且,稍有些自由思想的人,很少会否认奴隶在遥远的将来总有一天要以某种方式获得自由——例如,林肯后来就成了这类人当中的一个——激进的斗士们同这种费边式的废奴主义决裂是很重要的。因此,他们认为,必须坚持主张立即解放的信条,即使无法将这种意见变为行动计划也罢。他们对这一宣传和理论上的矛盾采取了一种神学方式的解决办法:奴隶制是一种罪恶,制止罪恶无须计划。加里森大声疾呼:“责任是我们的,裁决的结果是上帝的事。……你们只需让奴隶获得自由!”他的追随者嚷道,“没有计划正是反奴隶制事业的真正英明伟大之处!”

146

废奴主义者更不清楚黑人自由后如何成为一个独立自主的人。南部的奴隶制维护者很快就抓住了这个弱点；他们十分清楚解放会造成什么困难，并且执著地加以阐述。林肯曾苦苦思考如何对付奴隶制，最后还是难过地承认，即便给他全权处理奴隶制，也不知道该怎么办。废奴主义者也不知道，但他们并没有意识到这一点。结果，当黑人终于可名正言顺地获得自由时，许多废奴主义者却全然没有意识到黑人需要多少进一步的帮助或需要什么形式的帮助。然而，菲利普斯却学会超越了加里森思想。在“重建”的关键时刻，他抛弃了教条，重新返回到现实之中。

菲利普斯很早就接受了威廉·劳埃德·加里森的领导地位，这成了他开展废奴活动的最大障碍。近来的历史学研究，尤其是吉尔伯特·霍布斯·巴恩斯所作的研究表明，加里森的历史上的声望与他本人并不相称，不应把他看成美国废奴主义的崇高人物。
147 废奴运动不是一场有中枢组织的运动。它的最大的活动单位是各州的协会，而不是全国性的协会。加里森不仅不是整个运动的领导者，而且甚至在新英格兰也没有获得领袖的地位。他于 1840 年起夺取领导权以后并加以控制的美国反奴隶制协会只是徒有虚名而已。[①] 甚至有人怀疑他对运动起的损害作用是否大于好作用，1840 年以后更值得怀疑。加里森严厉狂热，不必要地热衷为许多

① 杰西·梅西在《反奴隶制运动》一文中总结道：“即便是新英格兰的废奴主义者，接受加里森派 1843 年之后特殊观点的人或许也不到 1%。”加里森于 1840 年控制美国反奴隶制协会后，该协会的年收入从 4.7 万美元减至 7000 美元，直到 1856 年才回升到 1.2 万美元。

无关宏旨的事争吵——其中包括：反对严守安息日习惯、妇女权利、不抵抗主义——并且非要纳入废奴活动不可，给运动造成了极大的损害，使许多潜在的朋友望而却步。有影响的西部废奴主义者对菲利普斯十分尊崇，但对加里森则无法容忍。（詹姆斯·G.伯尼在 1844 年致伊莱泽·赖特的信中写道："我真不明白，菲利普斯这样的人怎么能安然吞下同道塞给他的那些破烂货。"）①

如果说废奴主义者的理论中也有非宗教的成分，那么这种成分就是从《独立宣言》中取得的。他们为有色人种争取天赋权利。这种理论在菲利普斯身上体现得尤其强烈。詹姆斯·奥蒂斯、约翰·汉考克、萨姆·亚当斯和沃伦上校差不多都是他的同代人，他争取他们参加自己的运动，就像争取听众来到讲演厅一样自然。然而，天赋权利理论以及他受的基督教教育必然将他引向更高层次的法律理论，19 世纪 40 年代，加里森开始攻击宪法，并敦促废奴主义者为解散联邦而斗争——"不能与奴隶主在一个联邦"——菲利普斯立即响应号召，关闭了律师事务所，因为律师必须作效忠宣誓；1845 年，他为美国反奴隶制协会写了一份小册子，题为《废 148
奴主义者能够根据联邦宪法而投票或任职吗?》。答案当然是否定的。菲利普斯论述道，同邪恶作任何妥协只有死路一条。参加投票就意味着支持宪法，因为这就等于同意任命官员作为其政治代理人，该代理人必须起誓拥护联邦宪法。宪法是一份赞成奴隶制

---

① 参看索洛 1845 年 3 月 12 日的一封信，其中谈到菲利普斯："他毅然独立，而一位正直之士所起的作用远比一大群人大，当他请我们注意他所代表的美国〔反奴隶制〕协会时，我们只能感到他委屈了自己。……他既是一位雄辩的演说家，又是一位充满正义的人。"

的文件；宪法对国会代表名额的分配本身就是对南部奴隶所有制的赞同。联邦的共同军事力量可以被召集来镇压奴隶起义。支持这种政府的文件就等于参与奴隶制的道德罪恶。虽然菲利普斯并没有说废奴主义者决不支持人类的任何政府（加里森倾向于这一立场），但他主张废奴主义者不得支持“这个以奴隶制为基础，并代表奴隶制的政府”。人人都是自由的道德行为者，必须为自己的政治行为负责。人人都有义务不支持奴隶制，即便是间接支持也不行。“不道德的法律无疑是无效的，决不应当予以服从。”

遵照这一信条，加里森派要求北部各州同南部分离。这一要求有他们的宗教心理学的特征：很难说通过北部脱离使联邦解体对奴隶有什么好处，但通过解散联邦，废奴主义者就可洗清自己个人参加蓄奴联邦的罪恶。加里森当众撕毁或焚烧宪法的哗众取宠做法很可能大大损害了废奴事业。但是，加里森派对待联邦的态度中破坏性最大的一面则在于使自己无法利用政治行动进行宣传。别的废奴主义者很好地利用了请愿权作宣传，要求国会在哥伦比亚特区废除奴隶制。

1840 年后，非加里森派的废奴运动越来越具有政治性，虽然作为独立的政治力量从未招集到很多人，但对各大党都产生了重
149 大的影响。1844 年，詹姆斯·G. 伯尼以自由党的纲领参加竞选，从纽约州的辉格派得到了大量选票，使亨利·克莱失去了该州的选票，因而也就失去了竞选总统职位的机会，这时的教训已经很明显：废奴观点具有重要的战略作用，并且，随着岁月的推移，这种作用越来越大。因此，正是伯尼这类人促使林肯这类人相信，对道义上反感奴隶制的情绪决不可“等闲视之”。此外，废奴主义者自己

也从参与政治活动中获得了极大的教益，其中很重要的一课就是，由道义上绝对不妥协思想指导的战略无论在逻辑上如何可以辩解，在实践中也不如出于机会主义的战略有效。他们终于懂得，奴隶制的废除必须与其他较为实质性的问题联系起来才能获得充分的政治力量。[①] 从政治角度出发的废奴主义随着原则性的日益淡化，对奴隶制构成的实际威胁却日益增强。两次竞选活动之后，自由党消失了，但它只是为自由土地党取代而已，后者在 1848 年又在纽约州取得了举足轻重的地位，再次决定了全国选举的结果。以后，自由土地党的原则又成了共和党的中心问题。菲利普斯受加里森反政治观点的错误影响，直到最后一刻才悟出政治斗争对反奴隶制观点发展传播的贡献。他只看到各政党对反奴隶制的强调越来越弱，在抽象原则方面越来越站不住脚。他在 1858 年说：“自由党处于守势，自由土地党处于守势，共和党处于守势，它们被迫后退、后退、后退，现今共和党竟已退至无可防守的境地。”直到林肯当选之后，菲利普斯才认识到大政党也可为废奴主义所用。此时，他正确地预言：“共和党已接手处理一个问题，要解决这个问 150
题，他们就必须采取我们的立场。”

菲利普斯在一个问题上终于与加里森分手。加里森的不抵抗理论与《独立宣言》的天赋权利理论相抵触。天赋权利意味着有权

---

① 伯尼的同事西奥多·福斯特在 1845 年 12 月 7 日给他的信中写道：“经过思考，我越来越相信单靠反奴隶制情绪决不可能为自由党争取到美国选民的大多数。我们必须向人民提出某些别的动机，直接迎合他们自己的利益。除非我们能在其他问题上获得支持，否则我们作为一个政党决不会成为多数，我们的原则也会抛弃自由党而找到某种其他的施展渠道。”

抵抗,有权造反。如果开国先辈们可以反抗,黑人当然也可以反抗。菲利普斯相信,必须以武力抵制逃奴追缉法,并且他愿为奴隶杀死缉奴者辩护。至于奴隶暴动:

> 我认为……我们不会看到彻底废除奴隶制,除非国事达到某种重大紧要关头,奴隶利用他主人命运中的危机提出自己的条件。……必将出现一种时机——愿上帝促其加速出现——美国人民将站在联邦的甲板上,“日月失辉,黑色的诅咒降临。”只要我活着见到这样的时刻,我将告诉每一个奴隶:为自由而战的时刻到了!……我知道混乱意味着什么,我也知道内战意味着什么。我可以想象造反的奴隶在奔向权利的道路上必将穿过的血腥场面。这种场面是可怕的。然而,我不知道,对一个有识之士来说,看到内战的情景是否比想到150年的奴隶制更令人厌恶。……不,我承认我决不是不抵抗主义者。我劝告奴隶依和平策略行事是因为他并无获胜的希望。

然而,即使是在约翰·布朗被处决以后,菲利普斯还断言他相信奴隶制“不会在鲜血中垮台”:“我相信道义说服。枪弹的时代已经一去不复返了。”即便在南部要脱离联邦的危机中,他也仍寄希望于普遍的进步,他指出,这种进步有坚实的物质基础。

> 你们所见正是我希望之所在。成长!……你们看到我对自由的希望寄托在这些磐石之上:第一,机械进步。起先,人

> 学会了走路，以手挖土，捡到什么吃什么……后来，缝纫机解
> 除了妇女的劳苦，轮船联结了各大陆，电报如同阳光把新闻迅
> 速传遍全球。每一步都使手的作用减小，大脑的作用增加；这
> 就决定了奴隶制必死。……我相信你们不能使国家一半为轮
> 船、缝纫机和圣经，一半为奴隶。而我希望依托的另一个磐石
> 是总统竞选活动——美国生活的狂欢节——奴隶们像西沃德 151
> 那样……敢于任意冒犯主人。约翰·布朗的幽灵迫使弗吉尼
> 亚赶紧权衡奴隶制的得失。除此之外，正直的人虽少，但却是
> 时代的中坚。……

菲利普斯欣然欢迎林肯当选引起的危机：

> 如果电讯属实，则我们有史以来第一次由奴隶选择了一位合众国总统。……林肯先生虽不是废奴主义者，也不像是位反对奴隶制的人，但同意代表一种反奴隶制思想。……他似乎要执政；只是君临而已。……林肯在其位，加里森掌握着权力。

至于林肯的胜利对促进反奴隶制事业究竟有什么作用，他并不清楚。重要的是，国家如今有一个大政党“敢于说奴隶制是一种罪恶——在某些地方！”

菲利普斯同另一些废奴主义者一起，坚决主张让南部和平地脱离联邦。因为他曾鼓吹解散联邦达20年之久；究竟北部率先退出还是南部率先退出，这并没有多大差别。联邦是一种道义上的

失败，只有金融势力才想加以维护。实际上，北部自成一体，在物质情况方面倒会更加富有。我们可能有权阻止脱离联邦运动，但为什么要竭力维护一个人为的、无利可图的联邦？他预见到，其他蓄奴州将随南卡罗来纳而退出联邦，但新建的南部邦联中的墨西哥湾沿岸各州将开放奴隶买卖，从而使各“产奴州”和北卡罗来纳遭到破产，后者于是便会“倒向我们的自由”。南部及北部共同出资维持的常备军队帮助防止南部造反；让南部自由行动，它就会造反。经济进步终将破坏奴隶制——这是菲利普斯宣传中新出现的强音：

> 目前，弗吉尼亚的争执是什么？就是两种人之间的争执，一种人想使奴隶成为技师，以确保收入增加，另一种人表示反对，担心这会影响到奴隶构成的财产和白人咽喉的普遍安全。联邦就是解体了，这一争执将继续下去。奴隶制将按贸易的法则寿终正寝。……
>
> 152 海湾沿岸各州事实上仍处于封建状态，有一个建筑在奴隶之上的贵族阶层——没有中间等级。要按我们时代付出巨大代价的模式来维持政府，就必须有一个具有贸易和制造业活力的中间等级。19世纪的商人不屑于做附庸。引入这种中间等级将在沿岸各州引起不可压抑的冲突，这是他们使我们得以避免的——现今各边界州就是充满这种冲突，因而不愿脱离联邦——一旦出现这种情况，就将迅速破坏沿岸各州的贵族阶层，使这些州回到我们的自由制度一边。

菲利普斯认为南部邦联力量太弱,不会“仅仅因为我们可以给它的唯一烦恼——我们的更高尚文明的景象和影响”——而攻击北部。然而,时隔不到一个月,邦联真的向萨姆特堡发动了进攻,他便对形势有了新的看法。这是一场防御性战争,因而是正义的;奴隶可能因这场战争而获得解放。他在萨姆特堡事件后首次作的讲演中承认,废奴主义者曾经以为思想和言论自由可以解决一切问题。

> 如果说我们有什么错误,那就是过于相信群众的智慧,过于相信作为一个阶层的政治家的诚实和明智。或许我们对于见到的事实不够重视,即,我们这个国家是由不同的时代构成;并不整齐划一,而是不同世纪的大杂烩。北部人的思想——能够理解论点,——属于19世纪,——除工人阶级和金融巨头之间的斗争外几乎不存在任何其他斗争。南部的梦想,——属于13、14世纪,——爵爷和农奴,——贵族和奴隶。……因此,我们的斗争就是野蛮和文明之争。这种斗争只有靠武力解决。

在菲利普斯看来,战争的宏旨不在于保住联邦,而在于解放奴隶。林肯迟迟不肯采取措施,这激起了菲利普斯连篇累牍的激烈言论,从而大大损害了他的声誉。同国会的激进派一样,他也认为打一场保守战争将劳而无功。南部为保住奴隶制而战;北部也在战斗,“却也不想使奴隶制受到损害。”林肯无疑出于好心,但他算不上领袖——“他是第一流的二流人物……不过是像一柄等待供

人使用的扫帚一样的生活设施。"然而,如果说这位鼓动家对总统的攻击十分激烈,但他对林肯策略的估计却是正确的。"总统从未
153 声称自己是领袖。总统只是公意的执行人。他想知道你们允许什么,你们要求他做什么。"林肯正在观察舆论是否会支持奴隶解放。那么,很好,温德尔·菲利普斯将努力使舆论就只支持奴隶解放。[①] 他在1861年7月说道:

> 我相信林肯作为个人是真诚的,也相信长寿保证蔡斯热爱反奴隶制事业;但我不相信二者之一或其全体同志有胆量宣布一项奴隶解放政策,除非由我们施加压力,全国迫使他们这样做。……

菲利普斯不能容忍一种想法,即认为可以在沉静的防御性的政治气氛中进行战争。他认为除非宣布奴隶解放,否则每一滴血都是白流的。政府是否执意既打仗又维持奴隶制?不解放其劳力,如何铲除发动战争的南部寡头集团的社会基础?"除非取而代之,否则任何社会阶层都不会真正灭亡。"

这位废奴主义者看出了奴隶解放同外交的复杂关系。他在1861年曾说,英国和法国站在南部一边。英国想分裂合众国,"破坏北部的制造业和商业优势"。英国中产阶级内心无力抵制帝国

---

① 菲利普斯认为自己的任务是:"我必须教育、唤醒公众舆论,使之成熟,从而迫使政府在推行我可助以一臂之力的政策时采纳并支持这种舆论。我的做法是公开坦率地批评政府当前的行政和军事政策。……我的批评决不是同反叛者的报刊那样,不是为了使政府瘫痪,而是要激励它更加活跃,更加强大有力。"

野心的召唤。欧洲各国政府和沉默的奴隶大众终将积极干预战
争,问题在于哪一方率先行动。[1] 林肯必须抢在欧洲干预之前行 154
动;卡梅伦必须武装黑人;麦克莱伦必须下台。[2]

菲利普斯竭力想迫使战争进行得较强有力,不再像过去那样注重那一套罪恶说,而开始注意经济问题。他支持林肯的切实可行的主张:以有补偿的解放方式在效忠的奴隶主中间废除奴隶制。这使他的许多老同志大感惊恐。他不再蔑视联邦在经济上的吸引力——联邦解体将"使我们失去和平、贸易及国家安全方面的共同优势"。1862 年 3、4 月间,他外出作了为期 6 周的讲演。他到了首都,穿过纽约、宾夕法尼亚、俄亥俄、伊利诺伊、密歇根诸州,在其中的一些城市作了讲演。他在华盛顿作了两次讲演,并访问了国会。副总统哈姆林从参议院主席席上下来迎接他;他和众议院议长共同进餐,并会见了林肯。这时奴隶解放已提上了议事日程,他也成了全国杰出的废奴主义者、国会激进派的实地工作人员。格里利的《论坛报》估计,1861—1862 年冬,5 万人听了他的讲演和演说,500 万人读到了讲稿。返回时,菲利普斯确信西部比东部更强烈地主张解放奴隶。他报告说,林肯是真诚的,愿意废止奴隶制。不久,他在论及曾被其嘲讽过的总统时说:"林肯尽管迟缓,但毕竟

① 以后,菲利普斯曾强调美国小麦在阻挡以南部邦联名义进行干涉方面的作用。1863 年 7 月,他说:"今天,情况必然是我们能够保护国家不受英国和法国的干涉,因为伊利诺伊州小麦丰收,而英国收成极差;因为法国在饥饿之中,而密西西比流域粮食充裕,因此,法国不敢干涉。"他曾说,如果拿破仑第三想在西半球扶植王室,美国就应津贴加里波第这样的欧洲共和主义者,以便推翻欧洲的制度。

② 卡梅伦是共和党的组建者之一,内战时任林肯内阁的国防部长;麦克莱伦是联邦军队的将领,屡战屡败。——译者

达到了目的。我为他感谢上帝。”

菲利普斯虽然对林肯的《解放宣言》深感欣喜，但对于解放的彻底性并不抱多少幻想。他说：“《宣言》解放了奴隶，但忽视了黑人。”宣布解放黑人是一回事，但武装黑人和使用黑人又是一回事。共和党人不够彻底。他们受的是辉格派的教导，而辉格党“不相信群众”。菲利普斯预言，南部一旦感到精疲力竭，就会让奴隶自由，并试图加以利用。他提议从当时联邦部队占领的路易斯安那派1万黑人部队向东进军，主要不是去参战，而是去传播解放的消息。他们很快就会把一支20万人的具有威胁性的大军吸引到周围来，
155 南部将无法把白人士兵保持在前线上。政府应没收收复的土地，

> 将其分解为100英亩一块的农场，出售给佛蒙特和纽约的子弟，联邦立约担保所有权，担保若所有人被逐即给予补偿，这样便可形成一个州。……

这些北部白人可能会雇佣自由的黑人劳工。然而，到1864年菲利普斯开始批评林肯的“重建”计划时，他开始把土地视为黑人福利的关键，并同萨姆纳和斯蒂文斯等国会激进派一道鼓吹把土地交给获得自由的黑人自己。他在危机初起时表现出来的分析政治的经济基础的倾向如今已结出了果实。他争论说，林肯的计划将允许奴隶主收回原有的种植园，因而不足以改变南部的政治权力结构。他争辩说：

> 这意味着什么？人人皆知，土地支配政治。如果你拥有

> 土地，人人都有自己的农场，这就是民主制度；没有必要好奇地去查阅法典。如果土地为少数人拥有，这就是寡头统治；没有必要细察其法律。……1820年，丹尼尔·韦伯斯特曾说，法国革命把贵族的庄园分成为许多小农场；王室同这些农场成你死我活之势。……如果这些大地产仍留在刚被击败的寡头手中，他们的力量便没有被摧毁。但是，让我没收南部的土地，分给黑人和为之而战斗的白人，你们就可以带着羊皮纸文件安然就寝了。

菲利普斯认为，国家必须给黑人以“真正的自由——不应仅仅是法律上的自由”。为此，黑人必须有土地、公民地位、教育和选举权。“一旦某人对政治家变得宝贵或可畏，他的权利就会得到尊重。如果让黑人掌握选举权，那么上自亚伯拉罕·林肯，下至本城最低贱的懒汉，没有一个搞政治的人敢不恭敬相待。”黑人必须有为工资契约讨价还价的自由。对于那些主张今后逐渐向黑人平等
地位过渡的人，菲利普斯预言般地回答说，紧张状态很快就会松 156
弛，会出现一种保守的反动，如要为黑人争得好条件，就必须立即着手。

> 当战争向南部逼近的时候，它将被变成一片土地肥沃的地区。……欢迎北部、东部和西部的劳工前往，使全国维持高工资。……南部使劳动遭贬，迫使每月应挣100元的黑人为8元而工作，没有一个白人愿去与之竞争。你可挡住北部的劳力；让南部维持贵族统治，劳动者受压受辱，一个贵族阶层

势必凌驾其上。[①]

1865 年 6 月，加里森和菲利普斯在美国反奴隶制协会的一次会议上终于决裂了。加里森提出，第 13 修正案已体现了协会的宗旨，因此协会应当解散。菲利普斯则坚决认为协会必须继续为获得解放的黑人争取普选权。加里森认为，指望南部各州会在重新被接纳为联邦成员之前就给黑人以普选权是没有道理的；按照同一原则，北部的许多州，例如伊利诺伊，就必须被赶出联邦。[②] 菲利普斯的意见在会上占了上风，协会投票决定继续存在，并选他为主席。他敏锐地意识到已取得的成果的局限性，继续要求制定彻底的“重建”政策。1865 年 10 月，他在波士顿作了题为“得胜的南部”的讲演，他断言：黑人除了摆脱法律上的永久被奴役地位之外，仍在承受奴隶制的其他一切有特点的压迫。种族附庸地位这一
157 “南部的重大原则”，仍然保存着。1868 年，他在总结“重建”的进展时指出，在他为南部黑人和白人群众确定的土地、教育和选举权这三大目标中，黑人仅得到了选举权，而且这是不牢靠的。他继续为第 15 修正案获得批准而奋斗，而该修正案就是为了使黑人获得

① 参看撒迪厄斯·斯蒂文斯 1865 年 9 月 7 日的兰卡斯特演说：“必须改变南部的整个社会结构，如果失去当前的机会，则将决无实现的可能。……在一个富翁与农奴混合的社会中，在一个庄园达 2 万英亩又有豪宅大院的地主和下层白人穷人以棚户为家的混合社会中，如何能够存在共和体制、自由学校、自由教会乃至自由社会交往？如果南部要成为无害的共和国，土地就应让其所有者自行耕种，或让明理的公民以自由劳动耕种。这是必须办到的事，即便是要赶走它的贵族阶层也必须做到。”

② 这是加里森典型的刻板的推理方式。无论是伊利诺伊坚定地留在联邦之内和南部各州坚定地留在联邦之外，还是伊利诺伊仅有数千名黑人而南部各州有数十万黑人，在他看来都没有什么不同。

选举权;但是,他已感觉到激进潮流的衰退。“立即”解放已经开始,但越是仔细观察,就越发现它看来是“逐步”的。在胜利的果实中,他发现了失败的苦涩坚果。

三

在内战前的岁月中,羽毛未丰的美国劳工运动对废奴主义者的帮助不多,废奴运动中的中产阶级人士或富有的博爱主义者也曾向劳工领袖求援,而劳工领袖往往回答说,何妨像同情真正的奴隶那样同情一下雇佣奴隶,说完就转而自顾自己的问题去了。[①]反过来,废奴主义者往往回答说,自由劳动者和奴隶劳动者的境况大相径庭;对黑人的压迫异常罪恶,因而更应特别关心黑人。菲利普斯对此表示同意。1847 年,一位乌托邦社会主义者在《先驱》报上就“雇佣奴隶制”问题向他发难,他答道:

> 我国工人同奴隶有两大不同之处。第一,劳动者作为一个阶级既不受不公正对待,也不受压迫;第二,即便受到不公正对待和压迫,也有充分力量通过行使公认的权利保卫自己。法律过于苛刻么?他们可以通过投票来改变它。资本对待他们不公正么?节俭会使他们自己成为资本家。……劳动阶级和本国其他每一个阶级的上升和改善都必须靠节俭、自我克

① 全国工会第一任主席伊莱·摩尔 1839 年在众议院说,解放奴隶将使黑奴进入劳力市场,同北部白人工人竞争。如果出现这种情况,“后者的道德和政治品性、自豪、力量和独立地位将永远失去。”

制、节欲、教育以及道德和宗教品质。

158 24 年后，菲利普斯转而呼吁“推翻整个谋利制度”。

内战结束后，大多数废奴主义者纷纷重操旧业，对自己获得的伟大成功心满意足，并且，由于在人们眼里，他们曾是一场伟大道义改革的预言家，因而沉醉于充当备受尊敬的公民的角色。但是，菲利普斯是职业鼓动家，除此别无其他职业可做。1865 年，他不过 54 岁，自然要再寻找一个事业来发挥自己的才干。

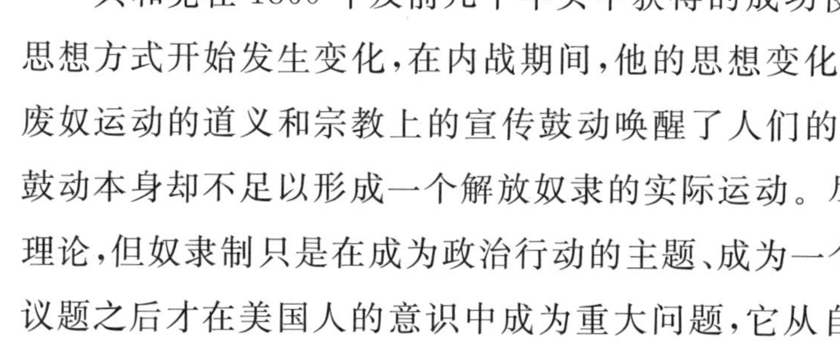

共和党在 1860 年及前几个年头中获得的成功使菲利普斯的思想方式开始发生变化，在内战期间，他的思想变化过程完成了。废奴运动的道义和宗教上的宣传鼓动唤醒了人们的思想，但这一鼓动本身却不足以形成一个解放奴隶的实际运动。尽管有加里森理论，但奴隶制只是在成为政治行动的主题、成为一个主要政党的议题之后才在美国人的意识中成为重大问题，它从自由土地和保护性关税等其他问题中汲取了力量。菲利普斯在萨姆特堡遭到袭击前作的几次讲演中表示过一种希望，即废止奴隶制的将是经济进步而不是战争——“奴隶制将按贸易的法则寿终正寝”——并开始把美国历史解释为一系列的阶级斗争。他追溯到 18 世纪，指出，独立战争之所以会打起来，是因为美洲商人想同西印度群岛直接贸易，种植园主“想欺骗他们的债权人”。独立战争使人民获得了独立并形成了国家。但是，北部仍然很保守，“受贵族阶级的约束”。当时

> 弗吉尼亚的奴隶主热衷于理论上的民主，征服了联邦政府，解放了新英格兰的劳动阶级。对于真诚的联邦主义和埃塞克斯帮会[①]都是一杯苦酒。今日，马萨诸塞仅将一杯同样的苦酒举在卡罗来纳唇边。[②]

菲利普斯很快就把内战视为第二次美国革命，视为资产阶级与封 159
建文明的斗争。他从过去的单纯的道德主义者逐渐转变为掌握了历史哲学的道德主义者。

“重建”期间，菲利普斯集中注意了土地问题。他认识到，如果黑人要赢得政治自由和人身自由，就必须拥有生产资料。他不得不把奴隶制既看作是应洗涤的罪恶，又看作一种必须以新的经济秩序取代的劳工制度。没收贵族阶层的土地的要求使他集中注意财产及其分配对人权和政治民主的关系；而获解放的奴隶以潜在的农业雇佣工人身份出现则把雇佣劳动的问题摆在他的意识中心。

1865 年 11 月 2 日，在一次争取 8 小时工作日制的示威集会上，菲利普斯在法纽尔大厦首次以劳工的名义作了重要演说，他宣称：

---

① 马萨诸塞一些思想保守的联邦党人，在 19 世纪初期曾策划使新英格兰脱离联邦，成立新英格兰邦联，“以摆脱南部贵族民主政治的腐败影响和压迫”，但未成功。——校者

② 此处菲利普斯借用了北部历史学家理查德·希尔德雷斯的话，其中加有他自己的话，并感谢让他引用这部著作。参看希尔德雷斯所著颇有意义的小册子《美国的暴政》（波士顿，1854 年）第 16—26、32—33 页。

> 29 年以来，劳动为买与卖而竞争。南部并不完全将其制度置于这一拥有其劳动者的权利要求之上，而是据哈珀法官、亚历山大·H. 斯蒂芬斯、皮肯斯州长及约翰·C. 卡尔霍恩所说，断言劳动者必为资本家或个人所有。劳力所有权之争已近结束；我们及时开始另一场斗争：确定并安排真正的劳资关系。

卡尔·马克思从社会主义者的角度看待奴隶制，曾说只要黑人劳工仍受奴役，白人劳工就永远不会获得解放。菲利普斯从废奴主义角度接近社会主义，逐渐总结出，除非所有劳工都摆脱雇佣奴隶制，黑人劳工就决不会获得真正解放。“我们保护过黑人劳动者，如今，我们要保护一切劳动者，无论是北部还是南部，任何地方的劳动都要保护。”

菲利普斯对马萨诸塞州的资本主义价值观早就十分反感，如今更将金钱势力视为对共和政府的威胁。他说：“我承认，我对共和体制的唯一担心就是，当代能否找到适当补救办法来对付与日俱增的公司财富势力。”新泽西只不过是个“火车站”，纽约的法律
160 是“在范德比尔特的账房中”制订的，汤姆·斯科特掌握了宾夕法尼亚的州议会，[①]而在他自己的州内，根本无法要求铁路势力支配的州议会通过维护列车乘客安全的法律或投票赞成拨出微乎其微的款额用于实际调查工人的情况。这决不是他心目中的民主。他

① 范德比尔特和斯科特均为铁路资本家，范德比尔特还掌握哈得孙河水运。——译者

一贯主张，社会的每一种利益都必须在国家机构中有自己的代表。男子不会真正为妇女投票，白人不会真正为黑人投票，律师或资本家也不会真正为体力劳动者投票。开国先辈们的原则是，“除非对政府加以安排，使每一阶级均掌握自我保护的手段，否则没有一个阶级感到安全。这就是共和国的思想。”如果公司可以买通立法部门，平等选举权就毫无意义，共和原则也就失去作用。唯一有足够人数并能团结起来抵制公司资本威胁的力量就是团结起来的劳工。菲利普斯说：“劳工运动……对我来说是实现民主的唯一希望。”

作为废奴主义者，菲利普斯过去对政治行动毫无兴趣，如今却坚定地投身于政治行动。1865 年，他甚至把废奴主义者的成功归功于他们在选举中拥有的力量。他相信唯有选举投票才能避免阶级斗争的暴力结局。在人民食不饱腹之时，决不能只知等待和议论不休，这只会导致大爆发。“我们急于参与政治，因为政治是安全阀。”他告诫工人：“避免一切暴力。采用讨论和投票的方式。无论如何，你们的人数多于资本家。解决这类危机完全可以靠投票的方式。”罢工是一种有用的策略——“决不让任何人反对罢工”——但就眼前而言，劳动者的座右铭应当是：“在票箱前决不宽恕！”

然而，搞政治也并不顺利。菲利普斯很快就看透了共和党，他在 1878 年终于将其称为不过是资产阶级的工具。他鼓励劳动者组成自己的政党，并参加了马萨诸塞州工人 1869 年至 1871 年的政治实验。1870 年，工人党推他为州长候选人，1872 年，差一点被全国劳工联盟提名为总统候选人。但这些实验都是注定要失败

161 的。1871年，在马萨诸塞州州长竞选中，菲利普斯同不得人心的本杰明·F.巴特勒联合在一起，这使他失去了许多朋友的支持。据信，菲利普斯最终玷污了自己，30年来始终对他赞赏备至的埃默森也表示，不希望在他的住地康科德见到他。

V.L.帕灵顿曾以同情的笔调对菲利普斯作过评价，发现他后期的理论中“马克思主义的成分颇多”；但除了依靠工人阶级和从一般的经济角度对政治斗争作出解释之外，这位美国劳工改革家的马克思主义成分极少。菲利普斯信奉的社会主义是美国北部的土产，是由本地的几股改革思想编织而成的，其中颇为重要的成分就是合作运动。1868年，他呼吁道：“创立合作工业，”

> 让乘客和雇员拥有铁路。让机匠拥有工厂。让商人拥有银行。使资本同社会的利益一致起来。否则，这个国家就不会有自由、自治。

1871年他在伍斯特召开的劳工—改革大会提上出的决议反映出他的观点，这是最激烈、最著名的一段：

> 我们坚信，劳工是财富的创造者，有权获得所创造的一切，这是一条根本原则。
>
> 肯定了这一点，我们申明愿接受如此激进的原则所起作用的终极结果——诸如，推翻整个赢利制度、消灭一切垄断、废除特权阶层、普及教育和博爱精神、完善交换自由，以及最佳的壮举：最终清除我们所谓基督教文明的耻辱——大众的

> 贫困。……我们深知，我们的目标不可能一蹴而就。我们注意到人民领袖，乃至在很大程度上人民自己存在愚昧、自私、偏见、腐败以及道德败坏的情况；但我们仍要求朝上述方向采取某些步骤：兹
>
> **决议**——我们向雇佣制度宣战……我们向现行的金融体制宣战，它剥削劳动，侵吞资本，使富人愈富，穷人愈穷，把共和国变成资本的贵族政治。……

起草这些决议的这位作者没有掌握经济理论。他的现实主义并不完整，因为没有以任何经济进化的概念加以充实，菲利普斯用 162
以解释他的经济观点的少数尝试也不得要领。虽然他是城市人，但他出生时波士顿不过像一个扩展过大的村庄，公地仍是供公共放牧之用。他从未懂得城市生活或工业，也从未用工业革命的事实来修正他的社会主义同情心。

> 我们需要的是财产均等——仅此而已。我对于文明的理想极高；但接近这一理想的是一个新英格兰小镇，居民两千左右，不分贫富，人人同处一个社会，一切儿童都进同一所学校，没有贫民院，没有乞丐，机会均等，既无傲然超群的人，也无卑贱得被排斥在外的人。如同50年前的新英格兰。……

菲利普斯办的《国民旗帜》报以同情的笔调报导了第一国际的活动。当巴黎公社的试验到来时，菲利普斯拒绝附和美国各界对公社的谴责，并为公社社员的运动欢呼。他认为，梯也尔应当对巴

黎的流血事件负责，宣称“法国唯赤色分子才有希望”，并把公社社员称为“法国最先进、最纯洁、最高尚的爱国者”。

这种情绪使他在孤立中越陷越深。作为“镀金时代”社会主义的提倡者，菲利普斯甚至无法像当年废奴主义者那样感到自慰，因为当年的废奴主义者还有教会人士、诗人、百万富翁这些同路人，并且还有一些知名绅士和虔诚的女士给予有限的支持。不过，1881 年他曾应邀前往哈佛的大学优秀生联谊会致词。对于这位高龄的演说家来说，这至少是一次机会，可以弥合与坎布里奇学术界的旧裂隙，后者 40 年来对他本人及其事业始终不屑一顾。但是，他却借此机会对体面社会发出了最后一次挑战。他选择的题目是“共和国的学者”。他的主题是指责美国学术界没有承担起社会领导责任，在道义上胆小怕事。

他在演讲开始时说，学者的责任“是帮助生活中处于不利地位的人们”，并教育人民群众。而关于社会的重大实情，很少来自学
163 者的调查，“往往首先来自受迫害的爱国主义的庄严抗议和忍饥挨饿的受压迫劳工的强烈呼声。”世界在苦难中创造历史，学者们书写历史则真假参半，以自己的偏见加以涂抹歪曲，人民从生活的议论、鼓动中深受教益，而怯懦的学者们却在其面前畏缩或对之横加指责。“北部受过书本教育的阶层中流行着不信任人民的顽疾。”他们甚至不考虑维护言论自由原则。事实上，美国学术界从未帮助解决过当代任何重大的社会问题。它指责反奴隶制运动，蔑视刑法方面的立法改革，对酗酒问题视而不见，嘲笑妇女权利。它从未同情过国外受压迫的受害者——爱尔兰人或俄国的无政府主义者（此处菲利普斯变得尤其令人震惊），而且当时还在对其大加谴

责。菲利普斯把无政府主义者作为抵抗和反叛的极端代表，热烈地加以维护，并怒斥"那种令人作呕的虚伪，3 便士茶税就把他激怒，在邦克山上堆满花岗石和塑像，无时不在空谈爱国主义和砍刀，同时却像佩克斯尼夫①那样，劝告俄国人一百年木然忍受，决不反抗，而一百年来，俄国人看着自己的子弟成千上万地被拖向死亡或流放……看着自己的女儿在街市上被鞭打致死"。他最后说，现在是学术界履行自己的义务，站在雇佣工人和妇女一边，参加即将到来的正义斗争的时候了。"不要像银币上的人像，坐着不动、只顾朝后看。"

一位听者说，"演讲听起来令人愉快，但从头到尾十分荒谬。"比起这些同时代人来，传统的历史学对菲利普斯更不宽容，认为他一向十分荒谬，从不令人愉快。但这位从不宽容的鼓动家也不指望别人的宽容，或许已预感到未来的学术界将同当时的学术界一样对待他。他从坎布里奇回到波士顿。我们可以想象，他一定兴高采烈，极为满意地想到，在这座老城中，只要有人能够不忘，就会记得他曾是那些自鸣得意之人身边的一根利刺。

① 英国小说家狄更斯的小说《马丁·朱述尔维特》中的人物，是一个假情假意的伪君子。——校者

164 第七章　赞成政党分肥制的人们：一个崇尚自私自利的时代

建立政党不靠品行、妇女杂志或洋溢的热情。

罗斯科·康克林

失去的只是荣誉！

吉姆·菲斯克

自阿波马托克斯[①]至19世纪末，美国人民在大陆领土的一半定居下来，建成了庞大的铁路体系，并凭借丰富的煤炭、金属、石油和土地资源而在世界上日趋强盛。在这段时期中，政治似已全然受制于经济变化，国家命脉似已完全掌握在产业企业家手中，这在本国实为史无前例。

“镀金时代”的工业家的崛起如人们所料想到的，要有这样一种环境：允许为巨大成功而大肆浪费，诱惑很多而约束很少。他们多数是暴发户，行为之粗俗与其身份颇为相称，但他们也是了不起的大胆探索开拓的天才。他们精明强干，富有进取心，同时又作威作福，贪得无厌。他们引导国家财富的增长方向，抓住国家的各种机会，设法行贿收买；正是由于这些人，这个时代才获得了特有的

---

① 内战末期，1865年4月，罗伯特·李率领的南部邦联军队向格兰特率领的联邦军队投降处。——译者

风气和色彩。

在工商业和政治中，工业巨头们干起来大胆，不动声色，并且不顾一切。他们剥削工人、榨取农民、贿赂国会议员、买通立法部门、刺探竞争对手、雇用武装保镖、炸毁资产，采用威胁、密谋和武力手段。他们嘲笑那些天真的绅士们的理想，这些绅士们想象靠体面和克制的办法就能使国家在自由竞争的制度下得到发展。他们的功绩使道德风气大变，引起 E. L. 戈德金这样令人尊敬的老派 165
保守人士说道：

> 50 年前，我来到这里，当时对美国抱着高尚美好的理想……如今，这些理想都破灭了，看来，若要对人类寄以哪怕是适中的希望，我也只能另觅他处了。

然而，如果因此而认为工商业巨头的良心已丧失殆尽，那就错了。如果就良心依托的最终合理状态而言，他们完全有理由自信他们的作为必定有好结果。正是由于这个原因，他们才能兴高采烈地以无度的贪欲活动于政治和工业的相邻领域。如果说，他们在收买国会议员时毫无歉意的表示，甚至不感到内疚，那是因为他们的活动——或他们自认为——是为着促成一场重大而温和的改革。既然他们的作为具有巨大而美好的意义，因而就不必为日常的诈骗行为而烦恼。他们非但不谦恭自责，反而自信傲慢。科利斯·P. 亨廷顿在给一位政治代理人的信中谈到他为南方太平洋铁路公司行贿事件中的一些有关情况时写道：

> 如需破费才能促成正当之事,则破费就是唯一的正当手段。我认为,如果某人可任意为非作歹,不受贿就不肯干正事,一个人的责任就是贿赂法官,这样就可赢得失去的时间。大声反对这种做法的人自己也会这样做。如果没有人干,我会毫不犹豫——

他并不是假装神圣的伪君子,只不过表达了自己作为美国人的一种充满激情的信念,即他完全有权得到名下应得之物,而且,同时代的许多巨头在原则上很可能与他没有什么分歧。想象这些人如何不能心安理得入睡,这只是想入非非的多愁善感而已。其实,在这个“镀金时代”,就连天使也为他们唱赞歌。

工业界巨头们自有各种理由来证明自己行为的诚实和合理,其中最重要的辩解理由大概是说自己正在建立一个伟大的工业王
166 国,虽然浪费极大,但他们的美国认为完全可以承受。他们当中有些人——杰伊·古尔德的名字最为突出——是彻头彻尾的投机者、剥削者或破坏分子,但大多数都可以自认为不仅是投机与兼并的大亨,而且是具有划时代意义的工业创新巨人。

此外,他们坚信机会人人有的美国神话。工业界巨头们来自下层或中下层,多数有过早年穷困、艰苦劳作及节俭度日的经历。安德鲁·卡内基在这段时期结束时曾声称,“那些掌握实权的百万富翁原先都是穷孩子,他们经受了最严厉也是最有效的学校——贫穷——的锤炼。”就此而言,除了他本人的亲身经历以外,他还可列举一打以上其他著名工业家的类似经历。许多传记证实了他的看法。[①] 当然，也有不同的情况，像威廉·范德比尔特，人称“准将”的父亲给他留下了大笔财产。还有一些人是在相当不错的境况下起家的，如，爱德华·哈里曼和亨利·维拉德；另一些人则有一门好亲戚，如，亨利·克莱·弗里克，母亲的娘家是著名的酿酒业家族奥弗霍特。但是，卡内基却是一个一贫如洗的苏格兰织工的儿子。菲利普·阿穆尔、古斯塔夫斯·斯威夫特、丹尼尔·德鲁以及杰伊·古尔德出身于贫贱的农民家庭；吉姆·菲斯克的父亲是一家小型“流动货摊”的业主，而约翰·D.洛克菲勒的父亲则是专利成药的巡回推销员。杰伊·库克和詹姆斯·J.希尔早年做过边疆地区的小职员。利兰·斯坦福虽出身于中产阶级上层，受过 167
良好教育，但他来到加利福尼亚时几乎身无分文。科利斯·亨廷顿 14 岁就开始自立。他们这样的人不仅可以自信，而且也可以向全世界宣称，他们的财富和势力完全来自艰苦的劳动和非凡的聪明才智，并以自己的切身经历为楷模，向充满进取心的中产阶级展示这种具有宏大机会的经济。而且，由于他们的成功之途正是人人向往的，所以无须像 20 世纪人们痛恨地追忆的那样感到良心受到谴责。他们自信有充分资格获取可得的一切。希尔这样的人完

① 事实上，这少数几个杰出工业家的事例多少有点引起误解。赖特·米尔斯根据《美国人传记词典》所列工商界人士资料在专题论文《美国工商界精英：肖像集》中指出，以(1820—1849 年出生的)这一代人而论，43%的工商业精英人物来自“较低”或“中产阶级下层”的阶层。如果统计同期的一流工业家，就会发现这个百分比偏低。然而，米尔斯的论文确实表明，对于较低阶层的人来说，这一代人比美国历史上其他各代人有更为广泛的上升机遇。他们以前的一代人(生于 1790—1819 年间)中，只有37.2%的工商业精英来自“较低”或“中产阶级下层”，而他们以后的一代人(生于 1850—1879 年间)中只有 29.3%。

全是出自内心的愤慨才在北方证券公司反垄断起诉中说出了下面一番话。他说："回顾所做的工作，确实觉得不容易……我们当时不得不同那些不干实事、装腔作势、只顾领取薪金的政治冒险家们作生死搏斗。"约瑟夫·华尔顿这位费城的镍业寡头十分憎恨人们暗示他的公司"依赖于"税收优惠，他说：

> 我给予政府的支持和帮助大于政府给我的支持和帮助。我既不是乞丐，也不是律师。我只是某些人中的一员，这些人创造并维护了国家的兴旺发达，使这个即使遭受思想错误和疯狂的议员们折磨的国家也得以生存下去。

甚至那位手碰一样东西就毁一样东西的杰伊·古尔德对于那些竟敢调查他情况的参议员们也回击道："是我们使这个国家繁荣昌盛，是我们开发了这个国家。"约翰·D.洛克菲勒更是直截了当地说，"仁慈的上帝给了我金钱。"卡内基曾说乔治·普尔曼"垄断一切"，并说，"就该如此，能人出了头，各种工具都归他所有。"

这个时代的观念也完全适于这些大亨。经济学家、记者、教育家和作家争先恐后地向他们致敬，并在一年比一年得到更广泛接受的达尔文的生物学和斯宾塞的哲学中找到了极有道理的理论。达尔文的《物种起源》于1859年出版后，美国的知识界就一直在急切地研究这种新的生物理论，并为自己确立新的宇宙论。从达尔

168 文和普及他的理论的人那里，他们了解到生活就是一场适者生存的激烈持久的斗争。他们把进化和进步这两个概念混为一谈——这对一个上升阶级和上升民族的乐观代言人是自然而然的——以

为工业界的激烈竞争完全反映了达尔文笔下的自然界的状况，因而正在缓慢而势不可当地推动着文明向更高一级发展。那些在顶层崭露头角的人显然最适于生存繁衍。赫伯特·斯宾塞的进化哲学对自发的进步大加赞扬，并以其全部权威主张应当让自然的经济进程发展下去，不要改革者的干预。他在美国成了备受崇拜的哲学家，可以说空前绝后。他于 1882 年访问了美国，受到隆重欢迎，东部知识界和社会贤达争相出来接待，记者们热情细述他如何像招呼最亲密的朋友那样招呼他的大赞助人安德鲁·卡内基。

故此，洛克菲勒说“大企业的发展壮大只不过是最适者争得的生存而已”，就是很自然的了，而培养出一朵鲜艳夺目的“美国佳人”种玫瑰也只有在初期将其周围的花苞打掉才行。同样，詹姆斯·J.希尔也自然会声称：“铁路公司的兴衰是由最适者生存法则决定的。”而乔治·赫斯特则可在进入参议院——由于实业界巨头充斥其间而被广泛称为“百万富翁俱乐部”——时声称：

> 关于书本，我知道的不多；也没有读过多少书，但我到过许多地方，见过世面，根据这一切经验，我断定参议院成员必是最能适应的生存者。

“镀金时代”的绝大多数百万富翁并不感到需要立即大办慈善事业来为自己辩护。虽然许多大慈善基金会的财源都是 1865 年至 1900 年间创造的财富，但这些基金会几乎都是 1910 年以后成立的，成立时，这些财富的创造者不是已到老迈之年，就是早已过世。安德鲁·卡内基认为，“最糟糕的过分崇尚之一便是敛财”，而

且,“百万富翁中未犯使人沦为乞丐的罪恶者极少”,他几乎是唯一
169 在初期就怀有犯罪感的人。知识界使这些工业富翁对他们的工作的进步意义和文明价值信心十足;他们为自己的地位成了机会均等规则的典范而欢欣鼓舞,兴高采烈地认为自己的奋斗正在使国家昌盛起来。所有这一切使他们对剥削感到心安理得,对自己的统治地位感到合情合理。

搞政治的也学会了工业界的这种处事方式。以工业家为楷模,顾虑较少的政治家们纷纷追求财富和富裕生活。工业家们获取和享有的财富为消费和仿效树立了标准。财富大量涌入政界,政治家发财致富的机会成倍增加。检验政治上成功与否的标准变成了金钱,不再是典型的政治家们原先追求的纯粹自我表现或为公众服务及荣耀。布赖斯勋爵发现美国政治中的凝聚力就是“做官及将官职作为获取利益手段的愿望”。赞成政党分肥制的政治家将政治权力作为分享总财富的手段,作为仿效工业巨头的发财手段,只是规模较小,水准较低而已。如此强烈的动机是前所未有的,而如此大量的诱惑也是前所未有的。

二

内战之后的时期中,各党派均依后台老板的旨意行事,并无原则可言。他们的分歧不在论点上,而在争夺官职上。虽然美国各政党从未以尖锐的原则分歧而著称,但政党分肥制的伟大时代也有其突出之处:把公然索取官职提高到共同的信条的水平。布赖斯勋爵在《美利坚合众国》一书中写道:“美国各党派已经存在,因

而还将存在下去。”迟至 1908 年，一位著名的记者向他描述道，“两个政党就像两只瓶子，各自贴有标签，说明内装什么酒，但两只瓶子其实都是空的。”年轻的伍德罗·威尔逊 1879 年用短短数语就将他对美国政治堕落的厌恶表达无遗，他指出：“没有领袖，则没有原则；没有原则，则没有政党。”

共和党人不同于民主党人之处主要是他们比后者成功。自内 170
战及“重建”时期以来，共和党积极采纳美国工业家的政策，力求加强自己的社会基础，它同资本利益集团的关系很不干净而又相互怀有敌意。资本家要求拨赠土地、关税、津贴、对其有利的货币政策、不受立法管制和经济改革的约束，他们则提供竞选基金、报酬、贿赂，使劲给政客以投资机会等等。西沃德曾说，“从某种意义上说，政党是一家联合股份公司，贡献最多的人可以左右全公司的行动和管理。”各种权益集团在两党中都拥有大量“股份”，但在他们认为政客提出的要求过分的情况下，有时也会变得难以驾驭。事实上，19 世纪 80 年代以前，政党机器的运转在极大的程度上依赖于任职的党员缴纳的捐款，后来，工商业者意识到自己的力量，开始在较大的规模上亲自参与政治，才真正对政党有了较充分的支配力。工商界在学会整批买通政治家之前，先得零敲碎打地收买各种特权。为此花了大量资金。1873 年，来自俄亥俄的一位议员不满地说，“众议院犹如一个拍卖行，在议长的槌声中处置的各种有价值的审议多于世上任何地方。”例如，1866 年至 1872 年间，联合太平洋公司花在贿赂上的金额达 40 万美元；1875 年至 1885 年间，中太平洋铁路公司的贿赂费用竟达每年 50 万美元。难怪沃尔特·格雷沙姆这样的老派正直共和党人会把共和党称为“一个根

本上腐败的公司”,也难怪艾奥瓦的格兰姆斯参议员——曾是一位重要领袖——在1870年会说:“我认为,本党如今是有史以来最腐败最堕落的政党。”亨利·亚当斯的结论是:“查遍1870年至1895年这25年间国会、司法和行政部门的全体名单,恐怕只能看到名誉扫地而已。”

克雷迪特·莫比利尔公司①案堪称“镀金时代”道德观念的典型原始资料。该公司是联合太平洋公司董事组织的一个建筑公
171 司。他们身为联合太平洋铁路公司的股东,以克雷迪特·莫比利尔公司股东的身份为自己索取极高的建筑价格。联合太平洋公司占用了近一千万英亩的公有土地,因而国会有可能仔细调查这笔交易。为了防止这种调查,来自马萨诸塞的议员、联合太平洋公司的股东奥克斯·埃姆斯在有影响的国会议员中分发了一批克雷迪特·莫比利尔公司的股票。1872年是竞选年,国会于该年对此案进行了调查,众议院以182票赞成对36票反对的结果通过了一项决议,“断然谴责”了埃姆斯的上述行径。然而,议员们的态度却很说明问题,他们立即围到埃姆斯的桌子周围,向他保证,他们这样做实在是不得已,并且完全相信他的动机是正直的。报界普遍同情埃姆斯及受贿者,而且这些人并没有受到类似的惩戒。埃姆斯本人并不否认事实,但拒不认罪。他说,他在议员中分发股票“同接近工商界并以股份争取工商界主要人物是完全一样的”。他在给一位同事的信中写道:“我认为,国会成员有权拥有他想投资的任何财产。”在另一个场合,他还说,“在诱使人照料自己的财产方

① 原文为Crédit Mobilier。——译者

面并没有什么困难。”这些话的意思十分清楚：议员完全可以用自己的政治权力照料自己的投资，而且此事并无不当。

这种辩解的理由出于一种信念，即大部分公众舆论会支持这种政治道义观。本杰明·巴特勒当年的估计就是如此。他在任新奥尔良要塞司令期间曾向市内一家银行征收了8万美元，并且始终没有说明用途。银行后来雇请一位律师对他提出起诉——起诉获得了胜利——这位律师指责说，他在洛厄尔的邻居会看不起他，因为他靠来路不明的钱生活，巴特勒却答道：“人们只会把我看成傻瓜，为什么不要两倍的钱。”玛丽·艾比格尔·道奇报道说，当约翰·宾厄姆遭到辱骂，称他持有克雷迪特·莫比利尔公司免费赠 172
送的股份时，他回答说，“再多十倍才好！”亨利·亚当斯的结论是，公众无意于改革：“道义法律过期了——就像宪法一样。”

当然，也有清白的政治家，并且十分受人尊敬。格兰特很乐意在内阁中有汉密尔顿·菲什这样一位人物，他极为正直，在这群人当中真像蛤蟆头上的一块宝石。卡尔·舒尔茨的品行无可指责，他在海斯总统任内担任内务部长。① 这段时期的五位共和党总统中，海斯和哈里森的名声尚好；但他们虽不是腐败透顶，也并无突出之处。他们之所以知名于美国史中，恰恰主要是因为默默无闻。鲍斯·马特·魁伊驳斥哈里森的一句话反映出他们与当时政治现实的关系。哈里森在1888年的竞选中勉强当选，这位贵族气十足的人一本正经地宣称：“天意使我们获胜。”魁伊不屑地反驳：“想想

① 加菲尔德曾在文章中述及这位知名的改革者被任命为内务部长一事，描述得仿佛是一场勇敢的实验：“任命舒尔茨，这是不幸的，也是不明智的，但仍应认可，使总统有机会检验他的政策。”

这个人。他应当知道天意与此事毫无关系。”他还说，哈里森决不会知道，“为使他当上总统，一些人已差不多要跨进监狱的大门了。”哈里森不久就意识到人们要他扮演什么角色。他曾当着西奥多·罗斯福的面叹息道：“我掌了权才发现党内的头头把权统统揽了过去，我连任命自己的内阁都办不到。他们把所有职位都出卖了，为的是偿还选举时欠的债。”

另外三位总统更不必一提。格兰特政府的腐败臭名昭著。[①]
173 海斯的继任者，即那位装得一本正经的加菲尔德，虽然总的来说不失正直高尚，但仍参与过一些较小的丑闻。加菲尔德遇刺后接任总统的切斯特·阿瑟，在获得副总统提名前曾是康克林臭名昭著的纽约海关机构中的主要人物，一个彻头彻尾的主张政党分肥制的分肥政客。（据说一位友人曾惊呼：“上帝！切斯特·阿瑟进了白宫！”）尽管如此，阿瑟为了在任上有所作为，曾真心实意地推行过少量一些改革，但成效甚微；具有讽刺意味的是，经他签署，彭德尔顿文官制度法[②]正式成了法律。

推动政府机器的力量并非来自几位总统，而是来自共和党的派系领袖和党魁，来自罗斯科·康克林和詹姆斯·布莱恩这样的人物。现在看来，二者虽然相互极端憎恶，但确实有许多共同之

① 格兰特比任何人都更崇敬大资产者，他认为总统接受富人的大笔馈赠并无不妥之处。他同卡内基和洛克菲勒完全一样，认为他们在世界上能掌握多少地盘，上帝就交给他们掌握多少。其他时代的总统有谁能够像他这样大言不惭，在鼓吹夺占圣多明各时宣称，如果采纳他的政策，“全部土地就会很快落在美国资本家手中”？

② 美国在联邦政府雇用文职人员时舍弃政党分肥制的具有里程碑意义的立法，1883年1月16日通过。它规定公开遴选政府雇员，并保证公民不受政治、宗教和出生国的限制均有参加竞争谋求政府文职的权利。——校者

处。最大的共同之处在于，二者都将生活看成一种有趣而且颇有利可图的斗智。

康克林其人简直不可思议。此人身材高大，优雅潇洒，风头十足——身穿白色法兰绒裤和花哨的背心——贪恋酒色，是个无耻的利己主义者，亨利·亚当斯说他极端滑稽，超越了可笑的程度。看他在参议院表演的样子，使人很难断定他究竟是一位扮演参议员的滑稽演员还是一位参议员扮作滑稽演员。加菲尔德说他是“一位伟大的斗士，恨比爱对他的激励更大”；他在人们记忆中留下的最深刻印象是与布莱恩的猛烈交锋和他对乔治·威廉·柯蒂斯及其他改革者的无情攻击，他称他们为“庸碌之辈、浅薄的万事通、地毯上的政治骑士”。《纽约时报》曾相当严肃地称他为“一位典型的美国政治家——未来将根据他的生平业绩和品格来判断当今的政治标准”。

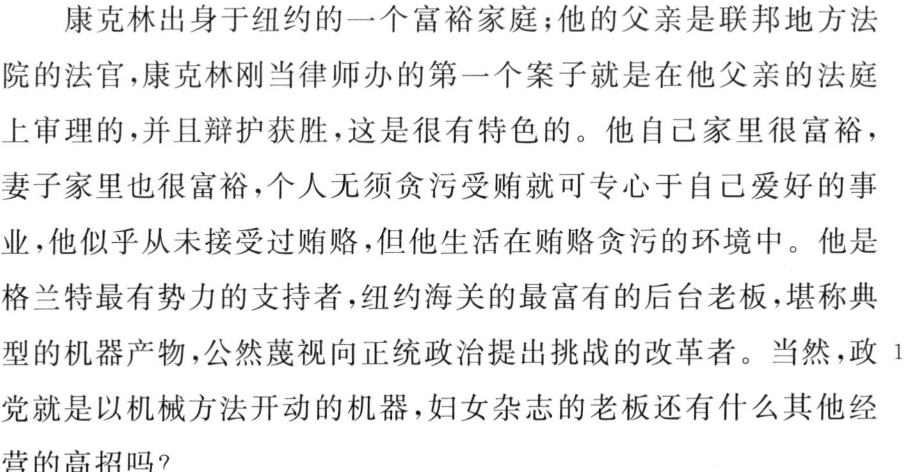

康克林出身于纽约的一个富裕家庭；他的父亲是联邦地方法院的法官，康克林刚当律师办的第一个案子就是在他父亲的法庭上审理的，并且辩护获胜，这是很有特色的。他自己家里很富裕，妻子家里也很富裕，个人无须贪污受贿就可专心于自己爱好的事业，他似乎从未接受过贿赂，但他生活在贿赂贪污的环境中。他是格兰特最有势力的支持者，纽约海关的最富有的后台老板，堪称典型的机器产物，公然蔑视向正统政治提出挑战的改革者。当然，政 174
党就是以机械方法开动的机器，妇女杂志的老板还有什么其他经营的高招吗？

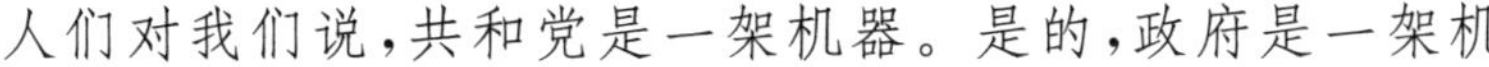

人们对我们说，共和党是一架机器。是的，政府是一架机

器，教会是一架机器，军队是一架机器……纽约州的公立小学系统是一架机器，一个政党也是一架机器。

康克林深陷于正统政治的卑劣做法之中，把改革者也想象为一群竞争的经营者而已。他曾宣称："他们的真正目的是取得官职和分赃"——他无法想象政治生活还有什么其他可以理解的目的。因此，他说，"当约翰逊博士将爱国主义定义为无赖的最后庇护所时，他并未意识到改革一词的尚未发挥的潜在能力。"

布莱恩极有魅力，是当时最得人心的共和党人。共和党只是在 1884 年提名他为总统候选人，仅此一次，但是，在 1876 年至 1892 年的其他各次党代表大会上，都曾极有可能获得提名。他在财务方面的记录尽是污点，但即便变成公开的事被有心人了解之后，他的声望也长期未减；他的小过错或许可能使他当不上总统，但人们并未因此而对他不予考虑。

按当时的标准来看，布莱恩并不算特别违法乱纪。作为众议院议长，他曾帮助否决了一项议案，如该议案获得通过，就会妨碍阿肯色州将土地拨赠给小石城—史密斯堡铁路公司。此事完全出于他本人的意愿，没有人向他提出请求或劝诱，因而从表面来看并无公然收受直接贿赂之嫌。但是，事后他却借此在向缅因的朋友销售铁路的债券方面得到了一笔十分优厚的佣金。结果，这笔债券交易未使他获利，因为朋友们的投资受到了损失，而布莱恩虽然公共政治责任感很薄弱，私人义务感却很健全，他对朋友们的损失作了补偿。然而，布莱恩参与过不少铁路交易，这仅是其中的一件事；显然，这位共和党领袖的开销大于他的职务的工资收入：他家庭人口很多，有好几处房屋，并且喜欢过优裕生活。

在这方面，关键不在于布莱恩同铁路公司的关系，而在于由此 175
导致的一系列公开的、大肆渲染的谎言。1876年，就在他有可能获得总统提名的党代表大会召开前不久，国会开始认真调查他同铁路公司的各种交易。他竟大胆地隐匿了含有对他最为不利的证据的私信，挑出一些无关紧要的信件在众议院宣读，并且以漂亮的手法头头是道地反诬调查者策划扣压可证明他无罪的证据。虽然这场戏演得使共和党内的敬仰者相信他无罪，但这出戏的主角也感到忧心忡忡，这时他正值踌躇满志之时。盖尔·汉密尔顿是他的朋友，又是他的官方传记作者，曾令人难忘地刻画了他的形象：病倒在家里的沙发上，举起攥紧的拳头，装腔作势，声嘶力竭地嚷道："当我想到，当我想到这广阔的大地上居然还有人怀疑我的正直，我悔不该没有留在——"话没有说完，只是做了一个挥动的手势。此后不久的一个星期天的上午，他在前往公理会教堂时，竟故意恰恰"昏倒"在教堂门口。

一般人一定会认为，这一切太过分了。《纽约晚邮报》在1884年竞选活动期间发表了一份小册子，其中毫不费力地列举了布莱恩在其个人钱财方面的交易说的十次各不相同的谎言。布莱恩甚至炮制了一封假冒沃伦·费希尔签名的来信，费希尔是小石城—史密斯堡铁路公司的一位高级职员，布莱恩在这封假造的来信中让他说了这样一段话：

> ……你的行为如白昼一样光明正大。原企业破产之时，我意识到你在金钱上遭受了多么严重的损失，也意识到你是

多么正直勇敢地承受了这一损失……你的行为正直坦荡之极。

詹姆斯·G.布莱恩自造的证词使人读了深受启迪。这就是共和党的“自夸的光荣骑士”！这个名声来自他对高额保护税率的赞扬，他认为只有高额保护税率才是美国繁荣的真正源泉；来自他
176 关于严惩被征服的南部的主张，来自他敢于为他的爱尔兰裔及反英派追随者的利益而触犯英国巨狮，也来自他犹豫而不成功地企图在南美推行帝国主义的计划，这个名声必须加以保护，仿佛是世上最珍贵之物，不惜竭力弄虚作假，大肆宣扬。

布莱恩的同时代人和后来的历史学家都认为他具有政治家少见的思考能力。他的主要著作是一部两卷本的历史巨著《国会20年》，该书至今尚有某些参考价值；但其主导思想只不过是认为共和国只有掌握在共和党人手中才能安然无恙，这一点既可以根据书中叙述的内容来判断，也可根据书中避而不谈的问题来判断。例如，布莱恩避而不谈格兰特政权的腐败和丑闻。这是他独有的特点：他一生中用了那么多时间致力于隐瞒真相，因而连他的历史著作也充满了谎言和遁词。一般人认为，他很有个人魅力，在私交中热情温和，在公开场合平易和蔼，颇有号召力。然而，他从未取得过任何积极成就，甚至从未提出过任何积极建议；他对美国政治的主要贡献就是降低了它的调门。1884年，当他请罗斯科·康克林为他进行竞选活动时，康克林深恶痛绝地怒斥道：“谢谢！我可不干违法的事情”；康克林虽错误很多，但这次却做对了，因为布莱恩作为一般公民虽无大害，但担任公职的身份则具有反社会的性

质。这位“自夸的光荣骑士”曾对妻子说：“我想要什么，总是非要不可。”当时整整一代美国人的格言可能就是如此，他们要什么就非要不可，并且如愿以偿。

三

当时一般人的特点是不顾一切和腐败，而改革者的特点则是孤立。党棍们把巧取豪夺视同男子汉气概，把政治中的“好”人视为纨绔子弟，反常的怪人，他们未受世风影响并不是由于品德优良，而是因为性情乖张——用康克林那句有名的恶言来说就是“庸碌之辈”。布莱恩在致加菲尔德的信中说这些人“是一群新贵，自大愚蠢，虚荣狂妄……人数不多却叫嚣得很厉害，拘泥形式而不切实际，妄自尊大，自命不凡而力不足”。以言词刻薄著称的堪萨斯的约翰·英戈尔斯参议员认为政治中的廉洁纯真是“一场五光十色的梦”，说这些人

> 妇人气十足，男女难分；两种生育机能无一具备；既没有生育能力，又没有男子气；既受男子藐视，又受妇女嘲笑，注定不会繁育，与世隔绝，乃至最终消亡。

这种言词过于刻薄，但也有一定道理：改革者们在政界中既孤立又一事无成。他们当中的知识分子沉迷于公共服务的抽象理想，实业界人士无法忍受贿赂的代价，有教养的人唯恐政府不够廉洁清明，他们不了解人民，人民不了解他们也有充分道理。改革者

们关注的是提高公众的地位，农民和工人则一心想防止个人地位的低落。价格的稳步下跌毁灭性地打击了农民，他们在这段时期中的经历是一出经济悲剧，主要是徒劳无益地与金融和垄断势力作了各种抗争。同各国工业革命的历史一样，工业化使劳动阶级遭受压迫和苦难，不时发生的惨烈的劳工斗争并未使压迫和苦难有所缓解。实业界的剧烈波动起伏、19 世纪 70 年代和 90 年代的大萧条以及 80 年代中期的严重危机造成了广泛的贫穷和不安全感。

因此，致力于文官制度法、税率或揭露政治家较轻的犯罪行为的改革者们，不能激起群众的热情就不足为奇了。只有中层和上层阶级才有闲情逸致去一门心思地追求公务廉洁。除非廉政真的能带来什么人道果实，使生活的困苦能有较大缓解，大众一般并不十分关心公务人员廉洁与否。如果必须做出选择，美国的城市民众在善心和廉正之间会选择前者，本国历史悠久的塔曼尼厅[①]的情况就证实了这一点。农村群众则会把眼光投向主张贬值货币的政治家。

在政党分肥制的全盛时期，共和党内曾两度兴起过有组织的改革运动——一次是 1872 年为霍勒斯·格里利竞选总统而兴起的自由共和党人运动，另一次是 1884 年帮助击败了布莱恩的共和党独立派拒绝支持本党的退党行动。戈德金 1870 年的一番话表述了前一运动的主旨，他呼吁建立一个党，
178 “其宗旨应是税率改革、

① 1783 年成立于纽约市，最初是个慈善组织，后来变成民主党的地方政治组织。——译者

文官制度改革和少数派代表权。”这场运动的时机尚未成熟,因为格兰特政权最肆无忌惮的腐败行为到1872年后才发生,公众的不满也是到1873年恐慌之后才激化。无论如何,这场运动对工人和农民没有吸引力,其目的也不在于吸引工人农民。这一运动提出的候选人格里利性格古怪,甚至无法使有弱点的格兰特退居守势;竞选结束后,格里利发现自己成了总统竞选史上最惨的失败者,他悲叹道:“我被骂得狠极了,简直不知道我自己是在竞选总统还是在竞选进监狱。”

1884年,纽约州双方选票十分接近,共和党一批在关系重大的纽约州势力很强的持不同意见的人,不能容忍布莱恩当候选人,帮助克利夫兰当选。但无论这些独立派对克利夫兰的胜利作了什么贡献,激进的经济主张都与此无关;事实上,他们之所以支持克利夫兰,在很大程度上是因为他在保守主义问题上丝毫不肯向共和党领导层作出让步。

政治改革的命运伴随着经济改革的失败。在克利夫兰政府的第一届任期内,卡洛姆委员会对铁路公司作了调查,结论是,“人民从来没有在一个涉及大众的问题上”像在国会应管制州际商务的问题上“那样意见不一”。国会据此为“人民”制定了州际商务法。但正如当时已成了大公司的监视者的纳尔逊·奥尔德里奇参议员所说,州际商务法是“一种欺骗和伪装……对大利益集团的空洞威吓,用于应付无知和不懂道理者的叫嚣”;卡洛姆参议员是州际商务法的提出者,也将其称为以改革措施为伪装通过的“保守立法”。铁路公司很快就毫不费力地绕过了州际商务委员会制定的规章。

该法令通过 6 年后，克利夫兰政府的司法部长理查德·奥尔尼曾劝告芝加哥—伯灵顿—昆西铁路公司董事长，要求撤销该法案是不明智的：

> 委员会之职能现已受法院制约，对铁路公司用处很大，或
> 179 者说可以起很大作用，它可满足公众要求政府监督铁路公司的呼声，而这种监督几乎已完全名存实亡。况且，这种委员会存在的时间越长，就越倾向于为工商业和铁路公司着想。因此，委员会就成了铁路公司与人民之间的屏障，并可预防仓促草率地制定出不利于铁路利益的立法。

1890 选举年通过的谢尔曼反托拉斯法可算第二次经济改革，这次改革同样是为了应付公众反对垄断的呼声，立意也同样不严肃。康涅狄格州的共和党参议员奥维尔·普拉特在就谢尔曼法案展开的辩论中指责道：

> 参议院的做法……并不是真心为了制订一项禁止和惩办托拉斯的法案。它不过是为了搞出一份有那个标题的法案，以使我们可向国人交差。至于法案能否起作用或是如何实施，这个问题在参议院的闲谈中随风去了，全部努力就是搞一份向国人交差的法案，标上“惩处托拉斯法案”的题目就行了。

四

为两党制辩护的最精彩论点是，虽然两党制按理允许占多数的党掌握统治权，但同时也把反对派集中在一个少数派集团中，这样，少数派的精力就不会消耗在派别争端中，同时也可扼制“执政党”独揽大权的倾向，这一论点同美国的事实相去甚远，因为美国没有深刻的党派分歧，政党的结构十分严密，少数派不可能汇集到在野的大党中，只会切断他们传统的党派纽带并且在多数情况下孤立无援地淹没在政治的汪洋大海之中。

1884 年，民主党人获得了内战后的第一次胜利(当时得到了不支持本党的共和党独立派的宝贵援助)，这可算是美国特有的党派忠诚事例中的少数例外之一；但随之而来的民主党政府只不过证实了共和、民主两党原则深处的一致性。不过，就格罗弗·克利
夫兰而言，民主党内至少站出了一个人，如果仅从正直和独立性来 180
说，他不失为自林肯至西奥多·罗斯福之间唯一可与之相提并论的重要总统。

格罗弗·克利夫兰的父亲理查德·法利·克利夫兰是一位贫穷而谨慎的长老会牧师，能力一般，靠乡村牧师的微薄收入养活了一个大家庭，共有 9 个孩子，从不钻营晋职，49 岁去世，当时格罗弗 16 岁。儿子承继了父亲的道德准则，并认为他缺乏雄心是很正常的。在他看来，承担义务远重于施展抱负。他简朴善感，缺乏想象力，工作只为了舒适安宁，别无他求。45 岁当选为纽约州长，当选之夜，他在给弟弟的信中写道：“你知道假如母亲活着我会感到安全得多吗？我始终认为她的祈祷对我的成功帮助很大。”

少年自立谋生的艰辛并未使克利夫兰形成怀恨或叛逆的心态。或许，他多少有一点心理学家所谓的道德自我折磨心态，这使他较易承受早年的负担并安然对待以后招致的憎恨。他曾在文章中以怀旧的笔调叙述过早年在布法罗学习法律和做办事员时收入不足的境况，说他“受尽苦难……实际上喜欢受苦”。他的工作习惯无规律：时而精力旺盛，令人难以置信，认真严肃到近乎自我惩罚的程度，时而又表现出单身汉式的随便松弛。他身材肥胖，形象粗陋，待人可亲，很快就适应了布法罗的社会风气，该城当时正处于兴旺发达时期，城里住着许多随和的德裔居民，克利夫兰加入了阿伦·内文斯教授正确地称为“旅店门厅和酒吧之徒”的人群。

克利夫兰十分迅速奇特地上升到权力高位。1881 年春，他还是布法罗的一位业务兴隆的律师，生活舒适，任过两个不重要的公职，时间不长，工作认真但抱负不大。到 1885 年春，他已在华盛顿宣誓就任合众国总统了。他被一系列偶然事件突然捧了上去。1881 年，一位明目张胆地贪赃枉法的共和党人获得了布法罗市长
181 提名，民主党人则想找一个以正直著称的人与之对垒，他们记起克利夫兰过去任县行政司法官时的事迹，因而提名请他当候选人，他虽然接受了这一提名，但并不十分热情。这位新任市长严厉打击了地方上的贪污分子，正好在纽约州长竞选拉开战幕的前夜，为自己在全州赢得了良好的声誉。州内的情况也恰巧十分有利：纽约县代表团抵制塔曼尼厅，一心想找一个合适的候选人，曾一度为两位较有名望的人物争持不下，结果把提名给了克利夫兰。纽约州共和党内康奈尔州长的追随者和康克林的追随者也意外地发生了

分裂，这更保证了克利夫兰的当选。1884 年，蒂尔登身体已趋衰老，民主党领导层处境窘迫，克利夫兰就成为他的党 1884 年合乎逻辑的人选。他的竞选对手布莱恩由于旧罪行被揭露受到损害，共和党独立派又临阵倒戈，再加上塞缪尔·伯查德牧师发表的令人惊讶的“甜酒、罗马天主教教义和反叛”的演说，以极少的选票之差输给了克利夫兰：纽约州只要有 600 票左右发生变化就会使选举产生另一种结果。正是一系列出乎意料的事件使克利夫兰这样的人在“镀金时代”当上了总统。

克利夫兰继承了塞缪尔·J. 蒂尔登的遗产。他的主要顾问都是蒂尔登的门徒和副手，例如，他的第一任财政部长是报业老板丹尼尔·曼宁，还有身为百万富翁的公司律师威廉·C. 惠特尼，他不久前刚刚和美孚石油公司财富搭上伙伴关系。这些朋友只是坚定了克利夫兰从一开始就形成的保守观点，但他们很可能也使这位政治家无法接触公众舆论，从而不能开拓视野，而正是这种公众舆论的影响使两位罗斯福和伍德罗·威尔逊的观点发生了巨大的变化。惠特尼 1892 年给克利夫兰总统的一封信可以使人对此深信不疑：

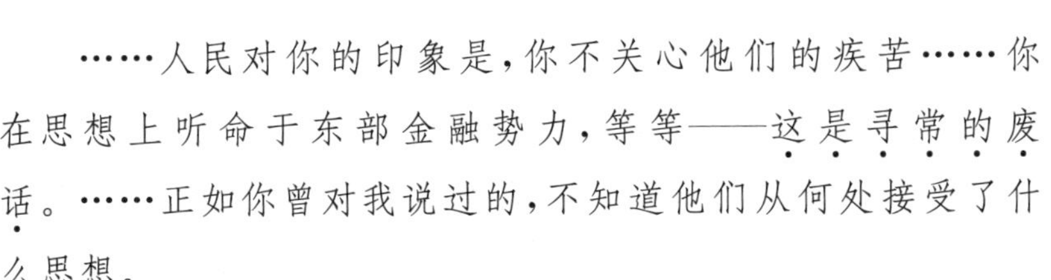

> ……人民对你的印象是，你不关心他们的疾苦……你在思想上听命于东部金融势力，等等——**这是寻常的废话**。……正如你曾对我说过的，不知道他们从何处接受了什么思想。

然而，东部保守派将克利夫兰看作自己人，许多通常倾向于共 182

和党的实业界人士甚至早在1884年就对他表示支持，这几乎是明白无误的。在州长任上，他最突出的事迹就是否决了一项要求把纽约市高架铁路车票从10美分降为5美分的议案，尽管这项议案在市民中显然是大受欢迎的。安德鲁·D.怀特据此欢呼克利夫兰克服了对“劳动人民的同情心”，称赞他“毫无蛊惑人心之意”。克利夫兰首次当选后收到杰伊·古尔德的贺电：“我感到……全国广大工商界的利益在您手中将安然无恙。”当克利夫兰扭转了银币自由铸造的潮流之时，人们感到此事可信赖而更加尊敬他。1894年，共和党参议员艾利森对霍勒斯·怀特说，克利夫兰1892年击败哈里森实在是“上帝的恩典”，因为共和党人当总统就决不可能废除谢尔曼白银购买法。许多年以后，伍德罗·威尔逊已抛弃了克利夫兰的民主思想，转而信奉进步主义，他否认克利夫兰政府有任何民主党气息——“克利夫兰实质是一位保守的共和党人。”内文斯教授说：“（他）过于保守，无以厕身于有建树的伟大政治家之列。”

克利夫兰对待公职的责任极为认真。1885年6月，他在给一位老友的信中写道：“我献身于公务，就像宗教家抛弃了生活中的一切享受，专心致志于某种神圣的使命一样。”他在任市长和州长期间因频频行使否决权而出了名，并且从一开始就把总统的任务视为起反对作用的：他是公正的执行者，他的任务是监督其他政治家，防止他们施恩或受贿。揭示他的思想的关键是，他憎恨政府中的“温情主义”。他认为，人民有权要求政府节俭、廉洁和公正，如此而已。“一个没有特惠的公平领域。”工业不应指望得到关税的过分的照顾；退役军人及其家属不应指望得到过高的年金；铁路公司必须仔细说明赠拨土地的用途。克利夫兰在关税方面的体验证实了他的理论的诚挚，也证实了他的理论的失败。

卡尔·舒尔茨曾忆及，克利夫兰在 1884 年当选后不久便向他请教应处理哪些问题。舒尔茨回答说，他应当以关税为打击对象， 183
这位当选总统显然是动了感情，坦率地回答说："我实在感到羞愧，但我对这个问题实在一窍不通……能否告诉我应当如何才能弄通这个问题？"他在 1887 年的年度咨文中用了大部分篇幅对高税率进行了攻击。一些政界人士提醒他，在关税问题上咄咄逼人的态度会使他无法再度当选，他则以很有特色的语调回答说："如果没有什么主张，当选或再当选有什么用？"然而，他的改革斗争并无成效；威尔逊—戈尔曼关税法同州际商务法和谢尔曼反托拉斯法如出一辙。

克利夫兰的自由放任理论，如同这一经典理论本身一样，取决于一个大前提：一切事情必须在没有政府干预的情况下顺利发展，否则整个制度就会因前提的欠缺而垮台，尽管在理论上并无不妥。克利夫兰后来不得不在向国会提交的第 4 次年度咨文中承认这一切都是不现实的，这份咨文是他在 1888 年 12 月拟出的，当时他刚刚败给哈里森。咨文中的愤懑言词读起来仿佛出自平民党人的笔下：

> ……我们发现，城市中的财富和奢华掺杂着贫穷、悲惨和无报偿的艰苦劳作。城市人口拥挤，并在不断增多，表明了农村地区的贫困和不安于从事农业的倾向……
>
> 我们发现，我们的制造业赚到的财富不再完全来自勤奋

> 耐劳和远见卓识，而是得助于政府的优惠照顾，并且在很大程度上依赖于对我国人民大众的非法的勒索。雇主与雇员之间的鸿沟正在不断扩大，两个阶级正在迅速形成，一个阶级由财势极大者组成，另一个阶级则由辛勤劳作的穷人组成。……我们发现，存在着各种托拉斯、联合企业和垄断集团，人民则被远远地抛在后面，拼命挣扎，或遭到铁蹄的践踏，性命不保。公司本应是受到审慎约束的法律产物和人民的公仆，如今却正在迅速成为人民的主人。

尽管如此，克利夫兰仍坚持认为，对于造成这种情况的势力，政府并没有什么办法可加以制约。他的唯一办法就是呼吁工商界
184 提高道德水平，受到公众信托。1887 年，他动感情地在费城商业交易所发问道："难道，难道我们总是必须向工商界征求政治意见，这些意见恰恰就是他们认为可以获得直接经济利益的所在呢？"工商界人士应当"以较好的动机为主导，不要一味追求私利和独占好处"。

克利夫兰由于不能从较为积极的角度来看待社会行为，因而在 1890 年代的危机中自然就不声不响地同利益集团走到了一起。他虽然认为关税和优惠是工商界不应得到的一种照顾，也是对正义和平等的公然违背，却满不在乎地派联邦部队去镇压 1894 年的普尔曼火车车厢工厂工人罢工，也就是让他们在很大程度上归公司代理人指挥。多年之后，他曾声称，他和这次罢工中的其他负责人士应当因所起的作用而受到"祝贺"。在白银问题上，他也同样坚决地拒绝了农民的要求。当然，不一定只有财阀才坚决主张金本位制,但由于克利夫兰也同样坚决地主张自由放任主义,这就要求他否认政府有责任提出任何办法来取代银币自由铸造的办法,以挽救农村的困境。很少有人会像克利夫兰那样干脆强硬地做这些事——或者说,不做他未做到的事。这要求他那远不是聪敏的头脑体现出一种理论上的愚蠢的公允态度,将关税问题上的恐吓叫嚣者和可怜的受折磨的农民汇总在一起,都视为对政府的非法请愿者。有人称赞克利夫兰十分强硬,能够抵挡他人无法承受的群众压力;但也可以说他极其不顾人民的疾苦,其他任何一位总统都不会冷酷到这种地步。

简言之,克利夫兰把自己的长处变成了短处。他并不是无情之人,但也十分固执己见和愚钝。无论人们对他如何留有余地,都很难想象一位总统竟会在 1895 年这样的民众受苦受难的年份中给自己的经纪人写这么一番话:“你知道,像我这样富有的投资者如今得说明收入情况。”此处他只是故作诙谐而已。他很快又接着写道:“我发现自己赚钱的欲望变得很强烈”——并且竟然说:“我
认为目前是纵容这种倾向的好时机。”从这里不禁使人想起卡内基 185
的一句若有所思的话:“恐慌时期保有钱财的人实在是一位明智而可贵的公民。”

确实,这就是虔诚的资产者的精神。克利夫兰作为良知和自助精神的产物,坚信纯洁、效率和服务,堪称是纳税人梦寐以求的楷模,也是他那个时代理想的资产阶级政治家:出于真诚的信念,他为利益集团作出了无偿的奉献,而许多气度较低的政客定会将其标价出售。他是“镀金时代”美国政治文化的精英。

186 # 第八章　威廉·詹宁斯·布赖恩：提倡信仰复兴的民主党人

一个人可以再生；生命之泉可以迅速得到澄清……假如这一点对一个人是正确的，那么对任何人也是正确的。因此，如果人民的理想可以改变，一个国家就可以在一朝一夕间获得新生。

威廉·詹宁斯·布赖恩

了解美国信仰复兴运动的人都熟知这样一件事：怀疑论者到野营布道会上来本是要对布道加以嘲弄，但却留下来被改变了信仰。布赖恩在1896年民主党全国代表大会上发表的著名的“金十字”演说也产生了同样激励人心的效果。当时正坐在旁听席上的他的一位追随者，汇报了坐在他旁边的一位提倡金本位的民主党人的行为变化。此人对于任何友善提到银本位制的话一向都嗤之以鼻。布赖恩呼吁演说结束之后，这位提倡金本位的民主党人“再也控制不住自己，简直紧紧抓住了我，把我硬拉起来站到椅子上。布赖恩演讲一结束，他就对我大喊说，‘欢呼吧，看在上帝的份上，欢呼吧。’”

布赖恩这个伟大的平民是政治上的一个巡回福音传教士。他的“金十字”演说具有宗教意象和复兴运动的激情，感人至深，可以说是他生平的缩影。许多对他从政最初几年提出的信条曾加以嘲笑的人，在经过一段时间后，却接受了他的大部分看法，并当作自己口头常说的话。在人们情绪愤懑的时刻，布赖恩向那些除《圣经》之外别无所知的受福音派新教义影响的头脑简单的选民宣讲自己的使命，使自己一举成名，促进了“大觉醒”运动的出现，一扫30年来笼罩美国政治的无耻作风和冷漠情绪。

布赖恩对于宗教和政治都很熟悉。他曾在世界各地多次发表 187
一篇题为“耶稣”的演说，在这篇演说中他宣称：

> 我对政治科学感兴趣，但更感兴趣的是宗教。……我喜欢发表政治演讲，……但我更愿意就宗教问题发表演说。我刚刚20岁时就开始发表竞选演说，但开始在教堂里宣讲要比这早6年——离开政界之后我还要在教会工作。

不幸的是，布赖恩的政治领导和社会理论就像他的福音派教友们的神学理论一样粗糙不成熟。

查尔斯·威利斯·汤普森曾指出，“布赖恩对西部的了解在于他本人就是西部大部分地区的一个普通人；他不仅仅像个普通人，而就是一个普通人。”这方面，布赖恩不同于进步时期的其他伟大领袖人物。西奥多·罗斯福具有有闲阶级的背景和情趣，威尔逊具有学者的矜持，拉福莱特则倔强地独行其是而对改革的技术细节具有手工匠人般的兴趣，这些人都是不平凡的人。他们感受到人民的情绪，布赖恩则体现了这些情绪。

布赖恩的基本选民是西部和南部长期遭受挫折的种植主要农作物的农场主。这种农场主开垦大草原，并历经了内战后重建的艰苦岁月。他们种植的小麦和棉花为城市日益增长的工业人口提供了食物和衣服。产品出口到欧洲之后，又为美国工业发展换回了外国资金。1865 年以来的 30 年间，他们一直密切注视着价格的一般水平，眼看着价格不停顿地下跌，一直到最后美元的实际价值增长了两倍。这对农场主们来说是一种长期的缓慢的痛苦。他们负了债，长期债务不断上涨使他们难以忍受。1865 年用 1000 蒲式耳小麦可偿还的债务现在需要用 3020 蒲式耳。对于欠债而又难于获得资金还债的人来说，经济困难主要表现在货币短缺。于是农场主们得出结论，既然货币不足，那就应该增加货币供应。
188 1896 年的银本位运动就是要求货币贬值的人与要求货币升值的人们之间的一场斗争。

但在 1896 年，自由铸造银币就像非法同居一样被认为是异端的做法。除了农业地区，无论在什么地方，聚会的学者和富翁们都认为这个问题不值得进行认真讨论。大学的经济学家们反对，传教士们反对，撰写社论的编辑们也反对。在这一运动结束后近 40 年的时间里，单一金本位制是经济正统观念的天空中唯一的恒星，怀疑它不仅是错误的，而且也是不正直的。(后来在 1933 年，富兰克林·罗斯福在美国取消金本位制时，人们听到刘易斯·W.道格拉斯感慨地说："唉！这下西方文明算是完了。")

事实上，银币通货膨胀论者的逻辑，并不像与布赖恩同时代的正统派所认为的完全是错误思想。一些知名权威人士回过头来都把单一的金本位制称之为充满错误的成见①，而且几乎无人否认

① 约翰·梅纳德·凯恩斯认为金本位制是当代世界悲惨事件的主要原因之一。他在《就业、利息和货币通论》一书中说："在国内实行自由贸易而国际上又实行 19 世纪后半叶正统的金本位制时，一个国家的政府除了进行市场竞争之外，别无其他方法可以用来缓和国内的经济灾难。"

在1896年确有必要进行货币改革。当时农场主们因支付利息而深受剥削,这部分地是由于银根紧缩所造成的。在竞选期间有人指控布赖恩力图使美元失去信誉。他回答说:"当美元购买力趋于稳定时才能保持其信誉。"他的这种说法更能使人信服。

但是,提倡自由铸造银币政策的人却得出一个灾难性的结论,即货币是造成他们苦难的根本原因,进行货币改革就可以结束这种状况。关税、铁路、掮客、投机商、仓库经营者及农业设备垄断生产者以种种方式使农场主遭受损失的多种手段都被置诸脑后;然而不久之前人们还在布赖恩的家乡激动地议论这些事情;再次提出这些问题并非标新立异。1892年,当时的经济萧条尚未使人们的不满情绪达到狂热的程度,詹姆斯·韦弗将军就改革问题制定了一项设想周密的纲领并以此参加竞选,作为平民党候选人得到了一百多万张选票。对南北战争之后比比皆是的各种弊病发起全 189
面攻击的时机似乎已经成熟。不过在人们心目中,对自由铸造银币的日益高涨的要求压倒了其他一切,使得他们只集中注意这一个充其量是很肤浅的问题,而忽视了改革的其他方面。这种忽视使当时最有才智和主见的改革发言人亨利·德马雷斯特·劳埃德抱怨说:

> 自由铸造银币是改革运动中的椋鸟。等别的鸟儿辛勤劳作筑成鸟巢,它就把蛋生在里面,并把别的鸟蛋推出巢外,在地面上摔个粉碎。

为提倡自由铸造银币的政治家们辩护,必须指出,他们只强调在农场主中得到积极响应的问题。约翰·D.希克斯在《平民党的反叛》一书中写道:"1892年的运动中,平民党人已经了解到,他们竞选纲领的各项政策中,具有最广泛吸引力的是关于银币的一条。"这不仅对农场主来说是如此,而且也是布赖恩—奥尔特吉尔德民主党联合竞选筹集资金的唯一办法。这一政策吸引了西部急于想扩大市场的银矿主,使他们慷慨地支援这一运动,将W.H.哈维的好像言之有理的关于自由铸造银币的小册子,《硬币金融学派》,散发了125000册,布赖恩那点少得可怜的竞选经费也大多是由他们提供的。

布赖恩一心强调自由铸造银币,把其余一切排斥在外,这就使这一民众运动停留在最低的认识水平上。凡是读过他的题为《第一次战斗》的竞选演说的人,都会对他演说中执著于自由铸造银币问题而把其他一切问题推开的做法感到惊奇。一位竞选总统的人凭着对某一问题的偏执狂热进行竞选,这在共和国历史上是绝无仅有的。布赖恩在哈特福德市充满激情地断言:"为了把一个人挣得的面包转给并没有挣得面包的人,人类智慧为其所想出的各种手段中,我认为金本位制是最主要的一种。"他在"金十字"演说中宣称:"我们在恢复法定货币制之后就能进行其他各项必要的改革;但……在做到这一点之前其他任何一项改革均不可能实现。"

190 布赖恩最初接受自由铸造银币理论似乎有些出于权宜之计。1892年他在竞选议员时向听众讲:"关于自由铸造银币,我一无所知。内布拉斯加的选民支持自由铸造银币,因此我也支持。以后我再查找论据。"许多政治家都经历过类似认识过程,但布赖恩的诚朴却是独一无二的:他并不认为坦白承认这一点有什么丢人的。

人民的事业是正义的；因此，他们提出的纠正办法必定是正确的。他的责任只是去查找论据。他后来真诚地相信自由铸造银币的正确性，这一点几乎没有什么可怀疑的，他具有说服自己的非凡能力，这或许是他思想的唯一独特之处。他曾说过："如果心里想做什么事而头脑却不能找出似可信服的理由，这个人的头脑就可怜得很。"

"在新闻界工作 31 年来与我有过较密切接触的所有人中，"奥斯瓦尔德·加里森·维拉德曾经写道，"我觉得布赖恩先生似乎是最无知的一个。"这位平民的心中充满质朴的感情，他的脑子里也装着同样简单的想法。要是他学会用批判的眼光看待支持他的人的话，他或许会失去政治上的有效力量，但将他自己与这些人打成一片的能力却使他付出高昂的代价，使他与其说是领导他们不如说是表达了他们的意见。他完全替他们讲话，而从没有向他们讲点什么。他一生做过多次充满激情的演说，但只是表达了他们早已相信的东西。

如果说布赖恩在 1896 年未能为支持他的农场主们提出一个全面的纲领的话，他为工人做的事情就更少了。除了发表一次并不怎么激动人心的演讲以责备的方式对政府进行攻击之外（这算是对普尔曼火车车厢工厂罢工工人的一次招呼），他并没有更多地改变做法以利用竞选这一年工人阶级极度不满的情绪。此后他对工人的态度是友好的，但他从未提出一个积极的劳工立法方案，而且他对工人阶级为生存所受的磨难是否有清楚的了解也是值得怀疑的。他在首次竞选国会议员时对农场主听众们说，他"讨厌听那些为工厂里工作的人们立法的言论"。1896 年他得到了美国劳工

联合会的支持,这是一个具有26万成员的组织,当时正在艰苦奋
191 斗,但冈珀斯等劳工领导人清楚地知道“我们不幸的根源远不是金本位或银本位的问题”。马克·汉纳认为布赖恩竞选纲领范围太窄:“他从头至尾除银本位外什么也不讲,正是在这点上我们卡住了他的脖子。”布赖恩在东部城市竞选比在整个东部竞选要占有优势,但他得到劳工支持太少,因此不能在任何一个人口众多的州获得胜利。

从他在1892年至1896年所做的演说中可以看出,布赖恩的社会观与民主党的历史上的思想意识没有大的背离。他在抨击政府背离人民意愿时,以最直截了当的方式阐述了他对杰斐逊原则的深信不疑。

> 我断言,不管我们的政府将会维持多久,美国人民的爱国主义和智慧将足以使他们对已发生或将要发生的任何问题作出判断。大的政治问题归根结蒂是深刻的道德问题,使一个人能区别正确与错误并不需要大量的处理钱财的经验。

布赖恩立论的前提是,社会问题本质上是道德问题,即宗教问题。很难设想勤劳而虔诚的基督教公民在道德问题上的眼光竟会低于东部城市中自私无耻的金融家们。在布赖恩看来,他们心地善良,道德高尚,因此也更善于管理经济。在此后的年代当他小题大作地支持反进化论法律并认为是在捍卫田纳西州的民主时,他只不过是按其本身逻辑将这种政治上的尚古主义坚持到底罢了。

布赖恩理论的第二个原则可用他经常引用的一句杰克逊的箴言来概括："人人权利平等，任何人不得享有特权。"布赖恩像1828年时的人们一样，认为他代表着一种无须政府特别援助就能站住脚的事业。他宣称，人民的大多数在和平时期生产出了国家的财富，在战争时集聚于战旗下英勇战斗，他们所求于政府的只不过是"公正的待遇"。"政府的责任是保护所有的人免受不公平待遇，不偏袒任何个人或阶级。"

一些作者认为布赖恩的理论标志着美国自由放任政策终结过 192
程的开始，然而这只有在最间接最微弱的意义上讲才是如此。民主党1896年的竞选纲领并未要求普遍限制私营企业；它的纲领中任何一条也不要求通过政府采取措施对经济结构进行重大改革。[①] 恰恰相反，纲领中的大多数要求可用"不干涉"三个字表示。恢复本位制的要求是要取消1873年才施加的对铸造银币的限制，而不是什么完全新颖的政策。劳工政策只是要求联邦政府不干预劳资争议，而由各州当局加以解决——这是约翰·奥尔特吉尔德对格罗弗·克利夫兰的一次胜利。所得税政策也不是在任何较大的规模上重新分配财富的一种手段，而只是强迫财阀们为其所享受的服务进行支付。布赖恩重复着从前杰斐逊支持者们的观点大声说，需要一支海军的是大商人而不是农场主；需要一支常备陆军的是资本家而不是穷人，资本家"在与其雇员发生争端时"需要常备军队"协助地方政府保护他们的财产"。那么就让商人和资本家

① 平民党纲领包括关于失业救济、公共工程以及国家所有制等方面的建议，其要求是比较积极的。布赖恩说他并不赞成平民党纲领中的某些政策，然而对此未作很具体的说明，从而巧妙地表明了他与此纲领无关。

来支付维持陆军和海军的费用吧。农民的精神从头至尾都是防御性的而不是侵略性的。玛丽·利斯说,人民正"走投无路";布赖恩本人也声称:"我们不是来进行侵略的。……我们进行战斗是为了保卫我们的家园,我们的家庭和子孙万代。"他们的话也充分反映了农民的这种精神。

布赖恩认为,"第一次战斗"的目的在于保存美国传统的个人主义。他的"金十字"演说中有几段话经常被引用,在其中一段话中他力图把人民的事业与美国企业的传统说成是相同的——实际上通过强调资产阶级的愿望使其重新受到尊敬:

> 你们在我们面前指责我们会妨碍你们的商业利益,我们
> 193 的回答是,你们的做法已经妨碍了我们的商业利益。我们告诉你们,你们的商人定义的应用范围太狭窄了。挣工资的雇员和他的雇主同样都是商人。乡村银行的代理人和大城市的公司法律顾问同样都是商人;路边开店的和纽约市做生意的也同样都是商人;农民早出晚归,从春到夏,终日劳作,以其艰辛的体力劳动开发自然资源,创造财富,他们和到农产品交易所以粮食价格打赌的人一样,同样都是商人。

布赖恩到纽约去发表接受提名演说时,他的演讲与杰克逊的银行咨文极其相似:

> 我们运动的目的不在于重建社会。我们不能保证恶人享受有道德的生活的劳动果实;我们不会侵犯勤俭之家以供应挥

> 霍者的需求;我们不想把辛勤劳动的报酬递到懒汉的手中。财产现在是将来也继续是激励人们奋发努力的因素和对劳动的补偿。我们相信《独立宣言》宣告的人人生来平等的主张,但这并不意味着所有的人在财产、能力和品德方面是一样的或可能是一样的,这只不过是意味着人人在法律面前平等。……

经历了上百年的社会变革后,杰斐逊—杰克逊的理论仍未受到丝毫触动。在接受这种理论的人看来,这表明了信仰的坚定性;在反对者看来,则表明了思想的一成不变。

二

布赖恩在1896年受到东部所有体面人物的嘲笑和谴责,被指控为无政府主义者、社会主义者、宗教和道德破坏者,总之,拥有财富和才能的人们竭尽全力不惜以一切手段对他进行攻击,结果使他在著名的美国反叛者中获得了一席地位。但是在一个重要的心理观念中,他从来不是什么叛逆者——这是理解他思想迟钝的一 194
条线索。他所缺乏的是一种异化感。他从未感到过一个人发现与他所熟悉的环境不同的新天地时的情绪昂奋感。年轻人反对父亲的权威,农村的不信神明的人反对他的家族的信仰,艺术家反对死板庸俗的生活,社会主义者反对整个资产阶级社会——所有这一切对他来说都是不可理解的。在他去世之前,他所在的党对他进行嘲讽并将他赶下历史舞台,但这情况发生得太迟了,因而不足以说明什么问题。

不能期望政治活动家们具有知识分子的超脱性格，但很少有人在生命的任何阶段会像布赖恩那样可悲地缺乏超然态度或理智性。虽然他急于和对手们在政治舞台上进行较量，但在内心深处却不能与他们进行正面冲突。从他独有的心理状态来看，他不像一个经详细考察而摈弃了他所在社会或本阶级观念的人，而倒像是自动接受褊狭的异端邪说，以至于这种异端邪说对他来说已成为另外一种正统观念。豪斯上校回忆说，布赖恩经常告诉他，“不相信以 16 对 1 的比价无限制地自由铸造银币的人不是傻瓜就是恶棍。”布赖恩在国家的一部分地区扎了根，在那里人们把他提出的包治社会百病的灵药视为福音；甚至西部殷实的农场主中也有他的追随者。在《第一次战斗》这本书中谈到那些在 1894 年帮助他发动内布拉斯加州民主党自由铸造银币运动的人们时，他得意地说，“他们都是这个州里有地位的人物，而且大多数人是有相当的资产的。”他称东部为“敌人的国度”。因此，他在为西部农场主的利益进行战斗的时候，并不是按照解决国内争论的精神，即以说服对方为目的，而是在进行一场反对外国的战争，因而交换意见是不可能的。布赖恩不能对当时的问题进行分析，就像南部邦联分子不能认识到奴隶制已经不合时代潮流一样。

从智力发展角度看，布赖恩是一个从未离开家的孩子。他的父亲赛拉斯·布赖恩是位浸礼会教徒，来自南方的民主党人，他在伊利诺伊州的“埃及”区事业进展顺利，当了州法院的法官，买了一所很大的住宅，向家庭成员灌输陈腐的文化并使他们过着聊胜于无的舒适生活，一般来说以种种手段来实现清教徒目的时总会出
195 现这种情况。1872 年布赖恩 12 岁时，赛拉斯·布赖恩在绿背纸

币党的支持下竞选国会议员。他相信盎格鲁-撒克逊种族无比优越,相信教育作为取得成就的手段所具有的价值,提倡平等的机会,信仰旧约中的上帝,并认为应扩大货币发行量。儿子从未找到理由对这些信念提出质疑:布赖恩一家在思想意识方面相处得很和睦。威廉·詹宁斯后来脱离他父亲所属的教会,参加了长老会,放弃了做一个浸礼会牧师的抱负,这是由于他对浸礼会紧张的浸礼仪式感到恐惧,但只是在他父亲去世之后很久他才了解到他的改宗伤害了他父亲的感情。

布赖恩在离开家之后,就被送到伊利诺伊州杰克逊市的惠普尔中等学院和伊利诺伊学院学习。在那里的6年学习并未使他开窍多少。伊利诺伊学院的教职员工共有8人,课程表上除了入门课之外就是数学和古典文学,此外别无其他专门课程。上学期间,他在学院图书馆借过18本书(该图书馆每天只对学生开放几小时),主要是小说。(布赖恩特别喜欢狄更斯的小说。)学院院长朱利安·蒙森·斯特蒂文特写过一本教科书,名为《经济学》,赞成自由贸易和复本位制。布赖恩高兴地说,“院长赞成自由贸易,前院长赞成自由贸易,我本人也赞成自由贸易。”布赖恩从他父亲那里听到的和从斯特蒂文特那里学到的,使他觉得保护主义关税和单本位制成了不可思议的东西。

布赖恩离开学院之后,在芝加哥的联邦法律学院和莱曼·特朗布尔事务所学习了两年法律,然后回到了杰克逊维尔市,和一个生意兴隆的店主的女儿结了婚。此后5年一直操律师业务,无甚名气。他痛苦地认识到自己作为律师才能平庸,于是跑到西部在内布拉斯加州林肯市安顿下来,并在民主党铁路方面负责人J.斯特林·莫顿的庇护下很快进入政界。他喜欢说他以偶然的机会进入政界，但有一次他直爽地承认：“确实，从 15 岁起，我就只有一桩
196 雄心：到国会当议员。我为此而学习。我为此而工作。我所做的一切都是为此目的。”

1890 年，他在奥马哈市商业界和造酒业的支持下，当选为国会议员。两年后，经过好儿个月的精心研究，他在国会中发表了反关税演说，给人留下了很深的印象，使他成了全国注意的中心。然后，他很快注意到关税作为一个政治问题的重要性正在减少，平民党的主张却在迅速受到人们的重视，这种趋势在他所在的州特别明显，于是他开始研究自由铸造银币问题。内布拉斯加州各区已进行了重新调整，奥马哈市不再属于他的活动范围。他开始像对待关税问题那样“寻求”关于银本位制的各种“论点”，通过洽商从犹他州和科罗拉多州的银矿经营人那里得到了资金方面的支持，并在一个乡村占比例较大的选区重新获选。1893 年，他在国会发表了另一篇著名的演讲，反对撤销谢尔曼白银购买法，银矿经营者们把这份演说稿散发了上百万份。第二年他试图竞选参议员，但州议会不予理睬，于是退而在银业界资助人的帮助下，获得了奥哈马市《世界先驱报》编辑这个收入微薄的职位。他沉着大胆，再加有相当的技巧，开始将《世界先驱报》变成他手中的一个工具，以实现他争当总统的雄心大略，但当时除他自己之外，别人都认为时机远未成熟。

1896 年之后，布赖恩的政治活动是长期坚持寻求一个其效果大体可与自由铸造银币问题相比拟的问题，并坚持不懈地进行运

动，保持人们对他的注意力。1899 年，反对帝国主义似乎是一个这样的问题。民主党和平民党中反对扩张的人们正计划通过在参议院内否决与西班牙的和约而阻止吞并菲律宾。布赖恩认为，作为少数派组织来进行这种斗争似乎是错误的；必须由人民自己做出决定——在竞选运动中必须对这一问题加以利用。他认为 1900 年提出一个反对帝国主义的竞选纲领将会激发起美国人民的理想主义，就像战前对古巴问题的态度一样，因此他设法说服了刚刚够数的参议员，使条约获得通过。他提议在选举中为菲律宾独立争取一项授权。这是布赖恩毕生做出的最荒谬的错误估计。如果和约遭到否决，吞并菲律宾的问题仍然悬而未决，那么反对帝国主义本会成为一个更为激烈议论的问题。和约一旦获得批准，人民就会满足于让这问题搁置起来。布赖恩发现 1900 年竞选期间反对帝国主义这一问题不能引起人们的兴趣，于是日益转向其他问题，如反托拉斯问题和自由铸造银币问题，但繁荣已经恢复，他不能像从前那样激发起选民们的热情了。

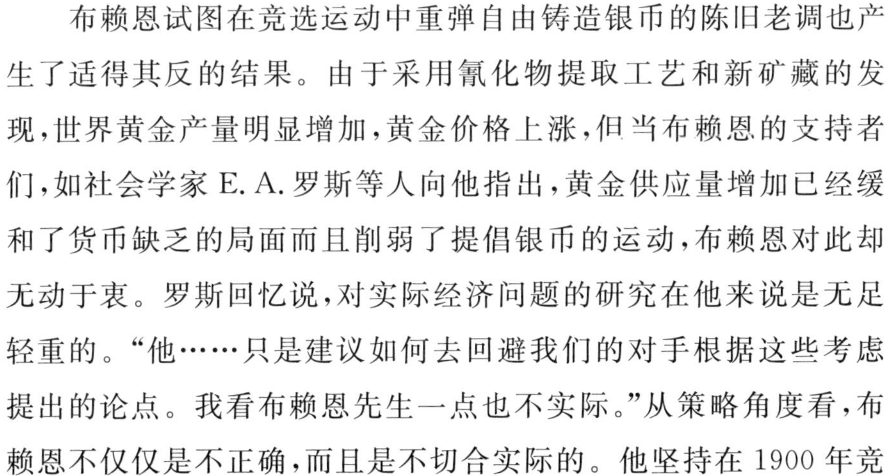

布赖恩试图在竞选运动中重弹自由铸造银币的陈旧老调也产生了适得其反的结果。由于采用氰化物提取工艺和新矿藏的发现，世界黄金产量明显增加，黄金价格上涨，但当布赖恩的支持者们，如社会学家 E. A. 罗斯等人向他指出，黄金供应量增加已经缓和了货币缺乏的局面而且削弱了提倡银币的运动，布赖恩对此却无动于衷。罗斯回忆说，对实际经济问题的研究在他来说是无足轻重的。“他……只是建议如何去回避我们的对手根据这些考虑提出的论点。我看布赖恩先生一点也不实际。”从策略角度看，布赖恩不仅仅是不正确，而且是不切合实际的。他坚持在 1900 年竞选纲领中包括自由铸造银币政策,这样做就可能使他失去了获得东部某些州支持的任何机会,而要赢得西部和南部的支持,他又不需要提出这一问题。托马斯·里德嘲讽地说:“布赖恩宁愿坚持错误而不当总统。”

1902 年,布赖恩到国外旅行,看到了欧洲各国实行了公用事业国有化制度。1904 年,民主党把他踢到了一边,而支持保守的奥尔顿·帕克,但他继续强烈要求推行更为激进的纲领,包括政府接管和经营铁路。然而在西奥多·罗斯福获压倒性胜利之后,他到白宫拜访了这位昔日“第一义勇骑兵团”组织者,在表示祝贺时说了下列的话:“有人认为我激进得可怕,但实际上我毕竟不是一个非常危险的人物。”他在《纽约论坛报》上撰文章称:“现在是停止在美国搞社会主义的时候了。这个运动走得太远了。”1906 年夏季,他在周游世界之后又谈到铁路国有化问题。这时他得出一种综合逻辑:认为政府接管是避免社会主义的一种方式:

198 有人认为私营垄断有其经济优势,这是在帮助社会主义运动。社会主义者认为垄断有其经济优越性,并坚持垄断的利益应由全体人民分享。如果接受其观点,就不能否定其结论。如果我理解正确的话,民主党的立场是拒绝承认私营垄断在经济和政治方面具有任何优势,并承诺只要出现私营垄断就进行反对。在可以进行竞争时,民主党就提倡竞争,而在情况不允许竞争时就提倡国家垄断。

像 1900 年自由铸造银币一样,铁路国有化也未为投票人所接受。布赖恩在为他1908年第三次总统候选人提名进行准备时，急忙偃旗息鼓，保证决不“违背人民的意愿在国内强制实行国有化”，并在致《华尔街日报》的一封信中表明，说他并“不急于实行国有制”。他于是一反其道而就托拉斯问题进行竞选活动，提出了一个限制大型企业的粗略方案，这肯定在千百家俱乐部的常客中引起了恐慌。[①] 竞选运动毫无生气，这位“平民”就败在了庞然大物塔夫脱手下，比1896年或1900年输给麦金莱时还要惨痛。

然而，尽管过去60年中，民主党候选人除帕克外，布赖恩是得票比例最小的一个，他的思想所产生的影响却几乎超过其他所有的人。西奥多·罗斯福在其连任两届总统期间，将布赖恩提出的较为次要的主张一个接一个地付诸实施。因布赖恩的影响而保持团结的民主党进步派，和共和党内的进步派联合起来折磨塔夫脱。最后在1912年，布赖恩出力促成了民主党对伍德罗·威尔逊的提名。布赖恩这位“平民”一次又一次遭受失败，在16年期间通过探求竞选运动中的争论问题，卓有成效地将民众的注意力从一项改革引向另一项改革；他的许多建议都有其核心价值。玛丽·布赖恩于1925年完成她丈夫的《回忆录》时，以可以理解的自豪感开列 199
出了布赖恩提出的已经变成法律的项目：联邦所得税，民众选举美国参议员，公布竞选的捐款，妇女选举权，设立劳工部，更为严格地对铁路进行管理，货币政策，以及在各个州的动议权和公民投票权。

① 按照布赖恩的方案，从事州际商业活动的公司如控制了本行业25％的商业时，必须取得联邦政府许可证。这种许可证办法保证公众得以反对增加面值而不同时增加实值的股票，并防止公司对其产品交易的控制超过50％。

布赖恩并未把他多年连续遭受的失败放在心上，就他认真进行竞选的态度和在竞选中遭受的辱骂而言，这似乎很不寻常。但很有理由怀疑他内心深处是否真的期望获胜。他本来名望并不很高，曾在一夜之间就成了主要的总统候选人，这种经历令他兴奋而且心中充满喜悦之情。使他感到高兴的是他终于能参加总统竞选，而且能够一而再、再而三地进行竞选，他能在肖托夸过上舒适优雅的生活，他能不断博得全国人民的注意，以他优美的声音使千百万人兴奋起来，并且说上一句稍微带刺的话就能使民主党的代表大会喧闹起来。这位赛拉斯·布赖恩的儿子曾一度似乎在法律方面濒于失败的边缘，能到这个地步可说是取得了辉煌的成就。随着身价上涨和他的追随者的情绪日趋平和，布赖恩渐渐发胖而且心情愉快，有时还对他竞选劳而无功说句俏皮话。他所要求的决不是成功，而是要有听众。直到听众开始嘲笑他的时候，他才心中充满愤恨和不满，如晚年在斯科普斯审讯[①]时的情况。

三

伍德罗·威尔逊勉强地任命布赖恩为国务卿时，布赖恩平生唯一一次身居领导地位，国务院也才终于有了一位承诺反对帝国主义和金元外交的头头。但是那些记得布赖恩早期生平的人都想

① 1925 年，美国田纳西州中学教员斯科普斯因在课堂上讲授进化学说而受到审讯，罪名是违反了该州同年早些时候通过的禁止传播有悖《圣经》所载上帝创世论的任何学说的规定。布赖恩是该法案的积极支持者，并在本案中协助原教旨主义者起诉。参见后文(原书第 204—205 页)。——校者

知道这在实践上可能意味着什么。布赖恩曾是一个能言善辩的基督教和平主义者,但西班牙战争爆发时,他实现他的“服兵役”思想,参加了第一批内布拉斯加志愿军,升任上校,和他的士兵一起住在佛罗里达州杰克逊维尔附近的灰岩坑内,直至战争结束。参加战争与充当基督的和平信使,这两者是相互矛盾的,但这似乎并 200
没有使布赖恩感到为难。(帕克斯顿·希本曾说过:这位“平民”“似乎不能理解一个士兵唯一要干的事就是杀人。对布赖恩来说,一个士兵的作用就是要被杀死——他认为战争是一场比赛,获胜的方法是作出牺牲”。)

掌权的布赖恩和不掌权的布赖恩没什么两样:他作出同样善意的姿态,在受到压力或思想混乱时也同样愿意放弃他曾一度承诺实行的主张,同样缺乏能力将事情进行到底。他最有见地的工作是促成了一系列国际仲裁条约,他完成这桩任务时的诚挚精神许多年来在国务院也很少见到。这些条约规定,当缔约各方发生争端时,应该有一个“冷静下来”的阶段,这样可以使敌意逐渐减少,然后再进行仲裁。他对这些条约期望很高,认为这些条约有助于实质上消除战争危险。他在1913年热情地说:“我认为在我任国务卿期间不会发生战争。我相信只要我活着就不会有战争。”

布赖恩不能坚持一条原则性路线,最明显地表现在他在加勒比海推行的帝国主义政策上,如塞利格·艾德勒指出,对于这一地区“美国渗透的急剧加速进行”他“应负主要责任”。威尔逊当时正因墨西哥问题和有关中立的各种问题焦虑不安,在有关加勒比海政策上就在很大程度上放手让布赖恩处理。这位从前反对帝国主义的人,在处理尼加拉瓜、海地和圣多明各问题时和他的一些共和党人前任一样，彻头彻尾地是侵略性的。鲁特、诺克斯将军和海约翰在面临外国入侵时表现出的民族主义情绪和对美国首都特权阶层的提防可能也未过于此。1915 年 4 月 2 日，布赖恩就海地形势给威尔逊写信说：

> 只要[海地]政府受法国或德国影响，美国的权益就会受
> 到歧视，就像现在的情况一样。……美国实业界愿意留在那
> 里，以便购买控制性股份并将那里的银行变成美国银行的一
> 个支行……但只有美国政府采取必要措施保护他们才能做到
> 这一点……。对于在那里行使武力的事情我一贯是不赞成
> 201 的，但有些情况使我相信，为了强制实行有效的监督，可能需
> 要使用尽所需要的武力[原文如此]。

布赖恩还想要制订一项对拉丁美洲的财政进行全面干涉的政策，他在 1913 年交给威尔逊的两个备忘录中对这项政策进行了扼要说明。他建议由美国政府对拉丁美洲各国进行“救援”，以抵消欧洲债权国对这些国家的影响。美国为这些国家的教育、卫生和国内发展提供所需的资金，使这些国家无须向其他国家的私营金融家借贷，从而使“我们能绝对控制形势”。这将会增加美国在拉丁美洲的影响，使“我们能够防止革命发生，促进教育发展，促进各国政府的稳定并进行公正的管理”。布赖恩建议将私营企业抛在一边而由国家来行使经济渗透的职能，用塞缪尔·弗拉格·比米斯的话来说，是期望以此“制定当代新的美元外交路线”。然而威尔逊对布赖恩的计划并不十分欣赏。

世界大战爆发之后，布赖恩成了威尔逊政府中代表真正中立观点的主要人物。布赖恩来自中西部，而且一直是国际金本位势力的反对者，他不像东部中上层阶级那样对英国含情脉脉。他的宏愿不是要加强协约国的力量，而是要和双方保持某种关系，从而使美国能够进行仲裁。由于他不断对政府政策提出批评，威尔逊传记作者雷·斯坦纳德·贝克认为他是威尔逊顾问中“才能最为卓越的政治家”。1914 年 9 月，布赖恩在促请总统进行斡旋时有预见地写道：

> 双方中任何一方均不可能取得彻底的胜利而向另一方提出条件，如果一方果真做到这一点，那可能意味着要准备进行另一场战争。似乎应为实现和平寻求一个更为合理的基础。

当美国银行家对政府施加压力要求允许他们向协约国提供大宗贷款时，布赖恩主要负责制止这项计划。他指出，货币应是最主 202
要的禁运品，因为用货币可以购买任何物资；对协约国作出此种经济方面的承诺不符合中立精神，而且最终将导致参加战争。事态发展证明他是正确的，但当有人建议放弃他最初提出的禁止贷款的计划时，他却不坚持自己的立场而默许了，这正是他的典型性格。就像在反对帝国主义、和平主义及政府接管铁路等问题上背弃自己的主张一样，在贷款问题上他也放弃了自己的观点。

布赖恩缺乏的既不是勇气也不是诚意，而只是坚定性和自信的思想。美国渐渐放弃中立地位使他极其痛苦。当威尔逊允许美国公民乘坐有可能被德国潜艇击沉的英国船只从而引起与德国的一系列争论时，只有布赖恩看到这种立场的愚蠢性。他指出，问题的焦点是“一个美国公民是否可以将本身的商业利益置于对国家的关心之上，为了自己的利益而甘冒不必要的风险，从而将国家卷入国际纠纷之中”。他还促请有关方面接受德国的建议，即以缓和潜艇战换取英国放松对德国的粮食封锁，但英国不赞成这一主张。他当时质问威尔逊：“如果对于使一个国家的人民遭受饥饿的做法都不反对，那么淹死几个人又何必大惊小怪？”威尔逊因“卢西塔尼亚”号被击沉一事向德国提出抗议，这使布赖恩深感不安，于是于1915年6月8日辞去国务卿职务。

布赖恩晚年思想衰退很快。第一次世界大战之后的年代里，他的名字和美国生活中一些最恶劣的倾向联系在一起——禁酒、围剿进化论、房地产投机以及三K党。为了照顾妻子的健康，他搬到佛罗里达州居住，随后成了当地的一个房地产公司的广告宣传员，他的不可救药的庸俗对他做这种工作很有好处——“我们如何看待神奇的迈阿密向何处去的问题？”他进行房地产推销和发表禁酒演说收费很高，这使他能把一笔不大的财产遗留身后。他在
203 政治舞台上最后一次露面是1924年在纽约市召开的民主党代表大会上，当时民主党因点名谴责三K党的著名决议而意见分歧很大，布赖恩所在地区的代表团，成员尽是三K党的支持者。对于一个曾经读过杰斐逊关于宽容的观点的人，这是一个对褊狭行为进行谴责的大好机会。但布赖恩由于十分害怕自己的影响进一步削弱，只提出了一项有气无力的呼吁，希望不要“分裂基督教会”，不要破坏党的团结。他在谈到三K党时说，“消灭三K党最好的办法是承认他们的诚实，并向他们指出他们那样做是错误的。”他

已经发胖,开始秃顶,衣服皱折,炎热的气温使他难以忍受,而且不再有昔日使他出名的悦耳的嗓音。听众席上的无情诘难使他难以应付。他在讲台上为主张调和的候选人进行可笑的努力之后,走下讲台来时含着眼泪对赫夫林参议员说,他一生之中从未受过如此的屈辱。

代表大会由于在艾尔·史密斯和威廉·吉布斯·麦卡都之间争执不下,于是提名摩根和美孚石油公司的律师约翰·W.戴维斯为候选人。布赖恩曾在一次党的秘密会议上对摩根派大加鞭笞,这时却提出由他弟弟查尔斯做戴维斯的副总统候选人,并在竞选活动中支持戴维斯。那一年代表布赖恩原来的观点的是独立进步派候选人老罗伯特·拉福莱特,但拉福莱特却未得到这个人的支持。虽然他的支持者们在国会斗争中常与拉福莱特站在一起。要布赖恩这位“平民”离开民主党,就像叫他改信佛教差不多。他对民主党提名的每一个候选人都表示支持。他在 1924 年代表大会上承认,他毕生热爱民主党;民主党给了他无法报答的恩情,把他这个一文不名的年轻人从鲜为人知的地位提拔到令人敬仰的高度,3 次提名他为总统候选人。

但布赖恩知道,甚至在民主党内部,他的影响也在下降。他是一位农民领袖人物,他的力量在于他对穷乡僻壤的某种清教徒心理具有吸引力;美国的日益城市化使他的地盘越来越小了。他原来的追随者们并未忘记他,但正如他在 1923 年给一位朋友写道: 204
“不主张禁酒的人们都反对我,他们在北部城市中有组织也有报纸,我无法向公众作宣传。”

由于其政治力量江河日下,布赖恩很高兴有机会从事一项新的工作，于是他热诚地转向他最初感兴趣的事。他给一位通信者写信说：

> 虽然我在政治方面的力量已经衰落，但我认为我在宗教事务方面的力量却增加了，我已接到各教会传教士们的邀请。这种变化的一个证据是，我就宗教主题进行的通信多于政治主题的通信。我更热衷于宗教问题是因为，我认为残酷的理论已经使许多传教士们的影响化为乌有并且破坏了大学中许多青年人的信仰。

有一次他解释说，他觉得他适合做一个反对进化论的带头人，因为他毕生取得的成就足以排除人们对他“智力”的任何怀疑。他开始向全国各大学的青年学生们发表演说，演说的一条主旨是：“除非是基督教徒，否则不得在任何美国大学任教。”

约翰·托马斯·斯科普斯因在田纳西州上课讲进化论受审，布赖恩作为起诉人出庭，这对于一直注意布赖恩言论的人丝毫也不奇怪。对斯科普斯的审问向全世界宣告了布赖恩对于宗教的观念是何等幼稚，他的不完整的、起码的民主观念在审讯中也变得荒谬绝伦。他对反进化论法进行的辩护表明，他多年的政治生涯并未使他更多地了解了公众舆论的局限性。人民的声音仍然是上帝的声音。他认为一般人解决各种问题的能力既可用于政治也可用于科学，而且同样适用于管理学校，就像是适用于铁路管理或法官罢免或金本位制一样。在起诉斯科普斯时，人民只是表明他们有权“从政府获得他们希望的东西，包括他们所希望的那种教育”。

至于学术自由，这种权利“只要斯科普斯教授在力图滥用，就不能不对其加以限制。一个人说了他的雇主不希望说出来的话就不能以此要求增加薪金……”。

老迈的布赖恩，这位受压迫者的游侠骑士，就是这样讲的。他 205
的事业的结束和 1896 年开始时大致相同：一位褊狭的政客听从持有褊狭的观念的褊狭民众。一封封鼓励的函件从全国各地，特别是从老布赖恩的故土，向他飞来。“我亲爱的布赖恩兄弟，”阿肯色州斯马科弗的一位追随者发来电报说，“和那些进化论者们奋战到底，直到冰雪封冻了地狱，然后和他们在冰上大战一场。”斯科普斯审讯结束数周之后，布赖恩心脏病发作逝世，这使那些从反对金本位制到反对猿进化成人一直追随着他的人们悲伤不已。人们焚烧了火十字来纪念他，他的一位选民把他称誉为“当代最伟大的三 K 党人”。这种不很确切但令人痛心的描绘，突出表明了布赖恩的致命弱点；他真不该活到 65 岁。

206 第九章　西奥多·罗斯福：充当进步派的保守派

> 啊，参议员先生，我多么希望我不是一个改革者！可看来我这个角色还非扮演好不可，就像那化装黑人的歌手，全身必须涂个精黑！
>
> 西奥多·罗斯福致昌西·迪普的信

美国南北战争之后的年代里出现了一种粗俗的以追求物质利益为目的的文明。这种生活方式使中产阶级有文化教养的青年人中产生出了一代孤高自赏到处漂泊的知识分子。他们一般经济条件优裕，往往是出身于高贵门第，或是俱乐部会员，或是上流绅士，或是作家，这是波士顿和康科德那些激动人心的岁月之后出现的第一批土生土长的精神贵族，他们发现自己无心参加贪婪的实业混争，也不能心平气和地接受到处受党魁控制的政治局面。赚钱是贪鄙的；政治是肮脏的；他们当中最为敏锐的人就从其他途径开创自己的事业。那些对公共事务淡漠的人一般在美国生活的空隙中求得生存。有一些人，如亨利·詹姆斯则躲避到国外，或像他弟弟威廉那样，专心从事学术研究。小奥利弗·温德尔·霍姆斯则在马萨诸塞法律界找到避难所，最后升任最高法院法官。亨利·亚当斯[①]

---

① 亨利·亚当斯（1838 年—1918 年），历史学家，著有历史著作多种；与经济学家和历史学家查尔斯·弗朗西斯·亚当斯同为外交家与作家亚当斯之子。——校者

从事一种非常超脱的职业。有些人能克服对实业界的憎恶而投入实业界,发现并未能充分发挥自己的才能,最后离开时也不觉得遗憾。小查尔斯·弗兰西斯·亚当斯在辞去铁路公司经理这个不愉快的职业的时候说,他所遇到的所有大企业家,“无论活着还是死了,我一个也不愿再见到他们;在我看来,他们之中没有一个人具 207
有幽默感、思想或高尚的情操。”

然而传统政治可提供某种选择,即或者只为实业家阶层效劳或者过一种敲诈勒索的寄生虫生活。[1] 对于较为谨慎的人来说,这点是难于做到的;至于爱吹毛求疵的亚当斯兄弟,查尔斯[2]和亨利,甚至名门望族的传统力量和对政治事务的热衷关注都不足以抵消他们的厌恶情绪。正如亨利所说,“用盎格鲁-撒克逊传统的某些法则来衡量,他们是不合潮流的,是某种固有的心理萎缩。”这一时代中,失意的政治家被迫转向学术研究,在历史著述中抒发他们对于政治的渴望心情。然而在较有胆识和较年轻的人们中却出现了一些从政学者,这一类人的典型代表是艾伯特·J.贝弗里奇、海约翰、亨利·卡伯特·洛奇、西奥多·罗斯福和伍德罗·威尔逊,这些人虽很难说是典型的政客,却也捏住鼻子做了一些必要的妥协,一步步打入政界,等待时机,直到社会环境使他们有机会执掌政权。在这一类人中,他们是一些讲求实际、富有胆识、雄心勃勃、坚韧而又灵活谨慎的人。其中最突出的代表是西奥多·罗斯福。

---

[1] “谁也不要他,”亨利·亚当斯就自己的困境写道,“没有人要他的朋友参加改革。正常情况下,政治像实业一样只产生敲诈勒索者。”

[2] 原文为Brooks,疑有误,亨利·亚当斯的全名为Henry Brooks Adams,其兄的原文全名为Charles Francis Adams,故改。——校者

罗斯福在他的《自传》中谈到，当他最初向朋友们透露他决心进入政界时，他们是多么惊愕。他在书中写道："我的最好的朋友都是具有社会地位的俱乐部的成员，是具有文化修养、过着安逸舒适的生活的人。"他们对他说，政治是酒吧间老板或马车夫干的下流勾当，上流社会的绅士们是不会染指的。"我回答说，事情如果果真如此，这只不过说明，我所熟悉的人并不属于统治阶级，别人才属于统治阶级，而我打算成为统治阶级的一员。"于是罗斯福从最基层干起，参加纽约州第 21 选区杰克·赫斯共和党人俱乐部，这个组织的聚会地点设在一个酒吧间上面有痰盂的会议室内。

208 罗斯福及其同辈进入政界的目的不是只为了贪污受贿或个人的擢升。他们寻求实现他们认为是更为崇高的目标以及超越党派阶级的利益或个人物质利益之上的理想，致力于一些真正有利于国家的工作，力求发现施展他们管理国家才能的更为广阔的舞台；对于那些，如罗斯福所说，从未因慷慨之情而心胸激荡的人，他们以贵族特有的鄙视神情不屑一顾。毫无疑义，他们是某种意义上的冒险人物，那些"灵魂变得残酷而身体变得疲软的以赢利为唯一目的的人使他们感到厌烦"。罗斯福年仅 28 岁时为《世纪报》写过一篇文章，他在文章中对从政的美国富翁公开表示厌恶：

> 富翁们或如他们喜欢标榜的那样称自己为"上层"阶级，明显趋向于资产阶级类型，而处于资产阶级发展阶段的个人虽然诚实、勤劳并有良好的品德，但却惊人地怯懦、自私而且目光短浅。商业阶层总是只从"是否合算"的角度来看待一切事物，许多商人不参与任何政治，一是因为他们太缺乏远见，

> 认为只有单纯地赚钱才更符合其本身的利益,再者就是太自私,不愿意为一种看不见实际利益的责任从事麻烦的工作。这类人中的年轻人则过分沉溺于各种愉快的社会交往,不愿意为任何其他事情牺牲时间。另外很不幸的是……受过高等教育的有文化的人们一般趋于忽视甚至鄙视刚强的男子气概,所以高级智力发展状态经常与某种柔弱的女人气质相连。

如果说罗斯福憎恶“被美化的唯利是图的商人或当铺老板们”的金钱至上的价值观念,他并不是从社会民主的观点出发,也并不是为被压迫者辩护。他鄙视富人,但害怕下层民众。人民之中任何有组织的力量都使他感到恐惧;多年来他对劳工运动的痛恨与海约翰在其匿名出版的小说《养家糊口的人》中所表示的态度相差无几。最活跃的中产阶级改革家也使他感到讨厌。离开总统职位之后,他的思想才转向激进,虽然为时已晚,但仍可谓不失时机,然而在此之前没有一次改革运动不在某些时候受到他的嘲弄。他的文章中,“极端分子”、“激进狂”、“专门揭露丑闻者”和“浅薄的狂 209
人”等辛辣的描述比比皆是。他在论述本顿生平时断言:“多愁善感的人道主义者们经常构成一个有害的团体,他们所产生的恶劣影响就是职业罪犯集团也很难超过。”

罗斯福所赞成并用以与富人殷实的实利主义和民众的潜在威胁相抗衡的是军人进攻性的居高临下的战斗气概。他有一次曾说过:“无论商业多么繁荣都不足以弥补英雄气概的缺乏。”而他希望在美国生活中再度起主导作用的正是这种英勇的品质。他情不自禁地赞美猎人、牛仔、边疆居民、军人和海上英雄。赫伯特·斯宾塞的思想在罗斯福性格形成的时期正处于美国思想方面的顶峰，他认为西方社会正从以组织战争为主要特点的军事阶段走向以和平经济发展为特征的工业阶段。罗斯福决心扭转这一过程，并恢复他喜欢称之为“战争优势”的美国精神，这可能会被斯宾塞称为返祖现象。尽管罗斯福对民主政治的目的是诚心诚意的，但这位现代美国军国主义和帝国的先驱，在其政治气质方面表现出类似近代的独裁主义的许多特点——浪漫的民族主义、鄙视物质利益、推崇力量和崇拜个人领导、对社会中间分子具有感召力、超越各阶级和超越阶级利益的理想、对命运的宏伟设想，甚至有些种族主义情绪。

人们在解释西奥多·罗斯福的性格时，习惯地认为这是为弥
210 补身体的缺陷所造成的。[①] 他的视力一直很差，最后左眼全部失明。他幼年受到哮喘病的折磨，因身体瘦弱而感到羞愧，后来他对此日益敏感。14 岁时的一次遭遇在他脑子里留下了难以磨灭的印象。他在乘公共马车去穆斯黑德湖的路上，遇到两个和他年龄相仿的男孩，他们逗弄他，使他难以忍受；当他试图还手时，“我发现他们任何一个人都不仅可以轻而易举蔑视地对付我，而且可以在不过分伤害我的情况下使我丝毫也不能伤害他们。”回到纽约之

① “我们可以将下述作为一项基本规律：出生时器官具有缺陷的儿童在幼年时就为生存而进行激烈的斗争，其结果经常是扼杀了他们对于社会的感情。他们不愿意改变自己以与伙伴们适应，而是一心致力于自己的心思并特别注意给予别人的印象。……一旦要人们承认的想法在思想中占了上风，……一个人就日益明显地追求权力和优越地位，不惜开展激烈甚至暴力的运动去追求，这时他的生命的目的就是要取得巨大的胜利。”艾尔弗雷德·艾德勒：《理解人性》，第 69 和 191 页。

后,他就开始学习拳击课,此后他的生活就与拳击手套、哑铃、单杠等各种体育器械结下了不解之缘。他在哈佛上大学时代留下来一张穿着拳击运动衣的照片;肌肉丰满的双臂做作地在胸前交叉,脸紧绷着,像害了偏执狂症。他 43 岁时还在白宫练习拳击。

此类心理补偿大概没有一个饱和点;但如果有的话,罗斯福应能比任何人更能发现自我解救的办法。他与职业拳手挥拳比赛;和牛仔们并肩骑马;他领导过一次著名的骑兵冲击;他追逐过西班牙人,狩猎过凶猛的动物;一次他在一个西部酒吧间打倒一个歹徒,内心非常高兴;他吓坏过一整队警察;他公然蔑视教皇;他当选了美国总统,冲着 J. P. 摩根的鼻子挥舞拳头。如果所有这些是为了获得某种安全感,看来远远未能做到。在 60 岁时他还在为一团士兵摇旗呐喊。人们只能猜测,他正在逃避思想中对某种缺陷的意识,这种意识比幼年时代那种精神明显受创伤的经历所留下的印象要持久得多。他不肯稍歇,也不进行内省,那股拼命的紧迫感有时也真叫人可怜。1886 年,他第一个妻子和他的母亲同时去世后刚过两年,他用 4 个月的时间写完了《托马斯·哈特·本顿传记》。在此期间内他大多每天在牧场工作 14 或 16 个小时,而且“总是困得要命”。在这一阶段他用 5 年时间写了 7 卷历史和一些杂文,同时还积极参加政治工作并管理农场。一次他充满激情地喊道,“行动起来,要干事情,要清醒,不要浪费时间;创造,行动,要取得一个你应有的位置并成为有相当身份的人:行动起来。”一种 211
强烈的难以避免的忧虑心情在折磨着他,他的朋友们非常难以理解地注意到,罗斯福在和后来成了他第一个妻子的艾丽斯·李订婚的时候,为什么会被一种恐惧心理折磨,唯恐有人把她拐走,威

胁熟人要进行决斗，而且为了进行准备，还通过海关从法国走私进口了两支决斗用的手枪。他在回忆录中坦白地说，“许多事情最初都使我感到恐惧，……但我装作似乎不害怕的样子，渐渐地就去掉了恐惧。”①

“男子刚强气概”和“才干卓越”是罗斯福文章中最常见的词语，反映他一直希望凌驾于他人之上。当这种个人动机表现于公共事务上时，容易转变成帝国主义的冲动。罗斯福参加了对西班牙的战争，义勇骑兵团声威大振，这绝非偶然。19 世纪 90 年代的美国经济萧条使美国中产阶级坐立不安，心中充满恐惧，这是因为他们注意到一方面是托拉斯的力量在增长，另一方面是劳工和平民党运动也在积蓄力量。对于中产阶级来说，就像对他来说一样，一场战斗就是一场消遣；美国在世界舞台上崛起使他们感到国家仍有发展变革的能力。使人民能够心甘情愿地接受了对西班牙这场不必要的战争的情绪，也使他们同样接受了罗斯福这样气质的人。斯图亚特·谢尔曼还认为，罗斯福之所以受到欢迎在很大程度上是由于，美国人在镀金时代对于金钱和权力追求非常激烈，因而已经失去了大部分寻求欢乐的能力，而罗斯福则变化多端、精力充沛、脸上总流露出充满希望的神气，使人们再次认识到还有能使生活过得有价值的其他目的。② “总之，”这位上校在 1899 年宣称，“我们认为最伟大的胜利尚有待赢得，最光辉的成就尚有待完

① 罗斯福这里在写他打猎危险猛兽时的心理，但这些话可用来说明更为广泛的行为格局。许多情况下，猎人的猎获物与他的恐惧相比是微不足道的。战利品所以受人尊敬是因为它们是克服危险和战胜恐惧的见证。

② 应该记住，他作为喜剧家的才能也是很不平凡的。

成,为我们的人民和我们为之奋斗的事业准备着的是迄今尚未取 212
得的更加辉煌的胜利。”

罗斯福本人喜欢和粗鲁的好打斗的人在一起。他的《自传》中最令人感到友好无敌意的一些章节是写西部荒原他所熟识的牛仔们和一些性格暴烈的人。他在一篇短文中说:“每一个”

> 真正有能力享受战斗喜悦的人都知道,当狼一般的野性在他心中升起的时候,他就会感到这种喜悦;他不怕流血流汗,也不认为这不利于战斗;他喜爱流血流汗、艰苦工作、痛苦和危险,并认为这些只不过衬托出胜利。

战斗的喜悦可来自于对原始部族和劣等民族的战争。罗斯福身上第一次产生这种感情是他在用牛仔的目光看待印第安人的时候,1866 年,他承认他站在西部立场:

> 我并没有过分到认为所有的印第安人都死了才好,但我认为每 10 个应该死 9 个,至于第 10 个命运会如何我不想过多过问。最歹毒的牛仔的道德观念也要胜过普通的印第安人。

罗斯福的主要历史著作《赢得西部》是在三十几岁时写的。这是一部描写种族冲突的史诗。他在这本书中将“说英语的民族向世界荒芜空地的扩散”描述为“世界历史上最为显著的特征”。只有从“一种歪曲的、邪恶的和愚蠢的道德观念”出发才会谴责美国征服西部。“十分幸运的是，那些在野蛮的地区开展艰难的建设文明的先驱工作的人们并不搞虚假的故作多情。”

罗斯福赞扬西欧各国为向外扩张所作的努力。1899 年他在亚克朗说：

> 每一次扩张所以发生，是因为其民族是伟大的民族。这是扩张民族的优异的标志和证明，而且要记住，每次扩张都为人类带来不可估量的利益……。当一个伟大的民族害怕扩张，不再进行扩张时，那是因为这个民族已不再是个优异的民族。在我们仍处于血气旺盛的青壮年阶段，仍处于辉煌灿烂的盛年的开始时期，能够和那些疲惫不堪的人们坐在一起，和
> 213 那些羸弱的懦夫们掺和在一块吗？一千个不！

第一义勇骑兵团总是准备着和外国打仗，而且也并不缺乏他相信应具备的勇气；正如给他写传记的最有洞察力的亨利·普林格尔指出，他是个常年的义务兵。1886 年，他因看到有可能和墨西哥打起仗来而受到鼓舞，精神振奋，于是向卡伯特·洛奇建议将他农场中那些“鲁莽”的骑手们组织成一个骑兵营。9 年之后，当克利夫兰与英国就委内瑞拉边境进行的争论有可能导致战争时，他的心中又充满了沙文主义的激情。他对纽约《太阳报》的记者有些不着边际地说，宁愿把美国城市炸成平地也不为安全交给敌人一块美元。与英国开战肯定会导致征服和并吞加拿大——这真是一种令人神往的前景。“我国需要打一场战争，”他在 1895 年给洛奇写信说。当哈佛大学校长埃利奥特指责他是个沙文主义者时，

他反过来攻击这位校长是“一个没有多大用处的故作多情者,只知道依赖国际仲裁”,他培养的学生将会是“软弱、怯懦的人,这些人将会侵蚀我们种族的优良战斗品质”。几年之后,他又在为吞并夏威夷积极鼓动,甚至冒与日本发生战争的危险。1897 年 6 月,他以海军部长助理的身份在海军学院发表了一个有名的穷兵黩武的演说,再次谈起他心爱的主题,认为军事价值观念高于金钱价值观念。他坚持认为对一个国家来说,危险的情绪不是好战,而是和平麻痹。一个富裕国家“容易成为仍保持最优秀品质——勇武精神——的民族的牺牲品”。一切“居于统治地位的伟大民族都是战斗的民族”。

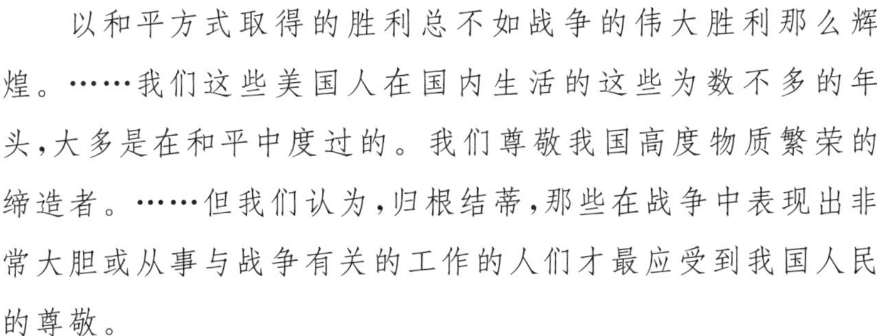

> 以和平方式取得的胜利总不如战争的伟大胜利那么辉煌。……我们这些美国人在国内生活的这些为数不多的年头,大多是在和平中度过的。我们尊敬我国高度物质繁荣的缔造者。……但我们认为,归根结蒂,那些在战争中表现出非常大胆或从事与战争有关的工作的人们才最应受到我国人民的尊敬。

在古巴危机变得日益严重的时候,他对一位海军军官说,从两个方面可以说明与西班牙的战争是完全有道理的。首先,无论从人道主义还是从本身利益出发,都要求我们以古巴人的名义进行 214
干涉并在把美洲从“欧洲统治”下解放出来方面迈出新的一步。其次,“使我国人民思考一下物质利益之外的事是有益的,特别是陆军和海军在实际战斗中经受考验,会对他们特别有益。”大企业家们因经济繁荣的恢复而对军事冒险行动一时犹豫不决，这受到了罗斯福的蔑视。他警告马克·汉纳说："尽管商业界十分怯懦，我们还是要打这场为古巴争取自由的斗争。"[1]他这话说完没有多久战争就开始了。

罗斯福认为，与西班牙的战争应尽可能具有进攻性，并建议派遣机动舰队夜间通过直布罗陀海峡，袭击巴塞罗那和加地斯。这些建议未被接受。但海军上将杜威在菲律宾进攻西班牙舰队正是按照罗斯福的建议而未征得他的上级 J. D. 朗部长的许可干的。罗斯福这次非常的倡议招致了历史学家们的尖锐批评，但他本人却认为此事无可厚非。他从来没有过很强的责任感。过了一些年之后，他对塞西尔·斯普林—赖斯抱怨说："我们的将军们……必须对付公众的情绪，公众因死亡一两千人就痛声疾呼……这是一种荒谬的、不理智的令人作呕的情绪。"

战争一旦开始，办公室工作就太沉闷了。于是罗斯福离开了海军部去组织义勇军骑兵团，即著名的第一义勇骑兵团。他这一行动使朋友们和家里的人大失所望，甚至认为这是一场"绝妙的小型战争"的海约翰，也因他离开海军部而把他叫做"乱冲乱撞的无头苍蝇"。他急于加快训练速度，唯恐陆军部还没有把他送到前线战斗就已经结束；但伟大的时刻终于到来了；义勇骑兵团到了古巴并参加了几次战斗，包括所谓圣胡安冲锋。罗斯福气派庄严。"当
215 我骑着马与你们在一起的时候，你们害怕站起来冲锋吗？"他问几

[1] 他在《自传》中回顾说，"反对战争的是大金融家们，以及那些谈到金钱就神经过敏的人们，还有那些即使国家荣誉与其经济繁荣只是暂时发生冲突也会置国家荣誉于不顾的人们。"

个落在队伍后面的人;许多年之后他又回想起了"挥舞着帽子冲上山头"的情景;"……我亲手杀了一个西班牙人",他自豪地向洛奇报告说。"就像杀一只长耳大野兔一样,"他向另外一个人就是这样说的。最后他的胜利的时刻到来了,说出了人类最亵渎神圣的话,告诫人们:"请看一看该死的西班牙人的死尸!"此后不到3年,他就当上了美国总统。①

二

罗斯福登上执政的宝座经历了曲折的道路。他当过三任纽约州议会"改革派"众议员,道义上评价很高。1884年竞选总统过程中,他在洛奇的指导下脱离了改革派,并转而支持布莱恩。两年之后,他代表共和党参加了一场毫无希望的竞选,即三方竞选纽约市市长的运动,结果排名第三,落在艾布拉姆·休伊特和亨利·乔治的后面。1889年哈里森总统指派他参加文官制度委员会工作,他

① 罗斯福在任总统期间,在外交政策的指导上比人们所预料的要节制一些。虽然外交政策仍是他关心的主要问题,但他并未寻求战争。他进行的三次重要活动是介入1905年的摩洛哥危机、调停日俄战争以及用阴谋手段取得了巴拿马运河区,这三项活动的特点是相当轰动一时,但是从"国家利益"角度看却并不是什么意义深远的成就。他为解决摩洛哥危机作出的贡献,也许是他平生最杰出的成就,这并未给美国带来什么利益,相反却非常有可能引起敌意。关于调停日俄战争,塞缪尔·弗拉格·比米斯教授指出,"对美国有害而无益"。关于与巴拿马革命者通过阴谋活动使美国按罗斯福提出的条件获得运河区一事(罗斯福对此感到非常自豪),多数研究这一问题的美国历史学家都从国家利益和国际道义角度对此加以谴责。其好处至多不过是使罗斯福多了几个月的开挖运河的时间,但其代价却是极大地增加了拉丁美洲各国对美国的恶感。

在那里为建立功绩制原则热情工作，终于使克利夫兰不分党派再次任命他为该委员会委员。1895 年，他回到纽约担任警察专员委员会主席。
216 最后由于洛奇的影响而使他当上了海军部长助理，在麦金莱手下工作，由于在与西班牙作战中的蛮勇表现，他成了一位著名的英雄，并在 1898 年当选了纽约州州长。事实证明他在那里给普拉特的党的领导机关带来了麻烦，党魁们希望能有一个机会把他架空，于是 1900 年他的朋友们和敌人们结合起来使他当了麦金莱的副总统候选人。虽然他对竞选一个只会是默默无闻的职位并不心甘情愿，但仍全力进行竞选。他最后得到的报酬是当上了美国总统。

罗斯福一来到这个世界就处于最有力的顽固力量的保护之下，他思想中灌输的保守主义信条非常顽固，只有相当多的经历才能使之有所缓和。根据他的描述，他父亲“是我所了解的最优秀的人物……有一张雄狮般的脸庞，对那些需要帮助和保护的人们总是有着一副慈善的心肠”。他是从事玻璃进口和银行业的商人，坚持共和党大实业家们的传统观点，与政治改革不发生关系，不过倒是积极参加慈善事业的。

罗斯福回顾说，在 J. 劳伦斯・劳夫林鼓吹极端的自由放任主义的哈佛大学，他接触到了正统的准则。除此之外，他对经济政策几乎没有什么具体的想法；罗斯福毫不隐讳地承认，担任公职 20 年之后进入白宫时，在经济方面只有一点可怜的背景知识。大学里要他交一篇作业，他就古希腊格拉古兄弟的性格写一篇文章，这本可以使他对古代的一场伟大社会斗争进行认真的研究，但如他本人所说，他却进行了“一场沉闷的抵制，没有提出任何新鲜见解”。然而 1812 年战争期间美国和英国舰只中护航舰和海岸炮舰的作战却使他发生了浓厚的兴趣:他在大学四年级动笔写作的第一部历史著作就是《1812 年海战》,本书叙事动人,其中有关技术方面的描述颇具眼光。

促使罗斯福决心进入政界并成为“统治阶级”的一员,与其说
是为了实现具有积极目的的计划,毋宁说是由一种隐隐约约的献
身精神所鼓励。在年轻的罗斯福身上,除了认为心地纯洁的人应
更积极地参与政治,鄙视单纯追求物质利益,以及为国家献身的精
神之外,人们几乎看不到有什么深思熟虑的想法。他在 1896 年 4 217
月 5 日致姻兄威廉·考尔斯海军上将的一封信中扼要地叙述了他
的大部分积极信念:

> 的确,我对于市政改革和文官制度的改革这类问题有自己强烈的感受,但关于我们对外部世界的态度及其一切含义我更有自己的看法,从海岸防卫和建设第一流海军到适当有力的外交政策。……我认为我们应该有足够的远见,稳步制定政策,以期最终将欧洲各国从它们在西半球占领的殖民地上赶出去。

最能说明罗斯福政治倾向的是他对待劳工的态度。19 世纪 80 年代中期和 90 年代发生了多起激烈斗争的罢工事件。由于他所在的城市和州是日益强大的劳工运动的中心,因而他经常感受到劳工组织的压力。

罗斯福在开始任纽约州议会议员的时候,曾被派去调查纽约

市雪茄制造业中设在公共住宅中的血汗工厂。视察中发现的污秽情况使他感到震惊，于是他支持当时被他的朋友们认为是危险而具有煽动性的法案，以取缔公共住宅中的雪茄制造业，虽然他也承认这种措施具有“某种社会主义的性质”。此后，他又投票支持限制工厂中妇女和童工工作时间法案以及有关工业安全的立法。这是他做到的最大限度。他对于其他劳工法律的态度使他在劳工群众中名声很坏。他此时的观点比艾布拉姆·休伊特及马克·汉纳等较开明的资本家还要保守一点。他在州议会待过一年之后不久就写道，这是很糟糕的一年，“因为为了劳工阶级的利益，不断有各种煽动性议案提出。”有一项“煽动性”议案要求纽约、布鲁克林、布法罗等市雇员的工资不少于每天 2 美元或每小时 25 美分，罗斯福在阻挠提案通过方面起了作用。他反对这项议案使纽约市付出了
218 代价，并把它描述为“每年纯粹为了讨好选民而提出的数十项荒谬议案之一”。他还反对取消罪犯生产合同的法案、提高纽约市警察和消防队员薪资的法案以及加快执行纽约市 8 小时工作制法令的法案；他愤怒地反对通过一项规定市内有轨铁路系统内马车夫最长工作时间为 12 小时的法案。

此后他与劳工的一项重要接触是以警察局长的身份进行的。他以此身份使许多经济公寓被取缔，从而受到劳工和改革运动的欢迎。他经常由雅各布·里斯陪同到贫民窟巡视，里斯的话往往很有启发；他开始阅读有关住房问题的文献，并对社会工作表示出兴趣。但在派警察维持罢工秩序问题上，他与劳工组织一再发生冲突。1895 年，《晚邮报》引用了他下面的一段话：

> 就像保护雇主的权利一样,我们也热心地捍卫罢工工人的权利。但如可能发生暴乱,情况就不同了。搞暴乱的人们就得碰一碰他们的运气。无论付出多大代价也要维持秩序。如需开枪,我们就对准目标射击。我们不会放空枪或向人们头顶上空开枪。

1890 年代的经济萧条所引起的工业骚动经常使罗斯福感到苦恼。臭名昭著的布雷德利—马丁舞会计划举行的时候,纽约市正笼罩在饥饿和失业的阴影之中,罗斯福这位警察局长对此大为恼火,认为这一事件会对穷人构成不必要的挑衅,并巧妙地讥讽说:“我得像保护罢工一样,派大批警察去保护这场舞会。”

到 1899 年的时候,罗斯福已经懂得,通过在许多具体细节上作出让步,就可以利用劳工运动(或其他人民运动)的某些政治力量。他任州长时与劳工组织打交道时表现出了越来越多的灵活性。他努力工作,从而使议会通过了反对血汗工厂的立法;他是第一个到血汗工厂区巡视的州长;他定期就与劳工利益有关的事项和劳工领袖进行磋商;另外,似乎是为了衡量他思想变化的幅度,对于他过去任州议员时一直激烈地反对的一项法案,即与政府签订合同的职工每天八小时工作制法令,他竟然签字同意。虽然他视自己为一州权力的化身并且是财产的捍卫者,但也看到应该而 219
且有必要通过社会立法使权力机构显得仁爱一些并改善人民的生活条件。然而每当民众特别是通过罢工显示出独立的力量时,就会引起他的强烈的反应。他在谈论当时的一场劳资争端时扼要地说明了他当州长期间的态度:“如果克罗顿大坝罢工出现灾难,我

就会立刻命令民兵出动。但我也得签署一项关于雇主责任的法令。”如霍华德·赫维茨所说，他仍显示出“动不动就愿意使用军队……一涉及罢工事件时，他的思路就是单轨的，这条单轨总是把军队运到争端发生的地点”。

罗斯福以类似的不耐烦心情注视着全国范围内发生的事件，对于在他一生中这一阶段国内出现的一次又一次突发的暴力事件他显出同样倾向。秣市广场事件[①]发生时，他在自己的牧场骄傲地写信说，他的牛仔们希望“有机会向一群暴徒开枪。……我希望他们就在我身边，即使面对比我们人数多10倍的暴徒，也可好好显示一下力量；我手下的人枪法准，打仗勇敢”。19世纪90年代的不满情绪引起了新的歇斯底里发作。在普尔曼火车车厢工厂工人罢工期间（当时马克·汉纳对克利夫兰联合俱乐部愤怒的绅士先生们说：“不与自己的雇员妥协的人是个十足的傻瓜”），罗斯福给布兰德·马修斯写信说：“我对于平民党人和工人们及其缺点很了解……我希望看到正规军和好的州警卫队对付这些暴徒，不要多过顾忌流血。”他和一些人一样，认为1896年的事态可能会导致类似法国大革命的情况。他在7月份给他姐姐的信中写道：“这不仅仅是就货币本位制发生的一场争执，”

这是一起半社会主义性质的农民运动，自由铸造银币只

① 1886年5月4日，为争取八小时工作制，抗议警察枪击示威者的暴行，劳工在芝加哥秣市广场举行集会。其间有人向出面干涉的警察投掷了一颗炸弹，炸死7人，伤70人。审查机构尽管未查出投弹者是谁，但认定8名无政府主义者有罪，并把其中4名处以绞刑。——校者

> 是一个附带的部分，一些人支持它主要是希望以此损害富裕和节俭的人们。“劳工组织”是布赖恩在大城市的主要支柱；他的话既蛮不讲理又极端愚蠢。社会底层各种跃跃欲试的罪恶力量都在支持他。

约翰·P.奥尔特吉尔德宽恕了3个芝加哥的无政府主义者，并对克利夫兰派联邦军队到伊利诺伊州去镇压普尔曼火车车厢工厂工人罢工表示抗议，罗斯福对这两件事都不能原谅。他于是拒 220
绝和奥尔特吉尔德会面，因为用他的话说，他们可能不得不“在战场上刀枪相见”。当汉纳在训斥他在联合俱乐部的朋友们，说“决不会有什么革命发生。你们是一帮十足的傻瓜”的时候，据报导罗斯福却在讲：①

> 使我国人口中很大一部分人活跃起来的情绪只有像镇压巴黎公社那样才能镇压下去，把他们的头头抓出十几个，……让他们站在一堵墙前面，然后把他们枪杀。我以为事情会闹到这一步，这些头头们正在策划一场社会革命，企图颠覆我们的共和国。

银币危机已经过去，与西班牙的战争又分散了他的注意力，而且繁荣时期又已出现，但这些均未能完全驱散罗斯福的忧虑情绪。

---

① 这些话是由威利斯·J.艾伯特报导的，他是《纽约民主党日报》的一名编辑，罗斯福则坚决否认说过这类话。

1899 年他还从奥尔巴尼写信给洛奇说，他所在州的工人和小商人有一种“阴沉的不满”情绪。这年夏天布鲁克斯·亚当斯来看望他，他们谈到了工会的八小时工作制运动对国家的危害以及国家受到托拉斯组织者“奴役”的可能性。他们非常感兴趣的想法是可由罗斯福带头，“让易动感情的人在某种程度上让感情迸发出来，这至少可暂时压制那些经济人。”[①]

罗斯福对于麦金莱的胜利并不特别高兴。如果有什么值得高兴的话，那当然就是挫败了布赖恩和奥尔特吉尔德；不过他把麦金莱看成是一个懦夫，“严重危机到来的时候，无论是纸币泛滥、大规模劳工骚动还是与外国冲突的危险”，都不能依靠他。1896 年的胜利毕竟是他曾经常谴责的那些富翁们的胜利，他在参加了共和党的庆祝宴会之后心情低沉地给他姐姐写信说，“布鲁克斯·亚当
221 斯悲观地预见到我国将来会由金钱支配、资本家操纵、高利贷者掌管的情况”，他是“亲眼认识到了这一切了”。

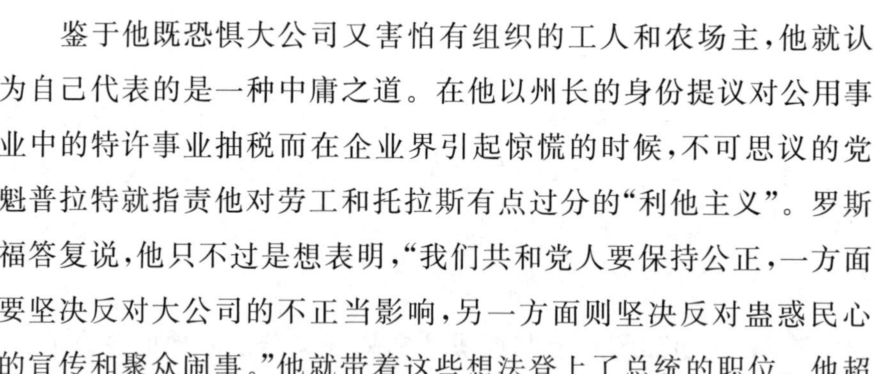

鉴于他既恐惧大公司又害怕有组织的工人和农场主，他就认为自己代表的是一种中庸之道。在他以州长的身份提议对公用事业中的特许事业抽税而在企业界引起惊慌的时候，不可思议的党魁普拉特就指责他对劳工和托拉斯有点过分的“利他主义”。罗斯福答复说，他只不过是想表明，“我们共和党人要保持公正，一方面要坚决反对大公司的不正当影响，另一方面则坚决反对蛊惑民心的宣传和聚众闹事。”他就带着这些想法登上了总统的职位。他超

① 这可能是指两年前亚当斯在《文明与衰败规律》一书中对富于想象力、易动感情和有艺术修养的人与经济人之间的划分。罗斯福于 1897 年 1 月在《论坛报》上为这本书写过一篇重要的评论。

越于一切抗争的阶级之上，是个一心只为国家利益的不偏不倚的仲裁人，并在维护各种严格的道德观念，而没有这些道德观念，美国就不能在世界舞台上起到它预定要起的主导作用。

三

“华尔街对你这样的人可真是求之不得”，这是1896年布鲁克斯·亚当斯挖苦罗斯福的话，当时他怂恿罗斯福去为商界效劳。对于这位义勇骑兵团领袖来说，卖身给华尔街的想法令人反感，亚当斯的冷嘲热讽肯定也使他感到很不舒服。但是，当一个更为独立自主的政治家，稳定已经形成的局面，当一个比一般保守党人更为明智的保守党人，这个角色对他具有诱惑力。他执意要把资本的主人们从愚蠢的顽固中“解救”出来，这一主题一直贯穿于他当总统以来公开和不公开的著作之中。如马修·约瑟夫森所说，在他第一任期间，他清楚地知道，他是个“俘虏总统”，对他来说，挣断束缚他并使他为商业界服务的锁链是不明智的。“慢慢来”，汉纳向他这样建议。“我一定慢慢来”，这位新总统回答说。[①]

罗斯福听从的顾问几乎毫无例外的都是工业和金融资本的代 222
表，如摩根家族的汉纳、罗伯特·培根和乔治·珀金斯、宾夕法尼亚州铁路公司的伊莱休·鲁特、参议员纳尔逊·奥尔德里奇、A. J. 卡萨特、洛克菲勒财团的费兰德·诺克斯和詹姆斯·斯蒂尔曼。

---

①　罗斯福与汉纳的关系一天天亲密起来。1909年，有人问费兰德·C. 诺克斯是否见到过他们二人争吵，诺克斯说见过，但只有一次。罗斯福认为农民协进会成员即1870年代的农村改革派，是一群疯子，而汉纳则认为他们是有益的公民。

当他的姻兄道格拉斯·罗宾逊从华尔街给他写信，请求他不要做任何损害实业界信任的事情时，他答复说：

> 我意图采取最保守的路线，但为了各公司本身的利益，特别是为了国家的利益，我要谨慎而稳步地推行我公开承诺的路线，……我相信这条路线是正确的。

罗斯福在第一任任期即将期满之际，感到一阵焦虑不安，害怕他的某些政策伤害了实业界，于是1903年他竭力向企业界保证他的用心是光明磊落的。[①] 虽然民主党提名了货真价实的保守候选人奥尔顿·B.帕克法官，但罗斯福仍在实业界保住了地盘。从摩根和洛克菲勒的公司，从哈里曼、弗里克、昌西·迪普以及乔治·J.古尔德，慷慨的捐赠流入了共和党全国竞选委员会的金库。罗斯福的对手毫无根据地指控他对各公司进行“讹诈”或以免税来报答他们的捐款。[②] 但在民意测验中，罗斯福对帕克占了压倒优势。罗斯福使人民相信，他是一个很好的改革家和实业家。

223 这里需进行一点说明：的确有一些实业界人士恐惧和痛恨西

① 1903年6月2日，洛奇再次让他放心，说，“资本家中反对你的人仅限于华尔街和芝加哥一群人，甚至华尔街也有许多人赞成你，在斯泰特街这里我未发现有多少人因合并（北方证券公司）案而表示敌意，情况恰恰相反。”

康涅狄格州参议员奥维尔·普拉特在同一日晚些时候发现，罗斯福的反对派是“来自党内的两个极端——即华尔街的金融势力和劳工运动煽动者——两种势力起着同样的反对作用”。

② 奥斯瓦尔德·加里森·维拉德在《战斗的年代》一书中写道，亨利·克莱·弗里克有一种错觉，认为罗斯福为得到财政上的支持作出了积极的承诺。弗里克愤怒地回顾说：“他跪在我们面前，我们花钱买了他这个狗娘养的，可他却不乖乖地听话。”

奥多·罗斯福。然而，这些人和保守派报纸编辑们在表示反对意见的时候，就像杜邦后来帮助富兰克林·D.罗斯福一样。他们当了戏剧性的陪衬，使他得以似乎有理地作为改革者留在政治舞台上。他对待许多公众关切的问题的态度与较为精明的资本家实际上是一致的。特别是涉及劳工运动时尤为如此，1902年无烟煤矿工人大罢工中罗斯福采取的调和态度就说明了这一点。在这次劳资争端中，乔治·贝尔用他的话勾画出了老式资本家的心理状态，他说："上帝以其无限的智慧使一些基督教徒控制这个国家的财产"，只有他们才有资格管理工人们的福利。更有政治家风度的实业家们的态度以摩根和汉纳为代表，他们都给煤矿经营者们施加压力，要求他们接受罗斯福和鲁特提出的仲裁方法。[①] 争端自始至终，总统都对矿主们的顽固态度大光其火。"……无论是从国家政策还是从高尚的道德标准的各种考虑出发，他们都应该作出一些轻微的让步，"他在给汉纳的信里这样说。他还说："毫无疑义，矿主们的态度使我们这些处于他们和社会主义行动之间的人的负担倍加沉重。"多年之后，他回顾说："我急于使大煤矿经营者们和豪富阶级中的所有人——矿主们也是其中成员——免受他们的愚蠢行为本会给他们带来的惩罚，如果我不采取行动的话。……"

罗斯福在其两届总统期间对激进主义运动的兴起非常担心。专门报导丑闻的文章日益显眼（而且"正在引起一种革命的情绪"），社会主义运动日益深入人心（"比以往的任何民众运动或类

① 罗斯福感谢摩根时说："如果不是由于你干预此事，我看不出这次罢工目前怎么就能解决。"

似运动都更具不祥之兆”），像拉福莱特这样具有战斗性的地方改革家的出现，以及布赖恩的影响持续存在——这些事情都使他感到焦虑不安。“我不喜欢目前的社会状况，”他在1906年3月向塔夫脱抱怨说：

224 非常富有的人们愚蠢呆笨而缺乏眼力；他们贪婪骄横……生意经营上和政治上的舞弊行贿行为，这一切致使人们心中产生一种非常不健康的激动和愤怒情绪。社会主义宣传的明显增加就说明了这一点。

罗斯福对于“非常富有的人们”的厌恶，使他夸大了他们的愚蠢，并忘记了他们曾给予他多少支持，但他对人民激动和愤怒情绪的理解却是十分敏锐的，而且他具有高超的技术，能够将这种情绪引入采取温和行动的渠道。（他的拳击教练告诉他不要和对手的拳头硬碰，而要与他周旋。）布赖恩在1900年大谈托拉斯问题，罗斯福的反应是在1902年提出了轰动一时的反托拉斯控诉——北方证券公司案。1904年至1906年期间，布赖恩鼓动政府接管铁路，而罗斯福则报以支持赫伯恩法案，这一法案使州际商务委员会开始控制铁路运费率。在争取通过这项法案期间，他给洛奇写信，对铁路方面院外活动分子的活动表示痛惜：“我认为他们目光非常短浅，不理解挫败这次法案就意味着增加要求政府接管铁路的运动的声势。”罗斯福引用布赖恩书中的一些论述，极力说服国会通过关于工人补偿和童工的法令，铁路时间法案、所得税和遗产税收法令及限制各公司为政党捐款的法案；他对联邦法院发动攻击，谴责在劳资冲突中滥用禁令；他严厉批评商业上的欺诈行为，使用了白宫中从未使用过的夸张语言。他的建议，只有一小部分受到国会的认真考虑，在一些情况下，特别是在涉及赫伯恩法案时，他在制定法律方面的作用更明显的是一种妥协的意愿而不是要与党内保守派的头面人物进行斗争。但他的激烈的语言也有其本身的价值，这不仅使他在公众眼中形成了战斗的激进派形象，而且实际上使改革的意见具有更大的力量。他对于“富翁中的作恶者”和“为富不仁者”的折磨，也使那些赞赏他的人们能心满意足地发泄他们的感情，因为这个时候没有几件事是令人满意的。

*　　　*　　　*

但现在回过头来看，就很难理解罗斯福何以设法保持住他的 225
热心的改革家的声誉。他与布赖恩不同，对于改革的人道主义的目标没什么强烈的兴趣；他又与拉福莱特不同，对于改革的实际细节不能完全掌握。他在《自传》中承认：“在国内事务方面，我初当总统时，并没有什么深思熟虑的或影响深远的改善社会的计划。”他认为改革并不是彻底的净化，改革的目的仅仅是为了医治国家最明显的伤痛。然而很多人愿意而且急于按表面价值就接受他在改革方面的作用。也许最能说明进步派容易满足的证据就是罗斯福在破坏托拉斯方面的声望。下面的情况就可以说明这一点：

罗斯福在对大工商业问题没有什么明确主张和坚定原则的情况下就当上了总统。早在 1899 年 8 月 7 日他就写信给 H. H. 科尔沙特说，托拉斯引起的民众不安“在很大程度上是无目的、无根据的”，并且直爽承认他不知道应该怎么办才好。但如我们已经看到的，他不相信并且鄙视政治上的不光彩的“资产阶级”精神。大企业的宏大规模使中产阶级因经济方面的原因而恐惧，使罗斯福因政治方面的理由感到心惊。他不是一个小企业主，担心会被吃掉，也不是一个普通顾客，害怕价格上涨，而是一个大政客，在获得权力方面面对强大的敌手。他并不盼望恢复竞争条件以破坏大企业。总之，他并不具有小人物对小数量财产的热爱，而正因为如此他获得了布兰代斯、拉福莱特和威尔逊等人的同情。大规模企业使罗斯福感到一种不祥之兆，美国在某一天可能会被他一直鄙视的追求物质利益的人们所奴役，出现一种“庸俗的财富所有者专制”的局面。反托拉斯的措施对他来说，部分地是要满足人们希望政府管制大企业的要求，但更重要的是威胁大企业强迫他们接受管制。罗斯福解决托拉斯问题的方法就是要进行管制而不是摧
226 毁。从心理角度看，他把自己与国家的权威等同起来，在处理托拉斯问题时小心提防地把自己迫不及待的“控制一切”的欲望表示了出来。无论何时均不能允许托拉斯比国家强大；托拉斯必须屈从于道义上更胜一筹的力量。

罗斯福从一开始就直截了当地把他的思想说了出来，也正是这才使他要逐步解散托拉斯的声名显赫起来。1902 年 12 月 2 日他对国会说：

> 我们的目的不是要取消公司；恰恰相反，这些大型聚合体是现代工业发展不可避免的产物，取消这些公司的任何努力都会徒劳无益，反而会给整个国家带来巨大损害……我们要反对的是不当行动而不是财富。

他曾一再强调这种思想。在他第二任总统任期一开始时就宣布：“这是一个公司合并的时代，任何阻止合并的企图不仅无益，而且最终有害，因为不执行法律最终一定会导致蔑视法律。”

罗斯福在其《自传》中以非凡的历史洞察力说明，解决问题的方法不是解散公司而是加以管制：

> 现在一个主要麻烦是，看到并力图纠正弊病的人们试着用两种完全不同方式进行工作，而且大多数人采取的方法很难带来实际改善的希望。他们试图（用谢尔曼法）支撑早已证明无用而且有害的个人主义，用更多的个人主义代替集中，而这种集中恰恰是早已存在的个人主义不可避免的结果。他们看到了大的联合企业带来的祸害，于是就力图摧毁它们，并恢复 19 世纪中叶的经济情况，用以进行补救。这是一种毫无希望的努力，而且尽管进行这种努力的人们把自己看成激进的进步分子，他们实际上代表着农村中一种不折不扣的保守力量。……

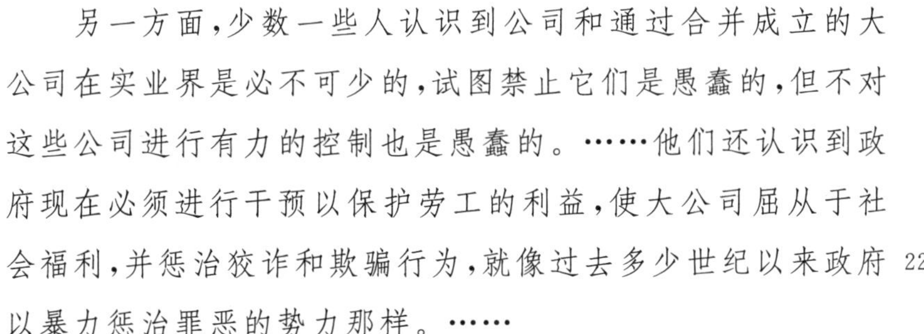

> 另一方面，少数一些人认识到公司和通过合并成立的大公司在实业界是必不可少的，试图禁止它们是愚蠢的，但不对这些公司进行有力的控制也是愚蠢的。……他们还认识到政府现在必须进行干预以保护劳工的利益，使大公司屈从于社会福利，并惩治狡诈和欺骗行为，就像过去多少世纪以来政府 227
> 以暴力惩治罪恶的势力那样。……

当然，罗斯福明智地有选择地提出几起控诉案，这使他关于改进公司道德准则的谈话有了实质性内容。1902 年，在他第一届总统任期即将开始时对北方证券公司的起诉就是其中最出色的一举。

北方证券控股公司是由詹姆斯·J. 希尔、J. P. 摩根及其他人组成的。它建立了一个包括北方太平洋铁路、大北方铁路及芝加哥－伯林顿－昆西铁路等公司的巨型铁路垄断系统。其中有关路段一直受到公众密切注视，因为希尔与 E. H. 哈里曼之间进行了激烈而广为宣传的争夺，但这段铁路的垄断无论对于整个实业界还是对于摩根公司都并非生命攸关的大事。对之进行起诉是非常聪明的宣传的一招，而且即使较为保守的政治家也几乎难以抵制。①

尽管如此，北方证券公司案件一宣布还是在大实业家当中引起了巨大震动，并使摩根本人带着迪普及汉纳参议员匆匆忙忙地来到华盛顿，看一看总统是否计划“对我的其他企业发动攻击”。他被告知说，只有当“他们做了我们认为是错误的事情时”才会发生这种情况。

228 罗斯福决不是热衷于挑各个托拉斯的毛病。“实际上，”他在

---

① 麦金莱如果活着的话，他也有可能提出此类诉讼。汉纳如往常一样，对整个事件缄口不语，并拒绝代为求情：“我警告过希尔，告诉他麦金莱去年可能对他那个倒霉的公司采取行动。现在罗斯福干了。我为希尔感到很抱歉，但你们这些先生们认为我又能做得了什么？”

这起控诉虽然在技术上是成功的，但并未恢复竞争。很能说明问题的是，罗斯福听到最高法院对北方证券公司一案的判决时，就宣称这是：“我这一届政府所能取得的最大的成就之一。……这个国家最有势力的人们也在法律面前负有责任。”霍姆斯法官先生在发表不同意见时不怀善意地指出，事情恰恰并非如此，因为根据谢尔曼法，应该对摩根先生、哈里曼先生、希尔先生及公司其他有关人员进行刑事控诉。为此罗斯福就永不饶恕霍姆斯。

即将卸任时私下承认,“我只要能找到可能的借口,一切案件我都中止进行。”罗斯福是在各公司大量捐款的帮助下经历了再次当选的考验的;在第二任期间他又进行了几起有名的案件,但如美孚石油公司和美国烟草公司这类明显的反托拉斯行动的主题都未触及。叫嚷的声音大大地超出了实际完成的工作。历史学家们不只一次指出,塔夫脱政府 4 年期间提出了 90 件反托拉斯控诉案,而罗斯福在 7 年期间只提出 54 起。美国实业史上托拉斯增长最集中最迅速的阶段发生在罗斯福政府期间。

西奥多·罗斯福的托拉斯政策中可以看到模棱两可的一面,他很自然而且不加掩饰地做到了这点。他年轻的时候有一种好斗的本性,对于假想的情敌、西印度群岛人、墨西哥人、英国海军、西班牙士兵、美国工人及平民党人,他都是击中方休。但在当上总统之前,他懂得了一个有雄心的政治家应能自我控制感情并能深谋远虑。因此,他对于暴力的狂热只能通过语言发泄,向四面八方同时爆发才能使之平息。暧昧态度就像是他思想建筑中的一件实用家具。他实实在在地反对大企业的胡作非为,但他也确实反对一律将托拉斯解散。他赞成改革,但讨厌好战的改革家。他希望政府官员廉洁,买卖诚实无欺;但把揭露政府弊病和企业欺诈的人称为“专门报道丑闻的人”加以侮辱。(当然,如果揭露的情况“绝对真实”,他还是完全赞成的。)“我们既不支持穷人也不支持富人,我们支持的是正直的人,不管是贫是富。”这是他经常说的一句话。实际政治生活中充满了此类含糊其辞的说法,但出自普通政客之口时,往往令人听起来是软弱无力犹豫不决的,而罗斯福说出却叫人觉得有胆有识,是会采取积极行动的。

罗斯福有一种一般政治家身上少见的广博学识和修养。他读书热情很高，而且博览群书，只是研究稍差。他记住很多东西，文
229 章有时也很犀利，而且十分注重具体细节。他对各种事都有很高的热情。他邀请布克·华盛顿到白宫来，将霍姆斯提升到最高法院，并给埃德温·阿林顿·罗宾逊一个政治上的闲职。细心有教养的人们发现他很迷人，用约翰·莫利的话说，令人难以置信的是这仅仅是由于美国的各种自然现象中，罗斯福在引人注目方面仅次于尼亚加拉瀑布。但那些了解他的人，从精明的政界伙伴鲁特等人到亨利·亚当斯、海约翰和塞西尔·斯普林—赖斯，都不用严肃的态度对待他。这样做是完全有道理的，今天如果有人耐着性子阅读他的作品集子就会发现，除了偶有见地和一些哗众取宠的内心表露之外，剩下的就是一套庸人对旧习的因袭，肌肉发达而好斗的罗斯福却有着一副波洛尼乌斯[①]的思想素质。他身上有一种东西与有见识的怀疑，超脱精神以及任何不同一般的审慎都不相容。也许正因为如此才使他将亨利·詹姆斯和亨利·亚当斯称之为“迷人的人，但对性格坚强的人来说却是极不理想的伙伴”，而且对“他们所赞赏的冷嘲热讽态度”也很反对。他自认为他的有关文学作品的意见很有分量而且很是重要，这些意见确实也有过一些影响，但它们不仅仅是因受他的政治观点影响而产生的令人不能容忍的偏见，而且，尽管他自诩他的评论猛烈有力，实际上一点也未脱离旧框框，十分温文尔雅。例如左拉的“故意描述恶劣得不堪

① 莎士比亚的《哈姆雷特》剧中奥菲丽亚的父亲，是位口若悬河、喜用警句的旧式廷臣。——译者

说的事”叫他感到讨厌；他不喜欢托尔斯泰，因为托尔斯泰宣扬了反对婚姻和战争的观点；他认为《克莱采奏鸣曲》是“一部污秽而令人厌恶的作品”；狄更斯因为不喜欢美国而不是正人君子；高尔基到美国来时带了一个不是他的妻子的女人，这是不道德的，和许多欧洲大陆人一样，而且在政治上，是一个“愚蠢的学究革命家”。

罗斯福想象自己所扮演的是一个道德家的角色，他对林肯·斯蒂芬斯说，美国社会生活中真正需要的是“为道德而进行的根本的斗争”。离职前不久他对雷·斯坦纳德·贝克说，估计关税、货币、银行等经济问题会变得日益重要，但他说他对这些并不怎么关
心。“我注意的问题是道德问题，我的学说完全是关于道德方面 230
的。”这说得很对，罗斯福对进步运动的主要贡献是说教。但他心中想到的只是把他的道德标准变为现实；这是最好的理由，他在政治方面本质上很保守的全国性目标与他信口讲出来的东西是矛盾的，但只要他的活动局限于他所讲的范围之内，这种矛盾就不那么明显。

总而言之，通常情况下他的思想并不那么深刻，但他却代表了许多美国人的要求。拉福莱特挖苦地说：“特定时期内民众会有一种目光短浅的情绪，而罗斯福则是最善于反映这种情绪的人。”梅迪尔·麦考密克评论说，他所以能成为显赫人物就是因为他懂得“笨蛋的心理”。布赖恩只是在部分地区做到这一点，罗斯福却说出了全国各地中产阶级的观点，从而得到了那些从未耕过田、从未长过趼子的人们的热烈拥戴。对于这些人希望避免的现实他有一种特殊的感觉；以对于不可捉摸的虚妄现象的一种不可思议的直觉，他能以貌似有理的肤浅语言，道出这些人心中的恐惧。他政治

上的上升时期正处于经济繁荣时期，民众的不满不像布赖恩出名时那么强烈。中产阶级对于进步运动的增长出了很大力气，他们对于政治权力和经济权力的集中以及政府中腐败现象的持续存在深感不安，但是如果企图拆散企业权力结构，从而就有可能危及一个营业兴隆的企业，中产阶级中是否有许多人比罗斯福更愿意承受这全部含义，这是值得怀疑的。罗斯福在 1905 年给乔治·特里威廉爵士的信中说，一般的看法是，“我们要尽力寻求控制大公司的方法，但同时又不削弱商业界的活力。”

这句话典型地反映出罗斯福的政治信仰背后有一种基本上是消极的倾向。这种想法常常是：我们不得不做这件事，目的是为了防止那件事发生。他赞成控制铁路运费率，主要是为了纠正当时
231 收费的不公平状况还是因为他害怕国有化？他强迫矿主们对其雇员做出微小让步，是因为他同情矿工们还是因为他对“社会主义的行动”感到恐惧？他拥护工人补偿法，是因为他明确意识到受损害的工人们的困境还是怕布赖恩得到更多选票？在回忆童年时代时他曾经说过，“有许多事开始叫我感到恐惧，一旦我装作不怕的样子干下去，慢慢就不再恐惧了。”是他不再有恐惧心理了，还是他只是把这种心理压抑了下去？他真的成了一个不害怕的人还是只是装作不害怕的样子？给他作传的亨利·普林格尔曾经指出，他实际上经常有一阵阵的焦虑感。实际上，在他的忧虑之中，在他的进步主义的消极和防护性的一面里，可以看到他的政治力量的源泉。罗斯福一生中看到的美国迅速壮大和工业飞速发展激化了社会各方面的关系，产生了后遗症，使人们迷惑、愤怒、恐惧，19 世纪 90 年代的经济萧条一下子就把这些推到表面上来。罗斯福就是要通

过突然采取令人兴奋的行动在心理上消除人们的焦虑，并以权威的口吻谴责使人们感到恐惧的恶魔，从而消除人们的恐惧心理。因长期处于与自己的不安全感进行斗争中，使他受到训练并变得坚强起来，因而成了中产阶级最理想的精神治疗家。

四

塔夫脱是罗斯福选定的继承者。罗斯福向吉尔森·加德纳揭露了其中奥妙：“的确，他从未发起任何有点进步派气味的事来，但他与本政府关系密切，足以了解政府的立场。”但塔夫脱不能操纵公众舆论，也不能像罗斯福那样两面讨好。1910 年，已卸任的总统罗斯福从非洲自我流放的旅行回来之后发现，过去从未特别背离党的方针的共和党内造反分子，现在壮大到足以和塔夫脱抗衡争夺党的领导权的地步。1910 年 7 月 11 日，罗斯福对尼古拉斯·朗沃思说：“肯定地说，政府完全未能保持党的巩固团结，我最担心的是反抗不仅仅来自于党的领导人，而且来自于广大人民 232
群众。”[1]

罗斯福还很年轻，他不会对自己的名声掉以轻心，也不会放弃政治上的宏愿。他以常有的敏锐观察力看到进步派的发展尚未达到最高峰。从 1910 年 8 月发表有名的《新国家主义》演说开始，他就以“新”的政治人物出现。《新国家主义》实际上是罗斯福的旧的

---

① 拉福莱特在《自传》中说，进步运动在塔夫脱任职的前两年内取得的进展比在罗斯福两届任期内的进展都大。他得出结论说：“这在很大程度上是由于塔夫脱的路线是更为直接的，而罗斯福的路线则是迂回的。”

思想与一些更具挑战性的进步派观点的明显的混合物。罗斯福宣称,民主的目的现在只能以汉密尔顿式的手段才能达到。一个强大的中央集权的国家,政府增加对经济生活的干预以及政治摆脱对特殊利益集团的关切——这就是发展的主要方针。罗斯福特别赞成创制权、公民投票和罢免权、民众选举参议员和直接初选候选人。他因攻击联邦司法机构阻碍人民意愿的实现而使保守派感到震惊,他主张州法院使社会法律失效的决定可由人民撤销。他支持赔偿法令、限制劳动时间、有等级差别的所得税、实际估量铁路的财产以推行"诚实的"资本估价,以及政府监督在各州间进行商业活动的各类公司的投资。

罗斯福指出,民主政治不应仅仅局限于政治方面,它必须表现在经济方面。关于劳工,他赞成林肯的话:"劳工是优良的资本,应给予更高的考虑。"他补充说:"我希望看到劳工组织强大起来。"但根据罗斯福过去说的话,他曾清楚表明劳工组织强大起来之后,它们必须像大公司一样接受政府的管辖。

这些建议中,罗斯福过去未表示赞同的为数不多,而且为了
233 这些建议别人无不奋斗十年以上,但去掉了一些人们熟悉的罗斯福惯用的模棱两可的提法,又强调了他的家长式统治的国家主义,就使人感到面目一新。伊莱休·鲁特发现罗斯福的新东西难以令人相信:"我并不怀疑,他认为是相信自己所说的话的,但实际上他并不相信,他只是很随便地捡起一些想法,就像人们打架时顺手抄起一条拨火棍或一把椅子一样。"罗斯福有时也不隐瞒地说,他仍旧在沿以往很熟悉的战略方针在进行工作。他在1910年说:"我所提倡的……并不是极端的激进主义,而是最为高明的保

守主义。”①

罗斯福的实际目标最初可能是围绕着1916年的选举。乔治·莫里教授认为,罗斯福估计共和党在1912年将会遇到失败,他将会很高兴地看到塔夫脱首当其冲,而到1916年的时候他将作为恢复活力和团结的党的领袖重返白宫,那时他才刚刚58岁。但即使他有这种打算,后来随着进步运动激烈展开,他改变了原来的想法。

罗伯特·M.拉福莱特由于在威斯康星州和参议院中取得的成就,在1912年进步派召开代表大会时他似乎就成了当然的领袖。曾在1908年私下里写文章谈论“拉福莱特式的愚蠢的激进主义”的罗斯福本人,在1910年却赞扬拉福莱特,说他把他家乡所在州变成了“为援助社会和经济正义而进行明智政府管理活动的试验场所”。拉福莱特如能得到罗斯福的支持,他似乎很可能会获得总统候选人的提名。他后来指责说,他曾得到罗斯福的明确许诺,虽然从未提出什么证据,但有一点是肯定的:罗斯福最初的确非正式地鼓励这位进步派领导人,但不肯在公开场合下表示赞成,后来则拒绝否认自己要争当候选人,从而使拉福莱特的运动失去了活力。拉福莱特的朋友们感到愤怒。“此刻你要是在这个国家,你就会发笑,”布兰德·惠特洛克1911年12月5日给他在国外的一位朋友写信说,“你将会看到保守分子们正在试图再次把罗斯福搬出来做总统候选人,以阻止拉福莱特得到提名,因为拉福

① 弗兰克·穆塞就罗斯福1912年进步派代表大会前的信仰坦白作了如下有趣的评论:“既具特别进步格调而又极为保守正统。”

234 莱特对塔夫脱来说是一个非常危险的敌手。”林肯·斯蒂芬斯几周之后报导说：“罗斯福的‘犹豫不决’在整个进步派运动中造成了混乱。”

罗斯福表面上的犹豫不决使宣传拉福莱特的热潮受到压制。到1912年1月，诸如平肖和梅迪尔·麦考密克等著名的进步派分子均已转而支持罗斯福。2月里，战斗中的罗伯特·拉福莱特疾病缠身，焦虑不安，暂时受到挫折。此后不久，这位前总统罗斯福应7位进步派州长的事先安排好的“恳求”，宣布参加竞选，于是宣传拉福莱特的热潮就彻底垮台了。关于进步派分子们的心理状态，有一次最为有趣的评论是，他们当中大多数人在转向罗斯福时不但毫无怨言，而且异常热情，当罗斯福拒绝拥护共和党代表大会决定的候选人并决定成立第三党派时，这些人以一种1896年以来从未见过的狂热和忠心对他表示支持。正像威廉·艾伦·怀特后来回忆时所说：“罗斯福咬了我一口，我就发了疯。”①

罗斯福唤起了进步派分子们的希望同时又降低了他们最有能力的领导人的威信之后，就开始利用进步派运动来为金融资本服务。与拉福莱特相比较，罗斯福有许多有利之处，其中之一是他能够博得大富翁们的支持。这些人中最重要的一个是乔治·W.珀金斯，他是摩根家族以前的一个合伙者，国际收获者公司的董事，还是一些托拉斯的组织者。珀金斯所从事的属于由塔夫脱较为激

① 很有意思的是，直到1911年10月27日，罗斯福还在给海勒姆·约翰逊的信中写道：“此刻没有任何理由可以使我相信广大的人民群众真正地喜爱我或普遍信任我。”事实证明他是错误的，但情况可能是，他关于人民不喜欢和不信任他的推测表明在他的想象中，估计人民会对他持这种态度。

烈的反托拉斯政策所引起的商业活动，特别是由于对诸如美国钢铁公司这样重要的摩根公司起诉所引起的商业活动。[①] 因此他属于那些喜欢罗斯福而不喜欢塔夫脱和拉福莱特的人。美国钢铁公司的大股东，有影响的出版商弗兰克·A.芒西也持同一态度。珀金斯和芒西敦促罗斯福参加竞选，据克拉普委员会揭露的材料，他 235
们后来为罗斯福的竞选运动提供了 50 万美元的经费，间接支持所花的钱则更为可观。罗斯福未能获得共和党提名，他们就鼓励他组织新的党派，芒西还慷慨承诺："我的财产、杂志和报纸都是为你服务的。"使阿莫斯、平肖等进步派人士深感失望的是，珀金斯在进步派纲领中强行写入了一项政纲，阐明了珀金斯和罗斯福在托拉斯问题上的共同态度。[②]

进步派在竞选中取得了良好的结果，罗斯福的票数仅次于威尔逊而居第二位，他比塔夫脱要多出几乎 70 万张选票，这对未来具有重大的意义。但罗斯福很快就放弃了这一运动。他断言，保持党的团结是不可能的。现在"没有私利可图"。4 年之后，一些可怜的进步派分子提出要提名罗斯福做候选人，遭到他轻蔑的拒绝，并提议他们提名亨利·卡博特·洛奇为候选人，这无疑是对他

---

① 1915 年，珀金斯在费城经济俱乐部就"谢尔曼反托拉斯法"发表演说时，激烈地抨击塔夫脱，说他背叛了罗斯福为塔夫脱 1900 年总统竞选活动制定的有关托拉斯的温和的纲领，并阐述罗斯福和珀金斯在托拉斯问题上的态度。

② 当平肖向罗斯福抱怨珀金斯在党内的影响时，罗斯福向他保证说，有关托拉斯的一项政纲的问题是"完全没有重要意义的"，并把进步党的失败归咎于"太激进了"。最后平肖公开声称党内在对付珀金斯的态度上出现分歧，并指责罗斯福，说他应对运动的失败负责。罗斯福回答平肖时说："我说进步党有点像害了精神病的时候，我心里特别想到的是你。"

们的最后一次侮辱，因为洛奇的原则，是彻头彻尾反动的。

罗斯福试图推出洛奇是由于他对进步派运动的国内方针已失去兴趣。战火正在欧洲蔓延，罗斯福对于第三党派多情善感的拥护者中流行的有关外交政策的意见并不怎么看重。1917 年春天他给洛奇写信说，典型的美国进步派就像他们的英国自由主义的兄弟一样，“是一群十足的不可挽救的废物，他们在外交事务方面的愚蠢简直令人难以置信。”

第一次世界大战爆发时罗斯福虽然名义上引退，但他仍在寻求精神刺激。他有一种矛盾的心理，一方面是铁心肠的现实主义情绪，冷眼看待各国之间的事务，另一方面是战略家和实干家们的
236 心情，欢迎使美国得以展示其武力的机会，并希望看到实际战斗。他最初对于战争的评议，虽然心理平静而且不偏不倚，但与美国国内大多数人们的意见相比，对德国更为友好一些。德国入侵比利时，大多数美国人为之震惊，他却耐心地解释说：“巨人们在进行生死搏斗的时候，无论是谁碍了他们的事，都会被他们摇摇晃晃地紧张战斗的巨大身躯踩在脚下。”德国如不在比利时采取这样的果断行动，那它自己就要遭受灾难，德国人已经证明，他们是“严峻、刚强而又成熟的民族”。美国应采取的唯一政策就是保护本国权益并“保持完全中立状态”。

到 1914 年 10 月 11 日时，罗斯福对于“这场伟大的危机”在德意志民族的灵魂中“揭示出来的严峻的勇气和高贵的无私精神表示极度赞赏”，并且希望美国公众在一旦需要的时候也会表现出类似品质。削弱德国或把德国降到软弱无能的地步都会“为人类带来灾难”。

然而在前一年8月份，罗斯福还给斯图亚特·爱德华·怀特写信说，如果德国战胜，“过不了几年我们就得和它打仗了”，并说他认为“德国和日本放弃前嫌，联合起来对付美国或任何其他阻止他们的国家，是很有可能的”。到1915年初，他在公开讲话中还在宣传这种观点。谴责威尔逊“苟且偷安”，指责他未能向比利时提供援助！从此之后他就致力于攻击和平主义者并谴责威尔逊的中立政策。有一次他牢骚满腹地对洛奇说，美国人民“缺乏热情；过去10年中可憎的和平宣传影响了他们，使他们采取一种怠惰和怯弱的态度”。

在美国参战很久之前罗斯福就在考虑加入战争。一位陆军军官于1915年1月在牡蛎湾拜访了他，发现他在地板上走来走去，对美国的不采取行动表示不满，渴望参加战斗。孩子般地寻求刺激的欲望——斯普林—赖斯10年前就写道：“你必须牢记总统现在只有6岁”——像以往任何时候一样强壮。他向陆军部提出申请，希望能允许他召集一个师的兵力，同时由于意识到可能会遭到 237
拒绝，就告诉朱瑟朗大使说，如果法国愿意出钱，他愿意率领一个美国师到法国作战。威尔逊拒绝任命他，使他大为气愤，他说威尔逊是一个“十足的煽动家”、“空谈家”、“彻头彻尾的自私的冷酷的政治家”。

但是他最终未能得到建立功业的机会。紧张的生活损害了他的健康，他儿子昆廷在前线牺牲又使他心情悲痛，他突然衰老而且病魔缠身。洛奇长途跋涉来到罗斯福病床边与他商讨阻止威尔逊成立国联的计划。1919年1月6日，他因冠状动脉栓塞而逝世。

238 第十章　伍德罗·威尔逊：作为自由主义者的保守派

事情的真相是，我们都已被卷入无情的巨大经济体制之中。

伍德罗·威尔逊

伍德罗·威尔逊的父亲是一个长老会的牧师，母亲是一位长老会牧师的女儿，因此加尔文教徒的精神在他们的胸中燃起了明亮的经久不熄的火焰。他们的儿子自幼就懂得了把人生看作是逐渐实现上帝意志的过程，而人则是道德规则总体的“个别执行者”。幼年时代的汤米·威尔逊坐在教堂内聆听他父亲向人们宣讲基督的教义的时候，他注视着的是他今后的事业要仿效的模式。他不曾有志于成为一个牧师，但他把政治变成了一个传播心灵的启迪的手段，变成了表达新教徒强烈的“行善”愿望的手段，因为他自幼就受到这种教育。很年轻的时候，他就为一种并非出自私心的宏愿所驱使，希望有朝一日成为伟人，以便能作出卓越的贡献。他为人十分诚挚、刻板，而且对自己要求很严格，他所受的长老会的训教使他吃了不少苦头。“我太认真了！”他在最初给艾伦·阿克森的信中说；在他年轻的经历中，内心里难以名状的强制心理带来的压力曾使他两度中断工作。他本人易于产生非常强烈的内疚心情，因而把对完美无缺的正义的要求突出提到国家事务中，使他逐渐失去宽容的度量。他在早期写的一篇关于伯克的文章中慷慨激昂地说，“当一个人认为是在与国家的敌人进行殊死决斗时，你不能期望他心地平和而且和蔼可亲。”他在这一时期内写的一篇文章中说，“宽容”

> 是令人赞美的天赋思想，但在政治上没有什么价值。政 239
> 治是各种事业之间的战争，是各种原则之间的搏斗，政治是一件极为严肃的事，容不得毫无意义的礼让。

威尔逊过分认真，当不了随和的伙伴或松松垮垮的战士，但他还是非常需要感情的。他深感孤立，与人们交往的能力受到拘束，因而内心很痛苦而且感情生活的发展也受到阻碍。“当我与一个我从心里特别喜欢的人在一起时，”有一次他写道，“最难提出讨论的问题是我心里最想说的问题。”他坦白地说：“心中充满激情并不是一件愉快的事，也不能使人感到合宜。……我有一种感觉，叫我心里很不舒服，那就是我觉得我在背负着一座大山。要获得解救只有别人爱我。……我可以肯定，爱对任何人来说都不如对我那么至关重要！”威尔逊对人态度冷漠，惯于拉上缄默的帷幕把自己隐藏起来；但如许多人所说，他并不是一个没有感情的人。他对他的第一个妻子说过：“我得非常小心，不使自己感情过度流露而造成痛苦。”他还说：

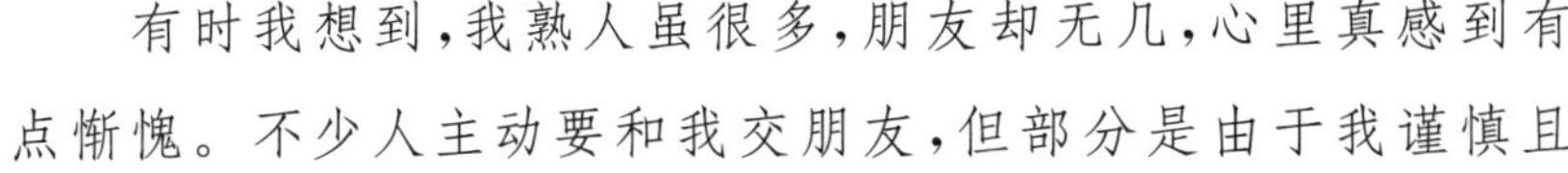

> 有时我想到，我熟人虽很多，朋友却无几，心里真感到有点惭愧。不少人主动要和我交朋友，但部分是由于我谨慎且

> 羞怯，部分是由于我交朋友时很挑剔，并且有一种狭隘的不随和的观点，所以我几乎拒绝了所有人交朋友的请求；可是以后却惊愕地回顾，看不到世界上有什么人和我亲近并真正了解我，能够对我表示同情或由衷地支持我。或许这是由于既然我要给予，我就把整个心都掏出来，可是我觉得很少人希望我这样做，很少人愿意将心比心。你认为我的看法是错误的吗？像我这样渴望友谊和亲密感情的人，能够按照上述想法行事吗？

作为一个政治家，这种性格似乎有点古怪。但其实并不：威尔逊一旦和众人在一起的时候，他的讲话很精彩，在公共场合，即使不是受到人们的爱戴，也可以说他经常有一种与人们思想沟通的感觉，这是他多么希望在私人会晤中能得到的。

> ［他在 1884 年写道：］与人们集体交往时，我感觉到一种力量，而在与他们个别打交道时就感觉不到这一点。前一种情况下，那种高傲矜持的情绪并不太碍事。后一种情况下则
> 240 不然。取悦于会众并不像向一个个人讨好那样，会使自尊心受到很大伤害。

当他最后进入政界的时候，公众爱戴的表示使他异常高兴。1912 年，他站在火车最后一节车厢的演讲台上在一个小镇子发表了演讲之后，对记者们说：“我终于觉得自己是进入政界了。”记者们要求他解释，他说：“那边人群里有一个人向我招手，并向我喊叫

‘伍迪,你好!’”他的私人朋友们也不准称呼他为“伍迪”。然而甚至从群众那里,他也没有得到他所渴望的那种充分的爱戴。一天晚上他在白宫对图马尔蒂满怀忧思地说:“我希望人民热爱我,可是我想,他们永远不会热爱我的。”他可以使人们尊敬他;也可以使一些认为他是事业化身的人们对他忠心耿耿。但他却不能得到爱,他与人民的关系中,有一些东西是不坚实的,不自然的;他费尽心力要成为一个推崇民主的人士,这一事实恰恰清楚不过地证明他原本不是一个这样的人。整个一生中他都怀着烈火般的激情,但这都用于思想方面的追求,而思想的收获并未使他满意。他说使他得救的方法是“得到爱”,但他并未说出要“爱别人”。他是多么力求避免使“自尊心受到伤害”!他献身于原则、献身于抽象的人类,而不是有血有肉的人——留在他身后的就是一长串破碎的情谊和在公众中格外与个人无关的声望。虽然在战争把他搞垮之前他已取得极大的成功,但他地位上升的过程与美国发展的主要趋势相似而并不相同。他是庸俗的大学圈子里的一个严肃的教育家;是进步主义时代的美国的一个英国自由党人;是一位想向被战时的仇恨激得发狂的人们的世界宣传明智和正义的传播者,而对于各大国中极其鄙俗而又褊狭的人们来说,他又是一个宣传为世界服务的使命的传教士。无论是处于成功还是失败的时刻,伍德罗·威尔逊始终未能摆脱孤独心态。

在威尔逊青少年时代,他们一家曾在南方许多地方居住过,虽
然他父母都是北方人,他们住过的地方有:弗吉尼亚、佐治亚、南卡 241
罗来纳和北卡罗来纳。威尔逊孩提时代的最初记忆是林肯当选了

总统，战争就要爆发；当谢尔曼夺占佐治亚的时候，威尔逊一家正住在奥古斯塔。过了许多年之后威尔逊说："在这个国家里，在这个世界上，只有一个地方的事情对我来说不用解释就一目了然，这就是美国南方。"威尔逊作为一个年轻律师在亚特兰大的关税委员会作证反对保护关税的时候，曾宣称："南方的人民将坚持要求享受和平的果实，反对继续承受战争的重担。"这多么像卡尔霍恩和麦克达菲多年之前讲过的话。

就威尔逊而论，出身于一个刚刚来南方不久的家庭的人，就这么完全使自己认同，倒也并不奇怪。他从骨子里就是一个多愁善感的传统主义者。他的思想中最为突出的一点就是急于要获得某种归属感，将自己归属于某一传统，某种文化，或某种有历史意义的制度。作为一个知识分子，他最为突出的局限性就是不能超脱——并不是超脱自己，因为他常常能客观估量自己，而是不能超脱他所生活的社会的各种政治价值观念。他既不能进行咄咄逼人的批评，也不能在思想方面有所建树。从本质上看他只不过是过去的代言人。即使是作为一个改革者，他提出以争取赞成的与其说是他工作中革新的一面，不如说是他工作在维持传统的有机连续性方面的价值。因此，他全心全意地加入好战的南方的传统政党，他的头一项政治事业就是处理自由贸易这一长期存在的棉花种植者的问题，也就是很自然的事了。

就像威尔逊的政治根基在南方一样，他遵循的思想传统是英国式的。他喜欢英国思想家的有意识的保守传统。他所敬佩的政治家是保守党人和曼彻斯特经济学派：伯克、格拉德斯通、科布登和布顿特；他敬佩的思想家是沃尔特、巴奇霍特和《民族》杂志的移

居美国的英国人 E.L.戈德金。他理想的政治行动楷模是具有浪
漫色彩的英国治国方式:在这种体制中,按宪法选出的伟大而高尚
的政治家们,对公众的利益怀有积极主动的热情,以字斟句酌的词
藻对重大问题展开辩论。他由衷地相信杰出人物的领导作用,而
不喜欢美国的国会体制,因为这使诸如韦伯斯特、海恩、卡尔霍恩 242
等伟大雄辩家的能力,不再能充分发挥,反倒为卑劣的贪官污吏的
幕后交易创造了条件。多数重要事务都是在委员会办公室内暗中
秘密进行的。他的第一本书《国会制政府》就将美国体制与内阁体
制的政府进行比较,得出了不赞成美国体制的结论。

威尔逊最敬佩的是巴奇霍特。威尔逊承认,这位伦敦金融界的知识分子有他的缺点,“对于那群筋骨强壮但却无从表示意见的人们”缺乏同情,“而且对于构成平民主体的无组织的广大群众的权利和能力并非坚信不疑。”但在思想洞察力、认识和理解能力、智力和表达能力方面,巴奇霍特是别人无法比拟的。他是一位信奉达尔文进化论的保守党人,毫无保留地赞成发展的必要性,认为政治方面的成长就像有机体发育成长一样,是一个缓慢的过程,有其自然的不慌不忙的发展速度。“他宁愿……看到(社会)发育成长而不愿承担重建社会的责任。”威尔逊在 1889 年出版的《国家》一书中阐明了达尔文的社会变化是一个逐渐进化过程的观点。“在政治上,试图推行任何激进的新东西都会有危险,”他写道,“除非通过缓慢的渐进的发展,悉心适应而且对发展进行合适的修改,否则不会达到任何有意义的结果。”

美国的民主传统中,威尔逊最喜欢的就是其与英国传统的大致相似之处。英美两国的政治体制都是在从容不迫深思熟虑的基

础之上，在习惯和惯例的基础之上发展起来的。美国人由于意识到美国历史始于一场褊狭的革命，于是就对自己有一种错误的看法，这是很不幸的。“我们把自己视作地道的民主派，而实际上我们充其量不过是进步的英国人而已。”美国的民主政治与中欧各国的那种争取民主的狂暴行动在思想上没有共通之处。

> 法国大革命期间爆发的民众运动与我国政府的建立，这二者几乎毫无共通之处。我们对于1789年的记忆与欧洲人对于这酝酿着风暴的年头的记忆是完全不同的。早在100多
> 243 年前我们就已显示出了我们具备欧洲人已经失去的东西，即冷静和自我克制。在关起门来自成一体的瑞士之外，民主在欧洲总是作为破坏性力量以反叛的形式出现的；甚至很难说欧洲的民主有一个有组织的发展时期……而在美国和英国各殖民地，民主在一开始就有着真正的有组织的发展。运动过程中没有急剧的革命；无须推翻其他政体，所需要的只是自身的组织。这种民主无须建立而只需扩展，进行自治。同时也不需要到处宣传：除了使自己的生活方式更有条理之外，其余的一切都不需要。

由此可见，威尔逊更接近于埃德蒙·伯克而不是托马斯·杰斐逊。他甚至对于伯克所写的《关于法国革命的感想》一书也加以赞美。他发现伯克“痛恨法国的革命哲学思想，并认为这对自由的人是不适合的。这种哲学是极其有害和腐败的。任何国家都不能按照这种哲学的原则来管理。”“法国哲学”认为政府可以任意改

造，强调按契约对社会进行合理的重新组织而不顾及习惯；认为政府的目的在于实现自由而不是使各社会的阶级都得到公正的待遇。伯克是一个真正的英国人；“英国历史有一个反对革命的连续的主题”。威尔逊认为，杰斐逊未能理解这些道理是他的主要不足之处。杰斐逊是一个天生的信仰民主理论的人，对人民群众的事业一片忠心，但法国思辨哲学“像一种虚假的音调贯穿于他的全部思想”，从而冲淡了他的思想。由于这种原因，“我们不得不宣称，他虽然是一位伟人，但不是一位伟大的美国人”。[1] 威尔逊在弗吉尼亚大学学习法律的时候，他甚至不屑于爬上几步山路到蒙蒂塞洛去参观一下杰斐逊的故居，直到 1906 年他注意到进步运动兴起的时候，才在一次公开演讲中说了杰斐逊几句好话。本党历史上著名的领导人物中，最吸引他的是格罗弗·克利夫兰这位东部财政界的领袖。

威尔逊在他的政治和历史著作中，经常表现出和青年时代的 244
西奥多·罗斯福所具有的同样的一般偏见。[2] 对于美国历史上引起危机的事件，如谢斯叛乱、普尔曼火车车厢工厂工人大罢工及秣市广场事件，他完全遵照统治阶级的传统观点来论述。虽然他在 1887 年给约翰·贝茨·克拉克写信说：应该使经济生活基督教化，“一个同情劳工组织的人，如果他头脑清楚、正常，是会受到我的尊敬的”，但他对劳工组织的态度一般说来是敌视的。直到 1909 年时，他谈到自己时还说，他“强烈赞同自由雇佣工人的工厂

---

① 一个很有趣的事是，威尔逊后来开展进步派的活动的时候，他也对汉密尔顿作出了相同的论断，虽然由于不同的理由。

② 威尔逊对 A. B. 哈特说：“我自有独立的判断力以来就是一个联邦党人。”

和商店的制度以及任何有利于个人自由的事情”。他同样也不赞同农民激进主义，因为平民党的“粗鲁无知的见解”使他感到非常反感。

威尔逊对于工商业界的事，不像对人民党和工会那样持严厉批评态度，这正像人们料想一个曼彻斯特经济学派会相信有节制地诚实地追求个人利益会有益于整个社会一样。正如威廉·戴蒙德在研究威尔逊经济思想的很有价值的论文中所指出的，这位教授认为，贸易仍然是传播思想、进步以及主要的、普遍的观点的手段。他于 1902 年在芝加哥商业俱乐部说，“每一位伟大的实业家总有某种理想……崇尚诚实的品德……把所有的人巧妙地联系起来的思想……以及我们准备放弃事业以实现或献出生命以证明的各种崇高的理想。”

然而，威尔逊对于托拉斯的发展却远不是满意的。他在《美国人民史》一书中写道：托拉斯使“少数人控制了国家经济命脉，这可被用于毁坏千百万人的事业，甚至使社会本身和政府永远败坏下去……”。但是，尽管他言词激烈，1912 年以前却很少继续谈论这一主题。

威尔逊在 1910 年以前露出的保守主义思想和西奥多·罗斯福 1902 年前露出的保守主义思想之间的大致相似之处是引人注目的。这两个人都出身于社会地位牢靠的阶层，虽然威尔逊曾经历过一段长时间的贫困和不如意的阶段。他们在各自的党的传统
245 范围内，接受了传统的自由竞争观念。他们都认为是在为公众福利而不是为某一特殊利益而奋斗，这种想法在中产阶级及其政治代言人中是很普遍的。他们都鄙视劳工运动和平民党运动；怀疑

托拉斯，主要认为它是一种政治威胁，但谁也不清楚应该如何对待企业的合并。后来他们都转而接受了进步派的主要观点。

无论在持保守观点还是在持进步派观点阶段，他们之间的区别在于一个是充满激情，另一个则是歇斯底里。威尔逊早期的保守主义是建立在对政治和社会变革进行审慎思辨的哲学基础之上的。罗斯福的政治观则像抽风一样，极其急躁，蠢蠢欲动，总有一种压制着的要使用暴力的倾向。早期的威尔逊的哲学中为变革和改革留有余地，把这看成是固有的一条原则，因而他最终转向进步派不是激烈的转变，只不过是强调重点的改变而已。罗斯福虽然多次表明希望政治纯洁，但改变的原则并未在思想中生根，而且他转向进步派的大转变，与其说是观点的转变，不如说是出于实现野心的需要而改用了激烈的言词。在罗斯福的身上似乎看不到真正的思想变化，因为他的思想几乎不能集中于一点。从威尔逊那里，人们可以看到他真心愉快地为着新的东西进行探索，新旧之间有一种首尾一贯的联结。他们两个转而相信正在兴起的进步思潮理论，部分原因是这种思想有利于他们的政治事业，这一点他们可能并未充分意识到。他们每个人都以自己的方式表示出诚心诚意，但真诚的程度却是千差万别的。从威尔逊在一次抨击教育中的虚伪中可以看出他的真诚，当时他说了一句有名的话："我们必须相信我们用以教育孩子的东西。"他与公众的关系就建立在这种道德上打动人心的力量上。

二

威尔逊有一次讲过："南方人似乎天生就关注公共事务。"威尔
246 逊从小就受到南方酷爱辩论之风的影响，并以一种百折不挠的冷静、沉着精神练习演说。他还在普林斯顿大学上学的时候就写了这样一些名片：托马斯·伍德罗·威尔逊，来自弗吉尼亚州的参议员。后来他从普林斯顿转到弗吉尼亚大学法律学院，期待着以法律为手段来实现另外一个目的：

> 我选定的职业是政治；我学习的却是法律。我学习法律是因为我认为这可以使我从事政治。这曾是一条有把握的路；现在的国会议员们很多仍是律师。

他"有时对高尚的法律学习"感到极其厌倦，但他还是修完了学业并于 1882 年开始在亚特兰大市执行律师业务。这一职业他干得不怎么成功，而且这一职业"诡诈和讨价还价的做法"使他沮丧，所以只待了一年就离开了，然后到约翰斯·霍普金斯大学研究院。他对他未来的妻子说，他的目的是为了接受训练，以实现"我的雄心，在政治思想界起到激励和启蒙的作用，并在不及政治那么严肃的文艺的一些分支中成为一个大师"。那时他就感到他注定要完成伟大的事业：

> ……我们经常谈论的这些模糊的计划在我心中越来越具

> 有重要地位,直到我充满信心要完成伟大的事业,至于要做什么样的事我自己也不清楚。我不知道这是我过度自负的一种虚构,还是我能够实现的一种根深蒂固、无比坚定的决心。

从某些方面看,威尔逊在霍普金斯研究院就像在法律学院那样不称心如意。当然,大学办得很不错。赫伯特·巴克斯特·亚当斯正在组织有名的历史研讨会;理查德·T.伊利刚从德国读完研究生回来,正在教政治经济学。弗雷德里克·杰克逊·特纳这时是大学的学生。当时常到学校访问的著名人士有埃德蒙·戈斯、詹姆斯·布赖斯和乔赛亚·罗伊斯,威尔逊把罗伊斯说成是"我所见到的最为罕见的人物"。但亚当斯的研讨会所引起的对于历史和体制的兴趣,并不合威尔逊的口味。霍普金斯大学的教授们正在研究体制机构的历史,探寻市镇会议、地方组织及土地制度 247
的起源。威尔逊感到这些令人厌倦,"远不及我打算研究帝国政策的宏伟的探讨。"在经济学方面,他从伊利那里学到的德国著名的经济学思想似乎对他只有少量影响,他从根本上对自由放任原则传统的信仰并未受到严重的损害。

威尔逊 1886 年获得博士学位,并开始了他的学术生涯,此后几年内这位有才干的年轻教授的经历是人们都很熟悉的:微薄的工资、结婚、生儿育女、工作过度、靠写作挣钱来增加收入,逐步提高社会地位。他从布林马尔移居至韦斯利安,并在 34 岁时当上了普林斯顿大学的法学和政治学教授。

威尔逊做教师时产生了一种日益强烈的沮丧情绪。他本来打算要做一个政治家的,可是像在他之前的亨利·亚当斯一样,发现自己无非是大学生们的一个智力乳妈，而才能低下、动机不良的人们却在管理着国家。1887年至1897年期间，威尔逊定期访问约翰斯·霍普金斯大学并发表演说。弗雷德里克·豪经常去听他讲演，有一次他回顾说，“他的演说中有一种道德说教的激情。”威尔逊经常讲，伟人已从国会山离去。美国的政治生活已经变成了争夺庸俗利益的斗争；在政治斗争中就像在私人关系中一样，美国人已被置诸脑后，赚取金钱已经压倒了一切。必须从那些以政党谋取私利的人手中把民主政治解救出来。一次威尔逊向一个朋友道出了他的心思：

> 我至感遗憾的是我心中第一个——首要的——志向和目的尚未如愿以偿，这就是积极参加政治生活，如果可能，起到领导作用，要是我有能力，就为自己开创政治家的生涯。……我有一种很明显的领导本能，明白无误的擅长演说的素质以及对管理公务的极大乐趣；要使我安于学者和文学家们的冷静稳重的方法，就得不断进行严格的训练。对于令人厌烦的所谓“研究”界，我实在无法忍受；我渴望把各种伟大的思想向世界阐明；如果我能激发一场伟大的舆论运动，如果我能借鉴以往的经验来解释当今人们的生活，从而把思想传给亿万人
> 248 民，从而推动他们取得伟大的成就，那么我就完满了。……我一向认为我所具有的文学才能比起我为从事其他事情具备的能力来居于第二位；我写作的本领应是演说和组织活动本领的陪衬。……

威尔逊在普林斯顿的地位还是迅速上升了。他出版了6本书；在许多地方发表演说，并会见了一些有影响的人物。他庄重，思想充实，情操高尚，毫无疑义还有他的外表，都给大学的董事们留下了很深的印象。1902年6月，弗朗西斯·佩顿校长退休之后，董事们一致选举威尔逊担任校长职务。

这位新的校长对于改进大学教育有着雄心勃勃的宏伟计划。他从老校友那里搞来大宗款项，新聘了50名年轻教师，制定了11种新的有学位的课程，这些都完全获得成功。E. E. 斯洛森教授在他的《美国的名牌大学》一书中称普林斯顿大学是“目前最吸引人的学校”。威尔逊提出一项大胆建议，取消普林斯顿大学神圣的饮食俱乐部，以使大学生们的生活有一种更为民主的制度，但遭到失败；不过这场论争使他提高了名望，使他在进步运动兴起的时刻作为一个促进民主的人而受到人民欢迎。

威尔逊在教育方面进行战斗的时候，他在公开演说和文章中宣传的政治观点受到了有影响的民主党人的注意。他在不多的几个场合批评了尤其是银行家和投机商们积聚的财富。同进步派一样，他认为大量积聚资本造成的权力是在“数量较少的一部分人手中”，这些人为了本身的利益“近年来已能够控制整个国家的发展，这是前所未有的”。1908年，他以下列的话表示了中产阶级的不满心理，他宣称：

> 人们有时说较量是在资本家与劳工之间进行的，这一概念太褊狭了。毋宁说这是一场大量积累的资本与所有其他集中较少的、更为分散的、更小和更多属于个人的经济力量之间

的较量;所提出的每一项新政策,其直接目标或最终目的都是为了有利于并保护不能利用积累资本的人们而限制积累资本的权力。

249 但这位普林斯顿大学校长也一再表明,他并未放弃他正式的政治著作中的保守观点。他并不赞成平民党人的民主观点。他在私下里建议"彻底击败"布赖恩,在公开场合则说,虽然这位极天真的演说家有着"最逗人可爱的男子的个性",但"他的理论信仰都是愚蠢而危险的"。他也批评了劳工组织,说它们是"平等而自由地获取机会的可怕的敌人",和"所谓资产阶级"同样的可怕。后来他在竞选新泽西州州长时,遭到州劳工联合会的反对,威尔逊几次作出热情的保证说,他是作为一个朋友而不是作为一个敌人对劳工进行批评的,但这不能使劳联平息胸中怒火。

威尔逊认为,国家必须设法走一条介乎财阀和群众之间的中间道路。政府必须是一个公正的机构,在各种极端之间进行调解并代表共同的利益,然而,经济问题的解决不在于政府进行干涉或管制的极端措施。社会主义代表着一种"我们力求避免的危险,一种会产生中央集权的易腐败的控制的危险"。另外,向所有大型联合企业开刀并不合乎需要,而且也不可能;不是通过关税保护或不公平竞争手段,而是由于"自然力量"发展成的大型联合企业是合法的:"现代社会如欲取得成功,这些企业是必不可少的。"如试图严加管制这些企业的业务活动,则需要建立一系列专家委员会开展工作,而专家委员会的工作往往趋于超出控制的范围而去实际进行业务活动。1907 年,威尔逊说,美国早已"近乎实行许多种类的国营所有制,或其控制方法的完善程度达到实际拥有的程度”。在有必要对企业实行控制时,适当的方式是制定适当的法律并由法庭加以实行,而不是把很大的任意决定的权力交给各委员会,这样做是很危险的。他说,作为一个保守的民主党人,他确信应进行强有力的而且是有效的管制,但他不同意“现在流行的管制原则,即共和党制定并已使之变得如此激进的各种原则……”。总之,他 250
不会像西奥多·罗斯福一样走那么远。

解决方法呢?必须开展一场道德革新运动,其源泉在于人民心灵之中,而仲裁者则是政府。惩罚必须落在罪恶的个人身上,即必须针对个人而不针对公司。他经常用来解释的一个比喻是,公司就是一辆汽车;做坏事的公司高级职员则是他的不负责任的司机。对机器施加惩罚是毫无意义的;惩罚公司只能使无辜的股东受害。应该追究驾车兜风的人的责任;如果告诫不能使他接受教训,则必须强迫他就范。“把一个真正应该负责任的人投入监狱,把一个制订违背国家利益的计划和交易的真正肇事者予以法律惩处,比惩罚一个个公司有价值,如果要长期真正进行改革就必须如此。”社会只有通过“个人的叛逆行为才能得到拯救……他们会说,‘不错,我是这个组织的成员;但我不允许他毁掉我的道德意识。’”

对于有经验的保守派来说,这种解决经济问题的方法似乎还不错,可以在采取重大行动的场合使人民的不满的情绪消失。北部和东部民主党中的保守派注意到如此大力宣扬这种稳健的理论的人所具有的政治潜力。“他们甚或更感兴趣,”威尔逊认可的传记作者写道,“因为他们根本不相信‘个人罪行’能够实际上确定下来，也不相信‘有钱的犯罪分子’会被投进监狱。”（北方证券案[①]证明他们是正确的。）威尔逊宣扬的观点虽大体与西奥多·罗斯福相似，但与那位难以预言的义勇军骑手相比，他更可靠一点，更冷静一点；民主党人却认为他毫无疑义地比布赖恩可靠。

这样，威尔逊彗星初次出现在具有西摩—蒂尔登—克利夫兰传统的民主党东部资本家一翼的轨道上。最早把威尔逊介绍入政界的是乔治·B. M. 哈维上校，他是《哈泼斯周刊》的编辑，哈泼兄
251 弟出版公司的总经理，并且是J. P. 摩根的股份不多的合伙人。通过哈维的介绍，威尔逊受到下列一些人的注意：托马斯·福琼·瑞安，他在有轨电车、投机商业和采矿业方面积累了巨额财富，银行家奥古斯特·贝尔蒙特，极其保守的《纽约太阳报》编辑威廉·拉芬，《纽约时报》的老板阿道夫·奥克斯，以及东部民主党其他有势力的人物。哈维于1906年12月17日给威尔逊写信说，那些认为“全国已对政府管理过多厌烦了的稳重的银行家们”急于提名一位像威尔逊这样的人选，他认为他们会选举他。1907年威尔逊接受瑞安和拉芬的个人考查，准备了一份关于他的信念的说明，重申了他在公开讲演中发表的较易于被人接受的信条。

然而威尔逊并未放弃自己的感情和独立性。1910年1月，他在纽约的一次银行家集会上发表一次广为宣传的讲演。J. P. 摩根就坐在他的旁边。他宣称：

现在的问题是你们这些银行家们心肠太狭窄。你们不了

① 参见（原书页码）第227页。——译者

> 解这个国家，也不了解国内发生的事情，因此这个国家也信不过你们。……你们不关心小额借款人和小型企业，可是这些人会影响到国家的未来；你们特别关注的是早已成功的大宗借款者和富有的企业。……你们这些银行家们……只看到自己的利益。……你们应该放开眼界，注意从长远角度来说最有利于国家的事物。

当党魁吉姆·史密斯组织严密的新泽西民主党机器向他提议竞选州长时，他感到有些迷惑不解。他认为党魁们了解他是“一个绝对独立的人”，然而当他问他们为什么要他竞选州长时，他并没有得到满意的答复，“所以我不得不自己找出一个答案，我的结论是，这些先生们被迫承认，美国政治已经到了一个新的阶段，他们将不得不以一种新的方式行动。”这样他使自己相信，可以在公正条件下与他们合作。但竞选运动一开始，他的情况就发生了微妙的变化。他的候选人资格是该州民主党核心集团以高压手段强加给民主党的，因此进步派分子厉声疾呼，表示不满。霍布肯的《观 252
察家》报不满地说：“正是那些进步派所反对的人们结合在一起引诱威尔逊博士参加竞选……这些人应对威尔逊的竞选资格负责任。”威尔逊开始感到这一批评涉及他个人，而且他认为进步派并非无足轻重，于是决定予以答复。竞选接近尾声时他在一封信中说：“现在很多人都相信这样一种说法，似乎我不同情普通人的意见，把传统的财产权利看得高于人权，并对事情持有僵硬的学究观点。”他对此表示关注。在此之前，为了在政界取得立足之地，他不得不取悦于资本家和党魁们；现在要保存这块立足之地——以及

他自己的自尊心——他必须得到人民的欢心。年轻的进步派分子开始拭目以待威尔逊对他们提出的质疑的直接回答。威尔逊宣布如他当选，就将在“绝对不带任何诺言的情况下”就任州长一职，青年进步派分子对此欣然同意。

这样，在度过了较为安静的25年学术生涯之后，威尔逊取得了第一个官职。他原计划要称之为《政治哲学》的一部巨著被收进私人卷宗中保存了起来。当吉姆·史密斯和他的一些亲信访问普林斯顿大学并被引进威尔逊的安静、舒适、四壁书柜上摆满了精装书的书房时，他们感到这位奇特的新的合作者的志向令人难以理解。“你能设想竟然会有人如此愚蠢，放弃这么好的条件而去搞令人头疼的政治吗？”党魁史密斯不解地问。

三

威尔逊对选民们说，他绝对“不带任何诺言”。老板们毫无疑义只把这些话看作是竞选拉选票的言论而予以勾销。他们习惯于政界虚假的一团和气，对于心地纯洁的无情却知之甚微；这位教授很快就给他们上了一课。党魁史密斯曾一度当过参议员，现在希
253 望再次当选。虽然人民在初选中表示希望选举另外一个人，即托马斯·G.马丁，但最终决定取舍的是州议会，而且除了州长的反对之外，谁也不能阻止史密斯再次当选。但被史密斯称之为“长老会牧师”的威尔逊却拒不合作。他在竞选期间表示赞同人民选举参议员的原则，现在他不愿食言。他号召州议会选举马丁，结果马丁当选了。威尔逊说，这些党魁们是“国家政体身上的肉瘤”，人民

要把他们除掉。

塔曼尼厅的党魁理查德·克罗克发表议论说："一个政治上忘恩负义的人是不足取的。"但威尔逊并不真正是一个忘恩负义的人。对他来说，对国家的义务远远高于对私人的承诺；原则比对个人攻击更重要。他与史密斯个人的关系是无足轻重的，但如果不能使自己确信他的所作所为服务于一个崇高的理想，那么他的人格就萎缩了，他的权力就会丧失了。正像有的人靠饮酒来使精神得到松弛一样，他习惯于依仗精神力量来激励自己。这段时间他对亲近的人说心里话时谈到："有时……我的整个生命似乎是扎根于梦想之中——而我也不愿意我生命之源枯竭。""我将会犯错误，"他在另一封信中写道，"但我相信我决不会违背我的责任感而犯罪。"

威尔逊担任州长期间取得的成就远远超出他的希望。在他任职期间的州议会第一届会期，他所实现的目标比他预期的还要多——初选和选举法、反贪污受贿法、工人补偿规定、公用事业条例、学校改革，以及一项使城市以委员会形式管理市政的授权法令。最初对他抱怀疑态度的青年进步派分子，如德夫林、雷科德、克尼和图马尔蒂，这时都成了他的积极拥护者。很多人在谈论他竞选总统的问题，威尔逊以通常的稳重态度对待此事。他在 1911 年 4 月 23 日写道："瞻念前程，将是充满严峻的时日。"

> 一考虑到在这些严峻时日中要起到举足轻重的作用，就使我感到胆怯。前程如何艰难，现在尚难说清。贪婪的势力和正义与人道的势力就要进行一场较量，卷入其中者将会付

> 出整个生命。愿上帝保佑,使我具有左右局势的力量,改变这场力量悬殊的巨大斗争的格局。

254 威尔逊的演说中渐渐出现了一种新的更具进攻性质的语气,响亮地提出变革要求,但这种变革要保留“既定的目标和概念”。从这种观点中,即我们必须既向前看而又坚持旧有信念的观点中,可以看出威尔逊新旧观点的联系。1911 年春到 1912 年总统竞选期间,威尔逊在其所发表的演说中阐述了他的新的信念:

> ……政治控制的机构必须置于人民手中……目的是为了恢复似乎已经失去了的东西——在管理他们自己的事务方面,行使经常自由选择的权利。……
>
> 国民政府对人民的服务必须范围更为广泛,不仅要保护人民免受垄断的危害,而且要便利人民的生活。……
>
> 我们并不是要打破任何基本经济布局,我们只是要让人们看到有哪些人是政府政策的受益者,而且要他们回答他们根据哪些有利于国家的原则而不是私人的特权来享受向他们提供的特殊的帮助。……
>
> 我国的巨大垄断是金融集团的垄断。只要这种垄断存在,我们旧有的多样化的生活方式、自由以及个人发展的能力就都是不可能的。……因此,国家的发展以及我们所有人的活动都为少数几个人所操纵……他们正是出于其本身的局限性,必然会挫伤、限制和毁灭真正的经济自由。所有问题之中,这是最重要的。……

今晚我们在这里所主张的是什么呢?我们毕生支持的又是什么呢?我们主张使我国政府能放手行事,这个国家的实业界获得自由。……

目前美国最困难的问题……不是大型个体联合企业的存在——它们在所有的国家都是相当危险的——真正的危险在于联合企业的联合,真正的危险在于,同是这一群人控制了银行系统、铁路系统、整个制造业、大型采矿企业,以及开发本国水利资源的大型企业,把一系列的董事会的成员串联在一起的是比美国任何可以想象的企业联合更可怕的共同利害关系。……

我们必须做的事情就是打散这个巨大的共同利益集团……把他们分开,温和地但是坚定而且坚持不懈地把他们分割开来。

当我思考我们正在政治领域进行的活动的时候,我是这 255
样想的,操纵某种利益的人总是联合在组织中,在任何一个国家里,危险的情况在于只有特殊利益集团的人组织起来,而为共同利益奋斗的人们却没有组织起来对付他们。**政府的职责就在于把为共同利益奋斗的人们组织起来反对追求特殊利益的人们**。

威尔逊表示赞同进步派的信条之后,就和最初支持他的人决裂了,而且他得到支持的社会基础也彻底改变了。当他的公共关系顾问们告诉他说哈维上校的支持正在西部招惹来批评时,他便告诉哈维说他的支持给他带来了严重的损害,于是这两者之间关系就日益冷淡下来。在与哈维关系破裂的同时，与布赖恩的关系却改善了。对威尔逊来说幸运的是，布赖恩特别宽宏大度，使这位州长得以满意地弥补他 1907 年给乔林的信所造成的损害，他在这封信里曾扬言要使布赖恩“完全失败”。哈维的支持可能已证明是一个不利条件，而布赖恩的支持无论在 1912 年的民主党全国代表大会上还是在总统选举中都是极为宝贵的。正如布赖恩于这一年之初在《平民》期刊上发表的文章指出，威尔逊“现在在政治上的力量与[民众]对他彻底改变的信心是恰恰相称的”。

在 1912 年的竞选运动中，威尔逊是以中间派候选人的面目出现的，在其右面是塔夫脱，左面则是以全新姿态出现的罗斯福。左翼改革派大多赞成进步党，而许多持温和观点的共和党人则似乎已不再支持塔夫脱而转向威尔逊。既然塔夫脱已明显无获胜希望，于是威尔逊集中火力对付西奥多·罗斯福，着重宣扬他与罗斯福观点的主要分歧，即托拉斯问题。威尔逊的竞选方案是他对托拉斯问题首次严肃思考得出的结果，竞选演说取自于路易斯·布兰代斯的宣讲，并且是在这位律师的指导下拟就的。威尔逊演说词最精彩的部分载于《新自由》上，听起来像整个美国中产阶级的哀鸣。

威尔逊告诉选民们说，目前美国的情况是由于法律不能防止
256 弱肉强食，工业已经失去了自由。美国民族中最优秀最有天赋的人，勃兴的劳动者和勤俭而又雄心勃勃的资产者正在受到挤压和限制。“人们教给我们的称为通向繁荣的进程正在日益把中产阶级排挤出去。”已经站稳了脚跟的利益集团同心协力把刚开始建立的企业排挤出去；它们毁坏新企业的信誉；在新企业所在地区的市

场压价出售。直到使新企业夭折:对从它们的对手进货的零售商也予以排斥;它们不供给小企业原料。总之他们进行不公平竞争。

批评竞争制度的人们断言,自由竞争本身使得大企业可以压垮小企业。威尔逊对此持否定态度。“我的回答是,能起到这种作用的不是自由竞争,而是不正当的竞争。”一个通过信息、效率和节减得以从竞争中生存下来的大型企业是应该得到生存的权利的。但是托拉斯是一种“取消竞争的布局”;托拉斯“以金钱的力量毁坏企业的效率”。威尔逊说:“我是赞成搞大企业的”,“但我反对托拉斯”;[①]政客们在讨论托拉斯问题时都毫无例外慢慢地含糊其辞起来,威尔逊也屈服于这种含糊其辞的说法。

威尔逊接着说,把中产阶级排挤出去的利益集团就是那些控制着政府的利益集团。“当今的美国政府不过是这些特殊利益集团的养子。”但是人民将重新控制并恢复原来民主竞争的原则。美国将坚持恢复实施它一直申明的这些理想。新秩序将和旧的交织在一起:“如果我不相信成为进步派就是要维护我国体制的基本原则的话,那么我就不能成为一个进步派成员。”

“新自由”政纲要专门研究当代的重大问题。“目前本国压倒一切的需要是制定一整套法律,保护正在努力向上的人,而不是早已获得成功者。”“正在努力向上的人,而不是已发迹的人,会对美 257
国发生的事情作出判断,……因此我希望以努力向上的人的判断作为指导。”国家的希望和真正的创造能力从来都是存在于那些

① 这种立场很像艾伯特·贝弗里奇在进步党大会上的态度:“我们的意思是使小企业变大,并使所有企业公平交易,而不是力求使大企业变小同时却允许它继续欺诈。”

“出身于无名的家庭”而又获得成功的成了工业家和政治家的人们。

威尔逊承认，进步党的纲领中有许多宏伟、高尚的改革建议，这些建议激起了热心的人们的共鸣。但它对于最基本的问题、即与托拉斯进行斗争问题，甚至未置一词。相反，倒是建议通过托拉斯开展工作，而且似乎是担保托拉斯会对人怜悯：“我们会使这些垄断资本家对你仁慈。”“但是，”威尔逊回答说，“我并不需要托拉斯对人类的同情……不要他们屈尊俯就的援助。”罗斯福提出的办法只能是死路一条。① “你不能通过造成社会改革非进行不可的势力来进行社会改革。”进步派的方案“完全适合垄断资本家的胃口”，正因为如此也就“完全不是一个进步纲领”。进步派装模作样的控制托拉斯的方法，与那些“意图维护美国现行经济制度的人们”到处建议的方法如出一辙。

威尔逊十分精明地戳穿了他称之为“罗斯福计划”之下的企业与政府权力盘结交错的结构：

> 随后，我发现他们的主张原来是这样：主人将有两个，一个是大公司，在它之上是美国政府；那么我要问谁是美国政府的主宰者？现在它已经有了一个主宰者，这就是那些联合起来控制垄断企业的人，如果被垄断企业控制的政府又反过来

① 罗斯福反唇相讥，指出新泽西州是美国因大公司活动最厉害而臭名昭著的一个州。选举之后，威尔逊设法通过了“七姐妹”法，对该州的大公司严加限制。这些公司把其所在地迁往殷勤热情的邻州特拉华州，新泽西州就失去了一笔税收。后来新泽西州再次成为著名的大公司集中地区。

控制垄断企业，这种合伙关系最终就算是告成了。

在威尔逊执政的最初 4 年中，他于 1912 年演说中提出的构想，都相当成功而且较为忠实地变成了法律。实际上，威尔逊第一 258
届任期的政府在有积极意义的立法方面取得的成就，比自亚历山大·汉密尔顿以来的任何一届政府都要多。林赛·罗杰斯教授曾指出，威尔逊这位从前做过教授的总统“对于国会的绝对权威胜过了他之前的任何一位总统”。威尔逊政府是南北战争以来第一个成功地通过了明显削减关税的关税修订法的政府。通过联邦储备法，威尔逊政府整顿了全国银行业和信贷体制，将其置于国家控制之下。为了农民的利益，威尔逊政府通过了联邦农场贷款法，使政府从事为农业提供贷款的工作；还有仓储法，其中包含了过去平民党独立财政方案中的若干条款。它控制大企业的中产阶级纲领体现在克莱顿法中，以补充谢尔曼反托拉斯法；还设立了联邦贸易委员会，这是为了禁止威尔逊所谓的“非法竞争”。劳工也获得了利益，这首先表现在克莱顿法使工会免受反托拉斯法起诉的条款的烦扰，同时也表现在拉福莱特海员法、亚当森法（在铁路大罢工威胁下获得通过）、规定在州际商业工作的铁路工人实行八小时工作制、童工法（但不久就被最高法院在一项奇怪的决定中宣布违反宪法）以及文职人员补偿法。[①]

在金融资本主义制度之下，美国政府至少也要有金融界的消

① 威尔逊的一项未能制订成法律的重要建议是授权州际商务委员会管制各铁路公司的证券发行。

极的合作，否则就难以维持下去。威尔逊第一届政府在尽可能的范围内，以独立的精神进行工作，坚持这种方针是由于受到了党内布赖恩一翼和路易斯·D.布兰代斯等顾问的压力，对于布兰代斯
259 等人的意见，威尔逊是很尊重的。[①] 到1917年为止，政府与企业界之间的关系实际上倒也不是一场战争，但却是一种特别令人不安的和平。在经济秩序方面，威尔逊并未建议实行根本性变动。他的目的仍是要维护竞争、个人主义、进取心和机会——他认为这些是美国传统中最为重要的东西。但关于政府管制问题，他却改变了主意。他所采纳的由联邦政府进行管制的立法的做法表明他放弃了早期主张的自由放任政策。布兰代斯在1912年竞选运动期间曾经说过，现在的争端是管制的竞争还是管制的垄断的问题，

① 银行家们试图控制拟议中的联邦储备委员会时，爆发了一场激烈的斗争，他们大批地来到华盛顿，坐在威尔逊桌子对面，摆出一副内行的架子，向总统座位上的对金融了解较少的人提出了他们的论点。他们说完了话，威尔逊向这些领袖们问道："你们哪位先生能告诉我，世界上哪一个文明国家政府的重要管理部门有私营企业的代表？"长时间沉默没人回答。他接着问道："你们哪位先生认为铁路方面应选举出州际商业委员会的成员？"关于银行家控制联邦储备系统的讨论就以这些未能回答上来的问题而告终。

银行家们对威尔逊的不满情绪日益强烈。奥斯瓦尔德·加里森·维拉德在回忆录中谈到，一次与摩根公司的托马斯·W.拉蒙特午餐时，拉蒙特告诉他说，威尔逊最近已经毫不含糊地拒绝接受该公司的任何成员。拉蒙特谈话指责"独立"政府的古怪立场。他说，使他感到迷惑不解的是，为什么国务院会要求摩根公司发行公债以推进其中美洲政策。"我们只能二者居其一，"他抱怨说，"或者是能和政府打交道的体面的商人，或者是我们不宜与政府发生任何联系：我们不能兼有两种身份。"

实际上，政府和金融界的关系继续存在，只不过保持一定距离。马修·约瑟夫森曾强调指出：银行家们是通过威尔逊非常信任的顾问豪斯上校来和威尔逊保持联系并了解威尔逊的思想的。银行家们经常见到豪斯，豪斯像传送带一样地把他们的观点传送给威尔逊。这一办法使威尔逊得以保持其独立和尊严，这对他来说是至关重要的。

除了顽固守旧派之外，人们都已经放弃了这样一种观点，即政府不应插手经济制度问题。威尔逊建议利用国家的力量恢复美国原有的理想，而不是要标新立异辟新径。（“如果我不相信成为进步派就是要维护我国体制的基本原则的话，那么我就不能成为一个进步派。”）

克莱顿法通过并成立了联邦贸易委员会之后，威尔逊认为他的基本纲领已经实现。他在1914年12月8日致国会的咨文中宣称：

> 我们在管制工商业方面的立法方案现在已经完成。这个 260
> 方案是按照我们的意图作为一个整体提出的，因此无须推测往下还有什么要提出。摆在各企业之前的道路是光明而稳妥的……这是一条阳光明媚的通往无限成功的大道。

从根本上讲，“新自由”政纲是中产阶级在农民和劳工的支持下所进行的一场努力，目的在于制止对社会的剥削、财富的集中及知内情的人越来越多地操纵政治，并尽可能恢复竞争机会。沃尔特·李普曼当时信奉社会主义，他把“新自由”政纲描述成为“小工商业者和农场主利用政府反对工业大型集体组织的一种努力”。他以严厉但基本上准确的语言抱怨说，“新自由”政纲并不赞成“世界就要开始的大规模的集体生活”。它“是小奸商们的自由，并未摆脱褊狭、可怜的刺激、小竞争者们的目光短浅……未摆脱混乱、纷扰、工业战争的战略”。

但是在美国参加第一次世界大战期间人们就把“新自由”忘掉

了，而新自由政策的成果大部分也因随后产生的反动而被清除掉了。威尔逊关于竞争和进取心的经院哲学不是在“常态”下而是在进行战争与实现和平之中经受了最大的考验。

四

威尔逊长大成人的时候，南部正在缓慢地从内战的破坏中恢复过来；所以他自幼厌恶暴力，后来在教育中又受到19世纪英国思想家们爱好和平的自由主义的熏陶，这使他年轻时的想法更加坚定。查尔斯·C.坦西尔教授在其对威尔逊的战时外交所做的极其吹毛求疵的研究中指出，“在如此众多的美国总统中，最为真诚的和平主义者要算那个1917年4月领导我们参加战争的总统了。”然而身为国家最高领导人的威尔逊却认为是各种主要力量把美国拉入冲突之中的。

威尔逊告诉美国人民说，美国必须成为和平的榜样，“因为和平可以使世界和解、改善，而冲突则不能。”他这样说表达了他铭刻
261 于心的道德倾向。战争开始几星期之后，他给查尔斯·R.克兰写信说：“我读了许多关于大洋那边的战争报导，越读越觉得这场战争应彻底遭受谴责。”他在国会演讲时，称这是“一场与我们无关的战争”。他对斯托克顿·阿克森说，战争不能使任何一个问题获得彻底解决，并对豪斯上校讲，他预计战争“将会使整个世界倒退三四个世纪”。他在演说中所表露出的有关美国适宜发挥的作用的思想是高尚的。美国是唯一没有卷入战争的西方大国；做一点其他国家在这场危机中没有做到之事，即保持“完全自制”的态度，是

美国的责任和使命。美国与涉及战争的各种问题毫无关系,而且也毫无私利可图,因此应随时准备作出贡献,进行公正的调停,使战争尽早结束,帮助治愈战争创伤并为实现持久和平而努力。他在战争初期写的一封信中说:“如果我们积极地被卷入冲突,从而失去为促进和解而施加无私影响的能力,这对整个世界来说将是一场灾难。”

战争开始时,威尔逊劝说美国人民“在思想和行动上保持公正”,但他和他的主要顾问们却完全未能做到他们自己提出的训诫。在导致美国参战的许多事件中,有件事情可看作是一种征兆,即美国政府人士中普遍存在一种对协约国压倒一切的同情,而且威尔逊及其顾问们的态度也是设法使战争的结果有利于协约国。威尔逊对协约国的同情就像他对和平的热爱同样重要。他是个彻头彻尾的亲英派。他从英国思想家那里学习到很多重要的东西;他把英国政治家奉为楷模。并把英国宪法看成是治理国家的最好的法律:在任普林斯顿大学校长期间所做的工作,在很大程度上是为了向美国人民介绍英国人办大学的思想;甚至他喜欢的娱乐活动也是口袋里装着一本《牛津英语诗歌选》骑着自行车在湖区闲逛。他周围的顾问们都是心向协约国的,特别是国务院顾问和后来当上国务卿的罗伯特·兰辛,以及豪斯上校(他把豪斯上校称为
“我的亲信……独立的自我”)。他派驻英国的大使沃尔特·海因 262
斯·佩奇,更是把向美国人民介绍英国的事业作为己任。

这些人对德国可能胜利的前景深感忧虑,他们认为德国的胜利将会迫使美国人离开和平和进步发展的轨道。1914 年 8 月 22 日豪斯给威尔逊的信中写道:

> 德国的胜利最终意味着给我们带来麻烦。你现在正为后代开辟一条道路，以持久和平为目标，以国际道德标准为指导，德国获胜将迫使我们离开这条道路而去建立一个规模庞大的军事机器。

一周之后豪斯在日记中写道，威尔逊赞成这一分析，而且在谴责德国扮演的战争角色方面他“甚至比我还情绪激烈”，他的谴责中还包括了德国人民。威尔逊告诉他说，德国哲学“基本上是自私的，而且缺乏崇高的精神”。[①] “英国正在为我们而战。”威尔逊当着图马尔蒂的面这样说道，“……我不会采取任何行动使英国为难，因为英国正在为本身的生存而战，为世界的生存而战。”威尔逊的司法部长回忆起，1915 年初有些内阁成员要求他禁止对英国出口时，他回答说：

> 先生们，协约国正在面对凶猛的野兽进行背水一战。除非严重违反公认的权利，否则我将不允许我国采取任何行动妨碍和阻止协约国进行这场战争。

1915 年 12 月，布兰德·惠特洛克在访问他时宣称：“我全心全意支持协约国。”威尔逊回答我：“我也是这样。任何一个既了解目前

① 威尔逊的“亲信”豪斯不断地提醒他关于保持战争各方力量平衡的概念。1915 年 6 月 16 日豪斯给他写信说：“我不讲你也清楚，如果协约国打不赢这场战争，那我们整个政策将不得不彻底改变。”一个月后他劝说威尔逊作战争准备时警告说：“我觉得完全依赖协约国的胜利来保障我们的安全是一场可怕的赌博……。”

形势又了解德国的高尚的人都不会采取其他态度。”总统对塞西尔·斯普林—赖斯爵士预言道,如果德国人打胜的话,“我们将不 263
得不采取措施在本土进行防御,这对我国政府和美国的理想都将会是致命的打击。”1915 年 9 月他对豪斯承认,“他从未肯定地认为我们不应加入这场冲突,而且如果事态清楚表明德国及其军国主义思想将要得逞,我们肩负的义务将更加重大。”

这种感情,这种在必要情况下将美国放入天平一端使力量对比发生对德不利变化的愿望,使真正的中立完全没有可能;威尔逊因此制定了有利于协约国的差别对待的法律,并加强了美国与协约国经济上的联系;而他自己制定的政策最后捆住了自己的手脚。英国像德国人一样损害了美国在公海上的利益并且践踏了威尔逊政府意欲实行的国际法的概念。美国一次又一次地向德国和英国提出抗议,但对英国的抗议往往不是充分有力的,而对德国的抗议却充满了威胁的口吻。英国无限制扩大关于禁运品的定义;极其随意地使用在公海上登轮和搜查权利,使美国货主遭受巨大损失;违反了传统的“合法”封锁概念;在北海布雷,严重妨碍了中立国的利益并给它们带来巨大损失;抢走美国与其他中立国的贸易;没收宝贵的美国商业情报资料;并把英国所指控的和德国通商的美国公司列入黑名单。但是英国外交家们清楚,他们得到美国政府的同情(威尔逊不是亲自对斯普林·赖斯说过:“我们两国之间发生争吵将会是天大的灾难吗?”);佩奇驻在伦敦以减轻美国抗议所产生的影响;美国似乎不大可能采取任何严厉行动以行使自己抗议英国做法的权利。豪斯于 1914 年 10 月给佩奇的信中说:“从我们大家目前的感情来看,我觉察不出英国和美国之间会有任何严重

的麻烦。”[①]

264 由同情转变为结盟的一个关键因素是美国与协约国之间经济上的关系日益加深。1914 年，美国已开始出现严重的经济衰退，一些迹象表明，这有可能发展成为 1893 年以来的第一次严重经济萧条。然而到 1915 年，协约国军需品订货的刺激开始发生明显的影响；到 1917 年 4 月，价值 20 亿美元的货物已出售给了协约国。这时的美国和协约国，无论是从战争还是从经济繁荣角度，都已是生死与共、休戚相关。协约国依赖美国物质供应，就使威尔逊有了巨大的讨价还价的手段，他本来可以利用这种力量使协约国的封锁有所缓和，但正像爱德华·格雷爵士不愿和他的军火供应者吵架一样，威尔逊也不愿意和美国最好的主顾闹翻。[②]

事实上，种种情况使得威尔逊清楚地了解美国对于协约国军火订货的依赖。协约国最初购买军火是依赖他们在美国的贷方余额，但这些余额迅即告罄。当是否允许美国银行家们向协约国政府提供贷款的问题提出时，美国政府根据布赖恩的理论，即“货币是最坏的禁运品，因为它可控制其他一切”，不鼓励银行家们借出贷款，于是银行家们决定没有政府的批准就不采取行动。但是协约国急需贷款以维持继续采购，这就使美国花旗银行代表与兰辛重新展开对此问题的讨论。兰辛和财政部长麦卡都都向总统说明，布赖恩禁止

① 然而威尔逊有时简直要大发脾气。1916 年 7 月 23 日他给豪斯写信说：“我承认，我对英国和协约国的忍耐心快到了极限。”“我正严肃考虑请国会授权给我，禁止向协约国贷款并限制向他们出口……。”

② 查尔斯·西摩教授评论说：“美国除了损害自己的商业利益付出极高昂的代价外，没有其他方法可以对协约国施加有效的影响。”

贷款的办法会妨碍美国持续繁荣。1915 年 8 月 21 日麦卡都写道:“美国十分繁荣的时期就要到来了。如果我们能向我们的主顾们以合理的方式提供贷款,将会非常有利于经济繁荣的发展。……为了维持繁荣我们必须为之提供资金。否则繁荣就会中止,从而带来灾难性后果。”两星期之后,国务院顾问兰辛又补充说:

> 如果欧洲国家想不出办法支付的话……他们将停止购
> 买,我们目前的出口贸易将会相应萎缩,结果就会使产量受限
> 制,工业萧条,资本闲置,劳动力过剩,出现种种衰退现象,金
> 融混乱,社会普遍不稳定,劳动阶层生活困苦。……我们国家 265
> 的利益似乎要受到严重威胁,我们能够让宣布诸如坚持“真正
> 中立精神”之类的思想使国家的利益受到损害吗?

于是不准贷款的禁令就解除了,军火采购又得以进行,美国的繁荣也就继续下去。很容易想象,威尔逊是如何在自己的内心里为自己的行动辩护的。如果协约国停止购买,出现经济崩溃现象,到处是失业,全国到处弥漫着不满情绪,1916 年让人民把他的政府赶下台,而让一个有罗斯福和洛奇等人为高级顾问的政党恢复掌权——要是这样,那么按公正而又高尚的纲领实现和平或实现对世界的领导还有什么希望?不,最好的办法还是让美国人民和平地从事战争时期的工作——制造军火,既有事干又可保持美国的繁荣。

在美国的供应源源输入英国和法国半年之后,德国政府于 1915 年 2 月 4 日宣布:德国将摧毁任何进入规定的不列颠群岛周

围的战区的任何敌人的舰只。公海上德国的潜艇是行之有效的武器，威尔逊对这一新型作战方式的不切实际的态度导致了一系列的争论。潜艇是一种不坚实的船艇，经不住武装商船甲板大炮的攻击，因此不适于用来进行登船搜查的认可的办法。因为英国的许多商船都装有大炮，潜艇要想有效作战，则必须一直潜藏水下，而且打了就跑，这就使敌船上的人无法保障自己的安全。英国的封锁是要使德国平民无法得到供应而挨饿，德国就用这种办法进行报复，虽然不太人道，但却效果显著。1915 年春“卢西塔尼亚”号被击沉，使美国人越来越多地认为德国人是恶魔的印象得到证实了。德国人当时有一项仍旧愿意实行的建议，即如果英国解除粮食封锁，德国就将放松利用潜艇进行作战，美国政府和公众都不为这一建议所动。

面对这种形势，威尔逊继续允许协约国的武装商船队结关出
266 美国港口。[①] 尽管国会强烈反对，他还坚持美国人乘交战国商船在作战区域内旅行的权利。参议院对此提出质疑时，他给参议员斯通的信中说：

> 我不能赞成在任何方面剥夺美国公民权利的任何做法。……一旦接受人家夺去我们某一项权利的做法，其他屈辱的事会接踵而至，完美的国际法体系就会在我们的手下逐项逐项地失效。我们在这件事情中所争取的是使美国成为主

---

① 做出这项决定时是有些疑虑的。威尔逊十分天真地写道：“这个问题涉及许多方面，使我和兰辛有时也感到很复杂。”

权国家的种种事情中最为根本的东西。

这种解释实在是最站不住脚的,因为威尔逊接受英国继续"夺去"远远不止"一项权利"的行径,而从未考虑其对于"完美的国际法体系"的影响。在和协约国打交道时,他的压倒一切的考虑是如何给予方便;而在和德国人打交道中,则极其专横地为法律上的权利辩护。对于这种歧视性做法,他和兰辛提出的理由是,英国失当的行为只涉及财产权利,德国的行动则涉及人权并危及人的生命。但是众议院议员克劳德·基钦等人指出,如果美国人愿意放弃登上交战国船只进入潜艇活动区的权利,就像他们十分乐意地放弃了闯入英国在北海"非法"布雷区一样,那么德国也不至于犯了伤害美国人的罪行。如果说威尔逊的法律方面的论证显得特别站不住脚,那是因为他不得不为自己的政策寻求法律根据,但这种政策并不是建立在法律之上,而是根据力量平衡和经济需要而制定的。

由于受到一系列令人恼火的事件的压力,1916 年春,威尔逊似乎倾向于要和德国作战了。1915 年冬和 1916 年春,威尔逊发表了一系列演说,强调要求制订备战计划。但德国政府在答复美国的实质上是威胁断绝外交关系的最后通牒时,于 1916 年 5 月 4 267
日作出了一项令人满意的保证:"自此之后德国的潜艇战将按照美国的要求[①]进行。"[②]随后的 9 个月内,关于潜艇战的争论平息了。

① 当时威尔逊要求德国潜艇必须按照国际公法事先检查和搜查商船,事先警告要袭击的目标才能袭击。——译者

② 这项保证附有一项警告:除非美国能迫使英国放松对德国粮食供应的封锁,否则德国保留恢复潜艇战的权利。威尔逊非常聪明地对这项保留置之不理。

在民主党全国代表大会上,威尔逊派的一位演说家吹嘘说:威尔逊使美国未流一滴血,就"从最好战成性的国家那里得到了对于美国的要求和美国权利的让步"。他的话获得了热烈的欢呼和鼓掌。但这种让步实际上是靠战争威胁获得的,这样威尔逊就把自己置于这样一种境地,一旦保证被撤销,就只好宣布参战。

1914年夏天威尔逊的第一个妻子去世之后,他发现他的职务使他痛苦不堪。这年秋天他写道:"这个职位没给我个人带来任何幸福,只是不可弥补的损失和极端的痛苦。"他对总统这一职位越来越不喜欢,并且常常沉思默想,他不能把自己想象成是总统,而只不过是在总统的位置上暂时行使一下权力罢了。这表明他有一种希望,希望心中始终保持伍德罗·威尔逊和美国总统之间的区别,从而使伍德罗·威尔逊减轻了责任的重担带来的压力。

> [他写道:]一切事情都是与个人无关的。我掌管着重要的职务……但我似乎和这一职务并不能融为一体:总统不是我,我也不是总统。我只不过是一个长官,管理着政府的机构,生活在它的办公室里,负责使它发挥各种功能。我生活中的这种与个人无关一面是一种很古怪的东西,这或许使生活不那么热烈,正如也肯定使生活失去骄傲和自我意识(可能还有愉快),但至少使我没有成为一个蠢人,认为自己就是总统!

随着时间的推移,总统的职责在他心中占有越来越大的分量,并把他自己的个性不断排挤出去。"我以前从来不知道,一个人在必要的时候还可能失去自我的存在,并且似乎除了公职以外,他的个人生活已不复存在。”

但威尔逊也像他以前的每一届总统一样,希望并且争取连任。268
1916 年的竞选口号是:“威尔逊使我们免于卷入战争。”这个口号不是他自己制定的;实际上,这个口号使他感到很吃惊。他心中似乎产生一种毋宁说是言过其实的意识,因为自己无力实现这种承诺。[①] “我不能做到使国家免于战争,”他对约瑟夫斯·丹尼尔斯抱怨说,“他们把我说成像神仙一样。但任何一个小小的德军中尉随时都可以搞一些预谋的违法行动而把我们投入到战争之中去。”由于共和党分裂的时期已经过去,两党在竞选中实力相当。但在民主党竞选名单中,威尔逊遥遥领先。现在已满有把握连任 4 年,而且关于潜艇战的争议也暂时平息,同时,与英国的冲突却又较前加剧,于是威尔逊的态度日益趋向中立。1916 年末至 1917 年初的那个冬天是威尔逊认为最不可能加入战争的时候。虽然不能绝对肯定地排除参加战争的可能性,但就我们可能对他的理解,情况似乎是,威尔逊只要有其他办法符合他的总目标,那么他是不会甘心于参加战争的。

1916 年圣诞节前夕,威尔逊向交战双方分别发出照会,要求他们陈述实现和平的条件,同时还以公正的态度指出,“交战双方的政治家们心目中关于这次战争的目的基本上是一致的,他们向本国人民和全世界都基本上表明了这样一点。”1917 年 1 月 22 日,他在参议院发表演说,分析了如任何一方惨遭失败会引起什么

① 威尔逊在 1916 年 1 月 21 日的密尔沃基演说中宣称,“随时都可能发生一些情况,使我不能维护美国的和平与荣誉。不要要求我做不可能的事和矛盾的事。”

后果，并且断言，持久的和平必须是“没有胜利者的和平”。

> 胜利意味着把和约强加给失败者，把胜利者的条件强加给被征服者。战败者是在屈辱之中，在强迫之下，在作出难以忍受的牺牲的情况下接受的；这将使人感到痛苦、感到不满、留下了痛苦的记忆，建立在这上面的和平条件不会长久，只能像流沙上的建筑。只有平等的国家之间的和平才能长久维持。

要交战各方提出条件并呼吁实现“没有胜利者的和平”的做法
269 使协约国极度不满，因为过去给他们造成的印象是，美国始终对它们承担有义务。[①] 豪斯上校在他的日记中不无抱怨地写道，总统的“冲劲”已经没有了；现在办事毫无目的，任其自由发展；威尔逊现在要“不惜一切代价换取和平”。当豪斯再一次提出备战的问题时，威尔逊直截了当地告诉他：“不会参加战争。”

正在这时收到德国政府发来的一份通告，通知说，德国将恢复潜艇战，而且将不受任何限制，既针对交战国的船只，也针对中立国的船只。威尔逊在战争最初的两年中未能严守中立，这时立刻得到报应了。德国人已经认识到美国早就以其雄厚的生产能力和德国作对，并且认为除非给协约国以致命的打击，美国只会以其他

---

① 威尔逊的顾问们对于要求交战国提出和平条件是有顾忌的，国务卿兰辛清楚地表示出这一点：“假如我们出于国家的利益以及为了将来在全世界推行自由和民主的原则而最不愿意坐视其失败的交战国给我们的答复是令人难以接受的，那么下一步该怎么办？”

方式进行有效干预,因此德国人有心让美国参战。[①]

当图马尔蒂把美联社载有德国这一决定的新闻稿拿给威尔逊看时,这位总统表情阴郁,用沉着的语调说:“这就意味着战争。我们一直在尽力避免的决裂现在看来已经不可避免。”但威尔逊仍在等待,似乎在等待着出现某种奇迹般的形势变化,以免他作出进一步决定。[②] 在此期间,协约国的困境使他感受到很大的压力。实 270
际上,交战国双方的情况都已十分紧张,只不过威尔逊了解协约国的情况而已。俄国已经发生了三月革命[③],将来它能否作为一个协约国成员发挥有效的作用,是极没有把握的事情。法军的士气极为低落。(豪斯提出警告说:“如果法国在德国的进攻面前投降的话,那将是无法预料的灾难。”)潜艇战很快就会给英国的供应线造成极大威胁,使英国处于饥饿的边缘。同样重要的是,协约国的信贷能力已经耗尽,经济即将崩溃,似乎只有美国参加战争才能挽

① 保罗·伯索尔写了一篇题为《中立和经济的压力,1914—1917 年》的文章,强调指出潜艇战的恢复不仅是军事上的现实,而且也是经济上的现实。德国人认为,如果美国参战,它能给协约国的主要援助是经济方面的——但协约国已经得到这种援助。正如霍尔茨恩道夫指出:“美国能够采取的行动,不会比到目前为止它所采取的行动更具敌对性。”德国下的赌注是,在美国能集中它的军事力量对准德国之前,用饥饿的办法把英国搞垮;而这一赌博在 1917 年夏天几乎获得成功。

② 大约两年之前,“卢西塔尼亚”号被击沉使美国群情激昂,当时很多人因威尔逊发表了“为保护荣誉而不参战”的演说而对他进行谩骂攻击,他警告图马尔蒂不要挑起人们采取行动。他解释说,他只要到国会就可以使国会发表参加战争的声明。可是当伤员从前线运回来时,人们会问:“在这件事上威尔逊为什么行动这么快? ……他为什么不能再等一段时间?”美国作为唯一的一个能够代表和平与理智的大国,应该坚持到最后时刻。“当我们采取行动反对德国的时候,我们必须有把握,整个国家不仅愿意同我们一起走,而且充满热情,愿意和我们一直走到底。”

③ 即俄国二月革命。——译者

救危局。佩奇在其有名的 3 月 5 日致威尔逊电报中对这种形势进行了扼要的叙述:“也许只有参加战争才能保住我们优越的贸易地位并避免经济恐慌。潜艇已为发生世界金融崩溃的危险添上最后一把火。”情况看来是,要是德国战胜,美国会受到战胜国和战败国两方的仇恨,美国对欧洲的前途和世界和平的影响将降到最低的程度,而近年来所获得的一切成就都会因军备竞赛而丧失。最后还有一点,即德国外长齐默尔曼建议德国、墨西哥和日本结盟并赞成把得克萨斯、新墨西哥和亚利桑那归并给墨西哥的密电被揭露之后,美国公众舆论最近已被煽动起来,完全赞成参加战争。照威尔逊看来,不参加战争引起的后果,他是担当不起的。

不过他仍在拖延作出决定。甚至在德国开始攻击美国船只,兰辛因感到“他在抗拒事态发展不可阻挡的规律”而离开他时仍然拖延着。3 月底豪斯来到华盛顿,看到威尔逊极其困惑地一遍又一遍地重复:“我还能做什么事?有什么别的事情是我能做的?”威尔逊告诉他的朋友,他认为自己不适合做战时的总统。纽约《世界报》的弗兰克·科布是威尔逊在新闻界的好友,于 4 月 1 日夜对这位难以成眠的总统进行了拜访。这是威尔逊向国会递交宣战咨文
271 的前一天,他发现总统这时仍然犹豫不决。总统又一次发问:“我还能做什么?有什么别的事情是我能做的?”他担心德国要是被打败了,和平的实现就会是战胜者向战败者提出条件的和平。那时就不会有一个局外人具有足够力量来调和条件。“到时候也就不会有任何和平标准需要讨论。”科布回顾道:

> 那天晚上伍德罗·威尔逊真是令人莫测。他心中想到了

事态发展的全局……。

他开始谈到战争对美国引起的后果。对于我们可能以何种方式进行战争,他没有丝毫不切实际的幻想。

他说,战争一开始,打仗就是打仗,不会有什么两种不同的样子。这需要在国内实行非自由主义的政治,以增援前线的兵员。我们不能一方面和德国作战同时又保持一切思想家们赞同的关于理想政府的主张。他说,我们将尽力去做,但恐怕是无能为力。

他说:"一旦领导人民参战,他们就会完全忘记什么叫宽恕。要战斗,人们就得残酷、无情,而这种残酷无情的精神将会渗透我国国民生活的各个领域,影响国会、法院、巡逻的警察、大街上的行人。"……

他认为宪法将不能保存下去;言论自由和集会的权利将会取消。他说一个国家一旦全力以赴投入战争就不能保持头脑冷静;过去没有哪个国家做到了这一点。

他大声说:"如果还有什么别的办法的话,看在上帝的分上,我们还是不要参战吧。"

威尔逊和科布谈话的时候,他的宣战咨文就放在办公桌上,第二天他就向国会宣读了这份咨文。他承认,"领导这个伟大的和平的人民投入战争,投入一场最为可怕和充满灾难的战争,是一件可怕的事。……"但是"权利比和平更值得珍视"。美国在并没有什么深仇大恨、没有半点私利的情况下将为它向来珍视的原则而战斗——"为民主,为了使那些屈服于当权者的人获得在政府中有发言的权利，为了小国的权利和自由，为了人们能普遍行使权利，从而使自由人民和谐一致，使所有国家得到和平与安全并使整个世界充满自由”。

伍德罗·威尔逊过去也曾改变过手法，但接受战争就迫使他第一次背离了他原来最深刻的价值观念。就是这个威尔逊过去曾
272 说过和平可医治世界的创伤，对世界产生美好的影响，现在却发誓要“使用武力，最大限度地使用武力，毫不吝啬不加限制地使用武力”。他既然已经把国家交给一种他自己并不相信的力量来支配，现在就比任何时候都急于为自己的行动找出理由，他担任公职的后一段时间就成了一种寻求自我辩白的过程。只有民主与和平的力量获得最后的胜利才能洗掉他心头失败的感觉——在他以充满信心和正义感的腔调宣读他响亮的宣战咨文时，他就已经意识到这种失败的感觉。他离开国会的时候，耳朵里还回响着议员们和人民赞同的鼓掌声。他转身对图马尔蒂说：“我的咨文对我国青年来说是一张索命文书。人们竟然鼓掌表示赞同，真是令人难以理解。”

五

威尔逊在美国保持中立期间的举棋不定的方针反映了两种前后矛盾的战略思想。第一种是美国必须保持中立大国地位，维护和平时期清醒而公正的价值观，并且倡导“没有胜利者的和平”。第二种则是协约国不能战败，“德国的军事专家们”必须打倒。

这种相互矛盾的思想一直跟着他到了和平会议。他真正需要

的并不是简单的“没有胜利者的和平”，而是胜利之后不出现一个耀武扬威压倒另一方的战胜者的和平。他希望协约国与德国以胜利者和战败者的身份坐到谈判桌旁来进行协商谈判。事情的发展很快就使他认识到，这种事是不可能做到的。他对陪同他去巴黎开会的一位美国专家说：“在和平会议上，我们将是唯一无利害关系者，和我们打交道的这些人并不代表他们本国人民。”这第二句话是一种不恰当的看法，但第一句话却是真的：美国，部分由于受到威尔逊约束的影响，是战胜国中唯一没有提出一套只从本国利 273
益出发的目标的国家，它没有提出有关领土、赔款或战利品的任何一个要求，它唯一的要求是协约国为实现公正和较为持久的和平而对自己有所克制。和会就开成了一个三方会议：战胜国、战败国和威尔逊。

由于美国没有提出任何要求（其实美国本可以用以达到一些贸易方面的目的），威尔逊手中就有两张牌可以打：威胁要单独与德国缔结和约，以及美国绝对的金融优势。1918 年 11 月，豪斯上校只是暗示一下单独媾和，就使协约国的代表们惊慌失措，急急忙忙地接受了十四点作为停战的基础；但这种威胁没有得到进一步的利用。正像他未曾能利用美国的经济地位在封锁措施上对英国施加影响一样，威尔逊在和平会议上也未能利用这一经济优势地位。虽然 1917 年 7 月 21 日他给豪斯的信中写道：

> 对于和平的看法，英国和法国与我们的观点完全不同。战争结束后，我们可强迫他们同意我们的想法，因为到了那时，别的不讲，它们在金融方面将受我们控制。

但这一战略也被忽视了。美国政府给协约国的大部分贷款都是战争结束之后才签订的，这些贷款在施加影响方面的潜力都未能利用。

威尔逊关于公正和平的概念要求美国起一种独立的领导作用。但他认为持久的和平的实现有待协约国的胜利，这就把他和各协约国通过经济和道德的支持联系了起来。很难设想参加和平会议只是为战败国说话，从而甘冒与自己以前的盟国关系破裂的危险。一个渴望在国际合作的基础上实现世界和平的政治家，对于他特别赖以进行合作的国家，是不会提出太苛刻的条件的。威尔逊可以迫使克雷孟梭和劳合·乔治接受十四点作为实现和平的理论依据，然而一旦谈判开始，形势的变化使威尔逊落入他们的手心，因为威尔逊的希望和理想使他在谈判时一筹莫展。在巴黎他认识到他对弗兰克·科布讲过的话的先见之明：战争已经破坏了
274 和平时期的准则和价值观念，这是甚至连伍德罗·威尔逊也无法维护得了的。[①] 他曾经说过：“只有彼此处于平等地位的和平才能持久。”但随之而来的和平却是主子与奴隶之间的和平，而且这位美国总统发现自己也和别人一起在手执皮鞭。“这些条件对于德国来说是非常严厉的，”他在 1919 年 9 月说，“但没有哪一条不是德国自己招来的。”

威尔逊带到巴黎去的方案，是设想在国家自决、自由贸易以及由国际联盟维护和平的基础之上建立起世界秩序。他解释说：“我

① 美国参加和会代表团成员塔斯克·布里斯将军说：“为什么欺骗自己呢？我们并不是在巴黎缔造和平。这里哪有什么缔造和平的条件？”

们所寻求的，是在被统治者同意和人类有组织的舆论支持的基础上实行法治的局面。”民族自决，这是国内政治中的民主在国际上的同义语，因此应体现被统治者同意的原则。自由贸易可以缓和国家间的敌对竞争并促进经济繁荣。国联就是通过互相保证领土完整和采取共同行动反对侵略来保证这整个体制的实施。

非常明显的是，十四点中没有提出任何关于大幅度改变国际经济关系的重要要求。十四点中有 8 点是在欧洲某些特殊地区应用自决原则。其余 6 点是一般性规定，而这 6 点中只有 3 点涉及经济事务：战时及和平时期海洋自由；取消各国之间的经济壁垒；公正地处理殖民地的要求。这三点充其量不过是虔诚的希望，事实上，这三点中没有任何一点有可能实现。国联的委任统治制度几乎没有触及整个殖民地的权利要求。海洋自由问题在一开始就由于英国的坚持而不得不搁置起来，英国连虚伪地表示原则上赞同也不干。[①] 如果不能消除造成不可避免的贸易壁垒的经济和社会结构、国内商业力量的利润动机和体系，那么取消经济壁垒只是 275
一种空谈；威尔逊甚至不敢使本国保证进一步取消贸易壁垒，而且战后时期实际上掀起国际关税战的正是美国。最后，增加主权国家并随后要求降低国际贸易壁垒的主张肯定要招致神谴天罚。

在凡尔赛签订的和约是一项政治和约，这项和约把 19 世纪欧洲的基本经济安排视为理所当然。威尔逊自己就对美国专家代表团说，他对于可能在巴黎讨论的“经济问题并不感兴趣”；约翰·梅

① 克雷孟梭对于这一问题的观点很说明问题：“我不懂得什么海洋自由的原则。如果有海洋自由，战争就不成其为战争了。”

纳德·凯恩斯曾经说过,“摆在他们面前的正在挨饿和四分五裂的欧洲的基本经济问题,是不可能引起四强感兴趣的问题。”索尔斯坦·韦布伦 1919 年写道,国联盟约

> 是按照 19 世纪帝国主义的模式制定的一个政治文件,一个实力政策的文件。文件是由政治家们,根据政治理由,为实现政治目的,利用能起到政治效果的政治机构制定的。……一如以往的政治传统,盟约通过诉诸武力和商业战争来强制实现和平,但没有考虑任何措施,通过避免那引起这场大战的现状来避免战争。

总之,威尔逊又一次未能解决经济问题,就像他在大学研究政治理论的时候未能解决这个问题一样。在从事实际政治生涯中,他学会了遵循集团和阶级的利益来决定他发出的呼吁,并将政治冲突转化为经济问题加以解决,可不知什么原因,一登上世界舞台,他就又退了回去,又成了那思想古板的知识分子,带有绅士气派的老式教授,那个教授曾为他所认为的伟大英国政治家的超脱无私精神所迷住,并认为镀金时代的美国参议院“脱离了阶级利益”。威尔逊生涯的最后阶段充满了矛盾,著有《国会制政府》的威
276 尔逊与在美国党派斗争中受到教育、变得更成熟更实际的威尔逊在相互斗争。他对战争起因的看法和他实现和平的方式之间几乎没有什么联系。

1918 年 9 月 27 日,他在一次讲演中宣称:

> 特别的结盟及经济上的敌对和较量，是当代世界导致战争的种种计划和情绪产生的沃土。如果不能以明确而具有约束力的条件将这类因素排除在外，那就不会有真正而稳固的和平。

既然在凡尔赛缔造的正是这种不稳固的和平，他回到美国后就为这种和平辩护。在为这种和平辩护的过程中，威尔逊又于1919年9月5日在圣·路易斯说：

> 是啊，我的同胞们，这里有哪一位先生或女士，或者有哪一位儿童不知道当代世界上战争的根源是工商业竞争？我们刚刚打完的那场仗之所以发生，究其实际原因，不过是因为德国害怕他们商业上的对手超过它；一些国家之所以参加对德国的战争，也是因为他们认为德国会取得胜于他们的商业的优势。……这场战争自一开始就是一场工业的和商业的战争，而不是一场政治战争。

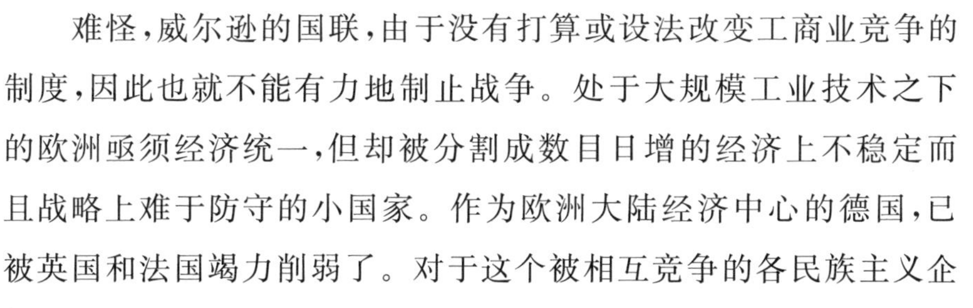

难怪，威尔逊的国联，由于没有打算或设法改变工商业竞争的制度，因此也就不能有力地制止战争。处于大规模工业技术之下的欧洲亟须经济统一，但却被分割成数目日增的经济上不稳定而且战略上难于防守的小国家。作为欧洲大陆经济中心的德国，已被英国和法国竭力削弱了。对于这个被相互竞争的各民族主义企业搞得破碎、瓦解的世界，人们指望国联来加以维护，并使之稳固。国联本身并不代表一种重大的变化，它只不过是想使旧的混乱状态变为秩序井然的一种尝试而已。

无论历史学家们如何夸大威尔逊与克雷孟梭及劳合·乔治之间的斗争，这也不是新旧秩序之间的斗争，而只不过是关于如何在旧秩序内解决各种事务的一场争吵。威尔逊在试图组织和调整这个由各种竞争力量组成的江河日下的体制时，又在世界范围内重
277 弹了他在国内领导的老调。正像“新自由”是在为普通人争取权利和机会的理想主义的形式下，努力恢复已经过时的19世纪的竞争条件一样，和约和国联盟约也是大谈民主、和平和自决，来保留19世纪各国竞争性的制度而又不消除公认的产生竞争和敌意的根源。威尔逊一向是打算通过改革来维护现状中基本的东西；但由于从根本上未能改革，最终也就不能维护现状。

1919年3月，威尔逊在新泽西时期交的一位老朋友乔治·L.雷科德，此人在他转向进步派方面起重要作用，给他写来一封有名的信，分析了威尔逊对当今时代认识的不足之处。雷科德直率地写道，威尔逊

> 忽视了逐渐提到前面的重大问题，经济民主问题，取消特权、保障人们享受劳动和服务的全部成果等。
>
> 赞成政治民主的原则……就像赞成圣经十诫一样……并没有什么光荣可言。……
>
> 政治民主问题已经过时。现在的问题是工业或经济民主。
>
> 无论是从现在还是从历史角度看，你的建立国联的主张都帮不了你的忙，因为这像你制定的其他政策一样，都不能触

及问题的根本。战争是由特权引起的。而每一个现代国家都受有特权的人们所统治，这些人即是由于拥有铁路、土地、矿山、银行和信贷而控制了工业的人。他们因而获得了大量的不劳而获的资本，而在其本国这些资金又无用武之地，因为工人的贫穷使国内市场受限制。这些控制剩余资本的人们必须寻求新的国家和人民以进行剥削，而私利之间的冲突就引起战争。消除战争的办法就是要实现正义的统治，即在各大国内取消特权。我认为在对本国人民都不能公正对待的各国政府之间，你是不能建立起一种维护公正的国际关系的机构的。只有当国联各成员国内正义得到伸张的时候，国联才能发挥作用。由目前协约国政府建立起这样一个联盟，如果拥有真正的权力，就很可能被利用来作为保障特权者们的国际堡垒。的确，即使不像是真的，也完全是可能的。而且在你退出舞台之后，危险就会增大。……

雷科德劝说威尔逊除了国际计划之外，还要提出一项国内的 278
社会民主方案，包括要求公用事业的国有化并限制巨额财富。他承认，这项方案也许不能实现，但威尔逊的失败将会只是暂时的。后人将会承认他的智慧并称他为“真正伟大的人”。

威尔逊对雷科德的信表示衷心的感谢。大约收到信一年之前他就向阿克森教授表示了类似的想法。当时他们正在谈论下一届总统的资格，威尔逊说，他必须是明达的人，能够从世界的角度考虑问题。目前，“真正有国际思想的人是劳动人民。”

> 世界将发生急剧变化。我确信，现在由个人和公司经营的许多事情，将来会不得不由政府办理。譬如，我确信，政府将不得不接管所有的重要自然资源……所有的水利资源、所有的煤矿、所有的油田等。这些均应由国家所有。
>
> 如果我在外面讲这些话，人们会说我是个社会主义者，但我不是一个社会主义者。而且正因为我不是一个社会主义者，我才相信这些。我认为采取此类措施是防止共产主义的唯一方法。……

然而，如果说威尔逊个人的信仰的确从美国进步派发展到国际社会民主派的观点，他制定的国家政策并没有表明这一点。威尔逊事业中最后一部分工作完全像一个梦游者干的，每天按指定路线不差分毫地重复兜圈子，而思想却在一个与世隔绝的幻境中游荡。如果他真的相信他那分析深透、重点鲜明的优美讲演，那么很可以说他作为一个世界政治家的一生是接连遭受失败。他从思想和行动上呼吁美国坚守中立，但他推行的外交政策却是典型的结帮分派的外交。他说美国参战对世界将是一场灾难，但却领导美国参加了战争。他说只有彼此平等的和平才能持久，但却参与了凡尔赛的一方强加的和约。他说世界未来的安全有赖于消除导致战争的经济根源，但在巴黎和会上甚至没有讨论这种种根源。
279 他宣布说，他相信国有化是有着光明的前途的，但在他的政府结束时却允许放肆搞相反的做法。他渴望使美国加入国际联盟，但却采取了一种行动方针使美国不可能参加。这样他在忧虑的时刻对乔治·克里尔坦白地说出下面的话也就不足为奇了：“我似乎看到

的是一场失望的悲剧——我衷心希望我是错误的。”

正是威尔逊的希望和许诺，使他的政绩显得十分黯淡。由于四周都是黑暗的现实，所以倒也并非不可辩护的。威尔逊提出的十四点，即使并未为和平打下一个持久坚实的基础，但与任何其他交战国相比，却为和平的实现提供了一个较合乎情理和宽容的基础。由于投合德国的希望，他促进了早日实现停战，虽然和约的条款是苛刻的。但是如果没有威尔逊的影响，情况本会更加糟糕。他这次到欧洲，1918 年国会议员选举中的挫折给他增加了障碍，他的盟国的要求以及它们的秘密条约限制了他，他因对国联的期望所作的妥协办法束缚了他，同时他对资本主义和民族主义的信仰又使他不得不接受资本主义和民族主义所引起的灾难带来的严重后果。他在巴黎遇到了一件又一件难以解决的左右为难的事，战线太长，需要进行的战斗太多；于是，用查尔斯·西摩的话来说，他就为“事态发展所愚弄”。尽管由于当时的形势的压力使保罗·伯索尔的著作受到种种严重的限制，但他在他的《凡尔赛条约 20 年后》一书中谈到，他发现“威尔逊在面临极其巨大困难的情况下，为实现自己的纲领而进行了坚韧不拔的斗争，同时在把纲领中的抽象原则变为具体实施方案时又具有高度的政治才智”。

在会议审议与法国安全无关的问题时，克雷孟梭经常是闭起眼睛打盹。劳合·乔治则不止一次轻松地承认，对于有关欧洲经济和地理的一些基本事实，他一无所知。（一次他问助手：“我记不清了，我们要放弃的是上西里西亚还是下西里西亚？”）威尔逊请求他的专家们：“告诉我怎么做对，仗由我去打，给我一个有保证的地
位”，然后就趴在地板上工作至凌晨，研究地图和图表，尽力熟悉谈 280

判涉及的各种错综复杂的事实。虽然他觉得不得不维护美国国内的和平,甚至有时使用令人难以置信的措辞,如“人民的和约”、“有史以来最人道的文件”,但他也清楚知道这种和约有多么脆弱。他认为遭到众口批评的山东问题解决办法,[①]是在“肮脏的过去”的基础上能够找到的最好的解决办法,这个意见大概也可以算是他对整个条约的看法吧。

他认为有一件事可以挽救这整个局面,即国联盟约。努力拯救国联对于威尔逊来说,是一桩具有心理上的十分紧迫性的事情。[②] 他的计划被弄得支离破碎,他的希望一个接着一个放弃了,最后剩下的就只有国联了。正如他所预计,“新自由”的纲领随着战争的到来而消逝,宽宏民主的和平的理想在巴黎会议桌上也消失了。国联现在已经成了不是道义拯救就是灭亡的问题,因为他所赞成的一切,都成败未决,如果不能实现持久的和平,他将如何说明他带领美国参加战争是正确的?内疚的心情像乌云一样笼罩了他的整个思想。在苏里斯尼斯美军墓地,他痛苦地喊道:“我把这些孩子们弄到这里来送死。我曾经到这里来给他们作出保证。现在我还能说一句与这种保证前后矛盾的忠告吗?”在普韦布洛中

① 日本代表团在和会上要求和会同意他们接收德国在中国胶州湾的租借地和在山东半岛的特权,威尔逊接受了其中大部分的要求。这就是所谓山东问题解决办法。当时中国人民因和会无视中国主权和战胜国的地位,反对和会非法决定,掀起了伟大的“五四”爱国运动,迫使中国代表团拒绝在和约上签字。——校者

② 认为美国或整个世界也同样濒临危险的说法是令人难以置信的。开明的国际主义派提出的一种观点是,只要美国参加国联,整个历史的进程就会根本改变,第二次世界大战也可避免,这种主观臆断没有多少根据,无须在这里对其加以讨论。这种论点在当时为促使美国加入联合国是有一定作用的。现在联合国作为一个促进和平的机构已开始显示出毫无效力,上述观点的简单化也就十分清楚了。

风那天发表的长篇演说中，他令人惊奇地坦白说：

> 一次又一次……在法国战场上失去了儿子的母亲们来到我身边，拉住我的手，不仅眼泪滴在我的手上，而且还对我说："总统先生，愿上帝保佑你！"她们为什么……乞求上帝保佑我呢？是我要美国国会造成了参战的形势，结果导致她们的儿子们阵亡。是我把她们的儿子送到海外。是我同意把她们的儿子放在最艰巨的战线上，如极为艰难的阿尔贡森林地带，那里死亡是无法避免的。她们为什么拉住我的手哭而且请求上帝赐福给我呢？因为她们相信，她们的儿子为之牺牲的事业 281
> 远远超出了战争的直接明显的目的。她们相信她们的儿子拯救了世界的自由，她们的想法是正确的。

良心的谴责、一系列挫折的刺激、劳累、病痛终于使他失去了政治判断能力。为制定盟约已经做出了一系列让步，所以他拒绝再作略微一点让步来使美国接受盟约。然而要使美国加入国联则绝对必须作出让步。为了使载有国联盟约的凡尔赛和约得到批准，威尔逊必须得到参议院三分之二的赞成票，而在参议院中，反对党拥有比民主党多两席的多数。他拒绝接受就美国加入国联问题提出的十分微不足道的保留意见，甚至那些只是重申了美国宪法条款的保留意见也不行，这样在使美国不能加入国联这一事件中，他所起的作用与孤立主义者博拉等人和党派观念很强的洛奇等人所起的作用类似了。当有人向他提出，参议院可能会否决时，他厉声吼道："谁在这事上反对我，我就压扁他！"朱瑟朗大使告诉他一个消息说，如果一些保留条件能使有势力的共和党参议员们感到满意，协约国成员愿意在接受这些保留条件的情况下接纳美国为国联成员国。听到这之后，威尔逊直率地说：“大使先生，我什么也不会同意的。参议院必须受到惩罚。”在为批准和约而进行的斗争中，威尔逊与洛奇之间的仇恨下面却存在着一种违背意愿的合作，博拉是认识到这一点的，当时他说，他与那些不能调和的人是支持威尔逊的，目的是使和约遭否决。他冷嘲热讽地说：“总统与我本人之间的谅解恰恰就像马萨诸塞州参议员[洛奇]与我本人之间的谅解。”

威尔逊在华盛顿遭到失败，于是旅行全国作有史以来最为艰难而无益的巡回演说，把问题诉诸全国人民。即使威尔逊的努力能击败每一个希望在1920年重新当选的共和党参议员，他也不能期望使民主党获得三分之二的多数，既然如此，他这次旅行演说的客观原因就很难理解。但是对他本人的作用却是清楚的：他在进行殉道式的追求。他的大夫警告他说，经过战争年代和巴黎和会
282 的紧张工作之后，他可能经受不了拟将进行的运动的艰苦，但他对图马尔蒂说：“在我现在的情况下，即使是结束生命，我也愿意为拯救条约而作出这种牺牲。”他在斯波堪市的演讲词中宣称：“我已准备好从现在一直战斗到生命的最后一刻，以恢复美国的信念和诺言。”

威尔逊是不是仅仅在进行一种自我涤罪的仪式？或者他是否自觉不自觉地希望以殉道来换取人民的同情，从而赢得参议院的这场战斗呢？不管他企图如何，一切都事与愿违。如果他因心劳力竭而死去，或许会激起广泛的同情；然而他却得了中风，这使他

长期不能处理日常事务，并引起了人们恶语中伤，说他精神失常。摆脱威尔逊理想主义的趋势有增无减。他希望1920年的选举运动会是对于国联问题的“庄严的公民投票”，但最后成了令人厌倦的毫无希望的闹剧。民主党要撇开威尔逊，提名从未和威尔逊政府有过密切联系的詹姆斯·M.考克斯为总统候选人，威尔逊本人则把这称为一场“笑话”。考克斯为威尔逊的豪侠精神所感动，最后决定以国联为题进行竞选，结果失败之惨甚于任何其他的候选人。正如富兰克林·K.莱恩所指出，击败他的人“并不是那些不喜欢他的人，而是那些不喜欢威尔逊及其一伙的人”。

1921年3月4日，威尔逊参加了沃伦·G.哈丁的就职仪式。哈丁与威尔逊正相反，十足的土生土长类型，漂亮、和蔼、厚道、无知、自鸣得意、性格懦弱，典型的平庸之辈。威尔逊在孩童时代就曾在父亲的教堂里，面对一排排空座位练习演说，以掌握向世界解释伟大思想的本领，现在用眼瞥了一下车里坐在他旁边的这位由空前的多数选出的总统，知道他说不出来人们想听的话。于是这位卸任总统在他即将离任的最后一刻，向一位他所痛恨的众议院议员发出了最后一项具有象征意义的口信，从而结束了他的政治生涯：“洛奇参议员，我没有什么要作进一步的联系。”

283 # 第十一章　赫伯特·胡佛和美国个人主义的危机

> 要考查我们的决定是否正确，必须要看我们是否支持和促进了……繁荣。
>
> 赫伯特·胡佛

1919年秋天，约翰·梅纳德·凯恩斯出于对凡尔赛条约条款的憎恶与痛恨，写了一本令人不知所措的书，题为《凡尔赛和约的经济后果》。凯恩斯对缔结和约的人们态度很严厉，但是关于赫伯特·胡佛，他却写道：

> 经受了巴黎的考验而名声较前更好的只有胡佛先生一人。他有着复杂的个性，经常有一种疲劳的巨人的样子(或某些人所说，疲劳不堪的职业拳击家的神情)，十分密切地注视着欧洲形势的真实情况和基本事实。在他参加巴黎委员会工作的时候，他带来的正是一种求实、知识、宽宏大量和公平无私的气氛，如果在其他方面也有这种气氛，那我们就会有真正的和平。

关于美国救济署在胡佛领导下的一年中前6个月的工作，凯恩斯写道：

> 从来未有过如此无私和友善的高尚工作，进行得如此坚
> 韧不拔、诚挚而且具有熟练的技巧，但却很少要求人们感激，
> 人们也没有表示多少感激。不知感恩的欧洲各国政府从富有
> 政治家风度和洞察力的胡佛先生和他领导下的美国工作人员
> 所受的恩惠远不是它们现在已表示的感谢或将来表示的感谢
> 所能衡量的。美国救济委员会，而且是只有这个救济委员会，
> 才在这几个月中看到了欧洲的真实情况，并对欧洲表示了人 284
> 们应有的态度。正是由于他们的努力、他们的干劲以及总统
> 分配给他们支配的美国财力，他们经常是在不顾欧洲反对的
> 情况下进行工作，不仅使大量的人免受苦难，而且避免了欧洲
> 制度的普遍崩溃。

在1917年的时候这些话似乎并不过分；无论在欧洲还是在美国，人们对这些话都是很熟悉的。胡佛以一个高大的形象出现在人们眼前。伦敦的《民族》杂志称胡佛是“战争期间协约国一方出现的最伟大的人物”。胡佛是从一个既引人注目又鲜为人知的背景上升为国际上受到称誉的人物——稍逊于威尔逊，但影响可能要长久得多。战争爆发的时候，胡佛正安安静静地住在伦敦，任何国家的公众都没有听说过他，是个名气不大的国际商人和采矿工程师。40岁时他已经积蓄了可观的财富；这倒并不是什么值得注意的事；但他在世界范围内的经历倒是很值得注意的。

1899年到1911年期间，胡佛除在本国从事了为数不多的几桩工程项目外，在四大洲进行了采矿工作，管理过各种各样的企业，并且握有一些企业，首先是1897年到1898年在澳大利亚，

1899 年部分时间在中国，1901 年在日本，1902 年在新西兰，1903 年在印度，1904 年在罗得西亚和德兰士瓦，1905 年在埃及，1907 年在缅甸、马来亚各邦及锡兰，1908 年在意大利，1909 年在俄国、朝鲜和德国，1910 年在法国，1911 年再次回到俄国。他在旧金山、纽约、伦敦、墨尔本和上海有办事处，有些时期在圣彼得堡和曼德勒也有办事处。他成年之后有很大一部分时间是在海轮上度过的。他与 20 几个企业有联系。在俄国，他在一个拥有 7.5 万名佃农和工人的庄园内经营过各种企业。在中国他亲眼看到过义和团叛乱并且曾视察为保卫被包围的天津而构筑的工事。在西伯利亚的托木斯克，他感受到了俄国 1905 年革命的反响。在缅甸他因患热带疟疾而病倒。他还找时间出版了两本书：一本是关于采矿原理的教科书；另一本是在他妻子帮助下翻译的格奥尔修斯·阿格里科拉的《金属学》，这是一本 16 世纪关于金属冶炼的专著。

胡佛的第一件战时工作是将战争爆发时被困在欧洲的数以千计的美国旅游者解救出来。然后他担任了比利时救济委员会主席
285 的职务。4 年之中，尽管受到德国和协约国的严重阻挠，胡佛还是使 1000 万人免于挨饿。完成任务的效率是令人吃惊的，在救济委员会工作结束结算账目时，发现管理费用仅为全部支出费用的 0.375%，节余赠给了比利时政府作为和平时期建设之用。1917 年，胡佛担任美国粮食总署署长的职务，在未获授权实行粮食配给的情况下，非常成功地执行了一项粮食供应和保管方案，使他的名字家喻户晓。战争结束时，胡佛负责欧洲经济恢复工作，他给 3 亿人分配了 2000 万吨粮食，管理一个船队，支配中欧铁路和煤矿，并且恢复了被破坏的交通。

在混乱和相互仇恨的时期，胡佛的名字，对挨饿的人来说就意味着粮食，对病人来说就意味着医药。在他周围工作的人形成了一批狂热的崇拜者。几个欧洲国家，有些街道以他的名字命名。战时 5 年工作中，他既无薪俸又不能照管自己的事务，财产数量有所减少，但在人民中的威望却很高。

刚刚过了 10 年，胡佛在战时的业绩就被人们遗忘得一干二净。曾经使欧洲有饭吃的人已成了饥饿的象征，卓越的署长成了灾难的标志。停战期间的胡佛繁荣已让位给萧条时期灰暗的胡佛贫民窟。这位伟大的工程师离开白宫时因遭公众厌弃而处境之阴郁，是自从一百年前的昆西·亚当斯总统以来，所有总统中最甚者。

二

人们宣扬的胡佛能力并不是什么不可思议的事。单是胡佛的主要经历就表明，那些赞赏这位救济委员会主席、粮食署署长和内阁部长的人，如果认为他们所发现的这个人精力超人，富有主动精
神，而且办事效率高的话，那并没有错。毁掉胡佛在社会上的事业 286
的并不是他个人能力的突然衰退，而是造就他这个人和形成他的哲学的世界瓦解了。

胡佛所信仰的事物——效率、事业心、机会、个人主义、真正的自由放任政策、个人成功、物质福利——都属于美国主要传统。他所代表的思想，那些在许多人看来是使他 1929 年之后变得可恨而且可笑的思想，也正是那些在遥远的 19 世纪和不久之前的“新时代”中对大多数美国人具有几乎是不可抗拒的引诱力的思想。由杰斐逊、杰克逊和林肯口里说出，这些思想就新鲜而且令人鼓舞；但从胡佛口里说出，这些思想就显得陈腐而且令人感到压抑。一个有意义的事实是，在30年代的危机中，那个代表了这些思想的人，发现自己甚至不能表达自己所赞成的观点。几乎是一夜之间他的基本信念就变成陌生和难以理解的了。他认为没有政府的巨大支持，资本主义也有力量生存下去并且繁荣起来，但自己却成了这一信念的受害者。胡佛是放任的自由主义这一神圣学说的最后一位总统身份的发言人，他离开华盛顿标志着这一伟大传统没落的开始。

胡佛社会哲学的最鲜明的特点是对这种哲学的信守不渝，即使因之受到责备也心甘情愿地忍受。1929年出现经济崩溃之后，胡佛政府所经历的是一个漫长的自杀过程。没有任何一位总统，甚至格罗弗·克利夫兰，在坚守信念蔑视多数人的意见方面能超过胡佛。在这方面，胡佛从来不会被指责因迁就群众情绪而修正自己的观点。

胡佛对于他称之为的美国制度的信心，在很大程度上是由于他事业初期的各种境遇所造成的。他是古老的美国神话中靠自己的努力取得成功的人，他年轻时候的作为，要是林肯能知道将会非常欣赏。安德普·约翰逊的父亲是一个搬运工，他幼年时期做过一个不识字的裁缝的学徒。自他之后，没有哪一位白宫的主人出身像胡佛这样卑微。胡佛的父亲是一位铁匠，兼营一个农业机器代销站；他是殖民地时代以来多年一直从事低微劳动的拓荒者家
287 系的后代。在19世纪，胡佛家族从北卡罗来纳搬到俄亥俄州，继

而搬迁到艾奥瓦州，胡佛就于 1874 年出生在那里，他的父母是从事职业的贵格会教徒。

胡佛 6 岁丧父，不到 10 岁时又失去了母亲，父母留给他们 3 个孩子的积蓄只有 1500 美元。少年的胡佛向西迁移到俄勒冈的威拉米特，由他舅父约翰·明索恩博士照管。他舅父不久在西北部兴旺的土地交易中发了财；胡佛在他舅父的企业中当了一个小办事员。

根据一个视察工程师的提议，胡佛于 1891 年参加了新成立的斯坦福大学的入学考试。他准备并不充分，但学校为了招够新生而放宽了条件。大学的一位敏锐的主考人员发现胡佛在数学方面的天资，有可取之处，于是胡佛就被录取了，有一点小小的障碍就是英语需要“补考”才能随班读书。此后的一生中，散文一直是他必须想方设法认真对待的事，一看到散文仿佛就像看到荒凉的原野上移动着的一团薄雾。

在斯坦福大学，胡佛在著名地质学家约翰·布兰纳教授的指导下进行学习。为了挣学费、维持生活，胡佛不但干了不少零杂活，而且尤为重要的是，暑假期间担任布兰纳地质考察的助手，上学期间任布兰纳的秘书。他还投入了校园的政治活动，站到反大学生联谊会或“民主”派一边，把最穷的学生，即住在校园边上被舍弃的破旧工棚里的学生组织起来。在承担这种使人变得比较外向性格的工作中，胡佛部分地克服了他的羞怯性格，并且很快就赢得人们的尊敬。他的一位大学同学威尔·欧文回忆说：“要确切描述他对同伴们的作用和影响，说他‘很受欢迎’是不够的，应该说他‘盛誉不衰’。”1893 年，他当选为该学生组织的司库，在 1928 年竞选总统之前，这是他唯一的一次竞选公职了。在斯坦福大学他还结识了蒙特雷一位银行家卢・亨利的女儿，并在1899年与她结了婚。

斯坦福大学对于胡佛帮助很大，后来胡佛成了斯坦福大学的赞助人、理事和胡佛军事图书馆的建立者。但在1895年胡佛取得
288 工程学毕业证书时，经济萧条日见严重，他短期内的前途并不怎么光明。由于不能谋得一个工程师的职位，年轻的胡佛在内华达附近的矿上找到一个普通工人的工作，他毕业之后的这年夏天，就在深山里工作，铲矿石，用手推车装运，每天两块半美元。

但胡佛的前途并没有埋没在矿坑里。几个月之后，他成了旧金山著名工程师路易斯・詹宁的办公室助理，随后又迅速提升到更为重要的职位。后来英国一个大型矿业公司要詹宁派一个美国工程师去指导澳大利亚库尔加迪新发现的金矿的开采工作。于是年纪不满24岁的胡佛就登上前往澳大利亚的轮船，要去承担起一个年薪为7500英镑的工作，此后时来运转，开始了他那神话般的实业，不到40岁就成了一个百万富翁。

对于一个要作为巴黎和会顾问的人来说，胡佛的背景可以说是很合适的。他参加战争时具有一个贵格会的家庭传统。不像主持、指挥战争的老资格政治家，他没有什么政治观点，也不必担心选区的选民。战争挑起的可怕的激情，他受影响较少，他亲眼看到协约国一方关于敌方暴行的故事是不真实的，他也深知残忍冷酷的也并不只有德国一方。他的观点很像未参加战争的一方的观点，除了实际经济考虑之外，其他一切尽可能不考虑。过了许多年

之后他谈到巴黎和会时说:“我当时处理的是在会议外面徘徊的贫困的现实。”

然而胡佛的和平方案不仅局限于救济饥饿。他与威尔逊持有同一观点,即应在自由资本主义原则之上重建欧洲。除非协约国赞成接受十四点,否则他就赞成完全撤出欧洲,而且他一点情面不讲,决定使美国在所有经济事务中保持行动自由。凡是涉及粮食救济问题,胡佛同时也注视着美国剩余农产品的市场,这使他在批评自停战至 1919 年 3 月对德国的封锁时既有实际理由又有人道主义的理由。1918 年 11 月当协约国经济合作的建议提出之后, 289
胡佛打电报给他在巴黎的代表,要他否决

> 在实现和平后任何甚至看上去似乎是协约国间控制我国经济资源的做法。……实现和平之后,世界粮食出口供应的一半以上将会来自美国。听由粮食购买者就价格和数量分配向我们提出条件是完全不可思议的。这个意见同样适用于原料供应。

这种务实的回答就决定了所有协约国间经济活动的可能性。

整个看来,胡佛给威尔逊的信件和备忘录的内容是独具慧眼的。他确信,如果摧毁了德国的经济,在欧洲保持资本主义和民主的任务将会困难百倍,所以他力争一种不带报复性的解决办法,并且反对最后条约中最糟糕的部分。为了赔偿协约国,掠夺德国或许是必要的,但他知道这应有一个政治和经济方面的限度。1919 年 6 月 5 日他给威尔逊的信中写道,甚至可能使德国在一代人时间内不得有盈余，但是超过这个限度是完全不可以的，否则就会使德国失去实行民主政治的机会，“德国将会转向共产主义或反动，从而在政治或军事上展开攻势。”条约将会破坏德国民主政治的种子，并阻碍世界恢复的进程。关于停战后封锁，这是“绝对的不道德之举。……我们把一个人打倒在地时，就不应再用脚去踢他的肚子”。

胡佛工作的一个重要部分是在协约国最高理事会的热情支持下执行反布尔什维克政策。美国救济的最高目的是使挨饿的人们有饭吃，除此之外，胡佛后来解释说：

> 我的工作是培育欧洲民主这棵脆弱的植物，反对……无政府主义或共产主义。一旦疯狂的人民为饥荒和各种瘟疫所迫，各国政府都有堕入共产主义的陷阱的危险。

他在 1921 年写道：“在停战清算期间内，美国的整个政策是尽
290 其最大努力防止欧洲布尔什维克化或受其军队侵略。”他向威尔逊建议说，在战后时期，如果苏联停止军事活动，就可以给苏联分配粮食。

1919 年末胡佛自欧洲返回美国时，他是两党急于争取的重要政治人物，但他的政治观点却鲜为人知。1920 年 3 月，他在一次公开演讲中说自己是一个“独立的进步派”，既反对“共和党中的反动派，也反对民主党中的激进分子”。他首先否认自己在谋求公职，然后宣称，如果共和党在“和约及我国经济问题上采取一个向前看的、自由主义的、建设性的竞选纲领”，他将接受共和党的提

名。（对于国联，他表示赞同，但有某些保留意见。）

胡佛就这样宣布了自己的党派倾向，但并未获得任何党的委托，从而丢失了自己手中的王牌。共和党的职业政客们，确信民主党不能利用胡佛在人民中的崇高威信，而且也觉得这位工程师对他们没什么用处，于是就放开手去提名一位正式党员。胡佛受到很多人拥护，有大量的资金和很高的声望；他比哈丁更为人们所了解，比洛顿和伍德具有更大的号召力。但是党魁们胜利了，哈丁登上了总统宝座。无论情况如何，胡佛都不大可能获得共和党的提名，但温德尔·威尔基在 1940 年获得提名的事实表明，胡佛获得提名是可能范围之内的事。如果胡佛 1920 年当上了总统，人们都会相信，美国将不必经历哈丁政府那场令人厌恶的闹剧，胡佛将连任两届，1929 年离任，那时他会成为美国历史上最受人尊敬的总统。但胡佛却成了哈丁“智囊团”中的一员，在内阁中当了商业部长。

胡佛接任商业部长之后竟成为一个大官僚，考虑到他后来这种态度，是具有讽刺意味的。商业部长的职位过去被认为是内阁中最不重要的，但在胡佛任职之后，这个部对于 1920 年代华盛顿大实业家们的政府来说，其重要性竟与梅隆的财政部并驾齐驱。
部的职能迅速增大；几个下属部门迅速成立起来，其他一些是从内 291
政部划过来的，制订了建立新的办公大楼的计划，活动的加速达到了惊人的地步。胡佛在多年之后说道：“在政府中稍有经验的人就会认识到，在所有官僚机构中都有三种难以抑制的精神——想尽办法保留自己的官职，扩展势力和无止境的权力追求。”

对于官僚最常见的批评是低效率，但胡佛所主宰的商业部却

从未听到这种批评，因为它取得的成就远远超过了经费和人员的增加。研究商业趋势并提出报告，这是过去从未做过的，现在做了。部里有一个较小的部门叫作简化业务局，它把每年节约下来的钱用于工商业和社会，只此一项就比偿还国家给商业部的预算还要多，而简化业务只不过是这位前工程师为反对经济浪费而掀起的巨大的广泛宣传的运动的一个小小的组成部分。

商业部长的职位对于胡佛进而实现做美国总统的伟愿是个具有战略意义的位置，他展开一种行动，引起了新闻界的广泛注意，其声势与柯立芝不相上下。在 1920 年代那些美好的日子里，既博得公众的欢心同时又得到大企业的赏识并不困难。胡佛特别讨好公用事业权益集团，发表了几次措辞激烈的演说，反对联邦政府管理电力而赞成州政府管理，认为州的管理效力因法院裁决而大大被削弱。各公用事业公司的宣传机构——全国电灯协会，将这些发言印成小册子分批散发，从 2.5 万份至 50 万份不等。

胡佛力图促进工商业发展，办法是鼓励向国外投资，并为美国购买者争取最适宜的市场。他如此捍卫美国贸易就证明助理国务卿威廉·R.卡斯尔在一次出口商会议上的吹嘘言之有理，他说："胡佛先生是你们的先遣代理人，凯洛格先生则是你们的代言人。"然而，向国外投资的扩展结果证明是自食其果，引起了国内通货膨胀。向国外投资的每一个美元都要产生利润。当国外投资总额变
292 得十分巨大，一定时期内年度利息支付和其他利润超过了向国外的新的投资，这些无形项目的国际收支余额就会回到美国，而我国的某些外国市场最终将会丧失。向世界销售货物，向世界各国贷款，但又拒绝从世界各国购进货物，这种做法最后不可能不引起

灾难。

但是当时共和党带来的繁荣正如日中天，很少有人担心这类事情，胡佛的内阁部长职务继续享有很高声望。1927 年对密西西比洪灾的救济工作又使选民们想起了他早年的人道主义事业。在公众心目中，他是柯立芝合适的继任者。然而，职业政客们仍然对他持有疑虑，而且似乎很奇怪的是，华尔街的政客们竟然畏惧他，希望靠得住的柯立芝再次获得提名，如办不到这一点，或提名安德鲁·梅隆。威廉·艾伦·怀特在柯立芝的传记中写道，华尔街政客们联合起来反对胡佛，就是因为他们知道胡佛“对市场发了几句牢骚”，最高法院首席法官塔夫脱看到这些既迷惑不解又感到厌恶。

人们一般认为胡佛是哈丁—柯立芝内阁中“最宽厚公正的”成员。对于哈丁时期的各种丑闻他均未置一词。即使他未做任何事情去制止那些做错事的人，但他自己并未做什么错事。[1] 在某些方面人们在窃窃私语，对他表示怀疑，特别是农场主们，他们怀疑他有解决农业方面的不幸的办法，但在 1928 年，他的这些短处都不那么突出。虽然对于 20 年代自由主义的提案，除了童工修订案和失业保险之外他并未表示支持，但他看上去像是很宽容地暂时不做出判断。也许是他的进步主义的观点藏而未露；也许当他不

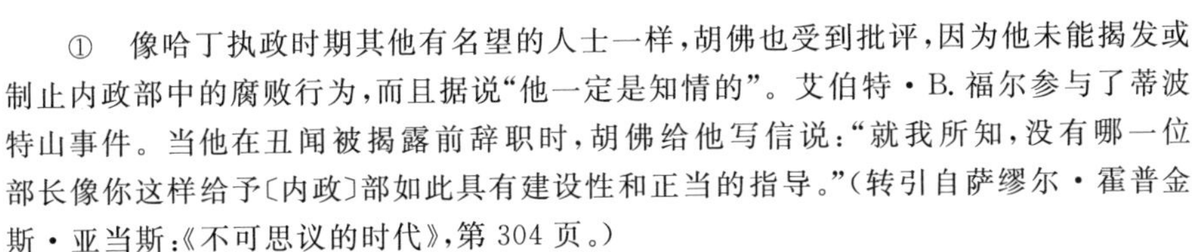

① 像哈丁执政时期其他有名望的人士一样，胡佛也受到批评，因为他未能揭发或制止内政部中的腐败行为，而且据说“他一定是知情的”。艾伯特·B. 福尔参与了蒂波特山事件。当他在丑闻被揭露前辞职时，胡佛给他写信说：“就我所知，没有哪一位部长像你这样给予〔内政〕部如此具有建设性和正当的指导。”（转引自萨缪尔·霍普金斯·亚当斯：《不可思议的时代》，第 304 页。）

再受哈丁和柯立芝政治束缚的时候，他会是个较开明的人。一位自由主义经济学家说：“在这样一种环境下，他干得很不错，谁在这
293 个地方也只能干到这个样子。”在胡佛获得共和党提名时，人们对他的看法就是这个样子的。

三

胡佛在总统的职位上兢兢业业，他希望在任职期间获得最辉煌的胜利。他一定梦见到了他将留给历史学家们的形象——一位在工商业上取得成功，在人道主义事业上取得巨大成就，在作为总统领导国家方面又取得辉煌成绩的人。就像杰斐逊是民主的象征，林肯是解放的象征一样，胡佛这位工程师是即将到来的物质完善的时代的象征。

然而作为一个政治家，胡佛在处理与其他政治家的关系和与民众的关系方面都被证明是失败的。他不习惯于竞选公职，也不习惯于响应民众的意志作出变更。他来自实业界，对于实业界的同侪他具有无上的说服力，但在与民众交换意见方面他却缺乏训练。他一生的大部分时间是花在对东方人发号施令，对他自信地称之为“劣等种族”的人们发号施令。[①] 采矿和矿产推销是艰辛而冒风险的职业，要求在人的价值观念方面作出很大的牺牲，胡佛在这一职务上也未养成外交风度和社会交际的灵活性以补偿职业本身的缺陷。情况表明，在他那讲究实际的外表下面已养成一种高

① 见《采矿原理》(1909 年)。

傲的气质。一次与英国一家矿业杂志通信时，他拒绝评论公司官员们错误使用投资者的资金的问题，认为这些行家们把钱“用于更有利于生产的目的，比把资本放在白痴手中花掉强多了”。[①] 他习惯于获得成功而且经常受到人民的尊敬，习惯于卓有成效地管理着人和机器，而对世界之大和困难他未必曾感到束手无策。有一些精明而且精力充沛的实业家，恰恰由于他们在自己的切身经历中轻而易举地获得成功，对于自己领域之外的事就拒绝进行深入学习，胡佛就是这样的一类人。

从心理上来说，胡佛很不适应政治生活的特殊要求，他仍然很 294
腼腆，仍然不能清楚地表达自己的思想，他决不是一个活跃的政界人物；他厌恶政治及政界无数的无聊的侮辱人的言行，他遇事常常担心，对批评很敏感。他不具备使人际关系随和的本领，这使他甚至在繁荣时期当总统也感到这个职务很不自在。因此无怪乎他在任期接近尾声时竟然满腹牢骚地说：“总统这职务简直是令人痛苦至极。”

然而胡佛的最大障碍不在于个人性格的局限性，而是在他的哲学观念。他虔诚地相信他成长时期所处的控制较少的利润制度。他不会说这一制度是无懈可击的——错误的思想和愚蠢的举动可使这制度陷于混乱；他也知道这一制度会发生周期性动摇，但他认为这种动摇可以减小。这一制度的基本原则是完全“正确的”。如果在这一制度运行中，可以让政府适当地稍加管制，以便防止“各种滥用职权情况”，它可以越来越有效地造福人类。从

① 《矿业杂志》，1912 年 5 月，第 371 页。

1893年的萧条至1929年的大崩溃，这一制度确未受到严重挫折，而这32年正是胡佛成熟的阶段。的确，1907年出现了“银行家恐慌”，但为时很短，而且正如这一名称所表明的，很容易归咎为不适当的做法。世界大战前夕，工商业出现下降趋势，但表现得不是很充分。1920年代初有一阵短时期的萧条，但这是由于战时经济打乱引起的，并不是“正常的”经济形势大然要素。很显然这一制度是行得通的，而且运转得不错。

但事情还不止于此。胡佛从童年时代起就看到了美国工资大幅度上升和生活水准明显提高。美国工人的技能和技术所创造的生产率在稳步提高。电话、收音机、汽车、电灯、电冰箱，所有这些发明已在人民中普遍使用。胡佛相信，美国的天才和创业精神将

295 继续更有效地制造出更为廉价的生活用品。价格将会下降。生产率的提高和成本的降低将会使工业部门有能力支付较高的工资，

而较高的工资又会为商品销售扩大销路。通过巧妙地促进国外市场，剩余产品可销往国外。这样整个经济就会螺旋式上升，永无止境：会有越来越多的电话、收音机、汽车，越来越多的学校，提供给每个人的机会也越来越多。黄金时代即将来临。1928年他喜气洋洋地在接受提名的演说中宣称：“我们今天的美国比任何国家历史上的任何时候都更接近于最终战胜贫困。……在上帝的帮助之下，我们不久即将看到在我国最终消灭贫困的一天。”他已经成了一个激进的空想资本家。

胡佛总是把他自己的经济学观点称之为“真正的自由主义”，与从左边批评他的人们的伪自由主义相对，由于他的经济学观点更接近于19世纪的经济学理论，从这意义上讲他是正确的。他出

生于政治方面有明显的共和党倾向的艾奥瓦州农场环境，后移居至西部开放的经济环境中。他的国际商业经历及长期居住国外只是改变了他典型的美国中部的口音，却并没有改变他的思维的天生倾向。正如杰斐逊欧洲之行坚定了他的政治偏见一样，胡佛对欧洲经济生活的了解使他更加强烈地反对国家控制经济，更加相信“美国”式的处理事情方法的优越性。大体上来说，他同意杰斐逊和经济个人主义者的看法，认为控制最少的政府是最佳的政府，而他在一些地区的和自愿的行动方式中获得的成功又加深了这一信念。即使在华盛顿当官，胡佛所关心的事也是发挥私人企业的主动精神而不是搞家长式管制。虽然他的政府经历和对进步派的赞成——1912 年他曾是雄麋党[①]中观点温和的成员——在某种程度上限制了他对自由贸易抽象原则的忠诚，但他还是将中央集权化的政府管制活动限制在他认为是合理的最小限度内。[②]

此外，胡佛所受的训练是当工程师，他的社会哲学受到一种职 296
业偏见的影响。节俭和效率本身就成了目的。对他来说，非常重要的不仅仅是实现什么样的目标，而且，还在于**如何**去做某一项工作。这种手工艺匠人式的对于技术的关切，其本身倒是无可厚非

① 指西奥多·罗斯福那一派的进步党。——译者

② 胡佛在 1909 年著《采矿原理》一书，其中一节赞同商业联合原则。他在这一节中说：“雇主可以对工人横行霸道的日子正在消失，这种做法所根据的‘自由放任’原则也正在消失。越早地认识到这一事实，就对雇主会越有利。”胡佛一向赞成把对纯粹自由放任政策的干预作为进步时期的国家社会福利法律。但国家管制原则，最初是针对过去无限制的剥削所采取的一项进步措施，现在却日益趋于变为更有效的联邦管制的似有道理的保守的代替物。到了胡佛成了全国知名人物的时候，对于那些代表实业界观点的人来说，捍卫国家福利法而反对联邦法律，已经成了一种陈腐的论点。

的，但在大萧条时期，却使他在政治上处于非常不利的地位，因为人们不管采取什么方法，着重的是取得结果。

胡佛在战后反对布尔什维克以保护西方资本主义方面的作用似乎对他的思想方式也产生了影响。他最经常谈的主题之一是关于社会主义是行不通的说法，他的另一个趋向是把每一项国有化措施都看成是布尔什维主义的。1922 年他宣称，俄国社会主义的失败尽管随之带来各种灾难，对于整个人类来说也不能说是一种绝对的不幸，因为“让全世界看到这一实际是必要的”。他不仅拒不承认苏联政府，而且也拒绝承认苏联的经济学。[1] 他在 20 年代宣布，与俄国进行贸易是不可能的，因为苏联在其经济制度下，决不可能“恢复生产”，决不会有产品出口，因而也决不能购买产品。[2]

甚至由拉斯科布资助的民主党的 1928 年竞选纲领也代表着国家社会主义，因为其中载有关于动力及农业救济方面开明的政

297 纲。后来胡佛在《对自由的挑战》中解释说，国有制不论在工业的多么小的一个部门中实行，都会迅速接着采取其他步骤。他愤怒地否决了参议员诺里斯的提案，该提案建议在马瑟肖尔斯建立一座政府拥有的发电站，政府有权售出电力和硝酸盐：

> 我坚决反对政府参加其主要目的是与公民进行竞争的任

---

[1] 1919 年 3 月 28 日他写信给威尔逊说：“只要我们对这杀人放火的布尔什维克暴政稍有承认的表示，就会在欧洲各国引起激进主义的行动，而且这也违背我们各国自己的理想。”

[2] 胡佛在理论上认为苏联不能搞好生产，但这并未妨碍他把苏联在世界市场的倾销列为萧条的重要原因之一。

何企业。……[动力]工业行为的弊端，纠正的办法在于实行管制。……如果我国的官员们关心的不是促进正义和平等机会，而是一心一意进行市场交易，那么我们的机构、政府及我国的前途无论如何是令人感到忧虑的。因为那不是自由主义，而是堕落。

田纳西河流域资源的实际开发和工业的真正发展只能由那里的人民来完成……其目的也只能是为了这一地区人民的利益，而不是为了实现某种社会理论或国家政策。任何其他办法都会剥夺这一地区人民的自由。

1922年，胡佛因世界范围的动荡而感到不安，于是写了《美国的个人主义》一本小册子，阐述了他的社会哲学观点。他承认，不加制约的个人主义将会产生许多不公正的弊病，但他断言，幸运的是，个人主义在美国受到机会均等这一伟大原则的制约。

我国的个人主义不同于其他国家的个人主义，因为它包含有下列伟大理想：虽然我们的社会建立在个人所获得的成就之上，但我们保证使每一个人有平等机会享有他的才智、性格、能力和愿望使他有资格占有的社会地位；我们使社会问题的解决不依仗固定的社会阶层；我们鼓励每一个人努力取得成就；通过加强责任感和理解协助他实现这一目的；但与此同时他必须经受得住竞争这块金刚砂轮的磨炼。

胡佛继续说，美国人已明白，强者不一定是最适者，在强者受到约束时社会才顺利地发展。但我们也很清楚,“人类进步的源泉之一”是个人有机会尽最大可能发挥个人的能力。人人真正平等的主张“是法国大革命哗众取宠的空话”。个人能够从政府那里得
298 到的最多只是“自由、公正、思想安宁、平等的机会及鼓励”。作为美国仍然存在大量平等机会的例证,胡佛说:“包括总统、副总统及内阁成员在内的 12 人中,9 个人没有得到遗产,靠自己个人奋斗起家,8 个人是从体力劳动开始的。”胡佛曾主持过世界上最大的统计机构,那么他的这种关于适当的统计抽样的观点实在是太差劲了。但他选择了哈丁内阁来表明凡是靠自己努力成功的人均能获得机会这件事则充分显示出他的刚愎自用。

胡佛在与史密斯竞选总统时,再一次申明美国的个人主义并不是说人人可以恣意妄为,这要求实行“经济方面的公正以及政治和社会公正。这并不是一个放任自由的制度”。

> 这恰如我们组织一场比赛,通过免费的普及教育,就使参赛者受到训练;我们提供相同的起点;我们通过政府进行公平裁决。那些训练最认真、最有能力而且性格最坚强的人就是比赛的胜者。

由于有公立学校免费教育体制,银行家的儿子和分成制佃农的儿子在生活中就有同等的机会,哈丁、柯立芝和梅隆等的政府只不过是竞赛中“公平的裁判”,这些想法真是有些离奇,但对胡佛来说,倒并不多么离谱。胡佛所属于的那整个一代实业家在如何理解 20 世纪方面都有许多非常不利之处。他们是在内战后实业巨

头们的精心培育之下成长起来的，并且继承了这些人的思想体系。上一代人的成功给人们印象至深，尽管这些思想有其固有的弱点，但只要美国个人主义仍在人们心中点燃起希望的火花，这些思想的声势也就相应地升高了。在胡佛 1891 年进入斯坦福大学的时候，那种认为生活是竞赛而强者胜的观点在许多人看来还是有道理的，而且维护现状的有名的发言人，如威廉·格雷厄姆·萨姆纳等人，仍在耶鲁大学向大学生们大谈特谈什么百万富翁正是竞争文明的结果。虽然进步运动时期的激烈的批评使这些观点稍有些失色，但在 1920 年代的新时期又修整一新重放光彩。1929 年可 299
怕的突然崩溃使旧传统的继承者没有可依赖的成熟而可理解的思想体系，而他们又缺乏灵活性和勇气去酝酿新的思想体系。这些人过去大肆吹嘘在实业中要赶时兴，实际、精明，现在又不得不一遍又一遍地重唱着他们过去吸取的现在已经越来越无用的陈旧信条，在政治活动中也显露出迂腐、不切实际和愚蠢的思想，这结果就使自由同盟得以成立。

对于胡佛认为经济生活是一场胜利属于跑得最快者的赛跑的观念，如果有人提出异议，说这是绝对难以置信的，胡佛就会以自身的经历来进行回答：他原来不是以一个贫穷的孤儿的身份走上生活的吗？一开始他不是在矿上工作拿着微薄的工资吗？难道他不是成了百万富翁而且当上了美国总统吗？有时候个人的经历是最易令人得出错误结论的；如果这个人的一生中只有成功，当他的整个世界开始衰败时，他就很可能会成为一个被遗弃的异已人物。

四

1929 年 10 月，胡佛已经不再是唱繁荣高调的哲学家，而是在执行为失败作出理论解释这样一项事先未预料到的令人伤心的任务。他对于萧条的解释简单得很：美国制度虽然基本上是健康的，但由于主要是来自国外的各种偶然的或意外的影响，暂时陷于困境。

胡佛总统 1930 年 12 月致国会的咨文中承认：“这次萧条的根源，从某种意义上说存在于国内，是由于一个时期的投机活动所造成的”；但他接着又说，如过分无限制的投机活动是其唯一的原因，那么这次萧条本来就容易克服了。但这是一次世界性的萧条，其根源在于世界大战。他得出的结论是：“促成这次萧条的各种主要力量存在于美国之外。”

1932 年竞选总统时他进一步阐述了他的理论。他提醒民主党的对手们不要忘记世界大战在人力和财力方面造成的巨大损失，不要忘记政府的巨额外债，“使人丧失信心的”政治不稳定状况，常备军人数的增长，中国、印度和苏联的革命及骚动，以及西印
300 度群岛、古巴、巴西、厄瓜多尔、刚果、缅甸、澳大利亚及世界其他地区主要产品的生产过剩。生产的过剩“撞击着供求的不变规律”，并且“不可避免地使物价猛跌……一系列破产及对美国货物购买力的破坏”。恐慌万状的各国把他们握有的证券倾入美国市场，黄金大量外流，“因而引起我国人民的恐惧”，使他们从银行提取巨额存款。所以，认为这次大萧条主要原因是在于美国国内的看法是

多么错误。胡佛最后说，“我们并没有开始这场大战或欧洲的恐慌。”胡佛关于大萧条的最后一条说明是，他所推行的政策终于减轻了萧条的情况，[①]只是由于 1932 年竞选引起的不稳定以及罗斯福的政策未能恢复人们对于工商业的信心，才使得大萧条又继续下去。

如果（如胡佛所说，“其敌人称之为资本主义制度”的）美国制度基本上是健全的话，那么诸如丧失信心等心理因素对于延缓恢复的到来是可能会起重要的作用的。胡佛特别认真看待保持人们信心的重要作用，所以他于 1931 年那个阴郁的秋天从华盛顿到费城，部分原因是他认为他参加一场美国棒球世界联赛将会向广大公众表明，他的心情是沉着平静的。正是由于这种激发人们信心的愿望，才使得大崩溃之后的几个月里，报刊上充斥胡佛及其他一些人毫无根据的乐观的言论。市场崩溃后不久，胡佛说了他最有名的一句话：“美国的基本实业，即商品的生产和销售，是建立在健全而繁荣的基础之上的。”其他一些充满希望的讲话也接着而来。1930 年 3 月 8 日，他向全国保证，危机在 60 天内就会结束。

人们曾普遍认为，由于白宫发出的这一系列乐观的发言，可见胡佛根本不了解当时情况有多么严重。然而对胡佛私下的活动进行的仔细研究表明这种看法是不正确的。私下里他对于这场危机 301

① 1932 年夏天，商业活动出现好转的趋势，使得这种说法像是真的，但如果认为按胡佛的纲领就会使这种好转趋势继续下去，使经济从萧条中完全恢复，那可只不过是一种信念。

的性质及可能延续的时间都抱有悲观的看法。联邦储备委员会的官员们一开始就警告他说，“目前情况是……到处有毛病，简直千疮百孔……。重新调整好需要数月的时间。”然而“自信”经济学的心理要求向公众提出彻底的保证，于是总统就以他在料事方面尚有的名声进行赌注。不幸的是，他的后半生背上了这样一个笑柄：“繁荣即将来临。”

实际上，胡佛最初对这场危机的估计并没有错，成问题的是他后来对自己采取的补救措施的估计。1929 年 11 月 21 日，他召开了一次企业巨头高级会议，根据迈尔斯和牛顿对他的发言草稿所作的摘要，他秘密地向他们讲了下列问题：

> 他认为这次危机比一场股票市场崩溃要严重得多；没有人能向我们说明问题及灾难的严重程度；这场大萧条将会延续一段时间；由于工商业活动突然压缩，出现了二三百万失业者。

他继续说，必须采取措施防止灾难发生，“保障社会秩序和工业上的和平局势。”不能把负担直接加在劳工的身上。否则就会削弱购买力，引起“工业方面的斗争、怨恨、秩序混乱和恐惧心理”。相反，工资倒是应“暂时维持现状”，直到激烈的竞争和需求的缩减使物价下降。[①] 然后当工资降低时，其降低速度不要快过生活费用降

---

① 对工业的一个主要部门来说，这是一种虚假的设想。在垄断性的重工业部门中，价格结构弹性很小。许多经济学家把这场萧条的严重性及恢复的困难归咎于坚持价格的做法。

低的速度或超过其降低的程度。这样,各种价值就会逐渐降低而
不至于造成不必要的困难。[①] 资方和劳方都支持这一纲领,资方
同意维持生产和工资,而劳方则撤回已经提出的一些提高工资的 302
要求。胡佛相信,如果忠实地坚持他的计划,可以使价格降低到足以使生产成本降低,从而又可获得利润,膨胀的资本价值将会降低,一直到价值与实际情况大致相符。随后正常的上升趋势将会恢复。胡佛对美国人民说:“我们过去每度过一次萧条,就会进入较以前任何时候都更为繁荣的时期。这一次也将如此。”

胡佛在要求企业家们发誓放弃他们所有的固有的倾向。工业家头一个冲动是减少生产,裁减雇员,并尽可能维持价格。政府部门中最讲究实际的反应来自安德鲁·W.梅隆,他在1930年秋天说:“毫无疑问,通过削减产量可在短时间内纠正目前的状况,”他正在他自己的巨大企业系统中以极大的热情削减产量。但按照胡佛的计划,工业家们要继续生产并支付一般工资,即使看不见产品市场的影子也要坚持这样做。也许使人感到惊奇的是,他们竟然同意执行他的计划,而且也许更令人惊奇的是,在工资问题上,他们一般也是尽力照办。只是到1931年夏季之后,工厂主们才开始普遍降低工资标准。但生产则是另外一回事了。他们不愿意为一个根本不存在的市场进行生产;总产量和工资总额于是急剧下降;萧条进一步加剧。

如果本国基本工商业情况真的不错,人们或许会期望胡佛的

① 前面一段引言并不是直接摘自胡佛的草稿,而是迈尔斯和牛顿的解释。11月21日会议的纲领在此后12月5日的会上被批准通过。

纲领产生作用。[1] 不顾现实的迹象，胡佛似乎的确认为他的纲领正在产生作用，而且不久，在他那奇特固执的心里，就产生了一系列脱离现实的想法，这使他越来越深地陷入想入非非的境地，认为事情正在按他预料的方向进展。因为按照他的假设，他的纲领本应是成功的，所以他喋喋不休地谈论自己的纲领，仿佛是这项纲领正在带来成就，而且他的想法越是行不通，他就越要以藐视一切的
303 精神维护他的主张。11 月会议开过半年之后，当一些实业家、银行家和主教来劝说他采取积极行动制止失业现象时，他说："先生们，你们晚来了 6 周。"在 1931 年那个令人痛苦的夏天，胡佛不顾就业人数减少和工商业即将削减工资而陷入恐慌之中的局面，却吹嘘什么他的政府曾"不断地敦促维持人们的工资和薪水"。

按照合乎逻辑的结论，要以通货收缩的办法来解决这场大萧条，就需要使数量较大的一批经营失败的企业破产，过去一直如此。在物价下跌时，这一办法是清理大量债务负担并减少不断膨胀的对资本的要求的最重要办法。但随着这场大萧条的加剧，人们越来越清楚地看到，这种办法有使整个社会经济结构倾覆的严重危险。很大一部分债务是握在储蓄银行、抵押和人寿保险公司手里，千百万人把他们的积蓄投在这些机构中，如果这些机构倒闭，后果就会是致命性的。为了用政府贷款支撑这些制度的金融结构，胡佛最终于 1931 年 12 月请求国会创立复兴金融公司，这样在这方面就放弃了不干预政策。

---

① 胡佛很可能是希望出现类似 1921—1922 年短暂的萧条情况，当时价格急剧下降，致使有工作的工人的工资大幅度上升。

如果说胡佛的经济学并不要求政府采取强有力的行动，那么他的经济学却要求比任何以前的总统克服萧条状况时具有更多的主动精神。历史上出现大萧条时，所采取的政策几乎完全是自由放任的政策，胡佛是美国历史上第一位使用联邦的领导力量来应付这种紧急形势的总统。但他像一头怯弱的野兽，甚至按他自己的温和的纲领也需要强制行动时，却不愿意以联邦的名义对各企业实行强制。没有合法的权力，他就不能保证各企业的领导人会维持生产和工资水平。保证就业问题自然就更谈不上了。但对于一个具有像他这样的政治理论的人来说，这种强制是难以想象的。企业家拒绝进行生产的权利，使工厂停产的权利，毕竟是胡佛热心捍卫的私有制的几项重要传统权利之一。破坏这项权利将会使承袭下来的法律和道德观念发生革命性的变化。

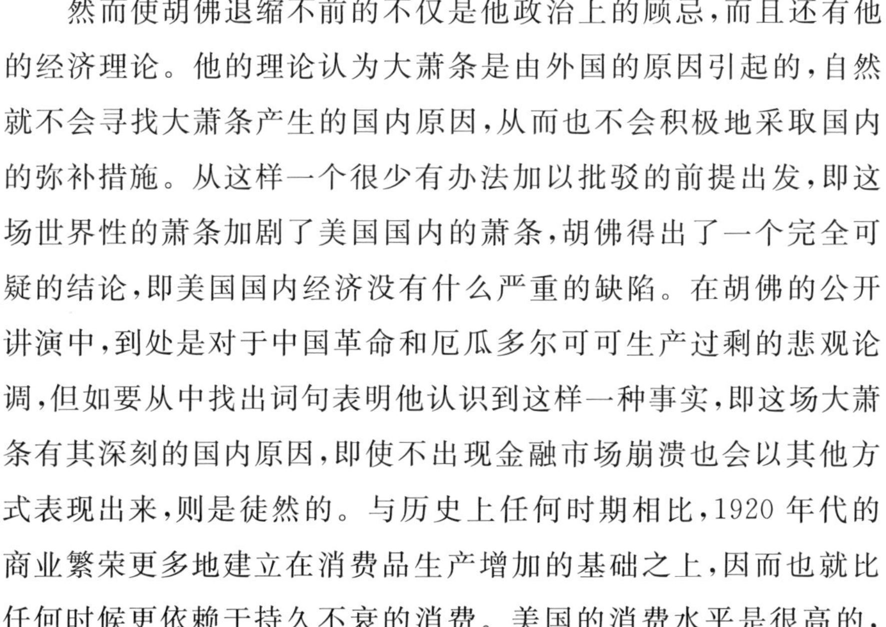

然而使胡佛退缩不前的不仅是他政治上的顾忌，而且还有他
的经济理论。他的理论认为大萧条是由外国的原因引起的，自然 304
就不会寻找大萧条产生的国内原因，从而也不会积极地采取国内的弥补措施。从这样一个很少有办法加以批驳的前提出发，即这场世界性的萧条加剧了美国国内的萧条，胡佛得出了一个完全可疑的结论，即美国国内经济没有什么严重的缺陷。在胡佛的公开讲演中，到处是对于中国革命和厄瓜多尔可可生产过剩的悲观论调，但如要从中找出词句表明他认识到这样一种事实，即这场大萧条有其深刻的国内原因，即使不出现金融市场崩溃也会以其他方式表现出来，则是徒然的。与历史上任何时期相比，1920 年代的商业繁荣更多地建立在消费品生产增加的基础之上，因而也就比任何时候更依赖于持久不衰的消费。美国的消费水平是很高的，

但其增长跟不上美国工业巨大的生产能力的增长。在 1920 年代繁荣的表面现象下面，掩藏着农业的长期萧条不振。工业方面，失业人口有所增加，工资增长数量不大。1929 年股票市场崩溃之前，繁荣赖以存在的各种重要因素都已在减弱。例如繁荣重要来源之一的房屋建设投资从 1925 年就开始缩减，1928 年至 1929 年间则急剧下降，繁荣的最后一年，减少的已不仅是民用住宅，工业和商业建筑也呈下降趋势。汽车制造和道路修筑在大崩溃到来之前已开始走下坡路。所有这些都反映在资本货物的投资数量上，在市场崩溃前一年其数量就开始下降。国内存款过多需要寻求投资市场，有大量的货物需要销售市场，而不能在工业上为迅速充满市场的储蓄存款找到良好的投资出路，就使资本转向投机渠道。胡佛看到了这种不正常的投机情况而且也不赞成这一做法，但他宁愿向国外而不愿在事情本身去寻求原因。

胡佛在做商务部长期间，对于美国巨大的生产能力问题，他的指示是：把货物卖到国外；对于积累的大量资金问题，他的回答仍
305 然是：向国外投资。胡佛认为这场萧条开始于世界其他地方而后才扩展到美国的理论，如果是真的话，也是自食其果。在促使美国把资金投入这个步履踉跄的世界经济方面，没有谁比胡佛更积极的了。但认为解救美国经济的办法在于国外市场和向国外投资，这又是基于对国内经济的错误认识。

胡佛从来没有承认过，美国人民的购买力与其所创造的生产力相比是多么之低。在《对自由的挑战》(1934 年)一书中，胡佛得意地说，在美国并不存在财富分配严重不当的情况，这话符合他的思想。而且他宣称：散布有关财富分配不当这种阴险的思想，是

“那些试图摧毁自由的人们”的一种伎俩。“进行充分的研究将会发现,90%以上的国家收入分给了年均收入1万美元以下的人,97%以上的国家收入分给了年收入在5万元以下的人。”这里为说明情况而选择的收入阶层是如此之广,以至于有关收入分配和购买力情况的事实都被掩盖了。与《对自由的挑战》一书同年出版的题为《美国的消费能力》的布鲁金斯学会研究报告则表明,美国63.1万个最富有的家庭的总收入,比处于贫困的底层的1600万个家庭的收入总额还要多得多。布鲁金斯学会经济学家的结论是,就购买力而论,这1600万个家庭的收入已经少到连“基本生活必需品”也买不起的程度。在胡佛部长竭力工作扩展美国的国外市场的那些年,美国国内潜在市场的情况就是这样。

从两项重要的政策中可以看出胡佛对待这场大萧条的僵化心理状态:即他的解决农业弊病的措施和对待救济的态度。对农业他陷入了一种错误的乐观估计;而对于救济,他则过分地忠实于关于自救的美国民间传说。

胡佛的农业政策主要体现在1929年通过的农产品销售法中,这项法令设立了联邦农业委员会。在农产品供过于求期间,农业委员会将进入市场购买“生产过剩的”农产品,以便在市场恢复正 306
常之前维持农产品价格。胡佛的典型看法是,可以理所当然地认为任何生产过剩都是偶然的,而不是长期形成的;总之,美国农业的基本状况是健全的。这种推测没有任何事实为根据。自第一次世界大战以来,美国农业的增长已经完全超出了其国内和国外市场需求的总和。造成这种情况的部分原因是——胡佛有时也很明白——世界其他地方出现了新的竞争场所,部分原因是美国由债务国变成债权国，使其他国家购买美国出口货物产生了困难，还有部分原因是消费习惯的改变，以及胡佛坚持捍卫的很高的关税。[①]胡佛政策的结果是，大量难以销售的小麦和棉花库存日增，使政府背上沉重的包袱。政府仓库中每年的大量未销售掉的过剩产品都压在第二年的市场上，[②]结果是价格骤然跌落到灾难性的新的低价。最后到 1932 年，棉花公司开始请求农场主们只耕种 1/3 的土地。胡佛政府极力通过自愿行动来实现这种协调配合的减产，但是没有实现，而罗斯福政府却通过大量诱导工作及不时施加强制的手段做到了这一点。

更为重要的是他对于救济的态度。他的这种态度造成的形象至今仍存留于人们心中，胡佛总统曾经在各种情况下向整个西方世界 1.5 亿人口成功地发放了救济，于是就自认为是这方面的权威，这是可以理解的。像在其他领域中一样，他这方面的
307 观点也是不可改变的。在他公开讨论救济问题时，一般是把这视为一个政治理论或道德理论问题，而不是作为经济或人民的需要的问题。他真诚地相信，救济是“志愿机构连同地方和州政府”的工作。1931 年 2 月，他清楚说明了他所以把救济视为地方工作的理由：

---

① 1928 年竞选期间，胡佛坚定地认为高关税并未伤害农场主。他承认需作某些变动，建议对进口农产品征收更高的关税！两年后他签字批准了斯穆特—霍利关税法案，这实际上是对世界其他地方宣布展开经济战。

② 对于这类经常听到的批评，威尔伯和海德的解释是很有意思的：“部分的回答是胡佛的政策连续两年获得成功，但大萧条持续时间太长了。连续几年丰收使情况更糟。在其他情况下本来会好转的。”

> 任何一个社会特别是在经济和社会问题方面的责任一旦由本国任何地方转到华盛顿，那么这一社会就使自己处于一个遥远的官僚机构的控制之下。……对于自己命运的控制就失去很大一部分发言权。

对于这一政治理论的论述正确与否实无必要进行辩论。各地方政府枯竭的财源实在不足以承担在危机中救济的要求。胡佛确实作出保证，说一旦地方机构无能为力——他认为这种情况不会出现——他就“要求联邦政府提供各种人力物力的援助，因为正像参议员和众议员一样，我也不愿看到我们的同胞忍饥挨饿”，但从没有答应给以直接的联邦救济。总统坚决地说：“我反对任何直接或间接的政府救济。欧洲经济崩溃和失业人口的增加部分是由这种做法造成的。”大量救济拨款会使预算收入不平衡，而他认为收支平衡“对于恢复人们的信心是必不可少的”。

在胡佛对于救济问题的态度背后有一种奇特的经济神学，1930年旱灾产生的政治后果突出表明了这种神学。1930年12月胡佛同意国会拨款4500万美元，以挽救受灾的阿肯色地区的农民的牲畜，但反对再拨款2500万美元救济农民和他们的家庭，坚持说红十字会可以救济他们。最后国会投票赞成再拨款2000万美元救济农民时，为消除总统的顾虑，规定这笔钱将作为贷款而不是一份礼物。胡佛在批准贷款时说，如果联邦政府赠款救济，这“将会损害美国人民的心灵上的反应。……我们处理的是生活中无形的东西和人们的理想”。他补充说，“对于我国的精神和理想，一个自愿的行动比从国库中拿出上千倍的钱还要宝贵”。

308 就是对一个经常受到这种同样的民间传说熏陶的人来说，胡佛的奥妙也越来越难以理解。胡佛从未如此关心过商人们的“心灵上的反应”，而他们是联邦补贴和梅隆部长的慷慨退税的受惠者。另外，认为联邦政府给的钱会使受救济者精神颓唐，而由他们的邻居、红十字会和地方政府的救济则不会，这种说法实在太玄虚，令人难以认真看待。胡佛在政治上的笨拙举动加剧了人们的不满。在这阴晦饥饿的日子里，他让新闻记者们拍下了他在白宫草坪上喂狗的照片。他在华盛顿接见要求补偿金的请愿者又为这一情况添上最后的一道笔触。

五

胡佛离开总统职位之后已经不再是一个乌托邦式的空想家，而是充当了一个有希望的希伯来耶利米式的预言家。他利用一切可利用的机会提出警告。现在国家的事务掌握在一些办事不顾后果的人们手中。在他严肃认真的著作《对自由的挑战》以及共和党全国代表大会之前的一系列演说中，他预言罗斯福新政中将推行的加以管理的经济必定会摧毁经济自由，而经济自由又是其他一切自由的基础，并预言玩弄“社会主义方法”只会导致中产阶级向法西斯主义反动方向的发展。

当人们的注意力已经不再是新政执行者们国内事务的超越行为，而是外交政策时，胡佛开始是完全站到孤立主义者一边，在第二次世界大战爆发之后则退却，态度不明朗，而珍珠港事件后则成了一个有限制的国际主义者。[①]

1938 年。这位前总统对欧洲 10 国进行访问。希特勒接见他 309
达 40 分钟之久，确属罕见。会见之后胡佛向新闻界发表了一项声明，重申他相信自由和人民的政府。返回美国之后，胡佛立即发起一项运动，反对美国干预欧洲事务。他断言，无论是通过经济行动或者军事行动实现集体安全的主张“已经过时”。另外，轴心国的侵略将是针对别的国家而不是美国。“德国人的脸更多地是面向东方而不是向着西欧。日本的脸是朝西向着亚洲的。”即使各民主国家联合起来反对极权主义国家，美国也应置身于欧洲战争之外，否则我国政府就会“实际上”变成为“一个法西斯政府”。

“如果世界要保持和平，”胡佛提出劝告说，“我们则需既与专制政府又与人民政府保持和平。”他认为极权主义不是什么新东西；它很像过去历史上的由个人进行独裁专制国家，我们一向是

① 胡佛还是总统时，日本、意大利和德国就已经开始侵略活动，首先是日本侵入满洲。当时，胡佛在内阁说：“整个事件是不道德的……是令人不能容忍的。”但他又补充了下列数点，平息了他的愤怒：第一，这件事“本质上是中日间的争吵”；第二，日本无论如何不能征服中国；第三，“日本也有一定道理”。关于这最后一点他说，中国不能阻遏布尔什维主义和无政府主义，而这对日本的经济是至关重要的。他最后说，我们对于国联进行的每一项谈判与和解的努力，应予以合作。“但仅此而已。我们不参战，也不走任何通向战争的道路。”

1932 年春，包括国务卿史汀生在内的一些国务院人员赞成美国参加某种程度的经济制裁。胡佛坚决反对。他建议了另一项办法，即被威尔伯和海德二位先生称之为“伟大的道义制裁”的办法：一切国家应一致拒绝承认在违反凯洛格公约情况下获得的领土。世界各大国均对此表示同意，而且，如威尔伯和海德无可奈何地说，“只要各国明确地谴责能起到作用，这就起这个作用。”任何既面临国内危机又须处理外国侵略的政治家，其在历史上的名声肯定要受到损害。如果胡佛采取一种好战的态度反对日本的侵略，批评家们立即就会暗示，他在利用国外的摩擦转移人们对国内危机的注意力。

“被迫与这些人共处”。民主国家的人民“必须承认这样一个事实，这样的国家将会继续存在”。即使是独裁专制国家的人民，也有权在他们喜欢的政府领导之下追随自己的命运，而不管美国人对此有多么反感。他确信法西斯主义，像其他异端邪说，如马克思主义
310 的社会主义一样，在“一定时候肯定会失败”，因此要求美国人民坚持其传统的自由，并让国内的民主政治“重新焕发活力”。慕尼黑会议之后不久，他再次表示相信，“与过去一些时候相比，今后数年内以军事力量实现和平是更有实际希望的。”

不到一年，欧洲已是战火纷飞。但胡佛并未泄气。他向出版商罗伊·霍华德预言说：“盟国能保卫他们的疆土。我看他们不会失败。他们可以控制海洋，坐等到敌人精疲力竭为止。”他在战争早期的一篇讲演中，建议美国只向盟国出售防御性武器，排除诸如重型轰炸机之类的武器，因为一旦卷进损害平民的进攻性战争，就会引起持久的恶意。

法国向希特勒投降 3 天之后，胡佛在共和党全国代表大会上发表 4 年一度的演说。也许是为了制止当时流行的一种谣言，说他要与林德伯格①以孤立主义为纲领参加总统竞选，他承认美国再也不能与世界大战决然分开了。“经济孤立是根本不存在的。……道德上的孤立也是不存在的。”但他再次警告不要参加民主世界十字军。“不管这场世界灾难的结局如何，也不管我国国内危机如何解决，”他阴郁地说，“世界的格局将不会再是老样子了。专制政府、极权的经济制度以及军国主义将会在世界很大一部分

① 另译林白。——校者

地区长期存在。”美国在这场危机中的正当任务就是武装自己保卫西半球。与此同时，我们可以小心谨慎地帮助那些“正在争取自由的”国家。

离珍珠港事件前还不到两个月的时候，胡佛又劝告美国人民既不要执行彻底的孤立主义的外交政策，也不要执行干涉主义的外交政策。我们只应集中进行武器生产，送武器给英国，以“等待事态的发展”。有美国武器的援助，英国将能够抵挡德国的入侵；我们无须派士兵去。继续保持和平，我们就能保存实力，而且“当希特勒因手伸得过长而垮台的时候，我们就可以给复兴工作以真正的帮助并使和平稳定”。胡佛清楚表明，即使纳粹政权没有遭受军事失败，他也期待德国垮台。在另外一次讲演中他警告说，如果美国和英国一起作战并承担义务派兵去欧洲，单是准备工作就需 311
要 5 年或更长的时间。

1942 年胡佛与一位美国老外交家休·吉布森合作，写了一本题为《关于持久和平的若干问题》的著作，其中就如何实现持久和平问题提出不下 50 多条意见。胡佛—吉布森方案的基础是将极端孤立主义的主张与美国统治世界的主张调和起来，并接受“美国 1919 年的主张，即和平应建立在促进建立代议制政府的基础之上”。这些建议的整个基调使人很容易想起 1919 年第一次世界大战结束时胡佛的主张。这些主张要求培育而不是扼杀敌国实现代议制政府的机会的解决办法，要求没有掠夺与报复的和约，要求裁军，要求建立一个国际组织，这个组织通过一个国际空军部队来实现和平。

然而，实现和平的关键在于经济，而胡佛和吉布森所设想的战后经济世界和胡佛过去在国内寻求实现的东西一样，都是那么不可捉摸。奇怪的是，这 50 项意见中有几项竟来自于一个批准斯穆特—霍利关税法的人，特别是他还同意这样一项建议，即关税不得过高，以至于妨碍“进口货物与国内产品之间的公平竞争”。胡佛和吉布森还赞成稳定国际货币体制，通过公平价格和开放市场较为容易地获取原料、打乱垄断和卡特尔、取消贸易限额和特权。

> [他们宣称，]持久的和平必须有调节防止弊端的经济自由。……长期的目标应是将国际贸易回复到企业自由经营。……
>
> 如果国内有一定程度的控制经济从而扼杀了自由经营，那么国际经济自由就不会起作用，因为这样私营企业就会缺乏实力，而国家就不得不接管。

人们不免会认为，这两位作者建议实现的和平并不是针对这场战争的。他们是否又在建议一项避免威尔逊错误的基本上是威尔逊的解决方法？胡佛对威尔逊曾多次提出批评，但这些批评只
312 涉及手段而不触及目的。（他在 1942 年说，威尔逊“为美国最崇高的理想而进行了一场伟大的战斗”。）有一些事情对威尔逊来说是至关重要的，而胡佛却不大关心，例如关于小国的独立问题。[①] 但整个来看，他们之间的相似之处远远超过不同之处。海洋自由、

① 正是由于胡佛和吉布森对于小国的敌视态度使丽贝卡·韦斯特说：“恰恰是给我们提供食物的手卡了我们的脖子。”

（在一定程度上）消除各国间的贸易壁垒、建立某种形式的联盟、公开外交、“公平”地调整殖民地的要求、裁军、明智而宽大的和解、既不吞并也不要赔款——所有这些原则无论在1918年历史上有名的十四点中还是在1942年的50条建议中都有。

这样，胡佛对待世界事物的基调就像对国内事物一样——退回到过去的状况，无论这种状况是真实的还是想象的。自由贸易、自由兴办企业、竞争、开放市场、机会均等，这就是《美国的个人主义》和《对自由的挑战》两本书在更大程度上表现出来的逻辑。将来与过去毫无二致，或甚于过去；我们将退回去，退回到1913年那美妙的世界中去——或甚至更早的时候，因为1913年时人们到19世纪中叶去寻求治国之策。

1940年胡佛在共和党内讲演时，解释了他1938年到欧洲旅行的成因，他说他到国外是去研究独裁制度形成的原因。他承认这涉及各种复杂因素，但找出其主要原因并不困难：这就是经济计划。“每一极权政府出现之前都有一段由经济规划者控制的时期。”

这些话揭示出了胡佛完全僵化的对于无计划的世界自由贸易市场的虔诚的信仰。控制管理经济已在世界上所有工业化国家里发展了有一代人的时间。第二次世界大战极大地促进了这种趋势。两年之前胡佛也曾经说过，控制管理经济将“继续长期在地球上很大一部分地区存在”。难道他真的相信私营企业自由竞争将在第二次世界大战后得到恢复吗？纵观整个历史，还没有人建议 313
过如此伟大的倒拨时钟办法。既然计划经济已成为如此普遍的现象，人们自然会问：“如果经济计划引起专制，是什么促成计划呢？

大概也许是在胡佛之类的人们管理之下的无计划经济造成的经济普遍衰退吧?”如胡佛所坚持认为的那样,新政可能成为美国将产生法西斯主义的前兆,这至少是一种可能性,是传统的自由主义者一般不承认的;但胡佛主义是新政的倒退却是历史上确定的事实。胡佛的政治生涯建立在这样一种理论前提之上,即无控制的资本主义是一个没有重大缺陷的经济制度,[①]如果不放弃这种想法,胡佛无论如何也不会承认向控制经济发展的趋势是自然的,更不用说是不可避免的这一结论。不,这必定是建立在时髦和错误的思想之上的不明智的选择;事情本来很可能会有另一种发展的;这只不过是令人不解的巧合,一个奇怪的普遍的错误。如果我们准备进行新的尝试,如果我们有足够的勇气和智慧,如果我们思想更简单一些,工作更努力一些,或许我们就可能跳出 20 世纪这个消亡的世界而进入胡佛心目中的那个无比繁荣的世界。

似乎在一些情况下,胡佛本人也对他自己这些没有人理睬的警告感到厌倦,在 1944 年共和党全国代表大会上他就暗示出了这种厌倦的心情。他在谈到他在前两次代表大会上的发言时说:

---

① 1932 年 10 月 31 日,胡佛在麦迪逊广场花园中说:“这 30 年中生活水平空前提高……要归功于产生于美国制度之中而又在活跃着美国制度的各项正确原则。能够因为那些捞取选票的人们为了投合贫苦的人们而说什么现行体制整个是错误的,因而必须放弃或予以削弱,就把整个制度扔掉吗?是否应该更明智地认识到下列简单事实,即有一种特殊的力量闯入了现在的机制,从而暂时打乱了它的运转?”如卡尔·曼海姆在《意识形态与乌托邦》一书中指出,“没有任何东西比封闭的理性体制更脱离实际情况。在一定情况下,没有任何东西比充分独立的知识分子的世界观包含更多的不合理的倾向。”

每次甚至在讲演之前我就知道，我国人民不相信我国的自由制度会受到破坏。但随后的每隔4年表明那些警告是过分小心谨慎了。

认为自己的预见是那么确凿无疑，然而却一再发现实际上没 314
有人听自己的话，这是多么令人沮丧！就在他作出这种坦白说明的全国代表大会上，该党的政纲实质上赞同了罗斯福的国内计划。这真的是因为美国人民拒绝听从传统信仰的发言人从而使伟大的美国传统近于丧失吗？真的是如此清晰可见、伸手可及的解救办法被盲目地摈弃了吗？假如事情果真如此，赫伯特·胡佛至少可以开脱自己。他曾试图尽力领导这个国家，使它走出荒原回到旧制度的舒适和繁华的境地。他曾提出警告而他们却不加理睬。也许归根结底，是人民的精神基本上不那么健全。

315 第十二章　富兰克林·D.罗斯福：有教养的机会主义者[①]

> 我国需要，而且除非我对它的气质理解不正确，我国也迫切要求不断进行大胆的试验。选择一种方法去进行试验，这是人之常情。失败了，就坦率地承认，然后再选择另一种方法去试验。这里最为重要的是，要去试验。
>
> 富兰克林·D.罗斯福

在威尔逊政府初期，有一次埃莉诺·罗斯福和她那当时是海军部长助理的丈夫正与亨利·亚当斯共进午餐。罗斯福正在十分认真地说到一件与他有关的政府事务，这时上了年岁的主人突然愤怒地对他说：“年轻人，我在这座房子里已经住了多年，看到广场对面白宫的主人多次更换。你们这些小官吏或是白宫中的总统，无论做什么事情，都不会对世界历史产生久远的影响。”

亚当斯的有些夸张的讽刺很少不是有感而发的。虽然伟人们的影响经常被夸大，但人们不得不承认罗斯福至少对于历史进程是产生了一定的影响的。没有哪个有名人物像他这样彻底、清晰地表达出了美国人民的情绪。在进步运动时期，西奥多·罗斯福、

① 这里所用“机会主义”一词与我们一般意义上的“机会主义”含义不同，它是指利用机会或情况的策略或实践，为此很少顾及原则或最后结果。——译者

威尔逊、布赖恩和拉福莱特分别担任全国的改革的领袖。在新政时期,改革的领导则完全由一人承担下来,他的逝世使美国的自由主义者们情绪沮丧,无依无靠。

新政的核心不是一种哲学而是一种气质。这种气质中最本质的东西是罗斯福的信心,他觉得即使在不熟悉的领域中行动,他也不会错,不会犯严重错误。从经济专家的角度来看,这种自信有时 316
近乎于发了疯,譬如有一次,他忽然扬起头,对一些主张银本位制的参议员们大笑着说:“我曾用金本位做试验,彻头彻尾地失败了。那我为什么不可以用银本位制进行一下试验?”但在这种鲁莽轻率的方法的表层之下闪烁着直觉的智慧的火花,在他就职的时候,美国人民已经看到停滞业已发展到危险的程度。他们希望试验,希望进行各种活动,反复试验,只要能显示出运动或新颖事物的意思就行。罗斯福在争取提名为候选人一事刚刚开始时,就不拘传统和礼仪,乘飞机直抵1932年的总统候选人提名代表大会并亲自发表演说,而不是按传统的礼仪,佯做不知,等待数周。这件事本身并不大,但这种充满活力和独创精神的举动给人们留下了难以磨灭的印象。下面我们将会看到,虽然他所受的社会哲学和经济理论方面的教育与胡佛大致相似,但他很快就让人们了解到他的气质与胡佛恰恰相反。当胡佛说一切只需恢复信心的时候,国民报之以惨痛的大笑。当罗斯福说:“我们唯一需恐惧的是恐惧本身,”基本上还是那种似乎有些道理的陈词旧调,全国人民却为之振奋。胡佛缺乏的是行动,而罗斯福缺乏的是方向。然而罗斯福争取发展,至少是争取变革的能力是很了不起的。灵活性既是他力量之所在又是他的缺点。胡佛待人冷淡且令人难以捉摸,是死守固定

原则的教条主义者，而且是在经营管理人员的精细气氛中谨慎行事的；罗斯福则待人热情、亲切、注重实际，感情冲动。胡佛对于受尊重的朋友，态度是很谨慎的。罗斯福能用11种语言说“我的老朋友”。他不大重视抽象的原则，但对于人民群众的情绪有着敏锐的直觉理解。由于他较乐于听取公众舆论，所以他能够对其加以引导和必要的推动，把群众的愿望变成政策。胡佛从来也不能向人民群众讲清楚他正试图做些什么，而罗斯福却往往能在一项政策实际并不存在的时候就清楚而有力地说明这项政策的指导方针。

317 雷蒙德·莫利讲了一个很有启发性的故事，故事说的是罗斯福在当选之后到就职之前这段时间内与胡佛的一次会见。在罗斯福与胡佛之间安排了一次会议，讨论关于令人恼火的外国欠债问题的政策连续性。罗斯福由于对情况了解不多，就带了莫利作为助手以使心中踏实些。同时手里还拿着一沓子卡片，上面记着他要向胡佛提出的问题。胡佛谈了一段时间，对这一问题的各方面了如指掌，这给莫利教授留下了深刻的印象。但这两个人的神态却与他们对情况的掌握恰恰相反。与在竞选运动中打败了自己的对手会见，胡佛显然是心烦意乱，神情窘困，很不自在，两只眼睛盯着这个红色房间的地毯的图案。罗斯福则很从容，随便，而且很热诚。他正在未知的领域中活动，但这似乎没有使他感到有丝毫苦恼。

赞美罗斯福的人，心目中只把他看作智慧、仁慈，深谋远虑的慈父，把他描述成一位热情的社会改革家，有时也把他描述成伟大的社会设计师。批评罗斯福的人们，则冷眼审查他的各项措施的逐步出现的过程,研究这些措施实行时往往是极其随便的方式,从而发现他实际上与他如此众多的“成绩”并无多少关系,因而得出相反的结论,说他取得的成就纯属偶然,就像随随便便地放上几枪也会有可能击中靶子一样。果然不错,也必然是这样,在罗斯福本人形象与罗斯福神话之间存在着巨大的差距,但并不是每一件随随便便做的事就一定是偶然性的。罗斯福任总统期间,美国面临一个全新的局面,为人们普遍接受的传统的理论不能给他任何指引。这样就必然会出现一个摸索、在纷乱和失败中寻求解决办法的时期。只有具备勇于试验精神的领袖才能实行“新政”。

而且,罗斯福极易感受公众的情绪。他的思想虽然缺乏深度,但却有很宽广的广度。他身居显位却热情而又待人随和,不拘礼节,不愿让人们失望,喜欢充当慷慨的朋友。他认为如果很多人迫切希望得到某件东西,那就应该让他们得到某种程度的满足,而且他不会让经济教条或政治先例来束缚自己。工程兴办署文化项目 318
的事集中表明了罗斯福处理问题的独特方式及所取得的成果。新政初期组织救济工作的时候,有人向他指出,一大批颇有才干的画家们日子贫苦不堪,生活极为窘迫。罗斯福不太爱好绘画艺术,对于画家和作家们整个来说并不怎么关心,对于国家在文化福利方面的责任事先也没有什么理论,但他立即爽快地决定帮助这些艺术家们。“为什么不帮助他们呢?”他说,“他们也是人,他们也得生活。我估计他们只会绘画,肯定有些公共场所需要他们的绘画。”于是画家们就从民政工程署那里得到救济。最终在工程兴办署操办下,向音乐家、舞蹈家、演员、作家、历史学家,甚至还有寻求经济自助的大学生,都提供了救济。一代的艺术家和知识分子在艰难

时期就这样受到了照顾，与新政息息相关，并对罗斯福的自由主义忠心耿耿。

二

罗斯福的双亲，詹姆斯·罗斯福和萨拉·德拉诺·罗斯福，使人想起埃迪斯·华尔顿小说中的二流角色，这些角色对于书中可怜的女主人公抱着一种体面但不友好的态度。詹姆斯·罗斯福是几个公司的副总裁，这位漂亮的乡间绅士也多少涉猎一些民主党的政治活动，养了满满一厩小跑步的马，在他海德公园的庄园里过着悠闲的生活。萨拉·德拉诺是詹姆斯的第二个妻子，她来自于一个与美国历史关系很深的上层社会家庭。她父亲开办过铜矿、铁矿和煤矿，并在纽约港占有一块地，而且还有一支快速大帆船船队。他们结婚的时候，萨拉 26 岁，詹姆斯 52 岁。两年之后，即 1882 年 1 月 30 日，詹姆斯·罗斯福的日记上记载着“一个漂亮的个子很大的男孩”诞生了。

富兰克林是独生子，母亲溺爱，父亲也待他像小孙孙一样，所
319 以是在受到异常娇纵的环境中长大的。他有男女家庭教师；有家庭背景相同的小伙伴一起玩耍；他有一匹小马和一艘 21 英尺长的小帆船，成人之前就 8 次被带到欧洲去游览，14 岁时进了恩迪科特·皮博迪牧师办的格罗顿公学，这是高贵人物的一个小小的希腊民主政体，如其校长所说，这学校主张“一切真、善、美的东西”。格罗顿公学的学生 90％来自社会上有名望的家庭，在学校生活于受到慈父般的亲切关怀的气氛中，他们从皮博迪每周的礼拜仪式

中狼吞虎咽地吸取神的启示。

在格罗顿毕业之后，罗斯福就沿着前人走过的老路到哈佛大学学习。虽然他受到特许可以听詹姆斯、罗伊斯、诺顿、谢勒以及其他名师的讲学，但他取得的成就主要是在教室之外。他参加惊人的课外活动，是好几个校园俱乐部的成员，而且他在《红色哈佛》的工作使他在学校名声显赫。在《红色哈佛》，他的很大一部分工作是致力于促进校园改革的小小的运动。像他这样年岁的许多孩子可能正是不受驾驭，追求异端邪说，蔑视权威，从而附带地加深了他们的思想洞察力，然而罗斯福却在撰文颂扬“学校精神”和足球士气。一次他俨然以长者的口吻说，“我们一生中应缅怀祖先并保持学校的传统，而且在今后的年代里要忠诚地传给我们的子孙。”他最严肃的政治兴趣是参加学校内对布尔人的救济运动，这可能是他第一次对被打败者表示同情。1904 年他离开哈佛大学。他母亲用这样的话总结了他青年时代的生活：“毕竟他的许多有利条件是别的学生所没有的。”

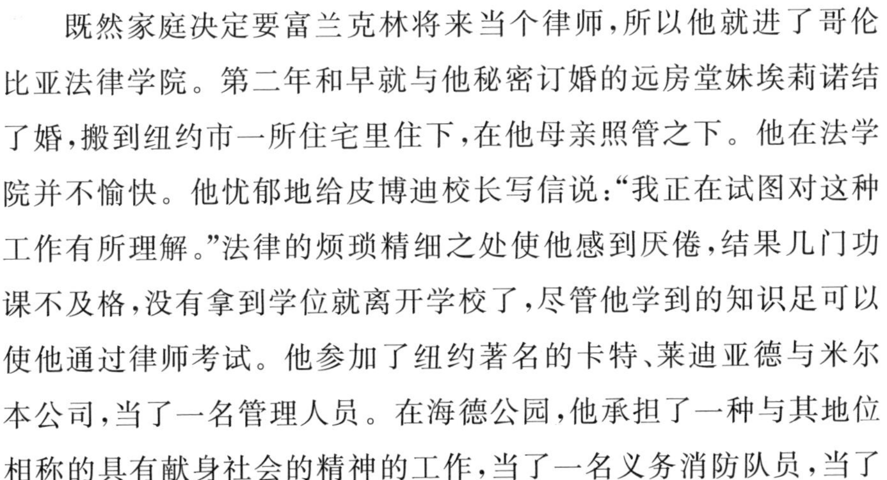

既然家庭决定要富兰克林将来当个律师，所以他就进了哥伦比亚法律学院。第二年和早就与他秘密订婚的远房堂妹埃莉诺结了婚，搬到纽约市一所住宅里住下，在他母亲照管之下。他在法学院并不愉快。他忧郁地给皮博迪校长写信说：“我正在试图对这种工作有所理解。”法律的烦琐精细之处使他感到厌倦，结果几门功课不及格，没有拿到学位就离开学校了，尽管他学到的知识足可以使他通过律师考试。他参加了纽约著名的卡特、莱迪亚德与米尔 320
本公司，当了一名管理人员。在海德公园，他承担了一种与其地位相称的具有献身社会的精神的工作，当了一名义务消防队员，当了

波基普西第一国民银行的董事，还成了1910年纽约民主党代表大会的代表。

在哈德孙河谷居住的大多是富人及其随从者们，所以共和党在这里占压倒优势。民主党候选人的提名一般是给那些能够支付竞选运动花费的知名人物。1910年，波基普西市民主党市长对这个来自哈德孙河上游的年轻和蔼的邻居印象不错，就使他获得民主党提名在区内竞选州参议员，自1856年以来这个区只有一个民主党员当选过。但1910年共和党运气不佳，而罗斯福呢，则沾了他妻子的叔父，著名的第26届总统西奥多·罗斯福的名声的光，一反传统做法，开着汽车进行了热火朝天的竞选，获得的选票遥遥领先，在民主党兴起的浪峰中当选。

在州议会中，罗斯福立即成了民主党内反叛者的领袖，他们阻止了提名塔曼尼厅的党魁墨菲选定的候选人作为美国参议员候选人。他的表决记录表明他是一个典型的进步派分子，赞成改革文官制度、保护自然资源、直接初选、民众选举参议员、妇女普选权以及社会立法。他满怀希望地预言："从政治机器的废墟上，我们可以重建更近于民主政府的东西。"1911年他去特伦顿访问了威尔逊，回来后成了威尔逊的积极支持者。1912年的竞选运动他干得很出色，于是就被任命为海军部部长助理。当时他年仅31岁，在政界刚刚才干了3个年头。

罗斯福自童年时代驾驶着他的小帆船的时候开始，就喜欢船和大海。他收集船只的模型和画片，贪婪地阅读海军的历史，特别是马汉的著作，并曾想进入安纳波利斯海军学院学习。在美国对西班牙战争期间，他逃离格罗顿公学去参加海军——这次逃跑因猩红热而夭折。当了海军部长助理之后，他通过讲演和在杂志上发表文章，开展了一场扩展海军的运动，显示出了某种民族主义 321
的和好战的精神。他说，除非美国安于做“一个在世界的伟大事务中无足轻重的国家，在商业或在发展和平的文明方面无所事事”，否则美国就不能失去对海洋的控制。虽然美国人民可以指望最终会对国际上的军备加以限制，但现在他们应“念念不忘可能发生的海战的种种原则”。在威尔逊向国会发表战争咨文的时候，《斯克里布纳杂志》在显著地位刊登了罗斯福一篇题为《我们的责任》的具有警告意义的文章，要求把海军的人数增加4倍。罗斯福在文章中说，谁也不能认为我们就不存在战争危险。“我们知道，每个上学的孩子，不管他性格多么和善，迟早总有一天会和某一位同学打起来。具有一亿多人口的伟大的民族已经进入了学校。”后来他要求对妇女也像对男子一样实行国家征兵制度。他认为在海军中服役可以消除派别纠纷和阶级感情，同时教导人们相互平等。作为一个行政人员，罗斯福积极采取行动，效率很高；他态度和蔼，置规章条例于不顾，打破文牍主义，不顾海军将领们的劝告，在促进协约国在北海进行的史无前例的布雷措施方面起了重要的作用。

1920年，民主党需要一个名声好而且能干的人参加竞选，于是提名罗斯福为詹姆斯·M.考克斯的竞选伙伴。他竞选的足迹遍及全国，发表了近千次竞选演说，对于国际联盟这一基本问题，他的论证很有力，但热情不很高，未尽全力。“国联也许不会结束战争，”他说，“但是各国需要进行这种试验。”在竞选中有一次说漏了嘴，表明了他赞成的是帝国主义的实力政治而不是理想主义的国际主义精神。在比尤特，有人说英联邦联合起来在国联的表决票数将会超过美国，他回答说：“事情恰恰相反……，美国在国联中大约会有 12 票表决权。”他进而解释说，在设想的国联大会中，拉丁美洲国家会把美国看成“保护人和老大哥”，美国可以控制他们的表决权。

> 322 直到上周我还有两票[表决权]，现在由丹尼尔斯部长所具有。你们知道，我和两个小国家的管理是有关系的。事实上，海地的宪法就是我写的，而且如果让我说，我认为那是一部不错的宪法。

共和党立刻反击。罗斯福所说的只不过是某些政治现实，但
384 他讥诮不恭之词外露，这些话很像一个不友好的邻国说的。他尽力为自己辩护，说他的意思只不过是说，拉丁美洲与美国有着相同的利害关系，因此投票会是相同的。至于一个外国官员为毗邻的共和国写宪法之事，则怎么解释也不能令人满意。[①]

但在这场竞选运动中，错误并没有产生多大影响。哈丁获胜之后，38 岁的罗斯福 10 年来第一次成了普通公民。他恢复了不太兴隆的律师业务，在哈佛大学当一名校监，重新过起了往日的生活。他的赛艇伙伴范利尔·布莱克给他在马里兰诚信储蓄公司纽约办事处谋了一个职位，年薪 2.5 万美元。到 1921 年 8 月，无论

---

① 这种吹嘘既不真实也不明智。罗斯福并未写过海地宪法，只不过是对国务院送交海军部的宪法草案表示同意而已。

是罗斯福的政治生涯还是个人业务似乎均告结束。在纽约市经过了一段令人精疲力竭的高温天气之后，他到坎波贝洛岛的夏季别墅去度假，不久就感到剧烈的痛苦难以忍受，臀部以下的肌肉失去了活动的能力。

三

变成一个软弱无力的病人，是一件令人感到屈辱的事。久病不愈常会使人顾影自怜。罗斯福本来很可以放弃自己的政治抱负，在海德公园舒适的住宅里过着幽静的生活。但他拒绝放弃正常的生活方式，这表明了他的勇气与决心，以及实现自己雄心的志气。还在卧床的时候，他就开始恢复尽可能多的工作。到1922年春天，他已经架着双拐走路，有时甚至敢于走到自己的办公室。1924年他发现温泉池这个地方后，他的体力就恢复得很快了。除了双腿是软弱无力外，他躯干的肌肉强壮有力。 323

从长远观点来看，这场脊髓灰质炎反而大大加强了罗斯福的政治号召力。他是特权阶级的一个分子，上的学校是格罗顿公学到哈佛大学这样的名牌大学，确实是太幸运了。现在与最残酷的令人痛苦的逆境作顽强的斗争，这比人们通常听到的暴发致富的故事更激动人心；而且这一时期人们已经对白手起家的人和他们管理国家事务的方法感到厌倦，所以罗斯福的这种经历就使他更适合做民主政治的领导。

对于罗斯福的疾病所引起的人们对他的同情，曾经有着种种推测。弗朗西丝·珀金斯对罗斯福的评论富有理解力且不夹杂个人感情，她在他生病以前就认识他，知道他是个待人友爱但多少有点傲慢的青年人，这场病使他经历了一场“精神方面的转变”，一改过去偶尔表现出来的“对人有些高傲的态度”，她发现他这时对人是“一片热心肠”，认为“他理解遇到困难的人们的各种问题”。喜欢编出种种传说奇谈的人则进一步得出结论，说他在患病期间广泛阅读，深入研究，形成了一种坚定的社会观念，把他与社会底层的人们永远联结在一起了。罗斯福在1920年代的繁荣时期的经历并不支持这种观点。他的通达人情的度量虽可能变得更大，但既未形成一种新的哲学，也未增加他对于改革的兴趣。

对于任何一个具有罗斯福那样的家庭背景和性格的人来说，转而进行严肃认真的社会研究或赞同非正统的政治观点，是非常罕见的。从童年时代到他患病之前，他过的是一种户外运动的生活，在家里的闲暇时间多是进行各种消遣，如集邮、玩各种航船模型或研究海军史等，而不是研究有关社会学的书籍。他的思想方法是从经验和印象出发的，而且是实用主义的。刚进入政界时，他倾向进步运动时期有教养的人的改革思想，而且接受了一种社会
324 观念，如果用一个短语说明这种观念，那就是“位高则任重”。① 他喜欢担任公职，喜欢从事个人慈善事业以及针对政府中的欺骗行为发表一些言词并无恶意的声明，他为人豁达、待人宽容大度，对各种各样的人都有一种发自内心的喜爱；他喜欢在政治和社会场合显示一下自己的魅力。从他1920年代的著作和演讲可以看出，

① 1920年8月，富兰克林·K.莱恩给罗斯福的信中写道：“直率、慷慨、质朴以及向往正确事物的高度热情是人们必须保持的一些美德，除了罗斯福和德拉诺家族之外，还能在什么别的地方找到这类美德呢？”

他心怀宽广，思想明智，但却有些肤浅和沾沾自喜。

罗斯福接受政治教育的时候正是进步派乐观主义思想流行的时期，当时人们普遍认为，一旦政治由诚实的人们掌握，社会最严重的弊病也可通过法律得到克服。如果说妇女在血汗工厂工作时间过长，工人们常为失业问题和意外事故感到担心，老年人感到没有保障，那么善意的人们就会通过法律来帮助他们。罗斯福在当州参议员和州长的时候，就试图做到这一点。但各州的社会立法，不管多么仁慈多么有益，只能在州的活动舞台上起作用，解决的只是后果而不是原因，对于就业、住房、税收、银行及农业救济等一些重大问题，只能触及问题的表面。倡议这些法律的一代人从这些立法中得到在实际政治工作方面和福利工作方面的很多锻炼，但并没有提出强有力的质疑，以思考社会的根本弊病。

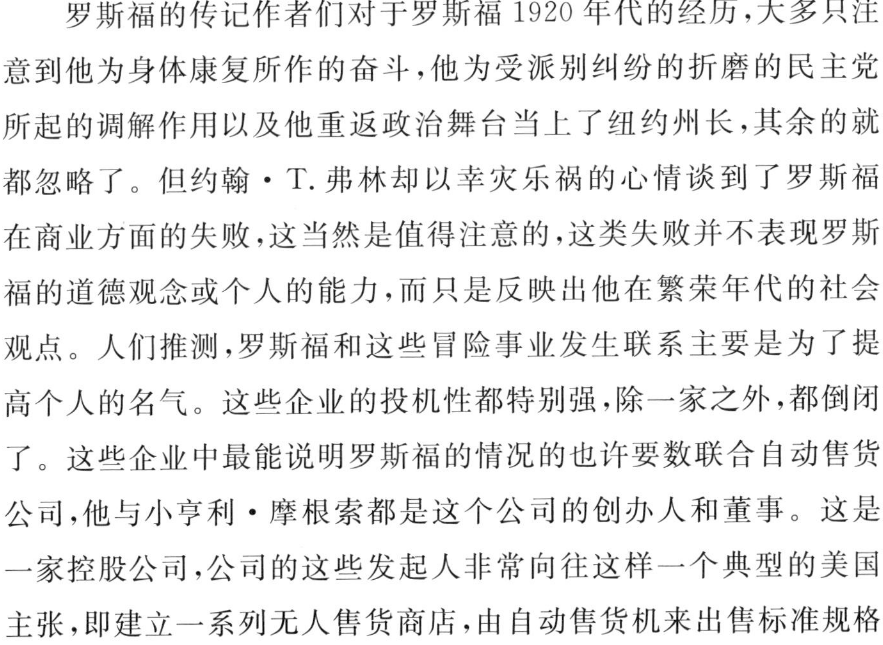

罗斯福的传记作者们对于罗斯福1920年代的经历，大多只注意到他为身体康复所作的奋斗，他为受派别纠纷的折磨的民主党所起的调解作用以及他重返政治舞台当上了纽约州长，其余的就都忽略了。但约翰·T.弗林却以幸灾乐祸的心情谈到了罗斯福在商业方面的失败，这当然是值得注意的，这类失败并不表现罗斯福的道德观念或个人的能力，而只是反映出他在繁荣年代的社会观点。人们推测，罗斯福和这些冒险事业发生联系主要是为了提高个人的名气。这些企业的投机性都特别强，除一家之外，都倒闭了。这些企业中最能说明罗斯福的情况的也许要数联合自动售货公司，他与小亨利·摩根索都是这个公司的创办人和董事。这是 325
一家控股公司，公司的这些发起人非常向往这样一个典型的美国主张，即建立一系列无人售货商店，由自动售货机来出售标准规格

的货物。公司董事长1928年宣布，用这种机器装备起来的大型商店将很快在纽约开张。尽管公司向投资者们保证可获得巨额利润，但在3年时间里公司就亏损200多万美元，只好宣布破产而关闭。罗斯福一当州长之后就对此事失去兴趣，所以与这个公司的关系是短暂的，而且实际上也不怎么重要；但是开办无人售货商店的社会含义，更不要提开办这一企业时的松松散散的投机方式，似乎在他心中并未引起什么不安的感觉。

1922年，罗斯福成了美国建筑理事会的主席，这是建筑工业的一个行业组织。这一理事会是按照商务部长胡佛的企业自动调节的理论建立起来的，而且挑选罗斯福任主席的会议也是由胡佛主持的。罗斯福在理事会的发言对胡佛的理论表示赞成：

> 现在有一种向工业管制发展的趋势。某一部门的工作出现问题，公众立刻哗然，新闻界、各种论坛和公众都要求进行调查。这是很好的，是健康的做法。……但政府控制却不是可行的做法，因为这种做法是笨拙的，而且需很多资金。这意味着要雇用一些人来从事这一工作；这意味着要增加税收。公众不需要这种做法，工业界也不需要这种做法。

7年之后，罗斯福州长在塔曼尼厅的一次纪念7月4日的演说中，警告人们注意“资本的大联合”本身所具有的危险。但他解释说，“工业联合本身并没有什么过错。危险在于吸收政府参加。”他演讲的主旨可用这样一句话说明：“我要宣传一种新的理论——企业和政府完全分离。”对于这位未来新政的设计者，这真是令人啼笑皆非的信息。

甚至弗林先生也承认罗斯福州长是一位“公正的行政官员”。他在社会正义和人道主义改革方面取得了良好的记录，但对于经济的深入理解和责任心稍逊一筹。他诚挚而颇有成效地与怀有敌 326
意的共和党人占多数的议会合作，以推进由艾尔弗雷德·史密斯开始的改革。他设法通过了一项关于养老金、失业保险及劳动立法的方案，在电力问题上制订了一项十分开明的方案，[①]并发起召开一次东部诸工业州州长会议，讨论失业和救济问题，在采取实际步骤减轻人民困难方面，纽约州走在了最前列。

然而像大多数美国人一样，罗斯福对于他在任州长的时候就开始的这场大萧条也未能预见到。金融崩溃之前6个月，他发现纽约工业“处于一种非常健康和繁荣的状况”。在他的演说和通信中，他对这场大萧条的严重性估计不足，直到后来后果极为严重时才认识到。他的重大失误是在金融政策领域。

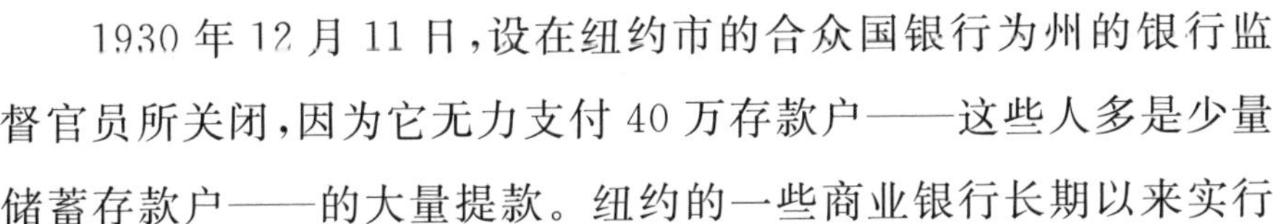

1930年12月11日，设在纽约市的合众国银行为州的银行监督官员所关闭，因为它无力支付40万存款户——这些人多是少量储蓄存款户——的大量提款。纽约的一些商业银行长期以来实行

① 罗斯福认为应开发圣劳伦斯河巨大的发电潜力，以降低电力公司收取的不合理的电费。他要求由联邦或州政府开发圣劳伦斯河，马瑟肖尔斯·博尔德大坝等大水力发电站，以便把这些地方“作为永久的衡量标准，测量发电和输电的费用”。用这些标准可以检查私人经营的公用事业收费率是否合理。他建议纽约建设电力生产建筑物并通过与私营公司的合同销售所生产的电力。如果州里不能得到令人满意的合同，则直接向用户销售电力。1931年州议会通过议案成立纽约电力局，以便罗斯福的建议具体化，但因必须与加拿大签订条约一事首先受到胡佛政府的阻挠，后来在参议院中，这项条约因未能获得必要的2/3多数票而未获通过。

一种办法，即设立特别“节俭账户”，这虽然和普通的储蓄帐户没有多大区别，但它不受管制储蓄银行投资的州法律的约束，使银行家能更自由地利用别人的款项。另外一个办法是设立一些分行，以各种错综复杂方法进行巧妙操纵，以便为银行内的人从存款户和股东头上谋利。

在合众国银行崩溃之前的几个月，城市信托公司的倒闭导致
327 了对本州银行部的调查，罗斯福不在，代理州长赫伯特·莱曼就指定罗伯特·摩西为调查员。摩西的调查报告直截了当地谴责了许多银行做法，特别是“储蓄账户”和分行的做法，并指责合众国银行是最明目张胆地进行这种活动的一个。

罗斯福对摩西的报告置之不理，却又成立了一个委员会对同一个问题进行研究，指定亨利·波拉克为一委员会成员——亨利·波拉克是合众国银行的董事和顾问！这个新的委员会驳回了摩西的意见，这是毫不足怪的。随后不久，当合众国银行倒闭的时候，罗斯福却十分自信，满不在乎，毫不悔悟。他不客气地给州议会写信说：“你们身上肩负着加强银行法律的责任。”他坚持将法律保护扩大到储蓄账户的存款者，非常义愤地说：“本州的人民不仅是期待着这样做，而且他们有权要求这样做。采取行动的时刻已经到来。任何拖延都是不能容许的。……”

这一事件，特别是罗斯福突然改变态度赞成以前他反对的改革，这就预示着新政的大部分历史也将突兀多变。有一件事不可否认地说明了这一点。罗斯福上台时，全国的银行都陷于瘫痪状态。在他举行的第一次记者招待会上，有人问他是否赞成对银行存款实行联邦保险时，他给予了否定的回答，理由是，这样一来，不

仅好银行，而且坏银行都得到保险，因而政府就得承担损失。但是由于西部参议员集团的坚持，作为对他们的让步不久就建立了联邦存款保险公司。这一公司成了新政改革的一个部分，给罗斯福增添了光彩，大概历史学家们也会把这作为罗斯福明智计划的一个例子。

当竞选总统的责任落在罗斯福的肩上之后，他对于经济的无知就暴露了出来，只有点一知半解的知识。“我发现他在经济问题方面读书不多，”雷蒙德·莫利在 1932 年 4 月 12 日的家信中写道，“罗斯福所采取的方法令人吃惊的一面是他的非凡的接受能力。就我所知，对于我或其他人告诉他的东西，他从不花工夫去核实。”有时候，罗斯福很随便地处理复杂问题的做法使他的顾问们 328
很吃惊。有一次正在为他准备关于海关关税的竞选演说词的时候，摆在他面前的是两个完全不能相提并论的建议，罗斯福却轻描淡写地说，他将把这两个建议“揉在一起”，这真使莫利目瞪口呆。然而，罗斯福这种使莫利感到吃惊的“非凡的接受能力”正是罗斯福政治天才秘密之所在。他变成一个对人民之疾苦和国家寻求的种种补救办法都反应很灵敏的人，他试图把这一切都纳入一个在政治上会是首尾一贯的方案，即使从经济角度来看并不协调。

1932 年罗斯福的竞选演说表明，当时新政的概念还没有在他心中形成。但有两个前提他是明确的：他反对胡佛的大萧条始自国外的论点，坚持认为是本国的情况酿成的，并且指责胡佛花钱太多。他把胡佛政府称之为“我国有史以来在和平时期开支最大的政府”。他指责说，目前的赤字就足以“使我们紧张起来”。他劝告大家“鼓起勇气来，不要用借债的方式来解决不断出现的赤字”。

但他又不愿意“以饥饿的人民的牺牲为代价来厉行节约”。可是他却未指出以何种方式救济饥寒。公共工程吗?即使在这上面花费数十亿美元,充其量也不过是一种权宜之计。他很坚定地把大萧条的原因归结为国内很低的购买力,并且宣布政府必须“采取明智的管制措施将购买力恢复到正常水平”。另一方面他却听信胡佛的说法,认为美国生产力需要有较大的出口市场。“如果我国工厂的开工率为 80%,”他说(这是十分错误的说法),[①]“它们所生产的产品就超过了我们整个国家自己所能消费的。解决的方法是……我们必须把有些货物销售到国外。”

罗斯福对农场主们许下过几项具体的诺言。胡佛农业政策中,有一个方面使他感到特别痛心——农业委员会作出种种努力,
329 有组织地压缩生产,罗斯福把这称之为“残酷荒谬之举,劝告农民闲置 20%的麦地、犁掉 1/3 的棉田、杀死 1/10 的奶牛”。他的方案包括“有计划地使用土地”、重新植树造林、以进行双边谈判降低关税来支援农民。但是后来他在关税问题上倒退了,说“要继续既保护美国的工业,也保护美国的农业”。

罗斯福的所有许诺——恢复购买力、解决群众失业问题、发放贫困救济、援助农民、提高农产品价格、平衡预算、降低关税及继续实行关税保护——加在一起,对于那些希望有一个首尾一致的自由主义纲领的人们来说就形成了一个令人沮丧的实现前景。《新共和》把这场竞选称之为双方都是“令人厌恶的景象”。

---

① 《美国的消费能力》一书的作者们说:“美国的经济发展尚未达到这样一个阶段,以至于美国的生产超过了全体美国人民希望消费的物品的产量。”

然而,罗斯福在旧金山联邦俱乐部的一次演说,却的确大体指明了新政所将遵循的新道路。他在演说中清楚地说明,美国在其发展过程中已经到达一个新的分水岭。他认为人民管理的政府和可供开发的广阔的大陆,为美国早期历史发展提供了无比优越的条件。随后,工业革命又为所有人带来了物质丰富的希望。但美国的生产力是由一些残酷而又很浪费的人所控制。国家具有自由开放的土地和日益增多的人口,并且需要建设工厂,因此愿意为"具有雄心壮志的人们"取得成就付出代价,而且,"只要他们建成了国家急需的经济企业",就为他们提供了"无限的报酬"。"随着新世纪的到来事情已发生了变化。"由于美国疆土开拓已经完成,人民要求加强对经济生活的明确控制,因而就产生了西奥多·罗斯福的公平施政政策和伍德罗·威尔逊的新自由政策。1932年国家仍然面临工业控制问题。

> 只要看一眼今天的情况就会最清楚不过地看出,我们所了解的机会均等已经不复存在。我们的工厂已经建立了起来;目前的问题是考虑到在现有条件下工厂是否已经过多。
> 我们很久以前就已经达到了最后的疆界,自由开放的土地实 330
> 际上已经没有了。我国半数以上的人并不靠种地谋生,通过耕种他们自己的土地也不能维持生计。现在也没有一个像西部草原那样的安全活门,那些被东部经济机器抛弃的人,可以到那里开始新的生活。我们现在也不能请欧洲的移民来分享我们无穷的财富了。我们为我国人民提供的是一种单调乏味的生活。……

正如开辟农场的自由已经停止了一样，从事工商业的机会也已经减少。……以往30年的无情的统计数字表明，独立的实业家们正在进行一场毫无胜利希望的竞赛。……最近对美国企业的合并做了一次详细的调查研究。研究表明，我国的经济生活为600多家公司所控制，这些公司控制了2/3的美国工业。一千万名小企业家掌握了另外的1/3。更令人吃惊的是，如果这一过程按目前同样的速度进行下去，到另一个世纪末所有美国工业就会落入十几家公司手中，由100个左右的人经管。直截了当地说，我们正在逐步走向经济寡头统治，如果说现在还不是的话。

显然，所有这些情况要求我们重新评价各种价值观念。一个要建设更多工厂的人，一个要修筑更多铁路系统的人，一个要组建更多公司的人，他们可以起到有利作用，但也同样可能是一种危险。当年对于那些杰出的创办人或者金融巨头，只要他们建设或开发什么，我们就什么都可以给，这样的日子已经一去不复返了。我们现在的任务不是探测或开发自然资源，或必须生产更多的商品。这是一项较为审慎而不那么轰轰烈烈的工作，管理好已有的资源和工厂，为我们的剩余产品重新建立国外市场，解决消费不足的问题，按消费水平调整生产，更公平地分配财富和产品，使现有经济组织服务于人民。开明管理的时代已经到来。……

在我看来，政府在其与企业的关系方面的任务就是协助制订经济权利宣言，建立合乎宪法的经济秩序。……

令人高兴的是，现代已经指明，建立这样一种秩序不仅是

> 政府的正确政策,也是保证我们的经济结构免除风险的唯一方法。现在我们都已知道,如果不能实现均匀一致的繁荣,也就是说,如果购买力不能在全国人民各种集团之间很合理地分配,那么这些经济单位就不能存在。

用冷然乏味的话来说,美国资本主义已经发展到成人阶段,自由放任主义、扩张得到处是机会的伟大时代已成过去。再者,“自 331
然”经济力量的枯竭要求政府介入并指导创建新的经济秩序。就此而言,罗斯福就把他1929年在塔曼尼厅讲演中阐述的理论置诸脑后了。但在联邦俱乐部的演说中,也包含着政府行动方面两条不同而且可能不协调的路线。一条路线的观点是,工厂已经开设“过多”,再建工厂将会构成“危险”,必须“调整”生产使之与消费状况相适应;另一条路线则认为“要解决消费不足的问题”,要使繁荣“均匀一致”,分配购买力,以及制订“经济权利宣言”等。第一条路线包括限制贸易和国家管制垄断等体现的一种经济倒退;第二条路线则强调社会正义和战胜贫困。1931年美国商会的延续企业与就业委员会用与罗斯福的讲演近似的言词发表声明说:“在上个世纪较为简单的生活中可能是有道理的行动自由,在今天则是不能容许的。……我们已经不再处于极端个人主义的时期。”该委员会后来提出一个方案,这个方案1933年通过时与全国复兴法非常近似。可以清楚地看出,罗斯福立论的前提本身远非进步的,它能适应很保守的目的。他的“成熟经济”理论,虽然也披上了自由主义和“社会规划”等华丽辞藻的外衣,可以很容易地被同业公会或鼓吹限制产量保证利润的人们所利用。这样一种政策与使繁荣均

匀一致和分配购买力之间的正相反的性质预示了新政基本上是模棱两可的。

四

罗斯福在最早举行的一次记者招待会上把自己比作橄榄球的四分卫。四分卫知道下一次如何打法，但超过这一点他就不能预测或硬行安排，因为“以后的打法将取决于下次取得的结果”。他用比赛进行比喻，一个人在比赛中机遇要占很大比重，这就是他心
332 理气质的一种象征，谁要是希望看到一种单一的政策，希望执行一种意义深远的高瞻远瞩的计划，那就永远也不能理解新政。新政是一系列的临时措施，许多措施的采取是相当突然的，许多措施又是相互矛盾的。新政所具有的一致性是在政治策略方面，而不是在经济方面。

经济学家就其专业智慧来说，并没有怎样受到罗斯福的尊重。他在第三次炉边谈话中说：“我偶然了解到，职业经济学家们最多每 5 年或 10 年就要改变一下他们的经济法的定义。”在他认为是“健全的政策”的广泛的范围内——这一范围的限度确是极为广泛——他理解到除非能将各种各样的相互矛盾的利益“交织在一起”，否则他的政府在政治上就不能持久。靠着他调解或对相互对立的分子不表明态度的办法，在民主党内他取得了辉煌的成就，而且他非常实际，不会因为一些“5 年或 10 年”就可能放弃的反复无常的经济理论就抛弃政治协调这块坚硬的基石。弗朗西丝·珀金斯曾谈到过，凯恩斯勋爵的消费理论在一些新政经济学家中很有

影响，他在 1934 年对总统进行了短时间的拜访，讨论了经济理论问题。罗斯福对于凯恩斯“冗长无聊的数字”感到困惑，对他的劳工部长说：“他更像一个数学家而不像政治经济学家。”而凯恩斯则感到有些失望，说他曾“想象总统在经济方面会懂得更多一些”。这位英国佬的错误可能成为那些罗斯福神话的编造者们的模式。

雷蒙德·莫利在他的《七年之后》一书中就罗斯福政策的急剧转变开列了一个很长但还不够详尽的单子。为了更简单更有利于说明问题，我们只要谈谈罗斯福在联邦俱乐部讲话中已预示的两种新政就够了。在某种意义上讲，这两种新政是同时并存的；但是大体上可以较为精确地说，从罗斯福宣誓就职到 1935 年春夏，第一种新政占主导地位，第二种新政是在此期间出现的，持续到人们改革的热情消失为止。

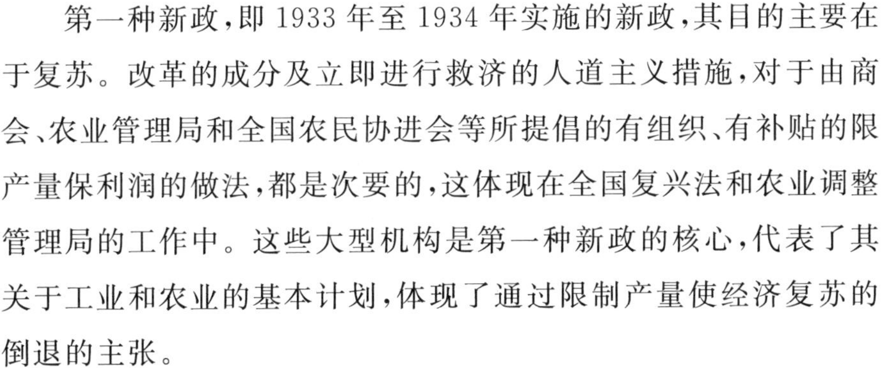

第一种新政，即 1933 年至 1934 年实施的新政，其目的主要在于复苏。改革的成分及立即进行救济的人道主义措施，对于由商 333
会、农业管理局和全国农民协进会等所提倡的有组织、有补贴的限产量保利润的做法，都是次要的，这体现在全国复兴法和农业调整管理局的工作中。这些大型机构是第一种新政的核心，代表了其关于工业和农业的基本计划，体现了通过限制产量使经济复苏的倒退的主张。

农业调整管理局明显地说明了实际进行的有组织的减产的做法。虽然这一机构成功地提高了农产品价格并且恢复了农场的收入，但这一机构所做的正是罗斯福认为胡佛的农业委员会中非常坏的做法。在一般明白的人看来，这种政策似乎已经通过消灭富足的办法解决了富足之中存在饥饿的矛盾。1935 年 11 月，罗斯福在亚特兰大的一次演说中，含蓄地承认，全部政策都是与美国经济的失败联系在一起的。他指出，一般美国人所吃的，是“大夫们会叫作三等的饮食”。如果使全国人民吃到一等饮食的话，“我们必须将更多的土地用于种植生产，以向美国人民提供更多的可食用的东西。”他非常直率地说，美国人吃三等饮食，是因为他们无力购买一等饮食。[①]

第一种新政的主要推动力是全国复兴法，罗斯福把它称之为“美国国会所颁布的最重要、影响最深远的立法……为永久巩固使国家繁荣的诸种因素而作出的最伟大的努力。”根据这一法令，政府批准各企业制定的一揽子价格协议及生产定额，而企业则接受提高工资的各种规定，使许多收入最低的工人改善生活条件。[②]全国复兴法从本质上讲体现了许多实业界人士的这样一种思想，
334 即应通过系统的垄断、提高价格和减少生产来实现复苏，这个说法是公正的。[③] 尽管法令的“计划”特征受到热情欢迎，但正如布鲁金斯学会经济学家指出，这项法令推迟了经济复苏，只是在 1935

① 1938 年颁布的常年谷仓计划，被认为是更令人满意的政策而受到普遍欢迎。虽然计划保证使价格更加稳定以及其他利润，但仍包括了人们熟知的销售限额计划，而且笼罩着丰收会使计划受影响的阴影。计划制订者亨利·华莱士承认，“几年风调雨顺”，作物丰收，政府就会处境“尴尬”。

② 有必要指出，全国复兴法并不是一项得到普遍支持的商业政策。1935 年的民意测验表明，商会成员以三比一的票数赞成继续执行这一法令，而美国全国厂商协会则以三比一的票数反对。

③ 全国复兴署署长休·约翰逊在较早的一次记者招待会上宣布：“对于增长的生产能力来说，我们将要求实行一种类似停战的东西，直到经济出现螺旋上升的趋势为止。……我们将非常诚恳地请求……不要采取节省劳动力的办法，或使目前生产提高的措施。”

年 5 月最高法院废除了这项法令之后,经济方面才出现了持续的蓬勃进展。[1] 但罗斯福对于放弃全国复兴法还是不大情愿的。1935 年 2 月,他在要求将该法令延期两年时说,放弃这项法令的“基本宗旨和原则……将会使企业及工人方面重新出现混乱的局面”。

最初执行的新政是基于这样一种方针,罗斯福在竞选运动中把它称之为“各种利益的真正协调”,其目的在于使人人在实际中都得到一些好处。农场主们有农业调整管理局。企业有全国复兴法。工人有工资和工时方面的规定以及复兴法第 7 条第 1 款关于集体与资方谈判的许诺。失业工人则有各种各样的联邦救济措施。中产阶级则有房产主贷款公司、证券管理及其他改革。一些债务人因通货膨胀而受益。如果在其他方面又出现不满意的情况,政府就采取其他的临时应付措施。 399

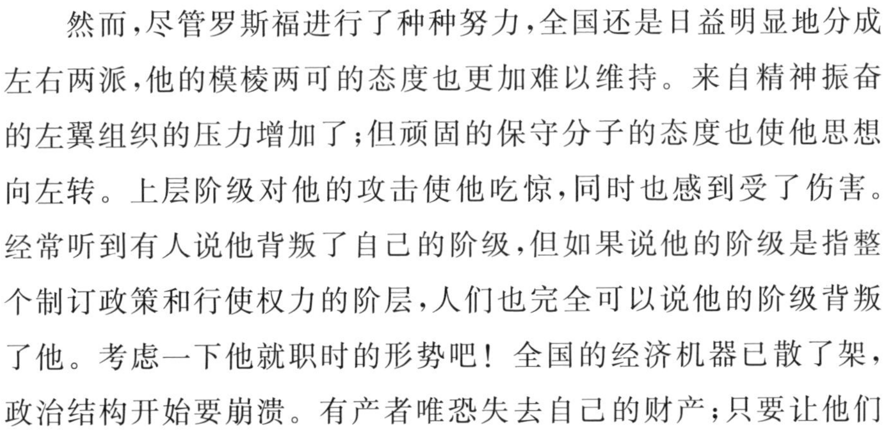

然而,尽管罗斯福进行了种种努力,全国还是日益明显地分成左右两派,他的模棱两可的态度也更加难以维持。来自精神振奋的左翼组织的压力增加了;但顽固的保守分子的态度也使他思想向左转。上层阶级对他的攻击使他吃惊,同时也感到受了伤害。经常听到有人说他背叛了自己的阶级,但如果说他的阶级是指整个制订政策和行使权力的阶层,人们也完全可以说他的阶级背叛了他。考虑一下他就职时的形势吧!全国的经济机器已散了架,政治结构开始要崩溃。有产者唯恐失去自己的财产;只要让他们 335

① 全国复兴法的停止施行当然并不是 1935 年夏天经济复苏的唯一因素,但无可争辩的是,新政执行中经济发展最为稳定的时期是出现在表示雇主愿意合作的蓝鹰标志取下之后的两年里。

保住自己的财产，他们愿意接受任何能够使他们仍然拥有财产的方法。在这段紧急时间里，罗斯福事实上曾拥有独裁的权力。他拨正了经济生活之舟的航向，又使政治安全地回到了正常的轨道，虽然他采取了一些新的或许有些危险的权宜措施，但他避免了对各利益集团有重大的侵犯。比如，他放弃了通过国有化来解决银行危机的容易的做法，而采取了一项胡佛都可以接受的正统政策。他的工农业基本政策是按照巨大既得利益集团提供的模式制订的。当然他采取了好几项救济和改革措施，但任何明智而具有人道主义精神的保守分子都会承认这些措施大多数是必要的。的确，他说过几句关于“货币兑换商”和骗子的很激烈的话，这使得群情激愤，但他非常小心地说明这些人不过是实业界人士中的少数。归根结底，使群众怨声载道的不是罗斯福而是大萧条带来的可怕的苦难，每一个谙于世故的人大概都应该知道，在这种情况下，说上几句反对为富不仁的话，对于加强一个政治家鼓动的力量是很有必要的。

罗斯福所做的一切都不应该受到他不久就在保守派报纸上受到的辱骂。那些疯狂憎恨罗斯福的人们也没有理由在他们的俱乐部和餐厅中对他进行下流的攻击。自然这就使罗斯福开始感到，那些严厉批评他的人是一些忘恩负义的糊涂虫。1936 年的竞选运动中，他把他们比作一个刚救上来的溺水老人，责怪救他的人没有打捞上他的帽子——还把他们比作刚出院就诅咒大夫的病人。1935 年以前，他参加过不少政治争论，但一般总是设法与自己的对手保持友好关系。由于从幼年时代起，罗斯福就生活在充满友爱、鼓励和迁就宽恕的环境里，他本来可以接受以善意的精神提出的批评或者是具有建设性内容的建议（这些他的确会加以采纳），但批评他的人们的恶意和故意干蠢事使他感到愤怒，他和那些“保守的经济巨头”之间的政治斗争很快就变成了激烈的个人攻击。莫利教授曾在1932年赞美罗斯福，说他没有那种“对个人命运的过分关注”，却因在1936年听到他说出下面这样的话而感到悲伤： 336
“这次竞选中有一个问题。那就是我自己，人民必须明确表示，或者拥护我，或者反对我。”在公开场合他变得咄咄逼人。他说，他希望别人在谈到他第二届政府时会说，在这届政府中，“自私与渴望权力的各种力量……适得其主。”

罗斯福与左派关系的发展情况对罗斯福神话是至关重要的。罗斯福的政治关系中，使人忘却最快的一面也许就是他最初制定的劳工政策。在罗斯福政府初期，他与劳工组织只是一般交往，而并不是他们的朋友。虽然他急于通过全国复兴法来为收入最低微的工人们做一些事情，但他对工会的态度并不十分热情。全国复兴法本身的匆忙制定，部分地是为了防止布莱克—康纳利法案对劳工极有利的条款获得通过。全国复兴法第7条第1款虽然保证了集体谈判的权利，但并没有禁止单独谈判、公司工会或自由雇用制企业。开始，工人们热情地拥护全国复兴法，并在“总统要你们参加工会”这一貌似有理但实属虚假的号召之下，成千地加入了较为激进的工会。但当涉及第7条第1款的争论出现之后，休·约翰逊将军和唐纳德·里奇伯格提出的解释却是，用布鲁金斯学会经济学家们的话来说，“在反对工会的雇主与工会的斗争中，使全国复兴法实际上支持雇主。……这样在谈判各方的力量对比中，全国复兴法就以其本身的力量来反对劳工。”罗斯福坚定地支持他

的政府官员。另外，他最后指定的全国复兴署署长 S. 克莱·威廉斯，是劳工组织的一个臭名昭著的敌人。到 1935 年初，劳工组织中已经没有什么人希望从白宫获得帮助，工人们把全国复兴法称为“全国团团转”。2 月 2 日，威廉·格林警告说，整个劳工运动将反对罗斯福。[①]

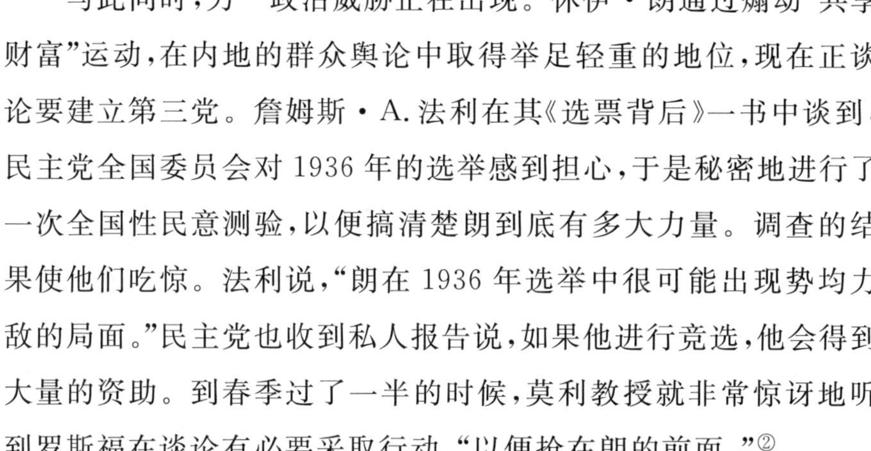

337 与此同时，另一政治威胁正在出现。休伊·朗通过煽动“共享财富”运动，在内地的群众舆论中取得举足轻重的地位，现在正谈论要建立第三党。詹姆斯·A. 法利在其《选票背后》一书中谈到，民主党全国委员会对 1936 年的选举感到担心，于是秘密地进行了一次全国性民意测验，以便搞清楚朗到底有多大力量。调查的结果使他们吃惊。法利说，“朗在 1936 年选举中很可能出现势均力敌的局面。”民主党也收到私人报告说，如果他进行竞选，他会得到大量的资助。到春季过了一半的时候，莫利教授就非常惊讶地听到罗斯福在谈论有必要采取行动，“以便抢在朗的前面。”[②]

正在此时，最高法院宣布全国复兴法违宪，从而使最初的新政失去了支柱。展望 1936 年，罗斯福现在发现自己困难重重。最高法院已毁坏了他的关于劳工与企业的整个计划。劳工似乎要撤回他们的政治支持。休伊·朗深得民心，这表明了很大一部分选民对罗斯福的不满。工商业尚未出现真正复苏的迹象。结果就是他急剧左转，开始了第二种新政。

① 1935 年 2 月 3 日的《纽约时报》上有一篇文章，标题是《工会与新政破裂》。文章说，“面对强大的工业集团和一个没有同情心的政府，”劳工领袖们“几乎已经绝望，不再期望在使工会得到承认方面取得任何进展”。

② 汤森养老金运动虽未采取政治形式，但仍构成了相当重大的威胁。

1935 年 6 月,在总统“必须”制订的立法清单上又增加了两项引人注目的议案:瓦格纳劳资冲突议案和为了抢在朗格前面制定的一项大量征收的新“财富税”。1935 年国会会期结束时,最初的新政除了农业调整管理局外,已经面目全非。取代全国复兴法法规和第 7 款第 1 条这一伪装品的是劳资关系委员会和对集体谈判的坚定许诺。一项严厉的控股公司法和一项严格的财富税征税法载入了法典。这些最后制定成法律的议案,没有一件是罗斯福年初时曾想到的。在工程兴办署中安排了一个新的救济方案,增加了开支,改善了工资级别。社会保险法也得以通过。到了年底,总统对莫利说,他计划起草一个“战斗的演说”,作为明年国会咨文,338
因为“他挂念着要使左派支持者感到满足”。

罗斯福与左派的结盟并不是事先计划好的;甚至也没有发展过程;这种结盟是突然冒出的。瓦格纳法,是他与劳工亲善的基本原则,从某种意义上讲也是第二种新政的核心,它的制订的经过很说明问题。瓦格纳法从未成为行政措施,这项法案在议会里推来推去,折腾了一年多的时间都没有引起罗斯福的兴趣。他的劳工部长回忆说,罗斯福未参与制订这项法案,“制订过程中也几乎没有人和他磋商”,“当向他介绍这一法案时,也并不怎么特别吸引他。”而且他也不完全赞成全国劳资关系委员会后来那么大力执行这项法令。帕金斯女士回顾说,当他听说劳资关系委员会不准雇主提出请愿进行一次选举或要求该委员会解决管辖权限争端时,他感到“震惊”。然而由于经济复苏的刺激和全国劳资关系委员会的保护,工会日益发展壮大起来,并且在政治上形成一种压力,给予第二种新政的执行一股推动力。罗斯福说:“这股民主力量可以很好地抵消大企业的势力。”

既然罗斯福受到右派的攻击和阻挠，但受到左派的拥护，所以他就被认为是群众观点的代表，并对群众抱有同情。在第二种新政拟订期间，他似乎开始感到，他的社会目标要求开展一次反对“独断专横”的运动。在 1936 年初杰克逊纪念日午餐会上，罗斯福将自己和杰克逊有意识地作了引人注目的比较，他说杰克逊深得普通群众的拥护，“他们热爱他是因为他树了不少敌人。”值得怀疑的是，即使在杰克逊时代，总统与广大人民之间的感情交流是否会像 1936 年总统选举时那样密切。罗斯福曾对记者们谈到一件使他感动至深的事。一次他正开车经过马萨诸塞州的新贝德福德市，突然一个年轻的姑娘越过便衣保卫人员向他递交了一张令人怜悯的条子。她是一个纺织工人。在全国复兴法执行时，她得到
339 的是最低工资，每周 11 美元，但最近却削减了 50%。“这件事只有你能管得了，”她在条子上最后写道，“请从华盛顿派人到这里来吧，来恢复我们的最低工资，因为一周 4 块或者 5 块或者 6 块美元，我们实在无法生活。”[①]这就是他们共同的基础：那些强行规定如此可怜的工资级别的“显赫的经济寡头”也正是严厉责难总统的势力。就这样既非事先预谋，也不是纯属偶然，罗斯福和新贝德福德的姑娘为了共同防卫而紧密结合在一起了。

罗斯福的第二次就职演说是一个高尚而仁慈的文献，他满意地谈到“美国的道德气氛”有所改善，宣称对进步的真正考验在于“我们是否为贫困的人们提供了足够的必需品”，要求人们注意占

① 见《罗斯福讲演集》，第 5 卷，第 624 页。

全国人口1/3的住房条件差、吃不饱、穿不暖的人们。在他第二届任期的前两年里,除了争论颇多的最高法院改革法案外,他还提出了对经济发展具有广泛重要意义的四项新的改革措施:1937年的住房法、公平劳工标准法、农业保险法,以及在全国范围内建立7个田纳西河流域管理局的未获成功的建议。但新政的目的在于发展资本主义经济,正如珀金斯女士所说,罗斯福把这视为理所当然的事,正如他对待他的家庭一样。为了成功地实现他所说的繁荣和公平分配的目标,从根本上讲他要依赖资本主义恢复健康,新政最后是否成功,不仅仅要看政治斗争和立法改革,而且还要看商业周期曲线的变化。

1937年初,政府内部的人士看到商业指数迅速接近1929年水平,担心出现的繁荣会成为不可控制的局面。联邦储备委员会官员开始限制信贷,罗斯福呼吁国会厉行节约,工程兴办署的人员也削减了一半。罗斯福从未公开接受把大量开支作为政府的长期政策;虽然政府开支年年有赤字,但他一直在做出保证,一旦国民收入达到令人满意的水平,他将恢复收支平衡的预算。但事态发展证明了,他无力改变这种增加开支的权宜办法。阿尔文·汉森 340
指出,1935至1937年的经济上升是一种由政府巨额开支所资助和刺激起的"消费复苏"。政府开支一旦削减,急剧下降的趋势就开始出现,1938年初达到令人震惊的程度。正在此时,全国资源委员会这个执行调查机构,向总统递交了一份1935—1936年全国消费者收入的详细调查。这个委员会估计,全国59%的家庭每年现金收入少于1250美元,81%的收入少于2000美元。罗斯福读了这份报告,知道工商业情况再度衰退。当时大约仍有750万工

人失业。很明显，在某些根本的难以捉摸的事情上存在问题。

新政做到了使人们减轻了苦难，心里充满了温暖，新政使经济得到一定程度复苏；减弱了群众的抗议的巨大力量，恢复了美国的自由主义；它制定了一些具有永久价值的法令；它建立了一种原则，即整个社会都通过联邦政府对群众福利负有一定责任；而且新政使这些价值观念深入了全国人民心里，使得共和党人在竞选政纲中也不得不承认新政的主要成就。但罗斯福知道新政并未实现他为之制订的一些目标，即分配公平和健全而稳定的繁荣。[①]

1938 年 4 月，罗斯福采取了两项应急措施，从而表明了新政危机的严重程度：一个是恢复大规模政府开支，另一个是开展一场反对垄断的斗争。第一项措施立即就解决了危机：国会欣然同意增拨款项，商业情况迅速好转，“罗斯福衰退”很快就消失了。从此之后，罗斯福就理所当然地认为没有政府资金的刺激，经济就会周转不灵。他在 1940 年那篇令人难忘的预算咨文里，最终在理论上接受了长期以来一直在实际进行的工作，承认政府节省开支对经济衰退会产生影响，称赞重新增大开支对于工商业复苏的作用，并
341 且一般来说是用凯恩斯的经济术语来讨论联邦预算的问题。[②]

第二个应急措施一反罗斯福 1933 年的理论和全国复兴法的政策，号召对垄断发起攻击。向国会提交的这份宣布对垄断组织

① 请参考特格韦尔教授在《灾难的土地》一书中的评论：“我国的困难是在经济方面。他的进步主义和新政对于解决这些麻烦问题是令人感到可怜的不足。……我认为……他在这一[国内]事务方面会以失败而记入史册。”

② 罗斯福 1932 年指责胡佛政府挥霍无度，现在又在批评胡佛政府，说他没有增大开支到足以制止衰退。

发动攻击的咨文导致了全国经济临时委员会富有成果的调查，是白宫制定的最值得注意的经济文件之一。罗斯福从广阔的社会角度审查了经济权力和政治权力结构。他说，“私人权力”正在达到“大于民主国家本身”的程度。在美国，“史无前例的私人权力集中日益增强”，这正在“严重破坏私人企业的有效管理”。“私营企业正日益失去其自由竞争的企业的性质，而成为一些私营企业集团。”一个民主国家的人民不再愿接受因工业垄断使生产下降而带来的很低的生活标准。“工业中的大企业集团迫使政府最终实行集体主义。”“少数人控制全国经济生活的权力必须分散到多数人手中或者移交给公众及其民主的负责的政府。”

像威尔逊一样，罗斯福也认为大企业和垄断的发展是对民主体制的威胁，但也像威尔逊和其他触及过所谓托拉斯问题的政治家一样，他对于如何制止这种威胁却说得很含糊。虽然他的论点接近社会主义，但他所建议的并不是社会主义。他也不是要力图解散大企业，倒转经济集中化的现代趋势，近 50 年的经验已经证明这样做是没有什么效果的。给他提供指导的经济学家们认为，半垄断性的重工业产品的固定价格结构使整个经济陷入混乱，也许反托拉斯措施不应该用于解散大公司而应管制他们的价格政策。一个进行改革的国家怎么样才能管辖各公司而又不摧毁私营 342
企业或本身屈服于各公司联合起来进行的反对的巨大力量，这一点是没有搞清楚的。罗斯福并未从理论上讨论这一问题，事态的发展也并未要求他必须在实际中解决这一问题。

罗斯福急风骤雨似地求助于很久以前的使托拉斯失败的办法，再加上在 1938 年秋季的选举中他未能把保守分子从党内清洗出去，预示着新政在政治上的破产。改革之势已成强弩之末，而民主党由于最高法院的斗争和清党造成的分裂，以及受强大保守集团的削弱，作为一个改革的机构已经疲惫不堪。一向是现实主义者的罗斯福就在 1939 年 1 月 4 日致国会的年度咨文中敲响了新政的丧钟。“我们现在已经越过了开始实行社会改革方案的内部冲突阶段，”他说，“我们的全部精力现在可用于促进经济恢复的过程，以便保护我们改革的成果。”在珍珠港事件之前，他的实验进行了将近 3 年。“恢复的过程”只是在战争到来时才出现。“我们的全部精力”从未能成功地用于和平时期的生产。如果不是战争为富兰克林·罗斯福创造了一个新的施展领导能力的舞台，他的政治命运又会如何？

五

当第二次世界大战把罗斯福推向世界瞩目的重要位置时，他的历史既非一直是孤立主义的，又非一直是国际主义的。他在国内开始他的政治生涯时，极力主张建立强大的海军，他是马汉的崇拜者，信奉马汉所认为的国家就像小学生一样，迟早总要和他的伙伴打起来，后来在 1920 年竞选运动中他转而维护国联；但即使在这时，有关海地的谈话也表明了他想的更多的是霸权政治而不是高尚的国际主义。随着 1920 年代孤立主义思潮的高涨，民主党又不再支持国联，罗斯福也采取了随大流的立场，不愿意因捍卫一项与自己关系不十分重大的不受人欢迎的事业而暴露自己。1932
343 年，他成了民主党第一个明确否定国联的候选人：当时威廉·伦道夫·赫斯特在一封公开信中要求罗斯福拒绝对国联承担责任并威胁说要利用他的强大的报纸反对任何国际主义者时,罗斯福很快就投降了。他说,1920年他赞成国联并不使他感到遗憾。但现在的国联并不是当初威尔逊设想的样子。国联已不再为世界和平而工作,而是成了一个讨论欧洲事务的机构。如果美国一开始就加入了国联,国联也许会成为威尔逊所希望的那个样子,但既然美国开始没有参加,"我不赞成美国现在参加。"这一讲话使国际主义者深感失望。亨利·普林格尔在《民族》杂志上写道,"罗斯福扯下了他过去高举的旗帜,但却没有树立起新的旗帜。"

尽管科德尔·赫尔制订了互惠贸易计划,新政经济理论基本上是靠自己。罗斯福在竞选中的一个理论就是经济复苏必须依赖独立的国内行动而不能靠世界性的安排,而且也正是罗斯福在一项咨文中极力贬低国际货币协定的重要性,并断言美国有意走自己的路,从而扼杀了1933年的伦敦经济会议。由于国内事务缠身,直到1937年秋天之前他对国际行动未表示丝毫兴趣,只有一次例外,那就是他曾试图使国会与世界法院发生联系,但未获成功。他公开执行的政策可能反映不了他内心的信念。(1933年他暗中批准了对日本入侵中国采取不承认态度的"史汀生主义",[①]和他接近的人听到他在1935年春天表示出"要整治一下"希特勒的愿望。)但他却无心改变国内占主导地位的孤立主义与和平主义情绪。虽然他反对1935年中立法中关于强制禁运的规定,但还是

① 当莫利和特格韦尔表示反对时,罗斯福说他的先辈曾在中国进行大量贸易。"我非常同情中国人民,你们怎么能指望我不赞成史汀生对日本的政策呢?"

344 签署了这项反映孤立主义精神的法律。西班牙内战表明他是多么不愿意失去国内支持,多么不愿意冒着与外国冲突的危险来发起一场反对法西斯侵略的圣战。因为西班牙战争是一场内战,所以关于对战争物资的强制性禁运并不适用,但美国政府还是竭力推行一种对战争双方的非正式禁运。当两个美国出口商坚持认为他们有权向西班牙共和国政府出售物资时,罗斯福要求国会修订中立法使之包括内战,于是西班牙政府就再也不能从美国市场采购。[①] 这一行动不仅违背了美国外交惯例和公认的国际法,而且也违反了美国和西班牙 1902 年签订的马德里条约。佛朗哥胜利之后,罗斯福政府迅速正式承认了佛朗哥政府。

罗斯福转向集体安全的第一个信号是 1937 年 10 月 5 日出现的,当时他建议隔离侵略国家,并且认为美国"通过孤立式中立政策"是"不能逃避开"国际无政府主义和不稳定状况的。这种转变是如何引起的现在仍然令人难以猜测。希特勒的势力已经变得咄咄逼人,而不久之前日本已经又继续侵略中国。一些心怀敌意的批评家只是依据一些旁证就指控说,罗斯福这样做是为了转移人们对国内日益加深的经济衰退的注意力。有一点是可以肯定的,那就是"隔离侵略者的讲话"并未使公众情绪产生急剧的转变;几

① 罗斯福在 1941 年编辑他的文集时坚持说,"争论"西班牙是欧洲民主国家制止侵略国家的合适的地点"没有什么益处"。至于美国,它的人民不愿意担"丝毫的风险去卷入一场完全有可能发展成为欧洲全面冲突的欧洲争吵。"他说,另外,法西斯分子比共和国政府有更大的船舶运输能力,如果美国货物向双方出售,法西斯分子可能会买到更多一些。这是狡辩。美国并没有受到限制,必须或者卖给双方,或者哪一方都不卖给。更符合美国惯例、"国际法"和美国条约义务的做法本应是与法律上承认的政府保持正常的经济关系,而对于革命的派别则实行禁运。

乎在一年之后的 1938 年 9 月，盖洛普民意测验表明，只有 34%的美国选民赞成一旦英法与轴心国交战就卖给它们武器弹药。不到7 个月，希特勒就撕毁了慕尼黑协议，占领了布拉格和梅梅尔[1]，这 345
时赞成向英法出售武器的人数比例就从 34%上升到 68%。

在此期间内，美国公众的思想出现了一个很深的裂痕。典型的美国人的想法是，他们担心有一天德国征服西方民主国家之后，美国最终将不得不单独面对法西斯的军事强权。但是美国人也极其渴望置身战争之外。战争开始时，美国人希望援助盟国，静悄悄地成为反对轴心国的伙伴，但又避免战争。罗斯福在制订外交政策时一向是充分考虑国内舆论情况的，这时他的公开讲演就密切地反映出了美国人的含糊不清的意图。1939 年 1 月他对国会说："我们知道，一旦推崇武力的新思想控制了其他大陆，并侵入我们这个大陆，就会对我们这些美国人发生什么样的事情。"但是战争开始之后他却说："我希望美国置身于战争之外。……我国政府将为此而尽一切努力。"1940 年 1 月 3 日，他说："置身于战争之外和自以为这一战争与我们毫不相关，这两者是有着巨大的差别的。"法国的陷落虽然打破了美国"中立"的一切借口，但美国人仍普遍希望实际参战是可以避免的。1940 年总统竞选，罗斯福与威尔基以及他们各自的党的竞选政纲都答应向与轴心国作战的国家提供援助；但两人也一再保证不把国家引向战争。竞选运动结束不久，罗斯福说："我国的政策不是要走向战争。我们政策的唯一目的就是要使我国和我国人民避开战争。"但他在同一篇讲话中却把美国

① 克莱佩达的旧称，现处于苏联立陶宛境内。——译者

说成是“民主国家的伟大武器库”，并说“任何独裁者或独裁者联盟都不能”削弱美国援助英国的决心。1940至1941年期间，他提出了许多无视中立的措施，包括用驱逐舰换海军基地，租借法，占领格陵兰和冰岛，在美国与冰岛之间的水域巡逻，并在北爱尔兰建立了一个海军基地。1941年9月，一艘德国潜艇和一艘美国驱逐舰交火。10月，罗斯福总统在海军节演说中宣称“美国受到攻击”，
346 并说“已开始开火了”。美国早已参加了未经宣布的海战，但人民最终不愿参加公开的战争使国家不可能大量调动国家人力物力。罗斯福面临困境，但日本对珍珠港的进攻却帮了他的忙，正像当年南北战争时期南方邦联进攻萨姆特堡帮了林肯的忙一样。

罗斯福没有来得及把战后政策的实际方向明确制订就去世了。他留下了大量的言论、诺言及关于总目标的说明，却没有详细阐述如何将这些转变为具体行动。1935年以来，他变得惯于无拘束地向具有自由主义观点的听众发出呼吁，大概也惯于以进步派传统的受人欢迎的人道主义语言进行思考。他在1944年竞选时谈到要通过一项“经济权利法案”确保使人民得到普遍的安全和福利，其中最重要的是“获得有益的报酬优厚的工作的权利”。为了不使人们把这一点误解为彻底重建远远超出新政范围以外的经济生活，他接着又谈到了“在我们私营企业的民主制度下实现充分生产和充分就业，无论何时何地在必要的时候都将得到政府的鼓励和帮助”。“我相信并且一向相信私营企业自由竞争”，他再次强调，“我相信私营企业可以使我国人民得到充分就业机会。”他放弃了在联邦俱乐部演说中阐明的关于“成熟经济”的理论，而充满信

心地谈论“扩大和平时期的生产能力，这需要新的设施、新的工厂、新的设备——从而能雇佣数百万工人。”战时经济的高速度发展使他很容易忘记新政并未使经济完全恢复，也容易使他骄傲地谈论“我们……如何战胜经济危机”。

在对外关系方面他也持同样乐观态度。1945 年 1 月他在国会中说，滥用权力不可能再是国际生活中起支配作用的因素。“权力必须与责任联系起来，必须在普遍利益的范围内为其本身辩护并证明其行动的合理。”他谈到在独立和自决基础上的“人民的和平”，并表明这样一种设想，即联合国应“在必要时有权力迅速而果断地以武力维持和平”。从雅尔塔会议返回后，临去世前他兴高采 347
烈地谈到他与丘吉尔和斯大林的关系：“我们达到了思想一致并找到了共同相处的方法。”克里米亚会议说明“过去几个世纪试验过而且总是失败了的各种权宜办法，如单方面行动、排他性联盟、势力范围、力量均衡等，都已经过时了”。

罗斯福是否深信联合国能成为维护世界和平的机构也是值得怀疑的。他最初自发的想法不是通过所有国家协作来实现和平与安全，而是要建立由美国、英国、苏联和中国组成的四强机构，由他们来执行世界警察的任务。科德尔·赫尔写道，1943 年春天罗斯福要求包括法国在内的所有国家都应解除武装。赫尔说，“他认为丘吉尔、斯大林、蒋介石及他本人间的私人直接接触能产生很好的效果，认为四国首脑的直接关系能形成对今后世界的有效管理。”他不赞成全世界范围的组织，但赞成建立区域组织，将和平与安全的所有问题交由这四大国解决。有一次国务卿赫尔和一些希望建立国际组织的具有国际主义思想的客人向他说：“你至少会赞成建立世界秘书处吧？”他大笑着回答说：“我把五角大楼或纽约帝国摩天大厦给你们。你们可以把世界秘书处建在那儿。”然而到1943年夏天，他已经接受了建立世界组织的主张，秋天他批准了这一年莫斯科会议上通过的四国宣言草案，这项宣言草案要求建立“一个范围广泛的国际组织……以维护世界和平与安全”。

罗斯福经常受到批评的一点是，他常倾向于认为，如果把对立双方的代表叫到一起并劝说他们握手言和友好相处，那么利益冲突和原则冲突就可以得到解决。他的这种思想方式自然会使他把未来和平的希望寄托在大国领导人间的个人间的通情达理和相互
348 理解上。在这个意义上，他的国际关系的思想，虽然其目的非常民主，实现的手段却远非如此。在对待苏联的问题上，有一段时间他有一个很古怪的想法，认为和一个独裁政权打交道比与一个具有议会民主的国家打交道要容易。海军中将罗斯·T.麦金泰尔记得罗斯福说过：“使事情办起来最顺利的情况是，我只要说服斯大林一个人就行了。他不必考虑国会的意见。他讲了话就算数。”①他在丘吉尔和斯大林之间，是处于中间调停人的地位，想要“把这两个人揉在一起”，很明显他认为在英国和苏联之间担任“仲裁人”的角色仍然是必要的。过去他曾在艾尔·史密斯派和农村新教徒民主派之间，在全国厂商协会和威廉·格林之间，最后在杰西·琼斯和亨利·华莱士之间调停，现在他认为自己又是苏联帝国主义和英帝国主义之间的调停人。

① 阿瑟·布利斯·莱恩在《我看到波兰被出卖》一书中谈到了罗斯福“过分相信自己的魅力，认为自己有能力说服外交和政治上的敌手，使他们相信自己的观点。他似乎认为他的这种魅力对斯大林特别起作用”。

他打算如何对待这些帝国主义国家呢？对于英国和其他欧洲帝国主义国家，他的答案还是比较清楚的。他对殖民地人民的悲惨命运深表同情，[①]他希望改善他们的状况，认为有必要放松英、法、荷等帝国对殖民地的控制，他认为英国和法国为了相互支持它们对殖民地的控制而结成了一种非正式的联盟。另外，美国在东方进行战争的过程中，由于东方各国人民对于英国帝国主义的强烈不满而受到阻碍。在战争中，美国站在殖民地各国人民一边，提出了要使印度、缅甸、叙利亚和黎巴嫩获得完全独立。罗斯福曾对他儿子埃利奥特说过，战后应围绕印度、缅甸、爪哇、印度支那、印 349
度尼西亚、非洲各殖民地、埃及和巴勒斯坦的地位进行讨论。但国务卿赫尔的记录中却说，英国、法国及荷兰任何时候都没有受到过让他们立即允许其殖民地自治的压力。这种自治可望“到时就会发生”。

罗斯福反对殖民主义帝国并非完全出自于利他主义的考虑；他思想上考虑得很多的还有美国商业利益，例如，美国一些公司已经得到开发沙特阿拉伯大油田的特许。虽然他认为“帝国主义者们”——他把这个词当作绰号使用——持一种纯粹剥削殖民地的观点是近视的，并认为如果顾及殖民地人民的福利，那它们就会有更大的潜力，他也意识到在美国鼓励下殖民地经济的恢复会给美

---

①　他在1944年1月12日致科德尔·赫尔的备忘录中谈到伊朗的悲惨命运，那里99％的人为1％的人所奴役，“他们不拥有自己的土地，不能自己生产，也不能把产品换成钱或变成财产。”他接着说：“有一个想法使我很激动，就是以伊朗为例，说明无私的美国政策会怎样对待。”此后不久，他给赫尔写信说，他认为印度支那应该独立，而不应该交还法国。“法国占据这个国家及其三千万人口已经近一百年，而这一地区人民的生活比刚开始被占领时更为糟糕。”

国贸易发展带来好处的种种可能性。埃利奥特·罗斯福绘声绘色地谈到罗斯福总统当着丘吉尔的面要求摩洛哥苏丹为美国公司提供特许权，他还向蒋介石做出许诺，如果蒋能与共产党达成妥协，并使政府民主化，他将支持蒋结束西方帝国在香港、上海及广州的特殊权益。

罗斯福似乎相信，可以用开明而仁慈的美国渗透取代旧的殖民主义国家的残酷的帝国主义掠夺，而这无论对当地人民还是对美国商业都是有利的。[①] 他认为英国和德国的银行家们把世界贸易“牢牢地装在自己的口袋里的时间太久了”，这对美国是不利的。他争辩说：“各国人民间的平等就会导致完全自由地进行竞争贸易”，呼吁丘吉尔为“健康的竞争”开放市场，并废除各种英帝国贸易协定。[②]

350 所有这一切似乎都富有特色——非常同情受压迫的殖民地、开明和提供福利的理想以及为促进美国利益的老谋深算。正如商会的全国复兴法的主张外表套用了自由主义社会计划者的语言但也使工人阶级最为困苦的阶层获得利益一样，美国对世界市场新的征服也完全可以在国际繁荣的旗帜下进行。

---

① 19世纪，英国曾在拉丁美洲、南欧和东欧扮演过这种角色，支持受压迫各国人民的民族主义和独立运动，并从其他帝国的瓦解中获得贸易利益。

② 罗斯福对于战后英国经济问题并非漠不关心。他对于保持英国出口市场十分关切，不过觉得应以牺牲德国为代价。他的压倒一切的想法是英国经济的命运应与德国经济的命运成反比。虽然他在私下里驳斥了这样一种意见，即魁北克会议上有人认为的应将德国变为“农业国和牧区”，但他的确认为战后对德国经济的控制，应设法使其为英国带来利益。决不允许德国出口一天天增加，生产军备的能力再一次形成，而大英帝国却崩溃下去。他给赫尔写信说：“目前形势中最为重要的问题是要防止在战争结束时英国完全破产。”

罗斯福在世的时候，美苏关系会发展到多么严重的程度还不如现在这么明显，因此他在这方面的认识也不那么明确。1940年2月苏芬战争期间，他曾说过，俄国“如一切有勇气面对现实的人们所知道的，是一个独裁专制的国家，其独裁程度不亚于世界上任何一个独裁专制的国家”。然而当在德黑兰遇到这位独裁者时，却发现他“感人至深”。他对埃利奥特说：“我们肯定会相处得很好。”后来他又说他喜欢和斯大林一起工作，因为他讲话“并不是很狡猾”。他似乎也认为他已经使斯大林认识到美国并未和英国组成一个联盟来反对苏联。他对海军中将麦金泰尔说，“如果我能使他相信我们提出合作是在公平的基础上的合作，我们希望成为战友而不是敌人，我相信他会参加进来的。”如果说罗斯福曾拟订了对付侵略成性的苏联帝国主义的具体战略的话，那至今尚未公之于世。罗斯福去世的时候，“冷战”的格局才刚刚开始出现。他肯定没有什么神机妙算可与苏联相处。詹姆斯·F.贝尔纳斯煞费苦心公开批评“我们与苏联的关系只是在他死后才恶化起来的说法”，透露说斯大林曾指控英美联盟在1945年春天单独与德国进 351
行了秘密的和约谈判，而当他对罗斯福的否认是否属实表示怀疑时，罗斯福非常生气。罗斯福在逝世那一天曾给丘吉尔发去一个电文，劝他在对下院的演说中把“一般性的苏联问题”放在尽量次要的位置。他还补充说：“然而我们必须坚定，迄今我们的路线是正确的。”

罗斯福在他生命的最后一年中制订了一项雄心勃勃的行动计划——引导美国逐步实现全面开工生产和充分就业，保持在私人

企业制度下实现一揽子的经济权利法案，扩大美国的对外贸易，在英国和苏联之间及在中国和使它处于困境的列强之间起缓冲作用，瓦解各殖民主义大国，使殖民地受压迫者获得良好的卫生条件、正义和自由。这个内容像初期新政中的各项保证一样庞杂的综合计划，如果说罗斯福在世时已经是不大可行，那么在他去世后数年中则更是难以做到。1942 年至 1945 年的世界已经改变了，希望如此多变的一个政治家对今后的计划规划得很远是无益的。不折不扣地相信他的每一句话，而不把他的话仅仅看作是用夸张言词表达的意愿，将会是一个错误。人们没有多少理由把他的话看成指导他的计划行动的原原本本的准则，就像人们没有理由指望他实现他 1932 年作出的两项保证，既平衡预算又给失业工人以足够的救济一样。

与在韬略方面胜他一筹的威尔逊相比，罗斯福是一个更灵活、更聪明的政治家，但却不那么严肃认真，不那么深思熟虑，也不那么负责任。就我们所知，罗斯福在国际会议上与斯大林和丘吉尔会谈时的所作所为，如果说取得的实际结果不比威尔逊参加凡尔赛会议差，那么从道德的角度看却不如了。很难想象威尔逊会用该杀死多少纳粹分子的具体数字的玩笑来平息斯大林和丘吉尔关于将来如何处理抓获的纳粹分子的争论。同样也很难设想罗斯福会像威尔逊对弗兰克·科布说的那样，表达出对于战争给国内人民带来的各种后果的深刻理解，或者罗斯福在雅尔塔或德黑兰会
352 议上会像威尔逊在巴黎和会上那样为了弄清问题的细节，为了思想的坚定不移及道义的责任而竭力争辩。

然而罗斯福的声望仍将会高过威尔逊，其中重要的原因是他

去世的时候各种情况对他都很有利。威尔逊去世时,失败已成定局,载入史册;罗斯福逝世时却处于形势发展当中,以至于那些崇拜他的人仍然可能相信,如果他能活更长一些时间,把战后世界引上正轨,那么一切都会变个样子。另外,对美国的前途缺乏信心,又没有明确的思想指导,就愈发使人们崇信伟大人物的神奇力量。在美国任何自由主义复兴运动的神话中,罗斯福肯定会是压倒一切的形象。他的著作中有大量的论题可供善意的人们引用;但是,如果一味满足于个人仁慈、个人安排,充分的良好的意愿和一个月一个月的临时安排,而不去试图对世界上正在发生的事情有一个更全面更系统的理解,那就会产生极其危险的结果。

参考书目说明

本书目说明不是要详细开列出所有这方面的文献或我参考过的所有资料。然而其中的确包括我所引用的事实的主要出处以及直接影响我看法的著作。

第一章　开国先辈

关于制定宪法的文献卷帙浩繁，Max Farrand 所编 *The Records of the Federal Convention*（4 volumes，New Haven，1911—37）是不可缺少的参考文件。Arthur T. Prescott 在 *The Framing of the Constitution*（Baton Rouge，1941）一书中对会议程序记录按议题进行安排，是一部极为有益的作品。Jonathan Elliot 的 *Debates*（5 volumes，Washington，1836—45）一书完整地收集了关于批准宪法问题的辩论情况。Charles Warren 的 *The Making of the Constitution*（Boston，1928）中有大量的原始材料，多以信件形式出现，但由于本书的辩解的口吻而使观点受到影响。Hamilton，Madison，and Jay 所著 *The Federalist* 已出了许多版本。John Adams 所著 *Defence of the Constitutions of Government of the United States of America* 与 *Discourses on Davila* 收在由 Charles F. Adams 编辑的约翰·亚当斯的 *Works*（Boston，1851）第四和第六卷中，所引用的致卡罗来纳的约翰·泰勒的信件及其他说明他社会主张的信件收在第六卷中。Adrienne Koch and William Peden 所著 *The Selected Writings of John and John Quincy Adams*（New York，1946）一书中的文献都是精心选择的。

在关于宪法制订者的第二手著作中，首先应推 Charles A. Beard 的名著 *An Economic Interpretation of the Constitution of the United States*（New York，1913）。我用的是 1935 年版本，其中有 Beard 教授所写的一篇导言。他的关于同一问题的另一部著作 *The Republic*（New York，1943）观点有不

同的侧重。J. Allen Smith 所著 *The Spirit of American Government*(New York,1907)对于宪法制订者的意图和政治观点有独到见解。Robert L. Schuyler 在 *The Constitution of the United States*(New York,1923)一书中,令人信服地阐明了会议代表们相同的观点比需要妥协的不同观点要多得多。

V. L. Parrington 在 *Main Currents in American Thought*(New York,1927)一书第一卷中对于就宪法引起辩论的各种思想的阐述巧妙而又内容丰富。Merle Curti 所著 *The Growth of American Thought*(New York,1943)一书在把思想争论与社会处境联系起来方面极有价值。Charles A. Beard 和 Mary R. Beard 夫妇合著的 *The American Spirit*(New York,1943)一书着重叙述了启蒙思想家们的保守思想。George H. Sabine 在其所著 *A History of Political Theory*(New York,1937)一书中对 17 世纪和 18 世纪政治思想的论述引起我极大的兴趣,我还参考了 William S. Carpenter 所著 *Development of American Political Thought*(Princeton,1930)。Carl Becker 所著的两部可喜的著作 *The Declaration of Independence*(New York,1922,1942)和 *The Heavenly City of the Eighteenth Century Philosophers*(New Haven,1932)对于理解 18 世纪的思想家们提供了非常有益的指导。

Conyers Read 所编 *The Constitution Reconsidered*(New York,1938)一书中有许多关于宪法的思想背景的有价值的论文,特别是 Stanley Pargellis, R. M. Maclver, Gaetano Salvemini 和 Roland Bainton 的文章,对我特别有帮助。Walton Hamilton 和 Douglass Adair 合著的 *The Power to Govern*(New York,1937)一书中着重论述了开国元勋们的商业经济思想。关于对开国元勋们政治主张产生影响的外国思想的资料,可参阅 Paul Spurlin 所著 *Montesquieu in America, 1760—1801*(Baton Rouge,1940)和 Archibald Cary Coolidge 富有启发意义的论文 *Theoretical and Foreign Elements in the Formation of the American Constitution*(Freiburg,1892)。从 Joseph Dorfman 所著 *The Economic Mind in American Civilization*(2 volumes, New York,1946)一书第一卷的几章中,我也受益良多。H. F. Russell Smith 所著 *Harrington and His Oceana*(Cambridge,1914)很有价值。Correa M. Walsh 所著 *The Political Science of John Adams*(New York,1915)是一份很详尽的研究成果。Charles A. Beard 的 *Economic Origins of Jeffersonian Democracy*

(New York,1915)一书的第11章虽然很短,但对亚当斯的思想作了非常明确的叙述。Rexford Guy Tugwell 和 Joseph Dorfman 的两篇文章"Alexander Hamilton, Nation Maker," *Columbia University Quarterly*, December 1937 and March 1938,以简短的篇幅叙述了丰富的内容。Harold W. Bradley 的"The Political Thinking of George Washington," *Journal of Southern History*, Vol. XI(November 1945), pp. 469—86,所做的分析简明而中肯。

关于邦联时期的一般历史性著作,Allan Nevins 所著 *The American States during and after the Revolution 1775—1789*(New York,1924)极为详细地叙述了各州内部事务。E. B. Greene 所著 *The Revolutionary Generation*(New York,1943)一书中有一些背景材料。Merrill Jensen 所著 *The Articles of Confederation*(Madison,1940)是一部很好的研究著作。Curtis Nettels 关于美国殖民地时期的著名历史著作 *The Roots of American Civilization*(New York,1938),以其透彻的理解使我更清楚地了解了这一时期的较大范围的历史背景。Louise B. Dunbar 所著 *A Study of "Monarchical" Tendencies in the United States from 1776 to 1801*(Urbana,1922)具有很大参考价值。

关于麦迪逊的最好的传记要数 Gaillard Hunt 的 *Life of James Madison*(New York,1902),但 Irving Brant 又写了一部更新的著作,前两卷已出版。Gilbert Chinard 的 *Honest John Adams*(Boston,1933)很有价值,但仍有待于编写一本最有权威的传记。参看 James Truslow Adams 的 *The Adams Family*(Boston,1930)。Frank Monaghan 的 *John Jay*(New York, and Indianapolis,1935)中载有杰伊的大量格言。

我发现在理解宪法制订的思想背景方面,下列经典著作特别有益:Aristotle 的 *Politics*,特别是第三卷第8章,第四卷第11、12章;Montesquieu 的 *Spirit of Laws*,特别是第11卷;Harrington 的 *Oceana*,Locke 的 *Of Civil Government*;Hobbes 的 *Leviathan*。

第二章　托马斯·杰斐逊

杰斐逊著作的各种版本没有一本是完整的。我使用的是 Paul L. Ford (10 volumes, New York,1892—9)的版本。Saul Padover 的 *The Complete*

Jefferson(New York,1943)中有杰斐逊的全部系统著作,但只有为数不多的几封信。Adrienne Koch 和 William Peden 编的 *The Life and Selected Writings of Thomas Jefferson*(New York,1944)中选了不少重要的信件。Bernard Mayo 的 *Jefferson Himself*(Boston,1942)一书从各种著作中选材,以年代为顺序,编了一本完整的杰斐逊自传,这本书特别有益。参看 Paul Wilstach 编的 *Correspondence of John Adams and Thomas Jefferson*(Indianapolis,1925)和 Dumas Malone 编的 *Correspondence between Thomas Jefferson and Du Pont de Nemours*(Boston and New York,1930)。

Henry S. Randall 的 *The Life of Thomas Jefferson*(3 volumes,New York,1858)是一本经典传记,其他传记作者经常参考这部著作。但仍有待出现一部现代人写的完整而全面的传记。Gilbert Chinard 的 *Thomas Jefferson, the Apostle of Americanism*(Boston,1929)是多年细心而独到的研究成果,在现代研究著作中是出类拔萃的。Albert Jay Nock 的 *Jefferson*(New York,1926)是一篇优秀的传记文章,风格优美,分析透彻。他对杰斐逊理解之深,没有什么人奢想会超过他,特别是在一篇短短的文章中。Marie Kimball 的 *Jefferson, the Road to Glory*(New York,1943)叙述了杰斐逊早年的生平,对于他在弗吉尼亚的改革的意义,也做了一些不拘一格的评论。关于杰斐逊 1784 年以前的生平的作品,最好的要数 Dumas Malone 的 *Jefferson the Virginian*(Boston,1948)。

最能说明杰斐逊时期美国政治情况的作品是 Charles A. Beard 的 *Economic Origins of Jeffersonian Democracy*(New York,1915),而且像论及这一时期的其他人一样,这本书使我特别受益。Claude Bowers 的 *Jefferson and Hamilton*(Boston and New York,1933)和 *Jefferson in Power*(Boston,1936)具有党派倾向,但有参考价值。C. M. Wiltse 的 *The Jeffersonian Tradition in American Democracy*(Chapel Hill,1935)对各种思潮进行了令人兴奋的讨论。Adrienne Koch 的 *The Philosophy of Thomas Jefferson*(New York,1943)对杰斐逊在理论上的兴趣进行了深入的研究。关于杰斐逊与古代人文科学,可参阅 Karl Lehmann 的 *Thomas Jefferson, American Humanist*(New York,1947)。Roy Honeywell 的 *The Educational Work of Thomas Jefferson*(Cambridge, 1931)和 Frank L. Mott 的 *Jefferson and the Press*(Baton

Rouge,1943)研究了杰斐逊民主与制度上的两个方面。Henry Steele Commager 的 *Majority Rule and Minority Rights*(New York,1943)研究杰斐逊对司法的态度及定期修改宪法的信念。

关于从世界史的角度看杰斐逊的自由主义,Harold J.Laski 的 *Rise of European Liberalism*(London,1936),当然还有 Carl Becker 的 *The Declaration of Independence*(New York,1922,1942)使我受益匪浅。至于杰斐逊的经济观点,Joseph Dorfman 在 *The Economic Mind in American Civilization* 一书中的论文是很有价值的。研究杰斐逊和重农主义者,可参阅 Gilbert Chinard 在其 *The Correspondence of Jefferson and Du Pont de Nemours*(Baltimore,1931)一书中的导言及 Richard Hofstadter 的"Parrington and the Jeffersonian Tradition,"一文[载于 *Journal of the History of Ideas*, Vol. II (October 1941),pp. 391—400]。Charles D. Hazen 的 *Contemporary American Opinion of the French Revolution*(Baltimore,1897)一书中对杰斐逊在法国的情况,叙述得很有见地。卡罗来纳的 John Taylor 写的一些著作对了解杰斐逊民主很有价值,要了解这位作者,可参阅 Eugene T. Mudge 的 *The Social Philosophy of John Taylor of Caroline*(New York,1939)及他本人的著作,特别是 *Arator*(Georgetown,1814)和 *Inquiry into the Principles and Policy of the Government of the United States*(Fredericksburg,1814)。参阅 H. H. Simms 的 *Life of John Iaylor*(Richmond,1932)。Manning J. Dauer 和 Hans Hammond 在"John Taylor:Democrat or Aristocrat?"一文[载于 *Journal of Politics*, Vol. VI(November 1944),pp. 381—403]中对这一问题的观点与本章的主旨是近似的。A. Whitney Griswold:"The Agrarian Democracy of Thomas Jefferson,"一文[载于 *American Political Science Review*, Vol. XL(August 1946),pp. 657—81]在从历史角度分析杰斐逊方面取得很大成功。

关于杰斐逊的当地地方环境,Charles H. Ambler 的 *Sectionalism in Virginia from 1776 to 1861*(Chicago,1910)很有参考价值,同样有价值的还有 H. J. Eckenrode:*The Revolution in Virginia*(Boston and New York,1916)。Clarence R. Keim 的 *The Influence of Primogeniture and Entail in the Development of Virginia* 是 1926 年在芝加哥大学时未发表的博士论文,有助于从

正确的角度理解弗吉尼亚的改革。Henry Adams 所著 *History of the United States of America*(9 volumes,New York,1889—98)有许多精辟的见解。Albert J. Beveridge 的 *Life of John Marshall*(4 volumes,Boston and New York,1916—19)中有大量的材料,但是从对材料的观点来看,却是宣传联邦观点的小册子。Louis M. Sears 的 *Jefferson and the Embargo*(Durham,1927)竭力为命运不妙的试验辩护。Julius W. Pratt 的 *Expansionists of 1812*(New York,1925)以传统方式叙述了共和党鹰派的目的。关于共和党政府颁发成立第二国民银行特许状的情况原委,参阅 Ralph H. C. Catterall:*The Second Bank of the United States*(Chicago,1903),chapter 1.

第三章　安德鲁·杰克逊

关于杰克逊的最重要的资料是 John Spencer Bassett 编辑的 *Correspondence of Andrew Jackson*(6 volumes,Washington,1926－33),还有由 J. D. Richardson 编辑的 *Message and Papers of the Presidents*(Washington,1896),Vols. Ⅱ and Ⅲ。James Parton 过去的研究资料 *A Life of Andrew Jackson*(3 volumes,New York,1859－60)是以与同时代人的通信和面谈记录为根据的。关于杰克逊的传记,我一般参考 John Spencer Bassett 在较近期内写的一本具有批判观点的著作:*Life of Andrew Jackson*(2 volumes,New York,1928)。参阅 Marquis James 写的 *The Life of Andrew Jackson*(2 volumes,Indianapolis,1938)。William Graham Sumner 过去所著的 *Andrew Jackson*(Boston,1882)对于财政问题有特别见长的论述。Thomas Perkins Abernethy 在 *From Frontier to Plantation in Tennessee*(Chapel Hill,1932)以及在 *Dictionary of American Biography* 中对杰克逊的刻画,是研究杰克逊在田纳西州的情况必定要参考的著作,但作者对他描写的对象过于敌视。Abernethy 教授对于杰克逊虚假的民主持激烈的批评态度。Arda Walker 在"Andrew Jackson:Frontier Democrat,"一文[载于 East Tennessee Historical Society *Publications* No. 18(1946),pp. 59－86]中持相反的观点;尽管她得出的结论值得怀疑,但她对于一些根据的评论很有参考价值。

关于边疆、边疆开拓者,以及关于整个杰克逊时期,我和所有研究美国史的人们都受益于 Frederick Jackson Turner 的著作,特别是 *The Frontier in*

American History(New York,1921),*The Rise of the New West*(New York,1906),and *The United States*, *1830 — 1850*(New York,1935)。W.J.Cash的才气焕发的 *The Mind of the South*(New York,1941)很有启发意义。关于杰克逊时期初期背景情况,我受益于下列著作:Carl Russell Fish:*The Rise of the Common Man*(New York,1927),John Krout 和 Dixon Ryan Fox:*The Completion of Independence*(New York,1944),Wilfred E. Binkley:*American Political Parties*(New York,1943),Kirk Porter:*A History of Suffrage in the United States*(Chicago,1918),W.E.Stanwood:*A History of Presidential Elections*(Boston,1884),Dixon Ryan Fox:*The Decline of Aristocracy in the Politics of New York*(New York,1919),以及 Samuel Rezneck:"The Depression of 1819—22,A Social History,"[载于 *American Historical Review*,Vol XXXIX(October 1933),pp.28—47]。Herman Hailperin 所著"Pro-Jackson Sentiment in Pennsylvania,"一文[载于 *Pennsylvania Magazine of History and Biography*,Vol.L(July 1926),pp.193—238]专门研究了杰克逊的根据地中支持杰克逊运动兴起的过程。M.Ostrogorski 在他的经典著作 *Democracy and the Organization of Political Parties*(New York,1902),Vol.Ⅱ,chapters i—ii 中以敏锐的观察力追述了政治技术和政治人事方面的变革,我认为这种变革是杰克逊民主的本质。参阅 Carl Russell Fish:*The Civil Service and the Patronage*(New York,1905)。然而,已故的 E.M.Eriksson 的重要论文"The Federal Civil Service under President Jackson,"[载于 *Mississippi Valley Historical Review*,Vol.XlII(March 1927),pp.517—40]断然驳斥了这样一种指控,即杰克逊在某种特殊的意义上讲是全国范围政党分肥制度的创始者。他的研究得出了相反的意见,即特别是考虑到使杰克逊当选总统的种种条件,他在更换国家官员方面的做法还是非常克制的。关于与此有关的政党干部会议的衰落,除上述 Ostrogorski 的著作外,还可参阅 Frederick Dallinger:*Nominations for Elective Office in the United States*(New York,1897)和 C.S.Thompson 的短著 *The Rise and Fall of the Congressional Caucus*(New Haven,1902)。详细说明使杰克逊当选总统的重要运动的著作有 Florence Weston:*The Presidential Election of 1828*(Washington,1938)和 Culver H. Smith:"Propaganda Technique in the Jackson Campaign of

1828,"一文[载于 East Tennessee Historical Society *Publications* No.6 (1934),pp.44—66]。关于对杰克逊某些政治手段的讽刺的论述,参阅 Richard R.Stenberg:"Jackson,Buchanan,and the'Corrupt Bargain'Calumny,"一文[载于 *Pensylvania Magazine of History and Biography*, Vol.LVIII (January 1934),pp.61—85]。

Arthur M.Schlesinger,Jr.的 *The Age of Jackson*(Boston,1945)是一部重要参考著作,除有其他优点外,还在纠正 Turner 对西部的过分强调上很有价值。参阅 Bray Hammond 的评论中对 Schlesinger 非常有见地的批评,见 *Journal of Economic History*, Vol.VI(May 1946),pp.79—84,其中对这时期重要意义的看法与我本人的观点很接近。William E.Dodd 的 *Expansion and Conflict*(Boston,1915)一书,某些部分分析很深刻。John C.Fitzpatrick 所编 *The Auto biography of Martin Van Buren*(Washington,1920)和 Thomas Hart Benton 的 *Thirty Years View*(2 volumes,New York,1854—6)也是很有参考价值的资料。

Ralph C.H.Catterall: *The Second Bank of the United States*(Chicago, 1903)仍是关于银行和银行战的必不可少的资料。Bray Hammond 所著"Jackson,Biddle,and the Bank of the United States,"一文[载于 *Journal of Economic History*, Vol.VII(May 1947),pp.1—23]为比德尔辩护,并未忽视这位银行家的缺陷,但更为重要的是,文章对于有关银行的争论,作出了就我所知最明智、最公平的估价,而且对于我不得不放弃讨论的某些问题的复杂性,文章也作出了公正的评论。也许从杰克逊派的角度看对于这场争论最好的评论是 Carl Brent Swisher 的佳作 *Roger B.Taney*(New York,1935)。我所引用的比德尔的引语全部引自 Reginald C.McGrane 编集的非常有价值的 *The Correspondence of Nicholas Biddle*(Boston,1919)。参阅 McGrane 的 *The Panic of 1837*(Chicago,1924)。关于竞选运动中的银行问题,参阅 S.R. Gammon,Jr.: *The Presidential Campaign of 1832*(Baltimore,1922)和 Glyndon G.Van Deusen: *The Life of Henry Clay*(Boston,1937)。Harry E.Miller 的学术性很强的著作 *Banking Theories in the United States before 1860* (Cambridge,1927)中分析了杰克逊关于钞票的立场的局限性以及发行钞票的功能与贴现和储蓄的功能之间的区别原因。M.Grace Madeleine 女士的

Monetary and Banking Theories of Jacksonian Democracy (Philadelphia, 1943)把冒险银行业看作是美国自由资本主义历史的一个阶段。关于反对银行的资料,见 William E. Smith 的 *The Francis Preston Blair Family in Politics*, Vol. I(New York, 1933)。St. George L. Sioussat 的"Some Phases of Tennessee Politics in the Jackson Period,"一文[载于 *American Historical Review*, Vol. XIV(October 1908)]认为杰克逊关于银行的观点是根深蒂固的偏见,而不是地区经验中取得的结果。

关于主张硬货币政策的杰克逊派的观点,非常有参考价值的两本书是 Theodore Sedgwick, Jr. 编辑的 *A Collection of the Political Writings of William Leggett*(2 volumes, New York, 1840)和 William M. Gouge 的 *A Short History of Paper Money and Banking in the United States* (Philadelphia, 1833)。参阅 F. Byrdsall 的 *The History of the Loco-Foco or Equal Rights Party*(New York, 1842)。关于民主党分裂的一篇重要文章是 William Trimble 的"Diverging Tendencies in New York Democracy in the Period of the Locofocos,"载于 *American Historical Review*, Vol. XXIX(April 1919), pp. 398—421。同一作者还在"The Social Philosophy of the Locofoco Democracy,"一文[载于 *American Journal of Sociology*, Vol. XXVI(May 1921), pp. 705—15]中,把杰克逊运动的左翼看作是"新生的无产阶级主义",我认为这是不对的。纠正这种观点的著作,可参阅 Joseph Dorfman 讨论杰克逊民主的 *Economic Mind in American Civilization*, Vol. II 以及同一作者的文章:"The Jackson Wage-earner Thesis"。在 Richard Hofstadter 的"William Leggett, Spokesman of Jacksonian Democracy,"一文[载于 *Political Science Quarterly*, Vol XLVIII(December 1943), pp. 581—94]中也有相同的观点,而在 Walter Hugins 的 1947 年哥伦比亚大学未发表的硕士论文"Ely Moore, the Career of a Jacksonian Labor Leader"中则有富有说服力的证据。关于杰斐逊和杰克逊自由放任思想的连续性,参阅 Hofstadter 的"Parrington and the Jeffersonian Tradition"。

杰克逊时期经济发展和社会结构方面的著作很缺乏。Bray Hammond 的文章"Free Banks and Corporations: The New York Free Banking Act of 1838,"[载于 *Journal of Political Economy*, Vol. XLIV(April 1936)]是非常

有价值的。关于公司的一般历史研究探讨很少，但 William Miller 的文章"A Note on the History of Business Corporations in Pennsylvania,"[载于 *Quarterly Journal of Economics*, Vol. LV(November 1940), pp.150—60]无论作为参考文献还是从其他角度看都很有价值。Charles Haar 的"Legislative Regulation of New York Industrial Corporations, 1800－1850,"[载于 *New York History*, Vol. XXII(April 1941), pp. 191－207]强调了通过立法对工业类型的公司不断加强控制。Guy S. Callender 的"Early Transportation and Banking Enterprises of the States in Relation to the Growth of Corporations,"[载于 *Quarterly Journal of Economics*, Vol. XVII(November 1902), pp. 111－62]涉及许多领域。John R. Commons 等人所著 *History of Labour*, Vol. I 很有参考价值，但对劳工发展状况叙述并不明确。关于坦尼法院与财产权利及公司的关系，参考 Benujamin F. Wright 所著的 *The Contract Clause of the Constitution*(Cambridge, 1938), chapter iii 及第 12 章中具有分析的讨论。

第四章　约翰·C.卡尔霍恩

Calhoun's *Works*(New York, 1854)由他的朋友 Richard K. Crallé 编成 6 卷出版，有些很简短而且有时是不确切的评论。他的两篇正式的政治论著 *A Disquisition on Government* 和 *A Discourse on the Constitution and Government of the United States* 都是在他死后才发表的，均收在第一卷中。由 J. Franklin Jameson 所编的 *Correspondence of John C. Calhoun* (Washington, 1900)是必不可少的参考书目，其中有这个卡罗来纳州人的大部分信件及他所收到的许多信件。但他收到的信件更多地收在 Chauncey S. Boucher 和 R. P. Brooks 所编 *Correspondence Addressed to John C. Calhoun, 1837—1849* (Washington, 1930)。

William M. Meigs 所著 *The Life of John Caldwell Calhoun* (2 volumes, New York, 1917)虽有时稍嫌思想肤浅，但毕竟不失为一本资料最为丰富的传记。Gaillard Hunt 的 *John C. Calhoun* (Philadelphia, 1907)是一篇非常有趣的传记体短文。在 Hermann von Holst 的 *John C. Calhoun* (Boston, 1900)这篇充满敌意的文章中，有几处已为现代研究证明是过时的。Charles

M. Wiltse 的 *John C.Calhoun*:*Nationalist*, *1782—1828*(Indianapolis,1944)是最近唯一有学术价值的传记。我在几个问题上参考了 Wiltse 教授的文章,包括 1843 年授权出版的卡尔霍恩竞选传记是否由这一卡罗来纳人本人撰写这一有争议的问题,Meigs 和 Hunt 认为是由卡尔霍恩本人写的,而 Wiltse 教授则认为不是。Richard Current 所写的才气横溢的文章,即“John C. Calhoun, Philosopher of Reaction,”[载于 *Antioch Review*(Summer 1943),pp.223—34]是过去大约一代人的时间内唯一一个就卡尔霍恩的思想谈了一些新的看法的人。他在文章中非常突出地强调了我在文章中选来论述的有关卡尔霍恩的一些方面,对此,我非常感谢他。Gamaliel Bradford 所写的收在 *As God Made Them*(Boston,1929)中的关于这位卡罗来纳人的观察敏锐的文章,是卡尔霍恩最好的心理图像之一。William E. Dodd 在 *Statesmen of the Old South*(New York,1911)一文中的阐述很有启发性,虽然并不总是十分确切。

卡罗来纳州的背景情况,在下列著作中都有令人深受启发的论述:William A. Schaper 著的 *Sectionalism and Representation in South Carolina*(Washington,1901);C. S. Boucher 的“Sectionalism, Representation, and the Electoral Question in Ante-Bellum South Carolina,”[载于 Washington University *Studies*, Vol. IV(1916)],其中描写了卡尔霍恩强烈反对就地方问题进行煽动从而削弱该州与联邦关系的任何企图;Boucher 的“The Secession and Cooperation Movements in South Carolina, 1848 to 1852,”[ibid., Vol. V(1918)];John H. Wolfe 的 *Jeffersonian Democracy in South Carolina*(Chapel Hill,1940),以及 Philip M. Hamer 的 *The Secession Movement in South Carolina*, *1847—1852*(Allentown,1918)。关于国会法令废止权的运动的研究已到了极点了。与我们文章有关的是 Frederic Bancrott 的辛辣的小部头研究著作:*Calhoun and the South Carolina Nullification Movement*(Baltimore,1928)。参阅 David F. Houston 的 *A Critical Study of Nullification in South Carolina*(Cambridge,1896)和 C. S. Boucher 所著 *The Nullification Controversy in South Carolina*(Chicago,1916)。John G. Van Deusen 的 *Economic Bases of Disunion in South Carolina*(New York,1928)和 Rorbert R. Russel 的 *Economic Aspects of Southern Sectionalism*(Urbana,1924)

中严肃认真地记录了卡罗来纳州和南方当时经济困难的情况。参看 Van Deusen 所著 *The Ante-Bellum Southern Commercial Conventions*(Durham, 1926)。Herman V. Ames 所著"John C. Calhoun and the Secession Movement of 1850"一文[载于 American Antiquarian Society *Proceedings*, N.S., Vol. XXVIII(April 1918), pp. 19—50],是研究卡尔霍恩40年代后期恢复极其好战立场的一篇非常好的文章。

其他一些卡罗来纳人的传记对于正确研究卡尔霍恩也是很有帮助的。Laura A. White 的 *Robert Barnwell Rhett*(New York, 1931)是一部很有学术价值的专题论文,写的是一个经常希望比卡尔霍恩走的还要远的激进主义者。Lillian A. Kibler 的 *Benjamin F. Perry*(Durham, 1946)详尽研究了一个激烈地反对卡尔霍恩的工会主义者。Linda Rhea 的 *Hugh Swinton Legaré*(Chapel Hill, 1934)中写了查尔斯顿一位知识分子,他同卡尔霍恩持完全相反的观点,最后对卡尔霍恩痛加指责。Theodore D. Jervey 的 *Robert Y. Hayne and His Times*(New York, 1909)所详细描述的是位卡罗来纳人,他有时与卡尔霍恩一同拿起武器,但经常被卡尔霍恩惹恼。这篇作品特别有助于使人了解该州运输方面的问题及其与政治的关系。Elizabeth Merritt 所写的 *James H. Hammond*(Baltimore, 1923),本来是要为一个很有趣的人作传记,但结果令人失望。Dumas Malone 写了一篇很好的传记:*The Public Life of Thomas Cooper*(New Haven, 1926)。这本传记记述了一个对卡尔霍恩有影响的勇敢的南方思想家的生平。

William S. Jenkins 的 *Pro-Slavery Thought in the Old South*(Chapel Hill, 1935)分析冷静,没有想象的成分,是关于这一问题的最好的研究著作。Jess T. Carpenter 的 *The South as a Conscious Minority*(New York, 1930)追述了南方少数派的意见对于其政治理论的影响,其中充满富有启发性的材料。Clement Eaton 的 *Freedom of Thought in the Old South*(Durham, 1940)中有一章描写卡尔霍恩的影响,写得饶有风趣。Charles E. Merrian 写了一篇很好的文章"The Political Philosophy of John C. Calhoun",载于 *Studies in Southern History and Politics*(New York, 1914)。C. M. Wiltse 在"Calhoun and the Modern State"[载于 *Virginia Quarterly Review*, Vol. XIII (Summer 1937), pp. 396—408]中认为,如卡尔霍恩所指出的那样,由相互制

约的经济利益集团派出代表对于近代民主是必要的。William E. Dodd 所著"The Social Philosophy of the Old South"[载于 *American Journal of Sociology*, Vol. XXIII(May 1918), pp. 735—46]分析得很透彻。Wilfred Carsel 所著的"The Slaveholder's Indictment of Northern Wage Slavery"[载于 *Journal of Southern History*, Vol. VI(November 1940), pp. 504—20]表明卡尔霍恩对北方工业运动的批评在南方知识分子中是很流行的。

Arthur M. Schlesinger, Jr. 的 *The Age of Jackson* 一书中有不少很好的材料，说明了北方激进的民主分子对卡尔霍恩的态度。James H. Hammond 所著 *Speeches and Letters*(New York, 1866)包含有 Hammond 作的"出身低微的人"演说和以一种有趣的方式对卡尔霍恩进行的颂扬。C.S.Boucher 在"*In re* That Aggressive Slavocracy"[载于 *Mississippi Valley Historical Review*, Vol. VIII(June-September 1921), pp. 13—79]中提出一些貌似有理的观点，认为从 1835 年开始，南方基本上处于防守的地位，特别是在得克萨斯问题上和领土问题上。关于卡尔霍恩对得克萨斯问题表示不安的资料，参阅 E. D. Adams 的 *British Interests and Activities in Texas*(Baltimore, 1910)。另见 J. D. P. Fuller 的 *The Movement for the Acquisition of All Mexico*(Baltimore, 1936)。

第五章　亚伯拉罕·林肯

标准的林肯著作集是由 John G. Nicolay 和 John Hay 合编的 the *Complete Works of Abraham Lincoln*(2 volumes, New York, 1894)；我使用这本书较早的版本。但这两卷并不全，应以下列 4 本当作补充：Paul Angle: *New Letters and Papers of Lincoln*(Boston and New York, 1930)；Ida M. Tarbell: *The Life of Abraham Lincoln*(New York, 1900), Vol. II, Appendix；和 Gilbert A. Tracy: *Uncollected Letters of Abraham Lincoln*(Boston and New York, 1930),——我写作时参考了这 3 本书中的重要资料——第 4 本就是 *Lincoln Letters Hitherto Unpublished in the Library of Brown University and Other Providence Libraries*(Providence, 1927)，该书中主要是日常通信。林肯著作选集有许多，我使用的是 T. Harry William 编的一本，使我受益良多，书中有一篇很好的序文以及很有用的主要参考书目，这本书的名字是 *Selected*

Writings and Speeches of Abraham Lincoln(Chicago,1943)。

关于林肯传记,我参阅了 Nicolay 和 Hay 的巨著 *Abraham Lincoln:a History*(10 volumes,New York,1890),该书中有一种强烈的崇拜英雄的传统。我还非常受益于 Albert J. Beveridge 的两卷本的名著:*Abraham Lincoln*(Boston and New York,1928),书中叙述了到 1858 年为止的林肯的生平,而且比较好地把林肯置于历史背景之中,这是其他著作没有做到的。在 Claude Bowers 所著 *Beveridge and the Progressive Era*(Cambridge,1932)中有一些段落描述了 Beveridge 在解释林肯早期生平方面所作的努力,每个研究林肯的人都应该读一读。James G. Randall 的 *Lincoln the President:Springfield to Gettysburg*(2 volumes,New York,1945)是一本学术价值很高的著作。还是他写的 *Lincoln and the South*(Baton Rouge,1946)是一本非常不错的著作,他的 *Lincoln the Liberal Statesman*(New York,1947)中有一些令人深受启发的文章。我很喜欢 Carl Sandburg 的 *Abraham Lincoln:the Prairie Years*(2 volumes,New York,1926),但并未使用它,我使用但并不太欣赏的一本是有厚厚的 4 卷的 *The War Years*(New York,1939),这是一本关于林肯传说的巨著。我不清楚 Sandburg 先生用什么样的标准来区别真实事件和不可避免的大量传说,所以我使用他的著作时非常小心。L. Pierce Clark 的 *Lincoln,a Psychobiography*(New York,1933)中有一些深入的见解,但有时轻信材料,从整个来看是令人失望的。Lord Charnwood 的 *Abraham Lincoln*(New York,1917)非常值得一读,是人物研究短篇传记中写得最为深刻的一篇,Nathaniel Wright Stephenson 所写 *Lincoln*(Indianapolis,1922)对于内战年代的描写,比其他短篇传记较为充分。Edgar Lee Masters 的 *Lincoln the Man*(New York,1931)是关于林肯的著作中最吸引人的一部;不过本书对林肯没有友好的感情和怜悯之心,只是刻薄和恶意的攻击,把一些非常深刻的见解与恶劣的论断混杂在一起。

关于评价林肯必不可少的第一手材料,要参阅 William H. Herndon 和 Jesse Weik 的 *Herndon's Lincoln*,而且要看由 Paul M.Angle 编的一卷本(New York,1930)。后来 Emanuel Hertz 编在 *The Hidden Lincoln*(New York,1938)中的更多的披露事实的赫恩登信件为这一传记作了补充,这后一本书很有吸引力。但赫恩登的事实并不总是十分可靠。除其他事情外,他要对关于安·拉特利奇的令人伤感的夸张的故事和其他与林肯结婚情况有关的不那么令人伤感的夸大的事实负责。然而他对斯普林费尔德年代的林肯的评论都是非常中肯而诚实的。赫恩登为林肯提供了不少废奴和赞成保留奴隶制的文献,及其他一些思想理论素材。Joseph Fort Newton 的 *Lincoln and Herndon*(Cedar Rapids,1910)说明了这一点,其中有许多封帕克与赫恩登的通信,"民有、民治、民享"这一短语,是林肯从帕克那里引来的。关于菲茨休在林肯的思想策略形成中的作用,参阅 Harvey Wish 的 *George Fitzhugh*(New Orleans,1944)。林肯的严肃的传记作者遇到的某些困难,在 James G. Randall 一篇有趣的文章中谈得很清楚,这篇文章是:"Has the Lincoln Theme been Exhausted?"载于 *American Historical Review*, Vol. XLI (January 1936),pp. 270—94。

涉及具体方面的著作,有 William E. Baringer 的 *Lincoln's Rise to Power*(Boston,1937),这本书阐述了导致提名林肯为总统候选人的党内策略,但却忽略了经济和社会方面的力量。参阅 Baringer 写的 *A House Dividing* (Springfield,1945)。Arthur C. Cole 写的小册子:*Lincoln's "House Divided" Speech: Does It Reflect a Doctrine of Class Struggle?* (Chicago,1923)着重叙述了作为一个逻辑学家的林肯。Rufus Rockwell Wilson 写的 *What Lincoln Read*(Washington,1932)虽然很短,但读之有益。Reinhard Luthin 写的 *The First Lincoln Campaign*(Cambridge,1944)是关于 1860 年选举的一流的研究著作。Charles W. Ramsdell 在"Lincoln and Fort Sumter,"一文[载于 *Journal of Southern History*, Vol. III(August 1937),pp. 259—88]中以萨姆特堡事件为主题。John Shipley Tilley 在 *Lincoln Takes Command* (Chapel Hill,1941)一文中表达了同样的一般性的观点,但篇幅较长,而且不那么超脱。参阅 James G. Randall 对 Ramsdell 的温和回答:"When War Came in 1861,"[载于 *Abraham Lincoln Quarterly*, Vol. I(March 1940), pp. 3—42.]。Randall 说:"说林肯的意思是,如果放第一枪,那么第一枪要让对方放,这并不就意味着他故意促使对方放第一枪。"关于萨姆特堡危机,最为细心而且最清楚的评论是 Kenneth M. Stampp 的"Lincoln and the Strategy of Defense in the Crisis of 1861,"载于 *Journal of Southern History*, Vol. XI(August 1945),pp. 297—323。David M.Potter 写的 *Lincoln and*

His Party in the Secession Crisis(New Haven,1942)认为林肯推行了和平政策,但指责他不称职。关于林肯精明地使用党官职任命权来加强联邦的事业,参阅 Harry J. Carman 和 Reinhard Luthin 的 *Lincoln and the Patronage*(New York,1943)。James G. Randall 的 *Constitutional Problems under Lincoln*(New York,1926)中的内容比题目所表示的要多。T. Harry Williams 写的 *Lincoln and the Radicals*(Madison,1942)是一本重要的研究著作,但过分强调了军事方面,而挤掉了政治方面。Harry E. Pratt 的 *The Personal Finances of Abraham Lincoln*(Springfield,1943)趋于以更多的事实说明赫恩登的估计,即林肯"贪求的不是获得,但却贪求保持已有的东西"。

关于林肯时期的一般性的著作,我较多地参考了 James G. Randall 写的简史 *The Civil War and Reconstruction*(New York,1937),特别是其中关于内战策略和解放奴隶问题的章节。Carl Russel Fish 写的 *The American Civil War*(London and New York,1937)是一本分析深刻的书,很值得一读。Wood Gray 写的 *The Hidden Civil War*(New York,1942)对于北方同情南方之反对派的经济和社会根源和活动都做了非常有价值的阐述。George Fort Milton 写的关于 Douglas 的生平:*The Eve of Conflict*:*Stephen A. Douglas and the Needless War*(Boston,1934)是一本有学术价值的重要著作,有助于正确了解林肯。A. C. Cole 写的 *The Era of the Civil War* 1848—1870(Chicago,1922)是 *Centennial History of Illinois* 的第三卷,是对林肯的十分详细的研究,有助于了解林肯的政治和社会态度。Roy Basler 的 *The Lincoln Legend*(Boston,1935)是一本有参考价值的著作。

第六章 温德尔·菲利普斯

菲利普斯仅有的一本作品集是 *Speeches, Lectures, and Letters*(2 volumes, Boston,1894),但这本书不足以使人理解菲利普斯的生平,特别是最后一段时间。我采取的补救的办法是阅读 1860 年至 1875 年前后加里森办的报纸《解放者》报上所载的菲利普斯演说词,及其他与菲利普斯有关的报纸,如 the *National Anti-Slavery Standard*,1865 *to* 1870,和 the *Standard*, 1870 to 1871。其他的有关著作有 *Can Abolitionists Vote or Take Office under the United States Constitution*?(New York,1845),*Review of Lysander Spoo-*

ner's Essay on the Unconstitutionality of Slavery(Boston,1847)和 *The Constitution a Pro-Slavery Compact*(New York,1856)。他后来 3 个重要演讲都有单独的小册子,这 3 个演讲是 *Remarks of Wendell Phillips at the Mass-meeting of Workingmen in Faneuil Hall, November* 2.1865(Boston,1865), *The People Coming to Powerl*(Boston,1871), *Who Shall Rule US, Money or the People*?(Boston,1878)。

Carlos Martyn 写的优秀传记 *Wendell Phillips*(New York,1890)是很有价值的参考资料;Martyn 是他的朋友,很多有关菲利普斯私人的材料都极为宝贵。最好的一本传记是 Oscar Sherwin 1940 年在纽约大学写的一篇未发表的博士论文,题目是 Prophet of Liberty。参阅 G. L. Austin 的 *The Life and Times of Wendell Phillips*(Boston, 1893), Lorenzo Sears 的 *Wendell Phillips*(New York,1909)及 Charles Edward Russel 的 *The Story of Wendell Phillips*(New York,1914)。所有这些都对菲利普斯持赞赏的观点,V. L. Parrington 的收在 *Main Currents in American Thought*, Vol. III(New York, 1930)中的短文亦是如此。对菲利普斯持敌对观点的,可参阅关于蓄奴争论、内战及复兴问题任何一本最近写的标准的历史。

Gilbert Hobbs Barnes 所著 *The Antislavery Impulse*(New York,1933)研究了废奴主义者们理论上分歧的情况,对于估计威廉·劳埃德·加里森及其第一代追随者的地位具有特别重要的意义。这方面还可参阅 William Birney 的 *James G.Birney and His Times*(New York,1890)。Jesse Macy 所著的 *The Abolitionist Crusade*(New Haven,1919)和 Albert Bushnell Hart 的 *Slavery and Abolition*(New York,1900)都有参考价值。Dwight L. Dumond 的 *Antislavery Origins ofthe Civil War in the United States*(Ann Arbor,1938)从同情的角度重新估价了废奴主义者们的工作,其中几处使我深受启发。加里森的儿子的四卷巨著传记 *William Lloyd Garrison*(New York,1885—9)很有价值。Arthur Young Lloyd 的 *The Slavery Controversy, 1831—1860*(Chapel Hill,1939)在南方看来是有党派倾向的。由 G. H. Barnes 和 Dwight L. Dumond 编辑的 *Letters of Theodore Dwight Weld, Angelina Grimke Weld, and Sarah Grimke*(New York,1934)和 Dwight L. Dumond 所编 *Letters of James G. Birney*(New York,1938)是研究废奴主义者

们思想的很好的材料。菲利普斯的朋友和同时代人如 Emersou, Thoreau, Iheodore Parker, Samuel J. May 等人的日记、回忆录及传记等,可提供不少有趣的参考材料。第三部分第一段中菲利普斯的引语是从 John R. Commons 等人编的 *A Documentary History of American Industrial Society*, Vol. VII(Cleveland, 1910—11), pp.219—21 里摘来的。在 Commons 等人编的 *History of Labour in the United States*, Vol. II(New York, 1918)中有关于菲利普斯在劳工改革事业方面的重要资料。

第七章　赞成政党分肥制的人们

我发现下列著作对于研究内战之后政治和工业发展情况是很有帮助的: Louis M.Hacker 和 Benjamin B. Kendrick 的 *The United States since* 1865 (New York, 1939), Charles A. Beard 和 Mary R. Beard 的 *The Rise of American Civilization*(2 volumes, New York, 1933), Samuel Eliot Morison 和 Henry Steele Commager 合著的 *The Growth of the American Republic*, Vol. II(New York, 1942), Harold U. Faulkner 的 *American Political and Social History*(New York, 1945),以及 Thomas C. Cochran 和 William Miller 的 *The Age of Enterprise*(New York, 1942)。V. L. Parrington 的 *Main Currents in American Thought*, Vol. III. 一书中对于镀金时代的描述发人深省。美国社会生活史丛书中有三卷很有参考价值,这就是 Ida M. Tarbell 的 *The Nationalizing of Business*, *1878 — 1898* (New York, 1936), Arthur M. Schlesinger 的 *The Rise of the City*, *1878—1898*(NewYork, 1938)以及 Allan Nevins 的 *The Emergence of Modern America*, *1865 — 1878* (New York, 1927)。关于农场主们的状况参阅 Solon J. Buck 的 *The Granger Movement* (Cambridge, 1913), *The Agrarian Crusade*(New Haven, 1928),以及 John D. Hicks 的 *The Populist Revolt* (Minneapolis, 1931)。Henry David 的 *The Haymarket Affair*(New York, 1936)第一章关于工人的状况写得很好;参阅 Norman J. Ware 所写的 *The Labor Movement in the United States*, *1860—1895*(New York and London, 1929),和 John R. Commons 等人写的 *History of Labour in the United States*(New York, 1918), Vol. II。关于这一代人的简要情况, *Dictionary of American Biography*(21 volumes, New York, 1928—

44)是一本必不可少的参考书。

关于实业界人士的情况,我很受 Matthew Josephson 的 *The Robber Barons*(New York,1934)的启迪,也从 Gustavus Myers 所著 *A History of the Great American Fortunes*(3 volumes,Chicago,1910)的一些章节中得到启发。就工业家单个人的传记而论,Burton J. Hendrick 的 *The Life of Andrew Carnegie*(2 volumes,New York,1932)和 Allan Nevins 的 *John D. Rockefeller*(2 volumes,New York,1940)是最出色的。C. Wright Mills 的"The American Business Elite:a Collective Portrait",是 *Journal of Economic History*(December 1945)的补编第五卷,其中的统计资料研究非常有价值。商业文明的理论在下列著作的一些部分中阐述得很精辟:Cochran 和 Miller 的 *The Age of Enterprise* 中的第 6 章;Richard Hofstadter 所著 *Social Darwinism in American Thought, 1860 — 1915*(Philadelphia,1944)中开始的几章;Merle Curti 的 *The Growth of American Thought*(New York,1943)的第 25 章,以及 Ralph Gabriel 所著 *The Course of American Democratic Thought*(New York,1940)的第 13 章。

关于整个这一时期的政治情况,最好的作品要数 Matthew Josephson 的佳作:*The Politicos*(New York,1938)。Lord Bryce 的 *American Commonwealth*(3 volumes,London and New York,1888)是一部极好的评论性著作,*The Education of Henry Adams*(Boston and New York,1918)及 Henry Adams 关于华盛顿的作品 *Democracy*(New York,1880)中也有深刻的见解。关于主要政党,Wilfred Binkley 的 *American Political Parties*(New York,1943)是一部很有用的著作。研究共和党早期的领袖人物的策略,一本不可少的参考书是 Howard Beale 的 *The Critical Year*(New York,1930),Earle D. Ross 的 *The Liberal Republican Movement*(New York,1919)是关于 1872 年对于拒绝支持候选人事件的非常好的研究报告。有关格兰特的最好的传记是由 William B. Hesseltine 写的 *Ulysses S. Grant*(New York,1935),但 Allan Nevins 的 *Hamilton Fish*(New York,1936)对于研究格兰特政府有极大的参考价值。Charles R. Williams 等人编的 *Diary and Letters of Rutherford B. Hayes*(Columbus,1924)第三卷中有许多关于个人的重要的材料。Theodore Clarke Smith 的 *James A. Garfield, Lire and Letters*(2 volumes,

New Haven,1925)细节描写得很具体。Stewart Mitchell 的 *Horatio Seymour of New York*(Cambridge,1938)和 Alexander C. Flick 的 *Samuel Jones Tilden*(New York,1939)是关于民主党领袖的内容丰富的传记。

罗斯科·康克林的传记没有一本是令人满意的,但 Donald Barr Chidsey 的 *The Gentleman from New York*(New Haven,1935)有助于对其进行了解,Alfred R. Conkling 较早写的歌功颂德的作品 *The Life and Times of Roscoe Conkling*(New York,1889)中有很重要的材料。David Saville Muzzey 富有同情心的作品 *James G. Blaine*(New York,1934)是对 Plumed Knight 的最好的研究作品;Charles Edward Russell 的 *Blaine of Maine*(New York,1931)则批评较多。《纽约晚邮报》出版的两个小册子,*Mr. Blaine and the Little Rock and Fort Smith Railroad*(New York,1884)和 *Mr. Blaine's Railroad Transactions... Including All the Mulligan Letters*(New York,1884)很有意义。Blaine 的 *Political Discussions*(New York,1887)是一本他的重要演说的集子,*Twenty Years of Congress*(2 volumes,Norwich,1886)是一本内容丰富的著作。参阅 Harriet S. Blaine Beale 编的 *Letters of Mrs. James G. Blaine*(2 volumes,New York,1908)。

格罗弗·克利夫兰总统任内的全部文件收在 J. D. Richardson 编的 *Messages and Papers of the Presidents*(11 volumes,Washington,1898)第八和九卷中,但在 George F. Parker 的 *The Writings and Speeches of Grover Cleveland*(New York,1892)中有 1892 年前克利夫兰的各种文章、演说,极有参考价值。Allan Nevins 编的 *Letters of Grover Cleveland*(Boston and New York,1933)对于了解私人情况非常有益;本书中这一章的末尾,Nevins 教授对格罗弗·克利夫兰的概括描述就摘自于上述一书的导言。克利夫兰的 *Presidential Problems*(New York,1904)中有不少重要文章,对他任职总统各不同时期的活动进行了评价。克利夫兰的 *The Self-Made Man in American Life*(New York,1897),是研究他的社会价值观念的主要依据。最好的传记是 Allan Nevins 的 *Grover Clewland, a Study in Courage*(New York,1932),作者态度充满了同情。参阅 Robert McElroy 的 *Grover Cleveland*(2 volumes,New York,1923)。

第八章 威廉·詹宁斯·布赖恩

由于布赖恩的大部分收入要靠著作出版，所以他写了大量著作。他的*Memoirs*(Philadelphia，1925)是由他妻子在他逝世后完成的，其中有许多新披露的材料，但使用时需小心。*The First Battle*(Chicago，1896)基本上是竞选用的手册，但因其中包括布赖恩的重要演说，因而有参考价值。*The Second Battle*(Chicago，1900)是1900年竞选的手册，也有参考价值。布赖恩的*Speeches*(2 volumes，New York and London，1909)中有自他从事政治活动到1908年竞选为止的期间内的最主要的演说。*A Tale of Two Conventions*(New York，1912)是关于1912年全国大会的报纸上的报导，报纸是由布赖恩控制的。*Heart to Heart Appeals*(New York，1917)是一本宗教和政治演说集。*The Old World and Its Ways*(St. Louis，1907)是关于布赖恩1905到1906年周游世界的情况；其中有一小段与托尔斯泰会晤的情况，特别有意思。在*Letters to a Chinese Official*(New York，1906)中把中国(儒教)和美国(基督教)进行了对比，但没有得出什么惊人的结论。布赖恩的一些宗教作品，如*Famous Figures of the Old Testament*(New York，1923)，*Seven Questions in Dispute*(New York，1924)和*Christ and His Companions*(New York，1925)都是些沉闷无趣的作品，但是要研究布赖恩思想活动的人却不能忽视这些。在其中最重要的一篇，即*In His Image*(New York，1922)，布赖恩对一切形式的无宗教信仰行为，包括达尔文主义，都加以抨击。布赖恩的期刊汇编*Commoner*(1901—23)中载有许多在别处找不到的布赖恩的演说词，是研究布赖恩在某些场合的政治观点的最好的资料。

Paxton Hibben 的 *The Peerless Leader*(New York，1929)，因为 Hibben 突然去世而由 C. Hartley Grattan 完成，是布赖恩的最好的传记，我曾多次引用其中的提法。M. R. Werner 的 *Bryan*(New York，1929)虽稍简略，但仍有参考价值。Wayne C. Williams 的 *William Jennings Bryan*(New York 1936)从头到尾都为布赖恩辩护，但其中有些资料在别处是找不到的。参阅 Merle Curti 的 *Bryan and World Peace*(Northampton，1931)。

布赖恩同代人，如 Hanna，Altgeld，Cleveland，Champ Clark，David Houston，Wilson，Taft，Theodore Roosevelt，Robert M. La Follette，McAdoo

等人的传记和自传也有涉及布赖恩生平的零星资料，但未被布赖恩传记作者采用的资料却不很多。在 Charles Willis Thompson 的 *Presidents I Have Known and Two Near Presidents*（Indianapolis，1929），Oswald Garrison Villard 的 *Prophets，True and False*（New York，1928）和 Dixon Wecter 的 *The Hero in America*（New York，1941）中有一些有趣的评论和很好的材料。由 Leslie H. Allen 编辑的 *Bryan and Darrow at Dayton*（New York，1925）对于与布赖恩简朴的形而上学有关的斯科普斯诉讼案的重要部分大多作了描述。

关于布赖恩政治活动的背景，John D. Hicks 的 *The Populist Revolt*（Minneapolis，1931）是很有价值的。我也参阅了 Matthew Josephson 的 *The Politicos*（New York，1938）和 *The President Makers*（New York，1940），Allan Nevins 所著 *Grover Cleveland*（New York，1932）和 Harry Barnard 的 *Eagle Forgotten：A Life of John P. Altgeld*（Indianapolis，1938）。Samuel Flagg Bemis 的 *Latin American Policy of the United States*（New York，1943）赞同 Slig Adler 对于布赖恩的帝国主义概念的理解。关于第一次世界大战时期的中立态度，我参考了 Charles Callan Tansill 的 *America Goes to War*（Boston，1938）以及 Joseph V. Fuller 关于布赖恩的未签署的短文，后者收在 S. F. Bemis 编辑的 *American Secretaries of State and Their Diplomacy*（New York，1929）之中。

第九章　西奥多·罗斯福

我使用了由纪念罗斯福协会主持出版并由 Hermann Hagedorn 编辑的罗斯福的 Works 的国家版本，20 卷（New York，1926）。由 Henry Cabot Lodge 所编 *Selections from the Correspondence of Theodore Roosevelt and Henry Cabot Lodge，1884－1918*（2 volumes，New York，1925）是一部极有参考价值的著作。在 *Letters from Theodore Roosevelt to Anna Roosevelt Cowles，1870－1918*（New York，1924）一书中有一些重要部分可供参考。在 *Roosevelt Cyclopedia*（New York，1941）这一有益的著作中，可以找到罗斯福在许多问题上的观点。

Joseph Buklin Bishop 写的经由本人同意的传记 *Theodore Roosevelt and His Time*（2 volumes，New York，1920）被 N. W. Stephenson 教授称之为“西

奥多·罗斯福的隐匿地”，但其中不少部分选自罗斯福的信件。最好的一本传记是 Henry F. Pringle 的 *Theodore Roosevelt*（New York，1931），书中分析异常清晰，描述客观，而且具有批评的眼光。W. F. McCaleb 的 *Theodore Roosevelt*（New York，1931）稍为逊色，但也有一定参考价值。由 Corinne Roosevelt Robinson 写的 *My Brother*，*Theodore Roosevelt*（New York，1921）在一些问题上提供了很难了解到的材料。使我受益颇多的一本书是 Matthew Josephson 所著的 *The President Makers*（New York，1940），书中的分析十分精辟深刻。参阅 Lewis Einstein 的 *Roosevelt*，*His Mind in Action*（Boston，1930）。

关于罗斯福一些方面的研究著作，给我很大影响的有 Howard Hurwitz 的第一流的综合评述：*Theodore Roosevelt and Labor in New York State*（New York，1943）。Charles W. Stein 的 *The Third Term Tradition*（New York，1943）对于 1912 年的总统竞选，对于罗斯福的整个情况以及第三任期问题都写得很不错。Horald F. Gosnell 的 *Boss Platt and His New York Machine*（Chicago，1924）提供了不少有关罗斯福在纽约州进行政治活动的情况。Howard C. Hill 的 *Roosevelt and the Caribbean*（Chicago，1927）绝大部分是很宽容地看待罗斯福的政策。Dwight C. Miner 的 *The Fight for the Panama Route*（New York，1940）很详细地描写了巴拿马问题，有学术水平而且分析透彻。参看 Tyler Dennett 的 *Theodore Roosevelt and the Russo-Japanese War*（New York，1925）。Stuart Sherman 在 *Americans*（New York，1922）一书中有一篇文章中对这位义勇骑兵团的发起者进行了淋漓尽致的分析。J. C. Malin 在“Theodore Roosevelt and the Elections of 1884 and 1888”[载于 *Mississippi Valley Historical Review*，Vol. XIV（June 1927），pp. 23－38]中研究了罗斯福最初的政治上机会主义活动的教训，得出悲哀的结论说，在这早期阶段他很少关心公共道德的高尚标准，想得很多的都是“狭隘的夸大的民族主义，而他认为这只有在共和党政府领导之下才能实现”。George Mowry 在“Theodore Roosevelt and the Election of 1910”[载于 *Mississippi Valley Historical Review*，Vol. XXV（March 1939），pp. 523－34]中以大量事实论证了拉福莱特的观点，即 1910 年时罗斯福对于 1912 年的选举并未具奢望，而是着眼于 1916 年的总统选举，罗斯福的朋友 Charles G. Washburn 也

持这一观点，他在所著“Roosevelt and the 1912 Campaign”[载于 *Proceedings* of the Massachusetts Historical Society，Vol. LIX(May 1926)]中认为罗斯福并未事先早早就计划为当总统候选人而活动，而是临时突然来了一个180度的大转弯。George Mowry 的 *Theodore Roosevelt and the Progressive Movement*(Madison，1946)中有大量富有启发性的材料。对于罗斯福从1910年到逝世期间的政治活动作出了最恰当的评论，对于他的各种动机和冲动做了好像最有道理的猜测。N. W. Stephenson 在其所著“Roosevelt and the Stratification of Society”[载于 *Scripps College Papers* No. 3(1930)]中对这位政治战略家进行了现实主义的敏锐的分析。Earle D. Ross 的“Theodore Roosevelt and Agriculture”[载于 *Mississippi Valley Historical Review*，Vol. XIV(December 1927)，pp. 287—310]对于罗斯福的更为一般性的观点提出了一些有参考价值的看法。Russell Buchanan 的“Theodore Roosevelt and American Neutrality”[载于 *American Historical Review*，Vol. XXII(April 1923)，pp. 97—114]仔细地考察了罗斯福对于世界战争的态度。对于罗斯福在历史上的作用，有两本持批评意见的著作，一本是 John H. Thornton 写的 *The Marcus W. Jernegan Essays in American Historiography*(Chicago，1937)，另一本是 Raymond C. Miller 写的 *Medieval and Historiographical Essays in Honor of James Westfall Thompson*(Chicago，1938)。关于罗斯福1910年至1912年改变态度的背景可参阅当时对他的思想有影响的两本书：Herbert Croly 的 *The Promise of American Life*(New York，1909)和 Charles R. Van Hise 的 *Concentration and Control*(New York，1912)。在 George W. Perkings 的小册子 *The Sherman Law* 中，罗斯福与珀金斯在托拉斯问题上的观点一致看得极其清楚。Harold L. Ickes 的“Who Killed the Progressive Party?”[载于 *American Historical Review*，Vol. XLVI(January 1941)，pp. 306—37]一文中过多地指责珀金斯，而对罗斯福的责任却一带而过，但也不得不承认，珀金斯在进步党内与其身份不相称的影响要起源于这样一个事实，即该党“是西奥多·罗斯福的政治工具”。

同时代人的传记对于研究罗斯福很有帮助。N. W. Stephenson 的 *Nelson W. Aldrich*(New York，1930)极其清楚地揭示了罗斯福与参议院内保守分子的关系。Thomas Beer 的 *Hanna*(New York，1929)中有一些非常宝贵的轶事。参阅 Herbert Croly 的 *Marcus A. Hanna*（New York，1912）。Claude Bowers 的 *Beveridge and the Progressive Era*（Cambridge，1932）对于进步党的命运描述得非常出色。Henry F. Pringle 的 *The Life and Times of William Howard Taft*（2 volumes，New York，1939），Tyler Dennett 的 *John Hay*（New York，1933）以及 Henry Adams 的 *Education of Henry Adams* 中都对罗斯福持批评态度，而 M. La Follette 的 *La Follette's Autobiography*（Madison，1913）更对罗斯福恨之入骨。关于专门报导丑闻者的情况，可参阅 Ray Stannard Baker 的有关评论：*American Chronicle*（New York，1945）Lincoln Steffens 的 *Autobiography*（2 volumes，New York，1931）和 Ella Winter 及 Granville Hicks 编辑的 *The Correspondence of Lincoln Steffens*（2 volumes，New York，1938）。参阅 Phillip C. Jessup 的 *Elihu Root*（2 volumes，New York，1938），那里有很了解罗斯福的一位保守朋友的观点。Karl Schriftgiesser 的洛奇传记 *The Gentleman from Massachusetts*（New York，1945）中有一些值得参考的观点。

关于罗斯福的时代，我参阅了下列著作而很有收获：Walter Millis 的 *The Martial Spirit*（Boston，1931），John Chamberlain 的 *Farewell to Reform*（New York，1932），Louis Filler 的 *Crusaders for American Liberalism*（New York，1940），以及 Underwood Faulkner 的 *The Quest for Social Justice*（New York，1931）。

第十章　伍德罗·威尔逊

伍德罗·威尔逊发表的著作收集在 Ray Stannard Baker 和 William E. Dodd 共同编辑的 *The Public Papers of Woodrow Wilson*（6 volumes，New York，1925—7）。*The New Freedom*（New York，1913）中收集了 1912 年竞选运动的演说，值得一读，而且很重要。其他的著作中，*Congressional Government*（Boston，1885）是相当重要的；*The State*（Boston，1889）是一本枯燥的概述。*Constitutional Government in the United States*（New York，1908）代表了他关于美国政治的成熟的观点。参阅 *Division and Reunion*（New York，1893），*An Old Master*（New York，1893），*Mere Literature and Other Essays*（New York，1896），及 *A History of the American People*（6 volumes，

New York,1902)。

威尔逊内容最全面的传记,是 Stannard Baker 写的 *Woodrow Wilson, Life and Letters*(8 volumes,New York,1927—39)里面有不带偏见挑选的威尔逊的一些信件,比多数威尔逊本人同意出版的传记都更挑剔、更客观一些。参阅 Baker 的 *American Chronicle*(New York,1945)。Arthur S. Link 的 *Wilson, the Road to the White House*(Princeton,1947)是一部新的学术性很强的著作的第一卷,分析深刻,对于威尔逊 1912 年前的政治生涯作出了公正的估价。C. F. Bell 的 *Woodrow Wilson and the People*(New York,1945)是一部简明的私人研究作品,充满了同情。威尔逊的秘书 Joseph Patrick Tumulty 的 *Woodrow Wilson as I Know Him*(New York,1921)是一部很说明问题的资料来源,但并不总是十分可靠。威尔逊新泽西州的一位朋友 James Kerney 写的 *The Political Education of Woodrow Wilson*(New York,1926)是一部观察很深刻的研究性著作,至今仍是研究威尔逊的最好的著作之一;本章第五节引用的乔治·雷科德的信就引自这本书。关于新泽西州的进步党人,参阅 Ransom E. Noble 的优秀作品 *New Jersey Progressivism before Wilson*(Princeton,1946)。在 Charles Seymour 编辑的 *The Intimate Papers of Colonel House*(4 volumes,Boston and New York,1926)具有特别宝贵的资料。Gerald W. Johnson 编辑的 *Woodrow Wilson as the Camera Saw Him*(New York,1944)中的照片能唤起人们的回忆。

关于威尔逊的一些具体方面的研究,William Diamond 的 *The Economic Thought of Woodrow Wilson*(Baltimore,1943)一书研究比较透彻,阐述十分出色。我从中受益良多,非常感激。Walter Lippmann 所著的 *Drift and Mastery*(New York,1914)是从自由社会主义者的立场对“新自由”的尖刻批评。关于“新自由”的思想,参阅 Alpheus T. Mason 的 *Brandeis*(New York,1946)。在 Oswald Garrison Villard 的自传 *Fighting Years*(New York,1939)中有关于这一时期的有趣的材料。Harley Notter 的 *The Origins of the Foreign Policy of Woodrow Wilson*(Baltimore,1937)中有大量很有价值的材料,但安排得很乱。关于中立阶段及这一时期的问题,我主要参考了 Charles Gallan Tansill 的 *America Goes to War*(Boston,1938),这本书对威尔逊的政策持批评态度。Charles A. Beard 所著的 *The Devil Theory of War*(New

York，1936)读来令人非常兴奋。Charles Seymour 的 *American Diplomacy during the World War*(Baltimore，1934)极有价值，因为书中使用了耶鲁大学豪斯收藏的各种材料，而且能以同情之心理解威尔逊的问题、意图及计划。Paul Birdsall 写的"Neutrality and Economic Pressures 1914－1917"［载于 *Science and Society*，Vol. III(Spring 1939)，pp. 217－28］就美国参战的经济背景提出了一种重要的理论。J. L. Heaton 的 *Cobb of "The World"*(New York，1924)一书，威尔逊对 Frank Cobb 说的感到痛苦的话，就是从这本书里取来的。关于巴黎和平会议我大量参考了 Pall Birdsall 的 *Versailles Twenty Years After*(New York，1941)和 Thomas A. Bailey 的 *Woodrow Wilson and the Lost Peace*(New York，1944)。Ray Stannard Baker 的 *Woodrow Wilson and World Settlement*(3 volumes，New York，1922)，虽然许多观点已经过时，但仍有参考价值。John Maynard Keynes 的 *The Economic Consequences of the Peace*(New York，1920)中的观点很典型，但对威尔逊有些过于苛刻。关于和平的基本概念，Edward H. Carr 的伟大著作 *Conditions of Peace*(New York，1942)使我受到很大影响。James T. Shotwell 的思想丰富的篇幅不大的书 *What Germany Forgot*(New York，1940)对于战争给经济带来的后果叙述得特别出色，可用来矫正对凡尔赛和会的传统的自由主义观点。Thomas A. Bailey 所著的 *Woodrow Wilson and the Great Betrayal*(New York，1945)对于美国国内在国联问题上的斗争的评述极其出色，书中虽然对威尔逊的国际主义不无同情之感，但也可清楚地使人们看到威尔逊政治战略的蠢笨。

第十一章　赫伯特·胡佛

William Starr Myers 编的 *The State Papers and Other Public Writings of Herbert Hoover* (2 volumes，New York，1934)是胡佛任总统期间的著作和演说的权威的原始资料。但我发现更有帮助的是由 Ray Lyman Wilbur 和 Arthur M. Hyde 合编的 *The Hoover Policies*(New York，1937)，书中除按主题编选了胡佛的讲演和著作外，还叙述了他 1920 年至 1934 年的公务生活；书中有为胡佛辩解的评论。胡佛的其他著作中，*Principles of Mining*(New York and London，1909)一书对于本书的撰写之所以重要，主要在于其中一

些段落涉及劳资关系。*American Individualism*(New York,1922)一书阐述了胡佛社会思想的主要方面。*The New Day*(Stanford,1928)是 1928 年竞选演说集。*The Challenge to Liberty*(New York,1934)以及 *The Problems of Lasting Peace*(New York,1942)在本书中已有讨论。*America's First Crusade*(New York,1942)有关于胡佛国际主义思想及他在巴黎所起作用的资料。*Addresses upon the American Road,1933—1938*(New York,1938)以及 *Further Addresses upon the American Road*(New York,1940)是关于新政及外交政策的演说集。胡佛的一本摘自 *The Nation's Business* 一书再版的小册子 *Since the Armistice*(n.p.,1919),非常清楚地说明了胡佛依据战争时期的经验对国家经济政策作出的反应。另一小册子 *Why the Public Interest Requires State Rather than Federal Regulation of Electric Public Utilities*(Washington,1925)则清楚说明了他的管制性立法的思想。商务部长 1921 年至 1927 年的年度报告中也有关于胡佛作为官僚的生涯的资料。胡佛的一篇文章"Economics of a Boom"[载于 *Mining Magazine*,May 1912,pp.370—2]就是本章第三节第二段引语的出处。

胡佛的任何一本传记都不能与 William Allen White 对柯立芝所作的出色的研究相媲美,他的传记数量很多,但都非常肤浅,是在 1920 年至 1932 年总统竞选过程中编写出来的,或者是歌功颂德的文章,或者是尖刻而且常常是不十分恰当的攻击。Herbert Corey 的 *The Truth about Hoover*(Boston and New York,1932)就是一篇令人厌倦的驳斥胡佛的著作。充满敌视态度的著作中最厉害的一本是由 Walter W. Liggett 写的 *The Rise of Herbert Hoover*(New York,1932),他写这本书依据了一些调查研究。Vernon Kellogg 写的 *Herbert Hoover,the Man and His Work*(New York,1920)中有关于胡佛在欧洲搞救济工作的第一手报告材料,精确地反映出了胡佛 1920 年时的政治观点。最好的一本传记可能是他的一个私人朋友 Will Irwin 写的 *Herbert Hoover,a Reminiscent Biography*(New York,1928)。我发现 William Hard 的 *Who's Hoover*(New York,1928)在一些观点上很有启发性。Edwin Emerson 的 *Hoover and His Times*(Garden City,1932)是一本未完成的作品,但其中有一些有用的资料。1934 年的 *Current Biography* 中胡佛的简介有益于理解胡佛后期的生平。如参阅 1920 年至 1944 年的纽约《时报》

卷宗,可发现许多一般书中找不到的资料;本章第五节开始部分一些段落中概括叙述的胡佛外交政策的说明就取自《时报》下列各日期中的演讲词和新闻报导:1938 年 4 月 1 日和 10 月 27 日;1939 年 10 月 11 日;1940 年 6 月 26 日;1941 年 9 月 17 日。

Frank M. Surface 和 Raymond L. Bland 共同编辑的 *American Food in the World War and Reconstruction Period*(Stanford,1931)一书资料丰富,其中第一部分评述了胡佛的救济工作。Suda Lorena Bane 和 Ralph H. Luts 联合编辑的 *Organization of American Relief in Europe*(Stanford,1943)一书中有一些其他方面的原始资料,包括胡佛与威尔逊之间的通信。关于救济与反布尔什维克政治之间的关系,可参考 Louis Fischer 的 *The Soviets in World Affairs*(2 volumes,London,1930)和胡佛在 ARA 的一个下属 T. T. C. Gregory 写的一系列观点直率的文章:"Stemming the Red Tide"载于 *World's Work*, Vol. XLI(1921), pp. 608—13; Vol. XLII, pp. 95—100, 153—64。参阅 William Starr Myers 的 *The Foreign Policies of Herbert Hoover*(New York, 1940)。

几个同代人的传记很有参考价值。William Allen White 写的柯立芝传记 *A Puritan in Babylon*(New York,1938)是一本极其出色的著作。Samuel Hopkins Adams 的 *Incredible Era: the Life and Times of Warren Gamaliel Harding*(Boston,1939)有助于了解胡佛的一些方面;Alfred Lief 的 *Democracy's Norris*(New York,1939)是从一个进步派参议员的敌视的眼光来看待胡佛的。Harvey O'Connor 的 *Mellon's Millions*(New York,1933)是一部极好的研究著作。胡佛追求效益是 Amos Pinchot 的两篇证据充实的文章的主题:"Hoover and Power",载于 the *Nation*, Vol. CXXXIII(August 5, August 12,1931), pp. 125—8, 141—53。关于胡佛与其继任者的关系,参阅 Raymond Moley 的 *After Seven Years*(New York,1939)。

关于大萧条时期及其背景,我参阅了许多著作,特别要感谢 Louis Hacker 关于这时期的优秀综述:*American Problems of Today*(New York, 1938)。同样使人深受启发的作品还有 Gilbert Seldes 的 *The Years of the Locust*(Boston, 1933), Henry Bamford Parkes 的 *Recent America*(New York,1941),Charles 和 Mary Beard 的 *America in Midpassage*(New York,

1939)，以及 Frederick Lewis Allen 的 *The Lords of Creation*（New York，1935）。

Thurman Arnold 在其很有才气的著作，即 *The Folklore of Capitalism*（New Haven，1937）中对以胡佛为代表的社会思想的一般模式进行了分析，这本书并不专门研究胡佛本人。William Starr Myers 和 Walter H. Newton 的 *The Hoover Administration：a Documented Narrative*（New York，1936）对胡佛任总统期间的言行按年代综述，提供了大量资料，而且对他的作为进行了有力的辩护。George Soule 的 *The Coming American Revolution*（New York，1934）以简短的篇幅对胡佛的经济政策进行了批评。关于经济情况，参阅全国临时经济委员会的听证记录：*Investigation of Concentration of Economic Power*，Part 9，"Savings and Investment"，参阅 Alvin Hansen 的 *Business Cycles and Fiscal Policy*（New York，1941）；由 Maurice Leven，Harold G. Moulton 和 Clark Warburton 合著的 *America's Capacity to Consume*（Washington，1934）。Joseph M. Jones Jr. 的 *Tariff Retaliation*（Philadelphia，1934）对于斯穆特—霍利关税法的反响进行了很好的研究。

第十二章　富兰克林·D. 罗斯福

富兰克林·D. 罗斯福任总统期间的著作以及任州长期间的某些著作，权威的原始资料是 *The Public Papers of Franklin D. Roosevelt*（9 volumes，New York，1938 and 1941），由 Samuel Rosenman 编辑的。除了演说词和咨文之外，还有罗斯福先生写的很有价值的评论文章及大段大段的记者招待会上的讲话。罗斯福关于外交政策的讲话可很容易地从下面这一有益的汇编中找到：*Roosevelt's Foreign Policy，1933—1941*（New York，1942）。*Looking Forward*（New York，1933）和 *On Our Way*（New York，1934）中的资料主要是讲话和作品，比 *Public Papers* 中的资料参考价值要大一些。*The Happy Warrior，Alfred E. Smith*（Boston and New York，1928）中包含有罗斯福 1928 年被提名为总统候选人时的演说和一些简短的颂词。由 Donald Scott Carmichael 编纂的 *F. D. R.，Columnist*（Chicago，1947）是罗斯福 1925 年和 1928 年写的简短的报刊专栏文章集子。文章虽然不十分吸引人，但确实反映出罗斯福写这些文章时的心理状态。*Government—Not Politics*（New

York,1932)是1931年和1932年的杂志文章集子,多数文章像其题目一样空洞无物。罗斯福早期关于海军建设的观点在下面4篇文章中表达出来:"The Problem of Our Navy",载于 *Scientific American*, Vol. CX(February 28,1914), pp. 177—8;"The Naval Plattsburg"载于 *Outlook*, Vol. CXIII (June 28,1916), pp. 495—501;"On Your Own Heads"载于 *Scribner's*, Vol. LXI(April 1917), pp. 413—6"What the Navy Can Do for Your Boy"载于 *Ladies' Home Journal*, Vol. XXXIV[June 1917], p. 25。在罗斯福的另外两篇文章,"Our Foreign Policy"[载于 *Foreign Affairs*, Vol. VI(July 1928), pp. 573—87]和"Shall We Trust Japan?"[载于 *Asia*, Vol., XXIII(July 1923), pp. 476—8]中则表现了更多和平主义的思想。关于罗斯福对电力的态度,参阅"The Real Meaning of the Power Problem"[载于 *Forum*, Vol. LXXXII (December 1929), pp. 327—32。]

关于罗斯福青少年时代的第一手资料,参阅由 Sara Delano Roosevelt 写的 *My Boy Franklin*(New York,1933),书中提供了许多鲜为人知的材料,另外还有由 Elliott Roosevelt 编辑的 *F. D. R.: His Personal Letters, Early Years*(New York,1947)。再有就是 Rita Halle Kleeman 所写的关于 Sara Delano Roosevelt 的传记 *Gracious Lady*(New York,1935)。Frank D. Ashburn 的 *Peabody of Groton*(New York,1944)有关于罗斯福上预备学校时的大量资料,其中有一章是关于罗斯福与皮博迪牧师的关系的。Eleanor Roosevelt 的 *This Is My Story*(New York,1937),虽对作者自己谈得很坦率,但关于她的丈夫却谈得很少;书中有些关于早期家庭生活的有趣插曲,关于 Henry Adams 的非常难以得到的故事就出自这本书中。Elliott Roosevelt 的 *As He Saw It*(New York,1946)记述了作者与他的父亲在一些重大国际会议期间的对话。关于罗斯福与丘吉尔的关系的性质,可参阅 Louis Adamic 的 *Dinner at the White House*(New York,1946)。

迄今出版的关于罗斯福及其新政的"内幕"的作品,我印象最深的是 Frances Perkins 写的 *The Roosevelt I Knew*(New York,1946),这本书虽然友好而且富有同情感,但仍然很超脱,有批评识别力,善于理解,而且有大量重要事实细节。使我非常受益的 Raymond Moley 写的 *After Seven Years* (New York,1939),和上一本书一样具有参考价值,但态度不那么友善;这是一本关于新政的绝对不可少的参考读物，是已故总统的崇拜者们必须重视的一本书。我与 Moley 教授的观点不尽相同，但一遍又一遍地参阅了其中的事实。James A. Farley 的 *Behind the Ballots*（New York，1938）只是在一些问题上有参考价值，而且也不那么坦率，更缺乏深刻的见解。Charles Michelson 的 *The Ghost Talks*（New York，1944）这是一份民主党宣传员的报告，读起来饶有风趣，同样有趣的还有 Merriman Smith 的 *Thank You，Mr. President*（New York，1946），是这位合众国际社白宫记者的报导。Rexford Guy Tugwell 写的 *The Stricken Land*（New York，1947）主要是关于波多黎各的，但其中涉及罗斯福的一些片段非常有趣。James M. Cox 的 *Journey through My Years*（New York，1946）涉及 1920 年的竞选及罗斯福经历的一些其他方面。参阅 Josephus Daniel 多卷本自传中的一些令人感到可亲的章节。Hwgh Johnson 的 *The Blue Eagle from Egg to Earth*（New York，1935）非常有参考价值。Joseph Alsop 和 Robert Kintner 的 *Men around the President*（New York，1939）中对 1937 年至 1938 年的消费危机的描述很有价值，虽然我没有借用其中的细节。参阅海军中将 Ross T. McIntire 的 *White House Physician*（New York，1946）。

记者写的罗斯福的传记已经多得不可胜数，这些对于研究罗斯福英雄形象的形成是有价值的。其中我想要提的是 Alden Hatch，Gerald W. Johnson，Compton Mackenzie 以及 Emil Ludwig 等人的作品。奇怪的是，我认为最有帮助和我最看重的传记是 Ernest K. Lindley 的 *Franklin D. Roosevelt，a Career in Progressive Democracy*（Indianapolis，1931），这本书由于写成的较早，并未从总统的角度去看待罗斯福，因而有其他作品无法比拟的优点。Lindley 是罗斯福做州长时许多事件的目击者。Mauritz Hallgren 的 *The Gay Reformer*（New York，1935）虽然对新政初期的描写很是不错，但由于写作太早而不能对作为总统的罗斯福作出公平的评价。从其所著的 *Country Squire in the White House*（New York，1940）可以看出，John T. Flynn 是少数关心 1920 年代罗斯福政治活动之外的生活的人之一；虽然这本小书有一些发人深思的批评，但书中讥刺的话以及把罗斯福时期一切事情都夸大为由罗斯福的个性和缺陷所引起，使这本书成为一本很糟糕的书。Noel Busch 的 *What Manner of Man*？（New York，1944）试图作肤浅的精神分析，有少量一些深刻的看法，表明有专职的精神分析学家在背后指导。作出认真尝试从精神分析角度来理解罗斯福的是由 Sebastian de Grazia 写的"The Character of Franklin Delano Roosevelt: A Typological Analysis"，这是一篇未发表的文章，我很感谢作者让我参阅校样。Dan Wharton 编辑的 *The Roosevelt Omnibus*（New York，1934）中有特别好的材料，包括从 1932 年 *Fortune* 杂志上摘下来的一篇关于罗斯福家庭收入的文章。关于一些传记和历史上的细节，我多次参阅了《纽约时报》合订本。

关于美国银行事件，本身就需要有一本书写它，可参阅 Norman Thomas 的"The Banks of New York"，载于 the *Nation*，Vol. CXXXII（February 11，1931），pp. 147—9；Thomas 是一个美国银行存款人组织的代表。关于电力问题，参阅 Samuel I. Rosenman 的"Governor Roosevelt's Power Program"，载于 the *Nation*，Vol. CXXIX（September 18，1929），pp. 302—3。

Basil Rauch 在其 *History of the New Deal，1933 — 1938*（New York，1944）一书中承担了一项困难的任务，而且完成得非常之好。关于新政，还可参阅 Louis Hacker 的佳作 *American Problems of Today*（New York，1938），Charles Beard 和 Mary Beard 的 *America in Midpassage*（New York，1939）以及 Charles Beard 和 George E. Smith 的 *The Old Deal and the New*（New York，1940）。在评价全国复兴法时，我参阅了布鲁金斯学会的经济学家们的研究报告，Leverett Lyon 等人写的 *The National Recovery Administration*（Washington，1935）。在 20 世纪基金会赞助下编写的 *Labor and the Government*（New York and London，1935）和 Edward Levinson 写的 *Labor on the March*（New York，1938）都很有帮助。Wesley C. Clark 的 *Economic Aspects of a President's Popularity*（Philadelphia，1943）把罗斯福民意测验中表示的受欢迎的程度与商业周期的趋向联系在一起。Alvin Hansen 的 *Industrial Stagnation or Full Recovery*（New York，1938）一书中讨论了政府开支经济原理及特别是 1937 年经济萧条的经济理论。Thurman Arnold 的 *The Bottlenecks of Business*（New York，1940）中阐述了新政反垄断政策方面的理论基础。关于 1940 年前的外交政策变动，参阅 Charles A. Beard 的 *American Foreign Policy in the Making*（New Haven，1946）。

最新出版的著作中，Morgenthau 的日记证实了这样的观点，即罗斯福是一个易于采取临时应变办法的人。参阅下列作品中的有趣的材料：Edward J.Flynn 的 *You're the Boss*（New York，1947），James E.Byrnes 的 *Speaking Frankty*（New York，1947），James A. Farley 的 *Jim Farley's Story*（New York，1948）以及 *The Memoirs of Cordell Hull*（2 volumes，New York，1948）；我特别感谢麦克米伦出版公司在上述最后一本书出版之前就允许我参阅。

索　引

（索引中的页码系原书页码，印在中译本切口一边）

图书在版编目(CIP)数据

美国政治传统及其缔造者/(美)理查德·霍夫施塔特著;崔永禄,王忠和译. —北京:商务印书馆,2024
(汉译世界学术名著丛书:120年纪念版:珍藏本:增订本)
ISBN 978-7-100-23876-2

Ⅰ.①美… Ⅱ.①理…②崔…③王 Ⅲ.①政治—历史—研究—美国 Ⅳ.①D771.29

中国国家版本馆 CIP 数据核字(2024)第 082148 号

汉译世界学术名著丛书
(120 年纪念版·珍藏本·增订本)
美国政治传统及其缔造者
〔美〕理查德·霍夫施塔特 著
崔永禄 王忠和 译

商务印书馆出版
(北京王府井大街 36 号 邮政编码 100710)
商务印书馆发行
北京中科印刷有限公司印刷
ISBN 978-7-100-23876-2

2024 年 5 月第 1 版 开本 710×1000 1/16
2024 年 5 月北京第 1 次印刷 印张 32

定价:180.00 元